Michael Meyer-Blanck
Birgit Weyel

Studien- und Arbeitsbuch
Praktische Theologie

Vandenhoeck & Ruprecht

MICHAEL MEYER-BLANCK, geb. 1954, Prof. Dr., Professor für Religionspädagogik an der Evangelisch-theologischen Fakultät der Universität Bonn, Forschungsschwerpunkte neben der Religionspädagogik, Liturgik, Homiletik, Konfirmation, Geschichte der Praktischen Theologie, semiotische Theorien in der Praktischen Theologie.
Veröffentlichungen: Liturgie und Liturgik. Der Evangelische Gottesdienst aus Quellentexten erklärt, Gütersloh 2001; Vom Symbol zum Zeichen. Symboldidaktik und Semiotik, Rheinbach [2]2002; Kleine Geschichte der evangelischen Religionspädagogik. Dargestellt anhand ihrer Klassiker, Gütersloh 2003; Gottesdienst – eine kulturelle Gelegenheit, Rheinbach 2005 (hg. mit Stephan Bitter).

BIRGIT WEYEL, geb 1964, Prof. Dr., Professorin für Praktische Theologie an der Evangelisch-theologischen Fakultät der Universität Tübingen, Forschungsschwerpunkte: Seelsorge, Homiletik, Pastoraltheologie, empirische Religionsforschung, Professionalisierung und theologische Ausbildung, Religion und Literatur.
Veröffentlichungen: Praktische Bildung zum Pfarrberuf. Das Predigerseminar in Wittenberg und die Umformung seiner Kandidatenzeit zu einer praktischen Ausbildungsphase evangelischer Pfarrer in Preußen, Tübingen 2006; Handbuch Praktische Theologie, Gütersloh 2007 (hg. mit Wilhelm Gräb); Kompendium Religionstheorie, Göttingen 2005 (hg. mit Volker Drehsen/Wilhelm Gräb); Religion in der modernen Lebenswelt. Erscheinungsformen und Reflexionsperspektiven, Göttingen 2006 (hg. mit Wilhelm Gräb).

Die Erstausgabe ist als „Arbeitsbuch Praktische Theologie.
Ein Begleitbuch zu Studium und Examen in 25 Einheiten"
im Chr. Kaiser/Gütersloher Verlagshaus 1999 erschienen.

Bibliografische Information der Deutschen Nationalbibliothek
Die Deutsche Nationalbibliothek verzeichnet diese Publikation in
der Deutschen Nationalbibliografie; detaillierte bibliografische Daten
sind im Internet über http://dnb.d-nb.de abrufbar.
ISBN 978-3-8252-3149-1 (UTB)
ISBN 978-3-525-03626-6 (Vandenhoeck & Ruprecht)

Umschlaggestaltung: Atelier Reichert, Stuttgart
Satz: Hubert & Co., Göttingen
Druck und Bindung: CPI – Ebner & Spiegel, Ulm

ISBN 978-3-8252-3149-1 (UTB-Bestellnummer)

Inhalt

Vorwort

Schon sehr oft haben hier Studirende Theologen meinen Rath verlangt, wie sie sich auf die zweckmäßigste Art, auf das ihnen bevorstehende Examen vorzubereiten hätten. Gewöhnlich geschah diese Anfrage in dem letzten Halben- oft Vierteljahre ihres akademischen Aufenthalts, und mit unter kam sie auch von solchen, welche bis dahin ihr theologisches Studium, wo nicht ganz vernachlässigt, doch ohne allen bestimmten Plan betrieben hatten. Für diese blieb kein andrer Rath, als: ,noch einmal von vorn und planmäßig anzufangen, und dann sicher zu seyn, auch die strengste Prüfung nicht fürchten zu dürfen; sey dies aber unmöglich, wenigstens durch unermüdeten Fleiß das nachzuholen, worin sie sich am schwächsten fühlten.'[1]

Als August Hermann Niemeyer vor mehr als 200 Jahren diesen „Rath" gab, dauerte das Studium in der Regel höchstens drei Jahre. Heute dürfte es daher umso schwieriger sein, tatsächlich „noch einmal von vorn und planmäßig anzufangen". Das Buch, das Sie in Händen halten, will vor allem dazu verhelfen, Praktische Theologie von Anfang an „planmäßig" zu studieren. Es soll also ein Begleitbuch sein, das Orientierungen (Teil I) vermittelt, an Lehrveranstaltungen anschließt, indem es zentrale Inhalte entfaltet (Teil II), und auch immer wieder konkret bei der Arbeit hilft: wenn eine Predigtarbeit angefertigt wird oder ein Spezialgebiet für das Examen erarbeitet werden soll (Teil III). Nicht nur dieses Buch soll ihr Studium der Praktischen Theologie begleiten, im günstigsten Fall – und damit wären Sie auf Niemeyers Rat erst gar nicht angewiesen – begleitet Sie die Praktische Theologie während des gesamten Studiums. Praktische Theologie wäre dann nicht eine Art Appendix des theologischen Studiums, indem nun exegetische und systematisch-theologische Kenntnisse in der Praxis (Predigt, Unterricht) erstmals angewendet würden, sondern käme als eigenständige Disziplin, die den vielfältigen Praxisbezug der Theologie reflektiert, – zum Nutzen der gesamten Theologie – zu ihrem eigenen Recht.[2]

Dieses Buch ist auch als Begleitung für diejenigen gedacht, deren Studium – sei es „planmäßig" oder „ohne eigentlichen Plan" verlaufen – sich dem Ende zuneigt. In dieser Phase kann das Buch als Repetitorium dazu verhelfen, Studienerträge zu erinnern, zu systematisieren und Lücken zu schließen. Selbst im „letzten Halben- oft Vierteljahre" des „akademischen Aufenthalts" ist es für Studierende lohnenswert, „durch unermüdeten Fleiß das nachzuholen, worin sie sich am schwächsten fühlten". Der Fleiß ist tatsächlich unersetzlich, denn dieses Buch ist ein Arbeitsbuch, das verlangt, zentrale Quellentexte zu lesen, Standardwerke des Faches zur Hand zu nehmen und sich anhand der vorgeschlagenen Auswahl selbst ein Urteil zu bilden. Dieses

---

1 August Hermann Niemeyer, Zuschrift an Theologiestudirende über die sicherste Vorbereitung zum Examen und die zweckmäßigste Benutzung der Candidatenjahre. Nebst einem Abdruck

der neuesten Instruction der Consistorien über die theologischen Prüfungen in sämtlichen preußischen Landen, Halle 1801, 3.

2 Siehe dazu auch Einheit 23.

Buch ist also kein Kompendium, in dem der examensrelevante Stoff selbst in knapper Form dargestellt wäre, den man nur noch lesen und lernen müsste. Es will stattdessen dazu anleiten, sich selbst ein Thema anzueignen. Die Arbeitsvorschläge zielen darauf, die angegebenen Texte nicht nur zu lesen, sondern Wesentliches zu erkennen, sich zu merken und sich mit dem Gelesenen auseinanderzusetzen. Die Einheiten sind daher so konzipiert, dass bei der Erarbeitung des Stoffes bereits mit daran gedacht ist, die Inhalte auch problem- und praxisorientiert präsentieren zu lernen.

Man kann das Buch selbstverständlich alleine durcharbeiten. Wenn man sich jedoch in einer Examensgruppe zusammenfindet, können die Vorschläge für Gruppen am Ende der Kapitel dazu verhelfen, die Gruppensitzungen zu gestalten. Wir empfehlen, sich tatsächlich die Zeit für diese Arbeitsformen zu nehmen. Sie sind nicht nur als Auflockerung zur Unterhaltung gedacht, sondern sollen Vorschläge sein, soeben erworbene Kenntnisse und ein selbständiges Urteilsvermögen in lernpsychologisch und fachbezogen adäquater Form einzuüben und zu vertiefen. In der Gruppe kann vor allem die Präsentation des Erarbeiteten – auch dies ist ein Teil der Examensvorbereitung – geübt werden.

Die Struktur der Einheiten 1–20 ist im Wesentlichen dieselbe. Am Anfang steht eine kurze problembezogene Einführung in das Thema. Im Hauptteil werden zentrale Positionen und Argumentationen aus Geschichte und Gegenwart vorgestellt. Abschließend werden wesentliche Ergebnisse gebündelt, eigene Stellungnahmen angeregt und auf Weiterführendes hingewiesen.

Dieses Arbeitsbuch beansprucht keineswegs, die Praktische Theologie als Ganzes darzustellen. Es soll lediglich dazu anleiten, elementare Grundkenntnisse mit Einblicken in die Fachdiskussion zu erwerben. Die Lektürehinweise zu den Themen stellen natürlich nur eine kleine Auswahl dar. Die Autoren hoffen daher, durch dieses Buch zur Arbeit anzuleiten und dazu anzuregen, mehr und intensiver Praktische Theologie zu treiben. Wenn dieses Arbeitsbuch darüber hinaus dazu verhelfen könnte, Praktische Theologie mit „Plan" zu studieren, hat es sich in unseren Augen als zweckmäßig erwiesen.

Dieses Studien- und Arbeitsbuch stellt eine neue Fassung des 1999 im Gütersloher Verlagshaus erschienenen Arbeitsbuches Praktische Theologie dar. Die Reaktionen auf das Arbeitsbuch haben uns zu diesem neuen Buch ermutigt, das der Verlag Vandenhoeck & Ruprecht übernommen hat. Mehr als zwei Drittel sind völlig neu geschrieben worden. Darüber hinaus haben wir neue Themen aufgenommen und die Literaturangaben der aktuellen Diskussion angepasst. Ein Namen- und ein Sachregister sind hinzugekommen.

Unser Dank gilt dem Verlag und seinem Lektor, Herrn Jörg Persch, für seine engagierte Begleitung. Für Hilfe bei den Korrekturen danken wir Daniel Bauer (Bonn) sowie den studentischen Hilfskräften Anna Görder, Lena Neupert (Tübingen). Gundula Reinshagen hat neben den Korrekturen das Sachregister erstellt, Daniel Bauer das Namenregister.

Michael Meyer-Blanck und Birgit Weyel   Bonn und Tübingen, im April 2008

I. Orientierungen

1. Die Praktische Theologie als Kunst der Kirchenleitung

A. Problemskizze

Friedrich Daniel Ernst Schleiermacher (1768–1834) gilt als der Begründer der Praktischen Theologie als eigenständige wissenschaftliche Disziplin und hat ihr über diese Grundlegung hinaus bedeutende Impulse gegeben. Die bleibende Aktualität von Schleiermachers Denken liegt ganz wesentlich darin begründet, dass er ein neues Verständnis von Religion und Theologie gewonnen hat, das gerade für die sich in der modernen Gesellschaft neu konstellierende Verhältnisbestimmung von Individuum, Kirche und gesellschaftlicher Öffentlichkeit zukunftweisend war und ist.

Um zu erfassen, was mit der Bestimmung der Praktischen Theologie als Wissenschaftsdisziplin gewonnen ist, ist ein skizzenhafter Rückblick sinnvoll. Wie ist das Verhältnis von theologischer Theorie und religiöser Praxis in der Zeit vor Schleiermacher verstanden worden?

Aufgabe 1 _____

Lesen Sie Volker Drehsen, Art.: Praktische Theologie 2.1. Die Vorgeschichte der Praktischen Theologie als Wissenschaft (175–178), in: Wilhelm Gräb/Birgit Weyel (Hg.), Handbuch Praktische Theologie, Gütersloh 2007. Was ist mit der Unterscheidung zwischen Theologie und Religion gewonnen?

Die Differenzierung zwischen Theorie und Praxis ist eine Voraussetzung dafür, die religiöse Praxis in ihrer Eigenständigkeit wahrzunehmen und sie zugleich auch einer theologischen Reflexion zuführen zu können. Dass die religiöse Praxis sich nicht von selbst versteht und als solche eng mit kulturellen Lebensmustern verwoben ist, fordert die Theologie heraus, das Religiöse an der kulturellen Praxis zuallererst herauszupräparieren. Um 1800 wird dieses Erfordernis ausdrücklich, weil es zwischen 1750 und 1875 zu einem qualitativen Strukturwandel der Gesellschaftsordnung kommt, der mit der zunehmenden Distanzierung sozialer Gruppen bzw. einer Gesellschaft insgesamt vom kirchlichen Leben stattgefunden hat. Eine solche Distanzierung aber war erst dadurch möglich geworden, dass sich kirchliche und weltliche Sozialordnung auseinanderentwickelten und es denkbar wurde, sich „der kirchlichen Ordnung zu entziehen, ohne zugleich die weltliche zu verletzten".[1] Damit aber ist die Theologie herausgefordert, das, was als religiöse Praxis gelten kann und soll, in der Vielgestaltigkeit kultureller Zusammenhänge aufzufinden und als solche zu

---

1 Vgl. zu dieser Entwicklung Lucian Hölscher, Die Religion des Bürgers. Bürgerliche Frömmigkeit und protestantische Kirche im 19. Jahrhundert, in: HZ 250 (1990), 595–630: 598.

definieren. Zugleich kommt ihr die Aufgabe zu, die kirchliche Praxis in Kontakt mit der gelebten Religion zu halten. An diese Stelle nun tritt die Praktische Theologie, wie sie Friedrich Schleiermacher entwirft.

Schleiermacher definiert, wie die Überschrift dieser Einheit bereits verrät, Praktische Theologie als Kunst der Kirchenleitung. Kirchenleitung aber meint Umfassenderes als ein Geschehen, das sich in Konsistorien und Synoden vollzieht. Kirchenleitung ist vielmehr das Ziel und der Zweck allen kirchlichen Handelns. Und dieses steht wiederum im Dienst des Einzelnen, genauer gesagt: seiner Religion. Um Praktische Theologie nach Schleiermacher als Kunst der Kirchenleitung verstehen zu lernen, wenden wir uns daher zunächst einmal seinem Verständnis von Religion und Kirche zu. Die wichtigsten Quellen sind für unser praktisch-theologisches Interesse die sogenannten Reden „Über die Religion" (1799)[2], die „Kurze Darstellung des theologischen Studiums zum Behuf einleitender Vorlesungen" ([1]1811, [2]1830)[3] sowie die posthum aus Vorlesungsnachschriften zusammengestellte „Praktische Theologie" (1850)[4].

B.   Positionen und Argumentationen

Die Religion als Anschauung und Gefühl

Aufgabe 2

1. Nehmen Sie „Über die Religion" zur Hand. Notieren Sie sich die Überschriften der insgesamt fünf Reden. Lernen Sie die Überschriften auswendig.
2. Lesen Sie die zweite Rede über „Das Wesen der Religion". Markieren Sie mit zwei verschiedenen Farben, wie Religion positiv bestimmt wird und welche Missverständnisse von Religion abgewehrt werden.

Schleiermacher wendet sich an die Gebildeten unter den Verächtern der Religion. Er adressiert seine Religionsschrift also gerade an diejenige soziale Gruppe, deren Distanzierung vom kirchlichen Leben weit vorangeschritten ist. Er will bei ihnen nicht für die eine oder andere christliche Überlieferung werben, sondern er bestimmt in diesem Zusammenhang fundamental das Wesen von Religion neu. Diese Neubestimmung ist notwendig geworden, weil im Allgemeinen etwas als Religion verstanden wird, was eigentlich gar nicht Religion ist. Religion, so erklärt er den Veräch-

---

2 Untertitel: Reden an die Gebildeten unter ihren Verächtern. (Benutzen Sie nach Möglichkeit die Studienausgabe, hg. von Günter Meckenstock, Berlin/New York 1999.) In dieser Arbeitseinheit wird, wie auch ansonsten üblich, nach der Originalausgabe zitiert. Deren Seitenzahlen finden sich in den neueren Textausgaben in eckigen Klammern.

3 Ein Reprint der kritischen Ausgabe von 1910, hg. von Heinrich Scholz, liegt vor in der Reihe Bibliothek klassischer Texte der Wissenschaftlichen Buchgesellschaft, Darmstadt 1993. Gebräuchliche Abkürzung ist: KD.

4 Friedrich Schleiermacher, Die praktische Theologie nach den Grundsätzen der evangelischen Kirche im Zusammenhange dargestellt, aus Schleiermachers handschriftlichem Nachlasse und nachgeschriebenen Vorlesung hg. von Jacob Frerichs, Berlin 1850, Reprint Berlin/New York 1983.

tern, ist weder Metaphysik noch Moral. Das heißt, Religion ist weder eine abstrakte philosophische Lehre von den letzten Gründen und Zusammenhängen des Seins (Metaphysik) noch praktische Theorie sittlichen Handelns (Moral). Religion ist schon gar kein Gemisch aus Metaphysik und Moral. „Mengt aber und rührt, wie ihr wollt, dies geht nie zusammen, Ihr treibt ein leeres Spiel mit Materien, die sich einander nicht aneignen, ihr behaltet immer nur Metaphysik und Moral. Dieses Gemisch von Meinungen über das höchste Wesen oder die Welt und von Geboten für ein menschliches Leben (oder gar für zwei) nennt Ihr Religion!" (45) Gegen diese Verwechselungen bringt Schleiermacher die Selbständigkeit der Religion zur Geltung. Er definiert Religion als „Anschauung und Gefühl". (49) Dieses Begriffspaar formuliert er in doppeltem Gegensatz gegenüber Metaphysik und Moral. Denn die Anschauung steht dem Denken (Metaphysik) und das Gefühl dem Handeln (Moral) gegenüber. Wie Metaphysik und Moral, bezieht sich auch die Religion auf das Universum. Darin liegt eine Gemeinsamkeit. Aber die Art und Weise der Beziehung ist in religiöser Hinsicht eine ganz andere und darum selbständige. Anschauung bedeutet, dass von dem Angeschauten eine Wirkung auf den Anschauenden ausgeht. „So die Religion; das Universum ist in einer ununterbrochenen Tätigkeit und offenbart sich uns jeden Augenblick." (56) Der Anschauende ist jedoch nicht rein passiv, sondern nimmt das Angeschaute „seiner Natur gemäß" (52) auf, begreift es und fasst es zusammen. Er ist also selbst immer auch produktiv. Dennoch ist die Anschauung vom Denken der Metaphysik unterschieden, weil sie sich stets auf etwas Einzelnes bezieht. „Anschauung ist und bleibt immer etwas Einzelnes, Abgesondertes, die unmittelbare Wahrnehmung, weiter nichts; sie zu verbinden und in ein Ganzes zusammenzustellen ist schon wieder nicht das Geschäft des Sinnes, sondern des abstrakten Denkens." (58) Kennzeichen der Religion ist demnach eine gewisse Unmittelbarkeit: „alles ist in ihr unmittelbar und für sich wahr." (Ebd.) Ursprünglich fallen Anschauung und Gefühl zusammen. Sie bleiben auch noch eng aufeinander bezogen, wenn sie auseinandertreten. „Anschauung ohne Gefühl ist nichts und kann weder den rechten Ursprung noch die rechte Kraft haben, Gefühl ohne Anschauung ist auch nichts: beide sind nur dann und deswegen etwas, wenn und weil sie ursprünglich Eins und ungetrennt sind." (73) So wie die Anschauung in Gegenüber zum Denken bestimmt wird, erhält das Gefühl sein Profil durch das Gegenüber zum Handeln. Während das Handeln immer die Veränderung von etwas Anderem zum Gegenstand hat, beinhaltet das Gefühl Selbständerung. Die Wirkung des Angeschauten auf den Anschauenden hat eine Bewusstseinsveränderung zur Folge. „Das Individuum setzt die Anregung, die es vom angeschauten Einzelnen erfährt, in eine sein Selbst verändernde Gefühlsregung um."[5]

---

5 Falk Wagner, Was ist Religion? Studien zu ihrem Begriff und Thema in Geschichte und Gegenwart, Gütersloh [2]1991, 62.

Die Kirche als Zirkulation des religiösen Interesses

┌─ **Aufgabe 3** ──
│ Lesen Sie jetzt auch noch die vierte Rede „Über das Gesellige in der Religion oder über Kirche
│ und Priestertum". Begründen und erläutern Sie Schleiermachers Aussage: „Ist die Religion ein-
│ mal, so muß sie notwendig auch gesellig sein: es liegt in der Natur des Menschen nicht nur,
│ sondern auch ganz vorzüglich in der ihrigen." (118)

Bis jetzt war bei Schleiermacher nur vom Einzelnen und seiner individuellen Religion die Rede. Wie kommt bei ihm die Kirche ins Spiel? Gerade weil Religion als Anschauung und Gefühl etwas höchst Individuelles ist, führt sie mit innerer Notwendigkeit zur Geselligkeit. „Dieses Gefühl muß Jeden begleiten, der wirklich Religion hat. Jeder muß sich bewußt sein, daß die seinige nur ein Teil des Ganzen ist, daß es über dieselben Gegenstände, die ihn religiös affizieren, Ansichten gibt, die ebenso fromm sind und doch von den seinigen gänzlich verschieden, und daß aus andern Elementen der Religion Anschauungen und Gefühle ausfließen, für die ihm vielleicht gänzlich der Sinn fehlt." (62f) Bescheidenheit und Toleranz entspringen dem Religionsverständnis Schleiermachers. Zugleich aber ergibt sich immer auch das Bedürfnis, sich mit Anderen über die je eigenen und individuell religiösen Anschauungen und Gefühle auszutauschen. Der Einzelne, gerade weil er immer nur einen kleinen Ausschnitt erfährt, ist unbedingt darauf angewiesen, dass ihm Andere Anteil geben an ihren religiösen Erfahrungen. Und ihn selbst drängt es, Anderen mitzuteilen, was er selbst erfahren hat. Diesem Streben, das individuell religiöse Leben mitzuteilen, entspringt die Kirche. Dem Wesen der Kirche entspricht daher eine uneingeschränkte Geselligkeit. Schleiermacher spricht in diesem Zusammenhang auch von der „Circulation des religiösen Interesses".[6]

Wenn Schleiermacher von uneingeschränkter Geselligkeit spricht, denkt er gerade nicht an die Bildung von Gruppen mit Gleichgesinnten. Weil die Geselligkeit dem Interesse nach religiösem Austausch entspringt, ist sie vor allem an dem Ort zu suchen, wo Religion dargestellt und mitgeteilt wird. Der Gottesdienst, Schleiermacher spricht von „Kultus", ist die Hauptsache und der Selbstzweck der religiösen Gemeinschaft. Zweck des Kultus ist „die darstellende Mitteilung des stärker erregten religiösen Bewußtseins".[7]

Innerhalb der Kirche als Kommunikationsgemeinschaft kann es keinen Unterschied zwischen den Personen geben. Wie der Untertitel seiner vierten Rede anzeigt, geht es ihm in guter protestantischer Tradition betontermaßen darum zu zeigen, dass dem Amt keine besondere Qualität zukommt. Wenn es dennoch Priester und Laien gibt, dann liegt darin lediglich ein Unterschied hinsichtlich der Funktionen, die ausgeübt werden. Sehr eindrücklich formuliert Schleiermacher: „Jeder ist Priester, indem er die Andern zu sich hinzieht auf das Feld, welches er sich besonders zugeeignet hat und wo er sich als Virtuosen darstellen kann: jeder ist Laie, indem er

---

6 Schleiermacher, Praktische Theologie (s. o.   7 A. a. O., 75. Vgl. dazu auch Einheit 11.
Anm. 4), 65.

der Kunst und Weisung eines Andern folgt, wo er selbst Fremder ist in der Religion." (184)

Das aber klingt zu schön, um wahr zu sein. Von welcher Kirche ist hier eigentlich die Rede? Denkt Schleiermacher an die wirkliche Kirche oder entwirft er hier nicht vielmehr ein schönes, wenn auch empirisch uneingelöstes Bild von Kirche, wie sie eigentlich sein sollte? Schleiermacher entwirft ein Bild der idealen Kirche. Kennzeichnend für die wirkliche Kirche ist gerade die Ungleichheit zwischen den Personen, welche die gegenseitige Mitteilung hemmt. „Alle wollen empfangen, und nur einer ist da, der geben soll" (193). Das ist scharfe Kritik an dem, was wir heute Pfarrerzentriertheit nennen würden. Aber sein Kirchenideal, das aus seinem Religionsverständnis folgt, steht dem Bild, das die wirkliche Kirche darstellt, nicht unvermittelt gegenüber. Das Ideal muss vielmehr innerhalb der wirklichen Kirche als kritisches Prinzip wirksam werden. Dem Kirchenideal steht die Ungleichheit unter den Kirchenmitgliedern gegenüber. Diese Ungleichheit wirkt sich vor allem in zweierlei Weise ungünstig auf die Zirkulation des religiösen Interesses aus. Zum einen besteht eine Ungleichheit hinsichtlich der für den Austausch so wesentlichen Sprachfähigkeit, zum anderen unterscheiden sich die Menschen durch ihre Beziehung auf die Gemeinschaft. Das heißt: Manche sind eher produktiv, andere dagegen eher empfänglich gestimmt. Die bestehende Ungleichheit soll innerhalb der Kommunikationsgemeinschaft gerade durch den gegenseitigen Austausch aufgehoben werden. Die durch bestehende Differenzen verursachten Kommunikationsbehinderungen werden durch wechselseitige Kommunikation beseitigt. Die Beseitigung dieser Störungen geschieht durch die Kirchenleitung. Kirchenleitung in diesem Sinne zu ermöglichen und zu fördern ist Aufgabe der Praktischen Theologie.

Die Kirche als Ort „öffentlicher Sinnreflexion"

An dieser Stelle ist es sinnvoll, eine Zwischenüberlegung anzustellen, die Schleiermachers Reden stärker in seinen zeitgeschichtlichen Kontext einstellt.

┌─ **Aufgabe 4** ─────────────────────────────
Lesen Sie daher das Teilkapitel „Religion, Kirche und Entchristianisierung" von Thomas Nipperdey, in: Deutsche Geschichte Bd. 1. 1800–1866: Bürgerwelt und starker Staat, Sonderausgabe München 1998, 403–406; 423–432 oben. Worin besteht der doppelte Charakter der „Wendung zur Religion" (405)? Führen Sie aus, was die Formulierung von der Kirche als Instanz der „öffentlichen Sinnreflexion" (428) bedeutet!

Den Hintergrund von Schleiermachers Denken bilden die drei großen geistesgeschichtlichen Bewegungen, der Pietismus mit seiner Betonung des persönlichen Erlebnisses, der individuellen Frömmigkeit und der wirklichen Betroffenheit der Subjektivität, die Aufklärung mit der Betonung der Vernünftigkeit, dem kulturellen Fortschrittsdenken und der Betonung der individuellen Freiheit gegenüber der Bevormundung durch Autoritäten und schließlich die Orthodoxie mit ihrer Betonung überzeitlicher Dogmen und der Wahrheit, die durch die Kirche gegenüber kulturellen Auflösungstendenzen bewahrt würde. Schleiermacher geht es wesentlich darum, Religion als zum Menschsein unbedingt dazugehörig zu bestimmen, sie an die Vernunft rückzubinden, ohne sie in allgemein lebenspraktische Weisheit (Moral) oder Welterklärungsmodelle (Metaphysik) aufzulösen. Religion ist wesentlich Gefühl, Sinn fürs Unendliche, das es nachzufragen und zu versprachlichen gilt. Die Kirche ist somit der Ort, an dem dies im geselligen Austausch geschehen kann. Die Aufgabe der Praktischen Theologie ist es, tatsächlich die Kirche als Ort öffentlicher Sinnreflexion zu organisieren. „Denn auch das gehörte dazu: der christliche Glaube und die Kirche sollten nicht isoliert neben dem Leben, auf Moral oder einen ‚letzten' Sinn beschränkt, stehen, sondern darin; die ‚Kinder dieser Zeit' sollten sich mit ihren Fragen dort wiederfinden und darum der Kirche ‚wahrhaftig und ehrlich' angehören können: die Kirche als Instanz öffentlicher Sinnreflexion; deshalb mussten Glaube und Kirche mit der ‚Kultur' und dem nationalen Leben in wirksamer Verbindung stehen, sich nicht gegen sie abschotten." (428)

Kirchenleitung als theologisches Integral

Nicht nur die Praktische Theologie hat die Aufgabe, die Kirche als einen solchen Ort zu organisieren und damit die Kirchenleitung zum Gegenstand. Alle theologischen Wissenschaften beziehen sich auf die Kirche und können nur aus dieser verstanden werden. Schleiermacher gibt den theologischen Teildisziplinen eine gemeinsame Perspektive und integriert sie somit unter dem gemeinsamen Dach der Kirchenleitung. Indem alle theologischen Disziplinen auf die Kirche bezogen sind, haben sie auch alle eine Beziehung zur Praxis. Der Praxisbezug der Theologie qualifiziert die Theologie als positive Wissenschaft. Dass sie sich als Wissenschaft auf eine Praxis bezieht, hat sie mit der Medizin und der Jurisprudenz gemeinsam. Durch diesen Bezug zur Praxis unterscheiden sich positive Wissenschaften von sogenannten reinen Wissenschaften wie z. B. der Mathematik.

Nach diesen Gemeinsamkeiten sind auch Unterschiede zwischen den theologischen Disziplinen zu benennen. Als theologische Disziplinen unterscheidet Schleiermacher die historische, die philosophische und die praktische Theologie. Ihre Funktionsweisen im Blick auf die Kirchenleitung illustriert er durch das berühmt gewordene Bild vom Baum:[8] Die philosophische Theologie (Wurzel) versucht, das Wesen des Christentums und die angemessene Form der christlichen Gemeinschaft zu bestimmen. Die historische Theologie (Stamm) vermittelt Kenntnisse über das zu leitende Ganze als Geschichtliches. Sie beschäftigt sich mit den Ursprüngen von Christentum und Kirche und rekonstruiert, wie Kirche geworden ist, was sie gegenwärtig

---

8 Hartnäckig hält sich das Missverständnis, die Praktische Theologie beanspruche die besondere Würde einer Königskrone. Deshalb sei noch einmal besonders betont, dass bei Schleiermacher die Baumkrone gemeint ist.

ist. Die praktische Theologie (Krone) ist die Technik zur Erhaltung und Vervollkommnung der christlichen Kirche. Sie ist direkt auf den Zweck der Kirchenleitung ausgerichtet. Deutlich wird hier noch einmal, wie eng die Disziplinen aufeinander bezogen sind. Allerdings zeigt die Baum-Metapher zugleich unterschiedliche Funktionen der Disziplinen an. Die Kirchenleitung ist Integral aller theologischen Wissenschaften. Was ist dann genau das Besondere der Praktischen Theologie als „Kunst" bzw. „Technik" der Kirchenleitung?

Praktische Theologie als Kunst

Aufgabe 5

Lesen Sie in der KD die §§ 257–276. Beantworten Sie die folgenden Fragen: 1. Wie lässt sich das Verhältnis von philosophischer und praktischer Theologie bestimmen? 2. „Alle Vorschriften der praktischen Theologie [...] sind Kunstregeln" (§ 265). Was bedeutet das? 3. Worin besteht der Unterschied zwischen Kirchenregiment und Kirchendienst?

Kenntnisse und Fähigkeiten sind notwendig, um Praktische Theologie als Kunst der Kirchenleitung tatsächlich zu betreiben. Schleiermacher versucht mit seiner Definition der Praktischen Theologie als „Kunst" diese Kenntnisse und Fähigkeiten näher zu bestimmen. Kunst heißt in diesem Zusammenhang: Keine Vorschriften, sondern Methoden! Es kann nicht darum gehen, bloß Mittel zur Anwendung zu bringen. Das würde bedeuten, dass man im praktisch-theologischen Studium einen gewissen Kanon an Verhaltensregeln für alle möglichen Lebenslagen lernen würde, den man dann in der pfarramtlichen Praxis bloß noch anwenden muss. „Wenn Ihnen dieses oder jenes begegnet, dann tun Sie das!" Mit Recht empfänden Sie als Studentinnen oder Vikare solche mechanischen Daumenregeln und allgemeinen Praxis-Tipps als unbefriedigend. Denn erstens lässt sich Handeln in der Praxis nicht so einfach regeln, weil jede Situation unverwechselbar ist und ihre je konkreten Bedingungen hat, auf die einzugehen ist. Und zweitens würde man Sie kaum als selbständige Theologinnen und Theologen mit je eigenen Stärken und Schwächen ernst nehmen. Methoden dagegen liegen auf einem gewissen theoretischen Reflexionsniveau. Sie bilden allgemeine Bedingungen ab und lassen dennoch Freiraum für jeden Einzelnen, nach ihnen vorzugehen wie es seinen eigenen theologischen Einsichten, seinen Fähigkeiten und seiner Situationsanalyse entspricht. „Alle Vorschriften der praktischen Theologie können nur allgemeine Ausdrücke sein, in denen die Art und Weise ihrer Anwendung auf einzelne Fälle nicht schon mit bestimmt ist."[9] Kunstregeln haben also immer etwas „Unbestimmtes"[10] an sich. Die Anwendung selbst ist – anders als bei bloßen Vorschriften – nicht schon mitgeregelt. Kunst ist demnach „jede zusammengesetzte Hervorbringung, wobei wir uns allgemeiner Regeln bewusst sind,

---

9 Schleiermacher, Kurze Darstellung (s. o. Anm. 3), § 265.

10 Schleiermacher, Praktische Theologie (s. o. Anm. 4), 44.

deren Anwendung im einzelnen nicht wieder auf Regeln gebracht werden kann."[11]
Gegen die mechanische Anwendung pastoraler Klugheitsregeln entfaltet Schleiermacher die Praktische Theologie als eine „Technik", d.h. als ein Gebilde aus Kunstregeln. Nachdrücklich schützt Schleiermacher die Praktische Theologie vor dem Missverständnis, sie habe lediglich Gebrauchsanweisungen dafür zu liefern, wie Theologie in der Praxis angewendet werden müsse. Wie die anderen theologischen Disziplinen auch, ist die Praktische Theologie eine Theorie der Praxis. Schleiermacher unterscheidet jedoch zwischen wissenschaftlichen Kenntnissen und Kunstregeln. Darin liegt seine Erfindung der Praktischen Theologie als Wissenschaft. Die Kunstregeln setzen wissenschaftliche Kenntnisse voraus, sind jedoch handlungsbezogen. Die Notwendigkeit zum handelnden Eintreten ergibt sich daraus, dass Ideal und Wirklichkeit bzw. Begriff und Erfahrung auseinanderklaffen. „Schleiermacher will [...] auf die Form eines praktischen Wissens, auf ein bestimmtes Können aufmerksam machen, das von der Wissenschaft im strengen Sinn zwar dadurch unterschieden ist, daß es keinen eigenen propositionalen Gehalt hat, dafür jedoch in die Lage versetzt, einen sowohl der Sache (Begriff), wie der Situation (Erfahrung) angemessenen Gebrauch davon machen zu können."[12] Alle theologischen Disziplinen sind auf den Zweck ausgerichtet, die Idee des Christentums nach der eigentümlichen Auffassung der evangelischen Kirche in ihr immer reiner zur Darstellung zu bringen. Der Praktischen Theologie kommt als Kunst die gestalterische Aufgabe zu, Begriff und Erfahrung miteinander zu vermitteln.

Die Pointe dieser Definition liegt darin, dass Begriff und Erfahrung „erst durch das Individuelle jedes gegebenen Falles und nur für ihn völlig bestimmt und positiv werden."[13] Sie dienen keiner mechanischen Anwendung, weil „die Art und Weise ihrer Anwendung auf einzelne Fälle nicht schon mitbestimmt ist."[14] Darin ist der Prediger mit dem Künstler vergleichbar: Dass von ihm ein „besonderes Talent" gefordert ist und dieses zum „richtige[n] Handeln in Gemäßheit der Regeln"[15] hinzukommen muss. Die Hervorbringung des Predigers, dessen Kernstück die religiöse Rede bildet, ruht neben den allgemeinen Kunstregeln auf der Individualität des Predigers und der jeweiligen, unverwechselbaren Konstellation der gottesdienstlichen Gemeinde. Darin liegt – so es denn gelingt – das Ineinander von Produktion, Form und Rezeption.

Aufgabe 6

Lesen Sie wahlweise von Wilhelm Gräb: Praktische Theologie als Theorie der Kirchenleitung, in: Christian Grethlein/Michael Meyer-Blanck (Hg.), Geschichte der Praktischen Theologie. Dargestellt anhand ihrer Klassiker, Leipzig 1999, 67–110 oder Christian Albrecht: Zur Stellung der

---

11 Schleiermacher, Kurze Darstellung (s.o. Anm. 3), § 132 Zusatz.
12 Wilhelm Gräb, Kirche als Gestaltungsaufgabe. Friedrich Schleiermachers Verständnis der Praktischen Theologie, in: G. Meckenstock (Hg.), Schleiermacher und die wissenschaftliche Kultur

des Christentums, Berlin/New York 1991, 147–172: 164f.
13 Schleiermacher, Kurze Darstellung (s.o. Anm. 3) § 265 mit Anm. 1.
14 A.a.O., § 265.
15 Ebd.

Praktischen Theologie innerhalb der Theologie – aus praktisch-theologischer Sicht, in: Christian Grethlein/Helmut Schwier (Hg.), Praktische Theologie. Eine Theorie- und Problemgeschichte, Leipzig 2007, 7–60. Vertiefen Sie Schleiermachers Verständnis von Kirchenleitung anhand folgender Fragen:

1. Stimmt Schleiermachers Definition von Praktischer Theologie als Kunst mit dem frühromantischen Konzept der „Kunstreligion" überein?
2. Worin unterscheiden sich Kirchendienst und Kirchenregiment? Können Sie diese Differenzierung vor dem Hintergrund der zeitgenössischen politischen Verhältnisse erläutern?
3. Gräb urteilt, dass die „Weite, die Schleiermacher mit der Grundlegung der Theologie als positiver, auf die kirchenleitenden Aufgaben funktional bezogener, in philosophischer, kultur- und religionstheoretischer Hinsicht ausgelegter Wissenschaft gewonnen hat, [...] seither kaum wieder erreicht worden [ist]." (107) Woran könnte das liegen?

C. Gegenwärtige Fragestellungen

Schleiermachers Verständnis von Praktischer Theologie ist nicht nur in historischer Perspektive als Ursprungsgeschichte des Faches interessant. Es ist Ihnen sicher deutlich geworden, dass seine Theoriebildungen einen gelungenen Versuch darstellen, auf den gesellschaftlichen Wandel der Moderne produktiv zu reagieren. Seine Überlegungen zum Religionsbegriff, zur Enzyklopädie der theologischen Disziplinen und zur Aufgabe der Theologie sind grundlegend auch in dem Sinne, dass sich die gegenwärtige Praktische Theologie immer wieder auf sie bezieht. Es würde viele Bücher füllen, wenn man die bleibenden Impulse Schleiermachers entfalten wollte. Nur drei, aus meiner Sicht besonders wichtige Punkte, sollen hier festgehalten werden.

1. Schleiermacher hat der Praktischen Theologie aufgegeben, die differenzierten Formen von kirchlichem, gesellschaftsöffentlichem und individuellem protestantischen Christentum in wechselseitigen Kontakt zu bringen. Damit ist zum einen eine enorme Weite der Wahrnehmung religiöser Phänomene und eine pointierte Kritik gegenüber kulturellen Abschließungstendenzen kirchlichen Lebens verbunden, zum anderen aber besitzt der Begriff der Kirchenleitung eine Spannkraft, die leistet, dass die Gestaltung kirchlicher Religionspraxis kritisch und konstruktiv orientiert werden kann.

2. Von Schleiermachers Grundlegung her ist das theoretische Niveau kritisch zu prüfen, auf dem Praktische Theologie getrieben wird. Ist Praktische Theologie tatsächlich Theorie der Praxis? Widersteht sie der Versuchung, Gebrauchsanweisungen zu geben und normative Programme auszuteilen? Die Versuchung ist groß, gerade weil von Seiten der kirchlichen Praxis immer wieder der Ruf nach Patentrezepten laut wird. Gewiss darf sich die Praktische Theologie den konkreten Anforderungen der Berufspraxis nicht entziehen. Sie muss ihre Beziehung auf das Gegenwärtige wahrnehmen und dabei die wandlungsintensive Konstellation von Religion, Kirche und Gesellschaft stets mitbedenken, um die modernen Konkretionsformen der Reli-

gion orientieren zu können. Auf diese Weise bildet sie kritisches Abstraktionsvermögen aus, mit dem jeder Einzelne selbständig Theologie und sich wandelnde Praxis aufeinander beziehen kann.[16]

3. Für die Situation der Kirche in der modernen Gesellschaft hat Schleiermacher einen wesentlichen Punkt in den Vordergrund gerückt. Die Kirche ist als Institution stets auf ihren Sinn verwiesen, nämlich für die Religion der Menschen da zu sein. Sie stellt einen Ort dar, an dem sich Menschen über ihre religiösen Erfahrungen austauschen und ihr Gottesverhältnis symbolisch zum Ausdruck bringen. Die Kirche trägt demnach ihren Sinn und Zweck nicht in der institutionellen Selbstbehauptung, sondern stellt sich in den Dienst der religiösen Kommunikation.

Aufgabe 7

Lesen Sie den Aufsatz von Volker Drehsen, *Wozu ist die Praktische Theologie gut?*, in: PThI 22 (2002), Heft 1/2, 156–166 und versuchen Sie, die vier Punkte, die Drehsen in seinem Fazit notiert, zu Schleiermachers Verständnis von Praktischer Theologie als Kunst der Kirchenleitung in Beziehung zu setzen.

Arbeitsvorschläge für Gruppen

1. Der Tübinger Systematische Theologe Eilert Herms schreibt in einer Rezension zur Theologischen Realenzyklopädie: „Schließlich mag auch, wer nicht selbst Praktischer Theologe ist, Interesse an dem empfinden, worum es in dieser theologischen Disziplin geht, und aus solchem Interesse heraus zur TRE greifen. Wer so fragt, wird wahrscheinlich gar nichts vermissen, im Gegenteil – auf Schritt und Tritt – nicht nur von Band zu Band, sondern von Artikel zu Artikel – wird er sich auf den Reichtum der Gegenstände und Themen dieser Disziplin verwiesen finden. Und erst ganz am Ende (im letzten Band) wird seine bange Frage, wie es mit ‚Wahrheit' als Thema der praktischen Theologie bestellt sein möge, wortlos dahin beschieden, daß Wahrheit in der Tat kein Thema für die Praktische Theologie ist, eine Feststellung, die jedoch – vielleicht zu seinem Trost – alsbald durch die andere überboten wird, dass es mit Wirklichkeit überhaupt keine theologische Disziplin zu tun hat, außer allein die Praktische Theologie." (ThLZ 131 (2006), 946) Lesen Sie den TRE-Artikel Wirklichkeit (PT) und diskutieren Sie die Frage, ob denn tatsächlich die Wahrheitsfrage – wie Herms jedenfalls nach Lektüre der praktisch-theologischen Beiträge zur TRE kritisch meint – kein Thema der Praktischen Theologie sei.
2. Vergleichen und diskutieren Sie Ihre Einzelergebnisse aus Aufgabe 6.
3. Diskutieren Sie den Schlusssatz von Wilhelm Gräb (Aufgabe 4): „Eine Praktische Theologie, die [...] Chancen auslotet, wie die symbolische Kraft des Christentums zur *Lebensdeutung* und *Lebensbewältigung* unter den komplexen sozio-kulturellen Bedingungen der Gegenwart *in* der Kirche neue, sinnproduktive *Gestalt* finden kann, ist Praktische Theologie im Geiste Schleiermachers." (108)

---

16 Vgl. zu diesem Themenkomplex: Die Praktische Theologie als Organisationszentrum praktischer Ausbildung, in: Birgit Weyel, Praktische Bildung zum Pfarrberuf, Tübingen 2006, bes. 269–272.

2. Praktische Theologie in Geschichte und Gegenwart

A. Problemskizze

Wenn man sich mit der Praktischen Theologie befasst, dann tut man dies in der Regel so, dass man ihre einzelnen Disziplinen nach- und nebeneinander bearbeitet. Das mag im Sinne einer Arbeitsökonomie, die planmäßig verfahren will, sinnvoll sein. Die einzelnen Teildisziplinen stellen allerdings nur eine schematische Aufteilung dar und sind nicht distinkt voneinander zu trennen. Anders gesagt: Die Phänomene der Praxis sind jeweils multiperspektivisch zu betrachten. So hat die Predigt auch eine seelsorgerliche Dimension. Sie ist in liturgischer Hinsicht zu betrachten, weil sie Teil des Gottesdienstes ist. Schließlich ist sie auch in religionspädagogischer Perspektive zu sehen, weil sie ja auch einen Beitrag zur Bildung darstellt. Dieses Kapitel über die Praktische Theologie in Geschichte und Gegenwart zielt in zweierlei Richtung. Zum einen will es die Geschichte des Faches der Praktischen Theologie *als Ganzes* skizzieren, um der Tendenz, lediglich die Teildisziplinen zu verfolgen, entgegen zu wirken und um Gemeinsamkeiten und Wechselwirkungen zwischen den Teildisziplinen aufzuzeigen. Zum anderen soll ein Versuch unternommen werden, verschiedene Phasen in der Geschichte der Praktischen Theologie herauszupräparieren und so etwas wie – übertrieben gesagt – ‚Epochen' der Praktischen Theologie zu bezeichnen. In historischer Perspektive lässt sich feststellen, dass es durch die 200-jährige Geschichte des Faches hindurch Denkmuster gegeben hat, die jeweils eine Epoche konstituieren und die sich bei den meisten Theologen dieser Zeit bzw. einer grob umrissenen Generation auffinden lassen. Solche Denkmuster sind dadurch charakterisiert, dass sie einen bestimmten Kristallisationskern haben, um den herum alle Theorien und Konzepte gebildet sind. Darüber hinaus werden bestimmte Verwerfungen ausdrücklich gemacht, aber auch Anknüpfungen an Einsichten früherer Epochen gesucht. Manche Epoche markiert eine sehr deutliche Schwelle zur vorangehenden, indem sie sich von dieser scharf abzugrenzen sucht.

Es liegt auf der Hand, dass solche Epocheneinteilungen erst im Nachhinein vorgenommen werden können und stark konstruktiven Charakter haben. Man muss konzedieren, dass es stets Praktische Theologen gab und gibt, die mehr oder weniger oder auch gar nicht dem sogenannten mainstream zuzuordnen sind. Dennoch stehen sie mit den jeweils herrschenden Denkmustern in Verbindung. Zudem muss man sich klar machen, dass die zeitlichen Angaben nur ungefähre Schwellen bezeichnen. Stets hat es avantgardistische Vordenker, Überschneidungen und ein paralleles Nebeneinander unterschiedlicher Paradigmen gegeben.

Wenn man diese Prolegomena im Hinterkopf behält, dann spricht allerdings nichts dagegen, eine solche Schematisierung vorzunehmen. Dass diese auch eine Lernhilfe bedeutet, ist nur ein Nebeneffekt. Der Durchgang durch die Geschichte der Praktischen Theologie verhilft dazu, die jeweils vorherrschenden Denkmuster zu analysieren und den Zeitbezug der Praktischen Theologie zu erkennen. Zugleich ist damit ein Beitrag zur Selbstverständigung der Praktischen Theologie in der Gegenwart geleistet.

┌─ Aufgabe 1 ──────────────────────────────

Lesen Sie von *Wilhelm Bornemann*, Historische und praktische Theologie. Öffentliche Antrittsvorlesung in der Aula der Universität Basel, am 24. Juni 1898, Basel 1898. Wie bestimmt Bornemann den Zusammenhang von historischer und Praktischer Theologie? Und was meinen Sie? Welche Funktion hat die Geschichte der Praktischen Theologie für eine gegenwartsbezogene Praktische Theologie?

B.   Positionen und Argumentationen

Carl Immanuel Nitzsch: Die Theorie der kirchlichen Ausübung des Christentums

Nach Schleiermacher[17] ist noch ein weiterer Theologe zu nennen, der einen wesentlichen Beitrag zur Grundlegung der Disziplinengeschichte geleistet hat und aus diesem Grund der Geschichte der Praktischen Theologie vorangestellt werden soll. Carl Immanuel Nitzsch (1787–1868), seit 1822 Professor in Bonn und kirchenpolitisch wesentlich mit Fragen der preußischen Union befasst, hat ein dreibändiges Werk vorgelegt, das als die erste Praktische Theologie gilt. Er geht in seinem Verständnis der Praktischen Theologie nicht über das Schleiermachers hinaus, sondern setzt es voraus, „verschiebt aber den Fokus seiner praktisch-theologischen Aufmerksamkeit".[18] Nitzsch sieht zwei Missverständnisse der noch jungen Disziplin entgegenschlagen. Zum einen, so Nitzsch, würde sie als „eine irgendwie geordnete Vorrathskammer für den Gebrauch des kirchlichen Lehrers, eine sogenannte practische, wohl gar populäre Dogmatik"[19] missverstanden; zum anderen würde die Praktische Theologie als in dem Sinne irrtümlich verstanden, dass sie lediglich didaktische Anweisungen enthielte, um die Fragen der Inhalte der rein spekulativen, von praktischen Fragen unbeeindruckten, Dogmatik zu überlassen. In beiden Fällen wäre das Theorie-Praxis-Verhältnis, das von Schleiermacher so sorgfältig bestimmt wurde, in eine Schieflage gebracht, weil Theorie und Praxis nicht als eigenständige Pole einer allererst durch Reflexion zu stiftenden Vermittlung wahrgenommen würden. Nitzsch schärft das Profil der Praktischen Theologie gegenüber diesen Missverständnissen und richtet den Fokus auf das sogenannte kirchliche Leben. Er unterscheidet

---

17 Siehe Einheit 1.
18 Volker Drehsen, Art.: Praktische Theologie, in: Wilhelm Gräb/Birgit Weyel (Hg.), Handbuch Praktische Theologie, Gütersloh 2007, 180.

19 Carl Immanuel Nitzsch, Praktische Theologie, Bd. 1: Allgemeine Theorie des kirchlichen Lebens, Bonn [2]1859, 1f. Die erste Auflage erschien 1847.

dezidiert zwischen dem allgemeinen christlichen Leben – dieses bleibt als kultureller Kontext präsent – und der Praxis der Kirche, um den faktisch voranschreitenden Differenzierungsprozessen in der Gesellschaft zu entsprechen. Mit der Fokussierung auf das ausgesprochen kirchliche Leben ist deutlich, dass die Praktische Theologie sich mit einer vielgestaltigen Christentumspraxis in der Gesellschaft auseinandersetzen muss und das kirchliche Leben nur eine Manifestation des gelebten Christentums darstellt, mit der sie es freilich in der Hauptsache zu tun hat.

In der zweiten Hälfte des 20. Jh., in einer Zeit, als man wieder stärker über die Grundlegung des Faches reflektierte und Schleiermacher und Nitzsch rezipierte, suchte der Mainzer Praktische Theologe Gert Otto, der sich auf besonders pointierte Urteile verstand, „Ansätze der Überwindung der ekklesiologischen Verengung"[20] in der zeitgenössischen Theologie und wollte Nitzsch gegenüber Schleiermacher als den Schuldigen ausmachen. Nitzsch habe die Weite, die Schleiermacher errungen habe, zugunsten der Enge kirchengemeindlichen Lebens aufgegeben. Demgegenüber wollte Otto wiederum die Weite „religiös vermittelter Praxis in der Gesellschaft"[21] als Gegenstand der Praktischen Theologie zurückgewinnen. Es bleibt zu sehen, dass Nitzsch kirchliches Leben und christliche Praxis in der Gesellschaft zusammenhalten wollte und daher die Differenzierung eingeführt hat. Die Kritik von Otto übersieht zudem die historische Differenz der Situationen. Nitzsch war, wie Schleiermacher auch, kirchenpolitisch sehr stark damit befasst, die institutionelle Selbständigkeit der Kirche gegenüber der Obrigkeit zu organisieren. Die von Nitzsch in Anschlag gebrachte Konzentration auf die Kirche war eher ein Modernisierungsprogramm und ist – wenn man es, wie Otto dies ja tut, bewerten möchte – eher als ein Emanzipationsansinnen zu verstehen, das der gesellschaftspolitischen Entwicklung gerecht zu werden versuchte.

Aufgabe 2

In seiner enzyklopädischen Einführung bestimmt Nitzsch die Praktische Theologie: „Durch Theologie gelangt die Kirche zu einem wissenschaftlichen Selbstbewußtsein. Sie verständigt sich über die Gründe und Principien ihres Daseins, über ihr Zeitverhältniß und ihren Lehrinhalt. Dieses wissenschaftliche Wissen ist nun zwar, unbeschadet seiner Selbstständigkeit, ein Wissen um des Handelns willen und hat in allen seinen Theilen die weitere Selbstbethätigung der Kirche im Auge, nur ist es noch kein Wissen vom kirchlichen Handeln selbst. Demnach vollendet sich die kirchliche Wissenschaft durch *Theorie der kirchlichen Ausübung des Christenthums* und wird so zu einer praktischen Theologie." (1)
1. Volker Drehsen spricht (Praktische Theologie, s.o. Anm. 18, 181) im Anschluss an Nitzsch von der Praktischen Theologie als einer „empirischen Kirchentheorie". Was ist damit gemeint?
2. Erläutern Sie, inwiefern Nitzsch bei dieser Definition die Missverständnisse im Blick hat, die er abweisen möchte!

---

20 Gert Otto, Grundlegung der Praktischen Theologie, München 1986, 63.

21 A.a.O., 77. Dort kursiv!

Praktische Theologie als Pastoraltheologie (bis etwa 1860)

Die Pastoraltheologie als Paradigma für die erste Epoche nach der Grundlegung der Praktischen Theologie zu benennen, bedeutet, dass die Praktische Theologie als selbständige Disziplin zwar schon erfunden war, dennoch aber die Pastoraltheologie das vorherrschende Denkmuster war. Die Praktische Theologie war an der Person des Pfarrers orientiert und erreichte nicht in jedem Fall das von Schleiermacher anvisierte Theorieniveau, weil sie sich zum Teil ausdrücklich als eine vorwissenschaftliche Konzeptualisierung von Erfahrungswissen darstellte.

⎾ Aufgabe 3 ⎽⎽⎽

Lesen Sie aus einer der wirkungsstärksten Pastoraltheologien dieser Zeit, Claus Harms, Pastoraltheologie in Reden an Theologie-Studierende, 1830–1834 das Vorwort und schauen Sie sich das Inhaltsverzeichnis an. In welche Funktionen ist das Pfarramt aufgefächert und wie sind die Themenfelder der Praktischen Theologie diesen Funktionen zugeordnet? Wie wird das Verhältnis von Pastoraltheologie und Praktischer Theologie bestimmt? Versuchen Sie den Stil des Buches zu charakterisieren!

Christian Palmers Evangelische Pastoraltheologie aus dem Jahr 1860 markiert einen Höhe-, zugleich aber auch einen Endpunkt dieser Epoche. Palmer orientiert sich zwar auch am pastoralen Paradigma, seine Pastoraltheologie zeugt jedoch von einem deutlich anderen Selbstverständnis als die Pastoraltheologie im Entwurf von Claus Harms.

Meine Arbeit hätte ich mir bedeutend erleichtern können, wenn ich als Inhalt der Pastoraltheologie blos die Lehre von der Seelsorge aufgenommen, und sie als solche in ganz gleicher Weise in den Kreis der praktisch-theologischen Disciplinen eingereiht hätte, wie die Lehre von der Predigt, der Katechese, der Liturgie je eine Stelle in diesem Kreise einnimmt. So wäre ich der Mühe überhoben gewesen, das meist so unklar gelassene Verhältnis der Pastoraltheologie zur praktischen erst auseinanderzusetzen, weil alsdann jene ganz einfach ein Theil von dieser wäre, wie es die Homiletik, die Katechetik usw. ist. Ich zog jedoch mit gutem Bedachte das Schwierigere vor, nämlich die Pastoraltheologie nach der älteren Weise als etwas Umfassenderes zu behandeln, gewissermaßen der praktischen Theologie parallel, aber so, daß in jener wesentlich nur der Pastor für den Pastor geschildert, mithin sein persönliches, durch sein Gewissen zu bestimmendes Wirken dargestellt und durch solche praktische Anweisung zum Pastoralamte die praktisch-theologische Wissenschaft in mannigfachster Weise illustrirt und ergänzt werde. Dieser rein praktische Zweck konnte mich indessen nicht abhalten, an allen den Puncten, wo dies nötig schien, nach Bedürfnis auf wissenschaftliche Voraussetzungen zurück- und einzugehen. Das in einer so ausgeführten Amtsanweisung für den Pastor die Seelsorge, als die von der persönlichen Tüchtigkeit des geistlichen, von seiner Weisheit, Erfahrung und Treue vollständig abhängige, aller gesetzlichen Formen enthobene Thätigkeit des Geistlichen, eine Hauptstelle einnimmt und deshalb das über sie Gesagte möglicher Weise auch die Stelle desjenigen Theils der wissenschaftlichen praktischen Theologie vertreten kann, welcher der Seelsorge gewidmet ist, liegt eben im Charakter der Seelsorge, wodurch sie sich von den übrigen geistlichen Functionen unterscheidet; es ist jedoch im Buche selbst gezeigt, daß hierdurch der principielle Unterschied zwischen Pastoraltheologie und praktischer Theologie

zwischen der Lehre von der Tüchtigkeit und Thätigkeit des Pastors und zwischen der Wissenschaft vom kirchlichen Leben – nicht aufgehoben ist.
(Christian Palmer, Evangelische Pastoraltheologie, Stuttgart 1860, VII)

Palmer versteht seine Pastoraltheologie als eine Form wissenschaftlicher Praktischer Theologie, d. h. als eine Wissenschaft, die sich allerdings – anders als die Praktische Theologie – nicht als Theorie des kirchlichen Lebens versteht, sondern in der Ausübung des Pfarrberufs ihren Kristallisationskern hat. Anders als bei Harms versteht sich Palmer aber nicht als Lehrmeister, der für seine jüngeren Kollegen Daumenregeln für alle möglichen Lebenslagen parat hält oder Ratschläge erteilt. Das pastorale Paradigma wird bei ihm eingerückt in die Perspektive der Seelsorge. Seine Pastoraltheologie ist somit eine praktisch-theologische Seelsorgelehre, die sich am Pfarramt ausrichtet.

Palmer bezieht sich in seiner Vorrede (V–IX) ausdrücklich auf Claus Harms zurück, stellt aber die Bemerkung betont voran, dass der evangelische Geistliche in der „unaufhörlichen Strömung des Lebens in der concreten Wirklichkeit" steht. „Daher kann auch kein pastoraltheologisches Werk [...] sich anheischig machen, für alle erdenklichen Fälle, die im Amtsleben vorkommen können, je ein fertiges Recept zu präsentieren" (VIIIf). Palmer markiert hier deutlich das Ende der kasuistischen Ratgeberliteratur. Die starke Orientierung am Leitbild des Pfarrers diente der Identitätsgewinnung, aber der Diversifizierung der Kontexte pfarramtlichen Handelns konnte diese kaum standhalten. Das pastorale Paradigma wurde den Dynamisierungsschüben des 19. Jh. nicht gerecht, weil es letztlich in der lehrmeisterlichen Weitergabe von Erfahrungen zu traditionsorientiert und unflexibel war. Aber die Pastoraltheologie hat sich stets als eine Konkurrenz zur Praktischen Theologie behauptet. Sie kann als ein Signal für die erhöhte Anleitungsbedürftigkeit der sich wandelnden Berufspraxis verstanden werden.

Praktische Theologie zwischen Systemzwang und Historisierung

War das pastoraltheologische Paradigma an der Berufspraxis interessiert, die sie anzuleiten versuchte, orientierte sich in der darauffolgenden Phase die Praktische Theologie an ihren Wissensbeständen. Das bedeutete zum einen: Sie erforschte das Gewordensein ihrer Gegenstände und lag damit im allgemeinen Trend der Zeit – nicht nur in der Theologie, sondern auch in der Geschichtswissenschaft, der Kunstgeschichte und der Architektur. Das bedeutete zum anderen, dass sie ihre anwachsenden Wissensbestände zu ordnen bestrebt war.

Tatsächlich fand im 19. Jh. Grundlagenforschung statt, von der wir bis heute zehren. Ein Beispiel ist die Geschichte des Gottesdienstes von Georg (Christian) Rietschel. Er legte ein mehrbändiges Lehrbuch der Liturgik vor. Die Pointe liegt darin, dass anhand von Quellentexten eine Geschichte des Gottesdienstes erarbeitet wurde. Die historische Forschung barg durchaus eine Brisanz: Das, was bisher im Gottesdienst gängige Praxis war, hatte man immer damit legitimiert, dass es ursprünglich

sei. Rietschel konnte nachweisen, dass vieles, was die Ausgestaltung des Kirchen-
raums betraf oder die Auswahl der Texte und die liturgische Ordnung des Gottesdienstes, lediglich frühestens auf das 17. Jh. zurückging und keineswegs ‚ursprünglich‘ war. Auf der Basis seines Rekurses auf die Alte Kirche und die Reformation bo-
ten sich Möglichkeiten, die eigene Praxis zu überdenken und neu unter Rückgriff
auf die im Protestantismus hochgeschätzten Epochen zu ordnen.

Neben die Historisierung tritt noch eine weitere Tendenz: nämlich die Systemati-
sierung der praktisch-theologischen Wissensbestände, d. h. die Neuordnung ihrer
Enzyklopädie. In den Pastoraltheologien von Claus Harms und Christian Palmer
waren die Gegenstandsbereiche im Wesentlichen an der Person des Pfarrers und seiner Amtsausübung orientiert. Jetzt treten viele neue Bereiche und Themen hinzu.
Dadurch stellt sich die Frage nach einer Zu- und Einordnung der Materialien. Dies
kann insgesamt als Symptom für die stoffliche Ausweitung der Praktischen Theologie verstanden werden. Nicht zuletzt durch die historische Forschung ergab sich ein
exponentielles Anwachsen der Stoffe und Wissensbestände. In dieser Tendenz lag
aber auch eine starke Selbstbezogenheit des Faches. Nicht so sehr die religiöse und
kirchliche Praxis lag im Fokus, sondern mehr die Frage, wie man die praktisch-
theologischen Stoffe sinnvoll in einem Lehrbuch unterbringt und wie man dieses
aufbaut. Deshalb kann man, durchaus mit einer kritischen Pointe, im Nachhinein
von einem System*zwang* sprechen.

Man hat die Epochenorientierung auch als „ekklesiales Paradigma“ bezeichnet,
um die Überschreitung der pastoralen Fokussierung anzuzeigen.[22] Nicht mehr das
Amt des Pfarrers ist der Kristallisationskern der Praktischen Theologie dieser Zeit,
sondern die Kirche. Allerdings nicht das von Nitzsch betonte Leben der Kirche in
seiner faktischen Vielgestaltigkeit, sondern ein Kirchen*begriff* war die Achse, um die
herum sich die Themen der Praktischen Theologie drehten. Höhe- und Schluss-
punkt dieser Epoche markiert Ernst Christian Achelis' (1838–1912) umfänglicher
„Grundriß der Praktischen Theologie“, 1893, in sechster Auflage 1912 erschienen.

Ein zeitgenössischer Rezensent, Heinrich Bassermann, hebt die große Gelehrsamkeit und den Materialreichtum dieses Lehrbuches hervor, kritisiert aber zweierlei. 1.
„[D]ie Prädikate, von denen Achelis die Einteilung der praktischen Theologie bestimmen läßt, eignen *der* Kirche, nicht *einer* Kirche oder einem bestimmten Kir-
chenkörper; sie eignen derjenigen Kirche, an welche die Christenheit *glaubt*, nicht
derjenigen, welche sie *sieht*.“ Das Schwanken zwischen ecclesia visibilis und invisibilis gehe allerdings letztlich auf Kosten der „Rücksicht auf die Empirie“.[23] 2. „Die
Ausführungen von Achelis sind, soviel Gutes, Lehrreiches und Interessantes sie auch
enthalten, doch viel zu detailliert und kompliziert, namentlich für ein Lehrbuch, als
daß sie zu grundlegender Klarheit verhelfen könnten.“ Es bestehe die Gefahr, daß

---

22 So etwa Peter C. Bloth, Praktische Theologie
(Grundkurs Theologie 8), Stuttgart/Berlin/Köln
1994, 46 u. ö.
23 Heinrich Bassermann, Rezension über: Ernst
Christian Achelis, Praktische Theologie I (1890),
in: ZPrTh 14 (1892), 92–100, wiederabgedruckt
in: Gerhard Krause, Praktische Theologie. Texte
zum Werden und Selbstverständnis der Praktischen Disziplin der evangelischen Theologie
(WdF 264), Darmstadt 1972, 145–158: 156f.

man „vor lauter Bäumen den Wald nicht sehen kann".[24] Das Anwachsen der in dickleibigen Bänden mühsam systematisierten historischen Stoffe hat tatsächlich dazu geführt, dass die Praktische Theologie den Blick für das gegenwärtige Leben der Kirche kaum frei bekommen hat. Da gerade die Orientierungsbedürftigkeit des kirchlichen Lebens gestiegen war, führte dies zu einem Nachholbedarf, der sich mit enormer Dynamik Bahn brach.

Die Reformbewegung der Praktischen Theologie um 1900

Einer der ersten, der das Paradigma der sog. Reformbewegung geltend gemacht hat, war Wilhelm Bornemann, der in seiner 1886 erschienenen Schrift über „Die Unzulänglichkeit des theologischen Studiums der Gegenwart" dramatische Anachronismen in Kirche und Theologie konstatierte.[25] Theologie und Kirche müssten sich den Herausforderungen des modernen Lebens stellen und die Pfarrer an die „rasch verbreiteten Formen und an die tausend neuen Aufgaben und Forderungen der Kultur der Gegenwart" (19) heranführen. Nur durch die Auseinandersetzung mit dem wirklichen Leben, dem „Alltagsleben" (12), könne die wachsende Distanz zwischen „breiten Volksschichten" (19) und der Kirche überwunden werden.

Der eindringliche Appell, die „Ofenbank des überlieferten Schematismus" (8) zu verlassen und sich der „Wirklichkeit des Lebens" (9) auszusetzen, bedingt einen prinzipiellen Perspektivwechsel, der die Praktische Theologie, die zur „unpraktischen Theologie" (85) geworden war, vom Kopf auf die Füße zu stellen sucht. In immer neuen Anläufen polemisierte er gegen eine Praktische Theologie, die sich an dogmatischen und idealen Begriffen orientiert und diese dann deduktiv in die Praxis, die als solche gar nicht wahrgenommen würde, herunterzubrechen sucht. Die Orientierung am Begriff statt an der Wirklichkeit habe zu einer „Versteinerung" (11) der Praktischen Theologie geführt.

Erst um die Jahrhundertwende 1900 entstanden im Zuge einer allgemeinen „Empirisierung der Geisteswissenschaft" vielfältige Reformbemühungen um die Praktische Theologie, die durch das Interesse verbunden waren, das Wirklichkeitsdefizit der Theologie zu überwinden.

Die herausragendsten Theologen dieser Bewegung waren Paul Drews, der sich mit religionssoziologischen Themen beschäftigte, Otto Baumgarten, der die Seelsorge neu orientierte, Friedrich Niebergall, dessen Arbeiten zur Homiletik wirkungsstark waren und Richard Kabisch, der für die Religionspädagogik Bedeutung hatte.

---

24 A.a.O., 158.
25 Wilhelm Bornemann, Die Unzulänglichkeit
des theologischen Studiums der Gegenwart, 1886.

┌ Aufgabe 4 _____

Lesen Sie Paul Drews, „Religiöse Volkskunde", eine Aufgabe der Praktischen Theologie, in: Monatsschrift für die kirchliche Praxis 1 (1901), 1–8. Was ist Religiöse Volkskunde?

Im Mittelpunkt des Interesses steht das religiöse Leben innerhalb der Kirche, dessen Zusammenhang mit der allgemeinen Kultur immer schon mitbehandelt sein will. Es gilt, ein möglichst umfassendes und detailgetreues Bild von den kulturellen, religiösen und sittlichen Lebensbedingungen zu gewinnen. Damit ist die Praktische Theologie wieder auf das wirkliche Leben eingestellt und beruht zugleich auf zeitgemäßen wissenschaftlichen Standards. Im Zentrum steht eine „Wendung zum wirklichen Menschen"[26], der als zukunftsoffen und erlebnisorientiert, ausdrücklich als der moderne Mensch verstanden wird.

┌ Aufgabe 5 _____

Vollziehen Sie das Paradigma dieser Zeit für mindestens eine der beiden Disziplinen nach.
1. Seelsorgelehre: Lesen Sie den Quellentext von Otto Baumgarten (Auszüge aus: Protestantische Seelsorge, Tübingen 1931, 61–65) und die Einleitung dazu von Friedrich Wintzer, in: Seelsorge. Texte zum gewandelten Verständnis und zur Praxis der Seelsorge in der Neuzeit (ThB 61), hg. und eingeführt von Friedrich Wintzer, XXIV–XXVII und 48–51.
2. Religionspädagogik: Lesen Sie auszugsweise von Richard Kabisch, Wie lehren wir Religion? Versuch einer Methodik des evangelischen Religionsunterrichts für alle Schulen auf psychologischer Grundlage, Göttingen 1910.
3. Homiletik: Lesen Sie die Programmschrift von Friedrich Niebergall, Die moderne Predigt (1905), abgedruckt in: Aufgabe der Predigt (WdF 234), hg. von Gert Hummel, Darmstadt, 1971, 9–74, in Auszügen (9–13; 64–74). Nehmen Sie als Sekundärliteratur dazu Hans Martin Dober, Die moderne Predigt. Über Friedrich Niebergalls Homiletik, in: Christian Albrecht/ Martin Weeber (Hg.), Klassiker der protestantischen Predigtlehre, Tübingen 2002, 161–183.

Praktische Theologie als Dogmatik

Die Reformbewegung um die Jahrhundertwende (1890–1920) hatte bei ihrer Aufgabenbestimmung der Praktischen Theologie vor allem ihre Zeit- und Situationsgemäßheit betont. Im Blick auf die Verkündigung des Evangeliums hieß es: „Was soll also die Predigt? *Sie soll einer bestimmten Gemeinde im bestimmten Augenblick das Evangelium predigen.*"[27] Der Versuch, „das Evangelium mit dem Leben der Gemeinde in die engste Fühlung [zu] bringen", stellte sich im Wesentlichen als harmonische Vermittlung von Christentum und Kultur dar.[28]

Eben dieser enge Konnex von Christentum und Kultur forderte Kritik heraus. Man sah darin einen Mangel an Profilierung des christlichen Glaubens gegenüber der Kultur und der Politik. Im Hintergrund stehen die Erfahrung des Ersten Welt-

---

26 So prägnant Peter C. Bloth, Praktische Theologie (s. o. Anm. 22), 60.
27 Martin Schian, Die Aufgabe der Predigt

(1906), in: Gert Hummel (Hg.), Aufgabe der Predigt, Darmstadt 1971, 75–89: 89.
28 A. a. O., 88f.

kriegs und die enorme Kriegsbegeisterung, die dann in die Katastrophe führte. Hier –
um 1917 – setzt ein Umdenkungsprozess der jüngeren Generation ein, die bei dem
„Mißbrauch der Predigt als potentiell und tatsächlich kulturideologisch-instrumentalisierbare[s] ‚Menschenwort‘"ansetzte.[29] Der Erste Weltkrieg erschütterte darüber
hinaus jeden kulturellen und anthropologischen Optimismus. Der verletzte, ver-
sehrte und gedemütigte Mensch stand nach Kriegsende im Blickfeld der Öffentlichkeit.

Die geistige Großwetterlage brachte Karl Barth[30], der damals noch junge Schwei-
zer Pfarrer in Safenwil, auf den Punkt: „Wir stehen in einem Tunnel. Der Eingang
ist hinter uns zugefallen".[31]

Die entscheidenden Impulse für einen theologischen Neuansatz gewinnt Barth,
was zunächst erstaunen mag, durch den Blick auf die Erwartungen der Menschen.
Er setzt also genau da an, wo auch die Reformbewegung ansetzte, kommt aber zu
völlig anderen Schlüssen.

Die Menschen wollen keinen Pfarrer, der es ihnen recht macht und ihr altes Leben
schmückt. Sie suchen eine Kirche gerade aus dem Grund auf, da sie „erschöpfte
Möglichkeiten"[32] hinter sich haben. Von der Predigt erhoffen sie sich mehr als bloß
ein paar Lebensweisheiten, die sie sich auch selbst sagen können. Gottes Wort, das
auch im Angesicht des Todes gültig und zuverlässig ist, soll zu hören sein.

„Wir sollen als Theologen von Gott reden. Wir sind aber Menschen und können
als solche nicht von Gott reden. Wir sollen Beides, unser Sollen und unser Nicht-
Können wissen und eben damit Gott die Ehre geben." (Das Wort Gottes als Aufgabe
der Theologie, 1923) Die Theologie Karl Barths wird deshalb als Dialektische Theologie bezeichnet, weil gerade die Absehung von den menschlichen Bedingungen dazu führen soll, dass sich das Gotteswort selbst zur Sprache bringt.

Aufgabe 6

Interpretieren Sie das folgende Zitat des Praktischen Theologen (!) Eduard Thurneysen. Lesen
Sie den gesamten Text. Worin besteht – positiv gewendet – die Aufgabe der Praktischen Theologie?

„Wer will hier Brückenschlag wagen, wer will hier Rat erteilen, wie es gemacht werden könnte, wer will hier von ‚Aufgabe‘ reden, als ob es die Aufgabe, um die es sich hier einzig handeln
kann, im Bereich menschlicher Möglichkeiten läge! Es wird zwar versucht werden, es wird geraten, es wird gewagt – aber ‚der im Himmel wohnet, lacht ihrer, und der Herr spottet ihrer‘!
Und es ist uns, wenn wir nur ein wenig aufrichtig vor unsrer Predigtaufgabe stehen, wir hätten
alle schon etwas von diesem Lachen gehört, das im Himmel über sämtlichen Ratschlägen, Re-
zepten und Mittelchen der praktischen Theologie ertönt." (Die Aufgabe der Predigt, 1921)

---

29 Volker Drehsen, Aufgabe der Homiletik, in:
Albrecht Beutel u.a. (Hg.), Homiletisches Lesebuch. Texte zur heutigen Predigtlehre, Tübingen
²1989, 9–11: 10.

30 Während Karl Barth der entscheidende spiri-
tus rector der Dialektischen Theologie ist, ist sein
Weggefährte Eduard Thurneysen (1888–1977)

der profilierteste Praktische Theologe der Dialektischen Theologie.

31 Karl Barth, Religion und Leben (1917), in:
EvTh 11 (1951/52) 437–451: 449.

32 Ders., Not und Verheißung der christlichen
Verkündigung (1923), in: Das Wort Gottes und
die Theologie, München 1925, 99–124: 106.

In einer doppelten Predigtdefinition hat Karl Barth im Rahmen seines Homiletischen Seminars aus dem Wintersemester 1932/33 in Bonn die unauflösliche Dialektik von Gotteswort und Menschenwort in der Predigt festzuhalten versucht: „1. Die Predigt ist Gottes Wort, gesprochen von ihm selbst unter Inanspruchnahme des Dienstes der in freier Rede stattfindenden, Menschen der Gegenwart angehenden Erklärung eines biblischen Textes durch einen in der ihrem Auftrag gehorsamen Kirche dazu Berufenen. 2. Die Predigt ist der der Kirche befohlene Versuch, dem Worte Gottes selbst durch einen dazu Berufenen so zu dienen, daß ein biblischer Text Menschen der Gegenwart als gerade sie angehend in freier Rede erklärt wird als Ankündigung dessen, was sie von Gott selbst zu hören haben."[33]

Die Dialektische Theologie stellt eine theologiegeschichtlich bedeutsame und wirkungsstarke Phase des 20. Jh. dar, die man nicht in wenigen Sätzen bewerten kann. Im Blick auf die Praktische Theologie schieben sich allerdings zwei Aspekte im Sinne einer Auswertung in den Vordergrund. Zum einen sind durch die starke Konzentration auf das *eine* Thema der Verkündigung des Wortes Gottes die vielfältigen kirchlichen Handlungsfelder in der Differenziertheit ihrer situationalen Kontexte aus dem Blick geraten. Zum anderen verbietet die massive Religionskritik, die sich im Wesentlichen darauf konzentriert, die eigene Religion auch als solche wahrzunehmen und zu bezeichnen, die eigene Religion als Teil der Vielfalt des Phänomens zu betrachten. Die Unterscheidung zwischen Religion und Glaube, dem Allgemeinen und dem Besonderen wird gewissermaßen in die Grundlegung vorverlegt, um das Phänomen der eigenen Religion exklusiv behandeln zu können. Dies führt zur Interessenlosigkeit sowohl an der tatsächlich gelebten Religion der unterschiedlichen Individuen als auch an den nichttheologischen Wissenschaften, von deren Entwicklungen man sich tatsächlich jahrzehntelang programmatisch abgeschnitten hatte.

Aufgabe 7

Lesen Sie zur ausführlicheren Würdigung der Praktischen Theologie in der Zeit der dialektischen Theologie:
Michael Meyer-Blanck, Art. Praktische Theologie und Religion, in: Christian Grethlein/Helmut Schwier (Hg.), Praktische Theologie. Eine Theorie- und Problemgeschichte, Leipzig 2007, 353–397, die Seiten 375–380.

---

33 Karl Barth, Homiletik. Wesen und Vorbereitung der Predigt, Zürich ³1986, 30.

C. Gegenwärtige Fragestellungen

Die „empirische Wendung" in der Praktischen Theologie

Der Begriff der empirischen Wendung stammt aus einem Aufsatz von Klaus Wegenast aus dem Jahr 1968, mit dem dieser die Neuorientierung der Religionspädagogik in den 60er Jahren prägnant betitelte.[34] Dieser viel verwendete Begriff steht für die umfassende Tendenz der Praktischen Theologie, ihren Wirklichkeitsbezug (wieder) zu entdecken. An die Stelle der einseitigen Ausrichtung an den theologischen Prinzipienfragen und dem Paradigma der Verkündigung tritt die Aufmerksamkeit für die Vielfältigkeit der Praxissituationen und die Orientierung an den einzelnen Menschen in ihren je individuellen Kontexten. Damit ist nicht nur ein Blickwechsel – vom Allgemeinen zum Besonderen, vom theologischen Prinzip zur Erfahrung – verbunden, sondern es führt letztlich auch zu einer weiten Öffnung der Praktischen Theologie für Einsichten der Human-, Geistes- und Gesellschaftswissenschaften. Die gelebte Religion wird zum Programmbegriff der Praktischen Theologie, die mit diesem neuen ‚alten' Paradigma auch gemeinsame Interessen mit der Systematischen Theologie (wieder-)entdeckt.

⌐ Aufgabe 8 ⎯⎯⎯⎯⎯⎯⎯⎯⎯⎯⎯⎯⎯⎯⎯⎯⎯⎯⎯⎯⎯⎯⎯⎯⎯⎯⎯

Lesen Sie: Albrecht Grözinger, Gelebte Religion als Thema der Systematischen und Praktischen Theologie, in: Ders./Georg Pfleiderer (Hg.), „Gelebte Religion" als Programmbegriff Systematischer und Praktischer Theologie, Zürich 2002, 13–41. Erläutern Sie das Programm! Lassen sich unterschiedliche Perspektiven der beiden Disziplinen ausmachen?

⌐ Arbeitsvorschläge für Gruppen ⎯⎯⎯⎯⎯⎯⎯⎯⎯⎯⎯⎯⎯⎯⎯⎯⎯⎯⎯⎯⎯

1. Tauschen Sie die Arbeitsergebnisse aus Aufgabe 5 miteinander aus, indem Sie sich in einem Rollenspiel als Friedrich Niebergall, Otto Baumgarten und Richard Kabisch treffen, um die Impulse der Reformbewegung für die drei genannten Teildisziplinen auszutauschen. Worin liegen die Gemeinsamkeiten?
2. Der letzte Paradigmenwechsel (1968) liegt schon einige Zeit zurück. Betreiben Sie science fiction und diskutieren Sie, in welche Richtung die Praktische Theologie in Zukunft steuern könnte. Gibt es schon Anzeichen für neue Tendenzen, die sich bemerkbar machen? Gibt es blinde Flecken, die einen Nachholbedarf provozieren?
3. Jeder/jede von Ihnen nimmt sich noch einmal eine Epoche der Praktischen Theologie vor und versucht diese stärker als dies bisher der Fall war mit der Zeitgeschichte in Verbindung zu bringen. Wo sehen Sie möglicherweise Wechselwirkungen mit politischen Ereignissen, kirchenpolitischen Entscheidungen, gesellschaftlichen und kulturellen Entwicklungen?

⎯⎯⎯⎯⎯⎯⎯⎯⎯⎯⎯⎯⎯⎯⎯⎯

34 Klaus Wegenast, Die empirische Wendung in der Religionspädagogik, in: EvErz 20 (1968), 111–124.

3. Phänomenologie des Religiösen

A. Problemskizze

„Alle fragen nach Gott ..."

So titelt die Frankfurter Allgemeine Sonntagszeitung und fährt fort „... nur an den Kirchen geht der Trend vorbei."[35] Damit ist ein in den letzten Jahren bemerkter öffentlicher Wandel angezeigt, der als die Wiederkehr des Religiösen oder eben als „Comeback der Gretchenfrage" bezeichnet wurde. Gemeint ist damit das Phänomen, dass Religion wieder ein Thema ist, nicht nur in politischen Debatten, sondern auch wenn es um Fragen individueller Lebensbewältigung geht. Dabei ist das wieder erwachte Interesse an der Religion keineswegs gleichbedeutend mit einem Interesse an der institutionalisierten Religion, der Kirche also, sondern jenseits der Kirchen boomt eine freie, bunte, vielfältig durchmischte religiöse Szene. Ein Blick in die Annoncen von Stadtmagazinen illustriert diesen Befund. Der Leser auf der Suche nach Sinn und Lebensbewältigung findet einen breiten Markt an religiösen Angeboten vor. Er kann wählen zwischen Rebirthing und Reinkarnation, Massage und Meditation, Horoskop und Heilfasten. Darüber hinaus – und dieses Phänomen regte die FAS zu ihrer Schlagzeile anlässlich der Neuerscheinungen im Bücherherbst an – widmen sich eine Fülle von spirituellen Ratgeberliteraturen, populartheologischen Essays, Reiseberichten über Pilgerfahrten explizit religiösen Themen. Das eigentlich Neue an diesem Trend ist, dass die Religion in die öffentlichen Diskurse zurückgekehrt ist oder – wie der Religionssoziologe Hubert Knoblauch diagnostiziert – die Sichtbarmachung der unsichtbaren Religion. Religion ist wieder ein Thema in den intellektuellen Debatten zur Gegenwartsanalyse von Kultur, Gesellschaft und Politik. Ob sich tatsächlich im gleichen Maße die Kirchen leeren, wie die außerkirchliche Nachfrage nach der Religion boomt, ist als Zusammenhang freilich eher eine Behauptung. Jedenfalls findet die Kommunikation über religiöse Themen und Fragen nicht nur in den dafür reservierten Institutionen, den Kirchen, statt. Diese „Formen des Religiösen in der Gegenwart"[36] gewinnen eine besondere Dynamik durch die Verbindung von Markt und Medien. Im Blick auf den Bücherherbst wird dieser Zusammenhang unmittelbar greifbar.

---

35 Das Comeback der Gretchenfrage. Von Sascha Lehnartz, in: FAS Nr. 41 vom 14. Oktober 2007, 59.

36 So der Buchtitel von Charles Taylor, Frankfurt a.M., 2002.

Was man zeitweise aus der Perspektive der Theologie als Religionsersatz, Pseudo-religion, Volksfrömmigkeit o.Ä. bezeichnet und pauschal abgewertet hat, wird im Folgenden im Rückgriff auf einen theoretisch grundgelegten Religionsbegriff präzisiert. An die Stelle einer schlichten Verurteilung solcher Phänomene tritt die Analyse ihrer religiösen Signaturen. Vorläufig und abgekürzt kann man sagen: Die Frage der Religion ist ganz wesentlich die nach dem Umgang mit dem Chaotischen, Unsteuerbaren, Zufälligen im Leben. „Das Interesse scheint Ausdruck einer Suchbewegung zu sein, einer Sehnsucht nach tiefen, umfassenden, grenzüberschreitenden (Selbst-) Erfahrungen, einer Sehnsucht nach dem Numinosen, dem Abenteuer, dem Zauber."[37]

Deutlich ist, dass das, was vielfach als Wiederkehr beschrieben wird, sich im Wesentlichen einem Blickwechsel verdankt. Was man als Zerfall religiöser Bindekraft und Bedeutungsverlust von Religion verstanden hatte, erweist sich beim näheren – und das heißt religionstheoretisch basierten – Hinsehen eher als Transformation denn als Wiederkehr des Religiösen. Religiöse Phänomene sind komplex. Aus diesem Grund ist es unerlässlich, sie im disziplinären Cross-Over zu betrachten. Psychologie und Soziologie, die Kulturwissenschaften und die Theologie sind im Blick auf ihre analytischen Konzepte gefragt.

Praktische Theologie, die die gelebte Religion zu ihrem Gegenstand macht, wird sich auch der Wahrnehmung von Religion außerhalb der Institutionen widmen, zumal sich außerkirchliche und kirchliche Religionspraxis nicht trennscharf unterscheiden lassen. Die Praktische Theologie trägt damit wesentlich zur Klärung bei, wie das Religiöse im kirchlichen Handeln besser zur Geltung gebracht werden kann und zielt damit auch darauf ab, die organisierte Religion in Kontakt mit den Suchbewegungen der Menschen zu halten. Im Folgenden werden wir einige zentrale Theoriekonzepte in den Blick nehmen.

B. Positionen und Argumentationen

Individualisierung als religiöse Signatur

Ein wesentliches Merkmal der Religion in der Moderne ist, dass sie nicht einfach einen Traditionsbestand darstellt, der von Generation zu Generation gleichförmig vererbt wird. Religion stellt wesentlich eine Suchbewegung des Einzelnen dar, der zwar auf traditionelle Vorgaben und kulturell vorfindliche Sinnangebote zurückgreift, diese aber in eine für sich selbst passende Form bringt. Häufig wird in diesem Zusammenhang der von Goethe geprägte Begriff der Anverwandlung verwendet, weil er diesen Prozess der Aneignung unter den Bedingungen der Individualität beschreibt. Bisweilen wird dieser religiöse Habitus auch als tinkering oder als Bricolage

---

37 Fremde Heimat Kirche. Ansichten ihrer Mitglieder. Studien- und Planungsgruppe der EKD.

Erste Ergebnisse der dritten EKD-Umfrage über Kirchenmitgliedschaft, Hannover 1993, 13.

beschrieben, um das Selbstgemachte an der Religion zu betonen. Der Begriff der Patchwork-Religion bringt zur Geltung, dass einzelne Teile aus unterschiedlichen Traditionszusammenhängen herausgeschnitten und neu zusammengefügt werden.

Der Soziologe Georg Simmel (1858–1918) hat dieses Moment der Individualisierung des modernen Lebens klassisch herausgearbeitet. Deshalb sollen seine religionstheoretischen Impulse im Zusammenhang mit seiner Kulturtheorie näher in den Blick treten.

Aufgabe 1

Lesen Sie von Volkhard Krech, Georg Simmel: Religion an der Schwelle, in: Volker Drehsen/Wilhelm Gräb/Birgit Weyel (Hg.), Kompendium Religionstheorie, Göttingen 2005, 62–64. Erläutern Sie folgende Aussage: „Beide Bestimmungsmerkmale des Individuumsbegriff – das Individuum als soziale Zurechnungsinstanz sowie als Abweichungs- und Inkommensurabilitätsphänomen – befinden sich in einem Spannungsverhältnis." (63) Inwiefern kann dieser soziale Sachverhalt als religioid (64) bezeichnet werden?

Was Simmel ausdrücklich als Individualisierung beschreibt, hat Charles Taylor als „Kultur der Authentizität" beschrieben. „Ich meine die Lebensauffassung, die mit dem romantischen Expressivismus im späten 18. Jahrhundert aufkommt. Danach hat jeder von uns seine oder ihre eigene Weise, die Humanität zu verwirklichen, und es ist wichtig, den eigenen Weg zu finden und danach zu leben, anstatt sich mit einem Modell, das uns von außen, von der Gesellschaft oder der vorhergehenden Generation, von den religiösen oder politischen Autoritäten, vorgegeben ist, der Konformität zu überlassen."[38]

Die unsichtbare Religion (Thomas Luckmann)

Bereits in der Problemskizze fiel der Begriff der unsichtbaren Religion. Der Religionssoziologe Thomas Luckmann hat in diesem 1967 zuerst in New York erschienenen Essay grundlegende Überlegungen zur Religion in der modernen Gesellschaft vorgelegt.[39] Er übt darin scharfe Kritik an einer Soziologie, die sich auf die Wahrnehmung von Religion innerhalb der Kirchen beschränkt und somit Religionssoziologie als Kirchensoziologie treibt. Religion und Kirche sind jedoch nicht einfach gleichzusetzen (55). Die institutionell spezialisierte Form der Religion ist lediglich eine unter vielen Sozialformen der Religion. Luckmann erhebt einen doppelten Befund: Die traditionelle kirchengebundene Religion ist an den Rand der modernen Gesellschaft gedrängt worden. Und: Etwas anderes, das man im Rahmen der soziologischen Analyse als Religion bezeichnen könnte, ist an die Stelle der traditionellen kirchengebundenen Religion in der modernen Gesellschaft getreten (73).

---

38 Charles Taylor, Formen (s. o. Anm. 36), 74.
39 Thomas Luckmann, Die unsichtbare Religion.

Mit einem Vorwort von Hubert Knoblauch, Frankfurt am Main [3]1996.

Religion ist, so Luckmann, ein allgemein menschliches Phänomen, das im Transzendieren der biologischen Natur durch den menschlichen Organismus besteht (86). Dieses Transzendieren ist eine Ablösung aus dem Strom der eigenen Erfahrung, die sich durch Anteilnahme an den Erfahrungen eines Mitmenschen ergibt. Man gewinnt Distanz zum eigenen Erleben. Man beginnt, sich selbst mit den Augen eines Mitmenschen zu sehen. Der Abstand vom Strom der unmittelbaren Erfahrungen kann nicht von selbst entstehen, doch er kann in Gestalt eines äußeren Blickwinkels importiert werden (84). Die Fähigkeit zur Distanz wird zu einem zentralen Bereich der persönlichen Identität. Der Einzelne wird auch außerhalb und unabhängig von sozialen Vorgängen in die Lage versetzt, Sinn zu konstruieren. Eine zentrale Aufgabe der Sinnkonstruktion ist die Integration von Vergangenheit, Gegenwart und Zukunft in eine zusammenhängende Biographie.[40]

Religion ist nach Luckmann ein soziales Phänomen. Der Mensch wird in Sozialisierungsprozessen zur Person. Diese Prozesse vermitteln zugleich aber immer auch eine geschichtlich vorgegebene gesellschaftliche Ordnung. Sozialisation ist stets verbunden mit der subjektiven Aneignung eines Sinnzusammenhangs. Diesen Sinnzusammenhang, der einer geschichtlichen Ordnung innewohnt und jeweils subjektiv angeeignet wird, nennt Luckmann eine „Weltansicht" (89). Die gesellschaftlich objektivierte und geschichtliche Wirklichkeit einer Weltansicht hat für den Einzelnen die Funktion eines Sinnreservoirs. Die Weltansicht erfüllt insgesamt eine religiöse Funktion. In der Weltansicht aber lässt sich zudem noch ein spezifisch religiöser Bereich ausgrenzen, der die Bedeutungshierarchie innerhalb der Sinnschichten einer Weltansicht bestimmt. Diesen ausgrenzbaren Bereich nennt Luckmann den Heiligen Kosmos. Er transzendiert den Alltag, ist jedoch mit diesem eng verbunden, indem er sich auf ihn bezieht. Der Heilige Kosmos verkörpert sich in Repräsentationen wie Sprache, Riten und Ikonen.

Für die Herausbildung einer Identität sowie die Vermittlung und Aneignung von Religion ist die Sozialisation eines Menschen unbedingt notwendig; eine religiöse Institution – eine Kirche etwa – allerdings nicht zwingend, weil man sich auch in anderen Sozialformen zusammenfinden kann. Es kommt jedoch zur Institutionalisierung von Religion, wenn eine Gesellschaft an Komplexität gewinnt. „Die *institutionelle Spezialisierung* als eine *Sozialform der Religion* lässt sich zusammenfassend bestimmen durch die Standardisierung des Heiligen Kosmos in einem genau umschriebenen Dogma, durch die Ausgliederung von religiösen ‚Vollzeit-Rollen', die Übertragung spezieller Sanktionsvollmachten zur Durchsetzung dogmatischer und ritueller Konformität auf besondere Einrichtungen und durch die Entstehung ‚Kirchen-ähnlicher Organisationen'." (105)

Drei Gefahren birgt die Institutionalisierung in sich: 1. Der Heilige Kosmos gliedert sich auf in mehrere Ausschnitte, die möglicherweise für den Einzelnen nicht mehr als subjektiv sinnvolles Ganzes erlebt werden. Während von institutioneller Seite her das richtige Verhältnis der Bereiche berücksichtigt wird, indem beispiels-

---

40 Siehe dazu Einheit 12.

weise einmal die Notwendigkeit des Glaubens, ein anderes Mal die Selbstverständlichkeit der guten Tat oder die Teilnahme am Ritual empfohlen wird, kann für den Einzelnen der Sinnzusammenhang des Ganzen zerfallen. Damit verliert das offizielle Modell an subjektiver Plausibilität (114). 2. Das offizielle Modell begegnet dem Einzelnen in Form sehr spezifischer Handlungsnormen und festgefügter Glaubensüberzeugungen. Es erstarrt. Der Heilige Kosmos wird als abgetrennt von der Welt erlebt. Das tatsächlich wirksame System subjektiver Präferenzen kann sich ablösen von den letzten Bedeutungen des offiziellen Systems. Man erfüllt allerlei religiöse Normen, nimmt beispielsweise routiniert an Festgottesdiensten teil, stellt offizielle Dogmen nicht in Frage, im alltäglichen Leben jedoch spielt die offizielle Religion faktisch keine Rolle. (115) 3. Die Spezialisten der offiziellen Religion geraten in eine erhebliche Distanz zu den Laien, an deren Lebenswirklichkeit sie kaum noch Anteil haben. Diese potentielle Entwicklung aber gefährdet die Übereinstimmung zwischen dem Heiligen Kosmos der „Sachverständigen" und den Fragen, welche die Laien beschäftigen.

Die genannten Entwicklungen sind als Säkularisierung zusammenfassend zu beschreiben. Säkularisierung in der modernen Gesellschaft heißt demnach, dass das offizielle Modell und die individuelle Religiosität nicht deckungsgleich sind. Religion wird zur Privatsache. Das autonome Subjekt bildet sich seine Religion selbst. Der Heilige Kosmos ist nicht mehr in sich geschlossen. Es gibt keine verpflichtende Hierarchie mehr, sondern der Heilige Kosmos fällt in ein „Warenlager" letzter Bedeutungen auseinander, aus dem sich der Einzelne bedient und private Systeme konstruiert, die – anders als das offizielle Modell – in sich instabil sind. Denn sie werden nicht gemeinschaftlich gepflegt, man kann sich ihrer Sinnhaftigkeit nicht durch Rituale oder Kommunikation vergewissern und die einzelnen Teile fügen sich nicht zu einer kohärenten Weltsicht. Die Vermittlung von Religion ist nicht länger mit den Institutionen verbunden, sondern der Einzelne gewinnt als potentieller Konsument einen direkten Zugang zum Sortiment der religiösen Repräsentationen.

┌─ Aufgabe 2 ─────────────────────────────────

Lesen Sie zur Nachbereitung das Vorwort von Hubert Knoblauch zu Luckmanns Buch: Die unsichtbare Religion. Erläutern Sie den Titel.

Ein grundlegendes (soziologisches) Theoriemodell ist damit vorgestellt, das die Beziehungen zwischen individueller Religiosität, kirchlicher Institution und moderner Gesellschaft im Zusammenhang zu erklären versucht. Es ist gerade diese komplexe und komplizierte Situation von Religion unter den Bedingungen der Moderne, die praktisch-theologische Theoriebildung gegenwärtig herausfordert.

Die Popularisierung der Religion

Ausgehend von der bei Luckmann beschriebenen unsichtbaren Religion hat der Religionssoziologe Hubert Knoblauch die Entwicklungen der letzten Jahre und Jahrzehnte als Popularisierung der Religion beschrieben. Die gegenwärtigen religiösen Entwicklungen, so Knoblauch, sind durch eine dynamische Ausbreitung religiöser Phänomene gekennzeichnet, die „auf zwei Säulen stehen: den Medien und dem Markt".[41] Die aus der Kombination von Markt und Medien generierten Formen der Religiosität nennt Knoblauch populäre Religion. Sie ist im Wesentlichen deckungsgleich mit der von Luckmann so genannten unsichtbaren Religion. Charakteristisch ist allerdings ihre massenhafte mediale Verbreitung, die in gewisser Weise zu ihrer Sichtbarwerdung, wenn auch außerhalb der kirchlichen Institutionen, beiträgt. Nicht immer sind religiöse Themen dann auch als solche erkennbar, weil sie unter anderen Labels laufen. Als ein Beispiel, wie durch Medialisierung religiöse Inhalte geprägt werden können, führt Knoblauch die so genannten Nahtoderfahrungen an. Sie sind ein Symptom für eine Entwicklung, die an die Stelle einer gesellschaftlichen Verdrängung des Todes eine neue Kultur des Todes setzt, an der die Medien wesentlich Anteil haben.[42] Menschen berichten eindrücklich über Erfahrungen der Todesnähe, die Staunen hervorrufen. Manche berichten über das Gefühl, über dem eigenen Körper zu schweben und die Bemühungen der Ärzte um eine Wiederbelebung aus der Distanz zu beobachten. Andere berichten vom Ablaufen eines Films, der ihr eigenes Leben zeigt. Wiederum andere bekunden die Wahrnehmung einer enormen Lichtquelle, die sie am Ende eines langen, dunklen Tunnels erwartet hätte und in ihnen das Gefühl großer Freude und Erleichterung erzeugt habe. Solche Reportagen oder Buchreports sind in den letzten zwei Dekaden enorm angeschwollen. Sie sind auch vielfältig Gegenstand der Interpretation geworden. Man kann neurologische, psychologische, parapsychologische und sozial- bzw. kulturwissenschaftliche Erklärungsmodelle unterscheiden.[43] Auch wenn man einer natürlichen Erklärung solcher Erfahrungen zuneigt und einwenden möchte, dass die Grenze zum Tod nicht wirklich überschritten wurde, weil der Betreffende ja lebt, so wird allerdings deutlich, dass hierbei implizit auch die Frage nach Jenseitsvorstellungen berührt ist. Welche Vorstellungen machen sich Menschen von dem, was sie nach dem Tod erwartet? Welche Bilder werden wirksam? Auf Seiten der Zuschauer ist das Bedürfnis erkennbar, von positiven Erfahrungen zu hören, etwa dem Gefühl der Leichtigkeit, der freudvollen Begegnung mit längst verstorbenen Angehörigen und der Erlösung. Die genuin religiöse Frage: „Was kommt nach dem Tod?" wird in den Medien zwar modifiziert, aber die Eschatologie ist hier nicht nur angesprochen, sondern sie prägt ihrerseits die Vorstellungen der Menschen über Tod und Sterben.

---

41 Hubert Knoblauch, Populäre Religion. Markt, Medien und die Popularisierung der Religion, in: ZfR 8 (2000), 143–161: 145.
42 Ders., Die populäre Religion, in: ThPQ 154 (2006), 164–172: 170.

43 Vgl. den Sammelband Hubert Knoblauch/Hans-Georg Soeffner (Hg.), Todesnähe. Interdisziplinäre Zugänge zu einem außergewöhnlichen Phänomen, Konstanz 1999. Eine Übersicht über die Zugänge findet sich auf S. 21.

Synkretismus

Der kulturelle Kontext prägt die Rezeption religiöser Traditionen. Verschmelzungsprozesse finden statt, in denen beispielsweise Heidnisches und Christliches miteinander zu einer neuen, synkretistischen Religion verbunden werden. Neuerdings erst wird dieser Begriff verwendet, um die Religionspraxis in modernen Gesellschaften zu beschreiben. Wenn sich die Bildung eines subjektiv plausiblen Sinnsystems unter den Bedingungen eines freien religiösen Marktes der Möglichkeiten als Konsum einzelner heterogener Sinnangebote vollzieht, dann liegt es nahe, von Synkretismusbildung zu sprechen. „Hier handelt es sich nicht mehr um die Begegnung und gegenseitige Veränderung trennscharf unterscheidbarer religiöser Welten, Symbolsysteme und Praxisformen, vielmehr werden in einem oft nur schwach profilierten und sozial nur wenig verpflichtenden Herkunftshorizont einzelne Elemente verschiedenster Herkunft und geringer Verträglichkeit kurzfristig und veränderlich verknüpft – und dabei so weitgehend umgestaltet, dass die ursprünglichen Kontexte und auch der eigene Rezeptionshorizont schnell unkenntlich werden."[44] Mehr noch als der häufig gebrauchte Begriff der Patchwork-Religion bedeutet der Begriff Synkretismus, dass es sich nicht nur um eine kreative Zusammenstellung handelt, die noch die Schnittstellen erkennen lässt, sondern um eine Amalgamisierung, die die einzelnen Elemente zu etwas Neuem verschmilzt und ihre Herkünfte schließlich unkenntlich werden lässt.

Aufgabe 3

Machen Sie sich mit einem Beispiel für Synkretismusbildung näher vertraut. Lesen Sie Michael N. Ebertz: Synkretismus im (popularen) Christentum. Soziologische Aspekte der Hybridisierung von Todesvorstellung, in: Hubert Knoblauch/Hans-Georg Soeffner, Todesnähe (s. o. Anm. 43), 285–312.

Religiöse Alltagsphänomene

Zum Beispiel: Die Allgegenwart der Engel
Engel sind allgegenwärtig. Nicht nur zur Weihnachtszeit schmücken sie Geschenkpapier und Grußkarten, werben verführerisch für leichten Frischkäse und edles Parfum oder treten in Filmen als Engel auf Erden auf. Engel sind jederzeit anzutreffen: in der Literatur, im Film, in der bildenden Kunst und auf Alltagsartefakten wie Tassen, Postkarten und vielem mehr. Darüber hinaus wissen zahlreiche Zeitgenossen von Engelerlebnissen zu berichten: Engel begegnen als übernatürliche Beschützer und Helfer, sie versuchen den Menschen zu seinem wahren Selbst zu führen und stehen ihm nach dem Tod zur Seite.[45] Ihre Gestalt ist vielfältig – sie reicht vom kleinen dicken geflügelten Putto über blonde junge Frauen hin zu freundlich blickenden

---

44 Volker Drehsen/Walter Sparn, Im Schmelztiegel der Religionen. Konturen des modernen Synkretismus, Gütersloh 1996, Vorwort der Herausgeber (10).

45 Allein vier Engelbücher hat Anselm Grün auf den Markt gebracht: 50 Engel für die Seele, 50 Engel für das Jahr, Jeder Mensch hat einen Engel, Das kleine Buch der Engel.

Mittvierzigern – als auch ihr Wesen: Sie erscheinen als außerirdische Rettergestalten, mitleidvolle und auf der Erde heimatlos umherstreifende Existenzen oder lediglich als Menschen, die gute Taten vollbringen. Das biblisch-christliche Engelverständnis wird sowohl aufgenommen als auch transformiert: neuzeitlich-säkular wird der Engel zur Chiffre für Menschlichkeit bzw. für übernatürlichen Wirkmacht. Die Engel-Diskurse sind nicht trennscharf unterschieden und wirken ihrerseits wieder auf die christliche Angelologie zurück. Der Blick auf diese Gemengelage zeigt: „‚Engel‘ ist [...] im modernen Sprachgebrauch keine Bezeichnung einer fest umrissenen Gestaltform, sondern ein Platzhalter für eine Vielzahl von Konnotationen, die das ikonographische und funktionale Spektrum christlichen Engelverständnisses ebenso umfassen, wie dessen neuzeitlich-säkulare und neureligiöse Transformationen."[46] ‚Engel‘ ist ein schillerndes und anpassungsfähiges Symbol, das offenbar gerade wegen dieser Eigenschaften geeignet zu sein scheint, religiöse Bedürfnisse wie die Präsenz des Transzendenten im Alltag, die Suche nach Sinn und Schutz usw. zu repräsentieren.

Zum Beispiel Fußball: „Gott ist rund"[47]

Auf der Suche nach „religiösen Sedimenten in der Alltagskultur"[48] kommt man an dem Phänomen Fußball kaum vorbei. Tatsächlich scheinen Analogien zwischen Fußball- und Gottesdienstritualen bzw. Fangemeinde und Kirchengemeinde unübersehbar. Um nur einige Parallelen zu nennen: Gottesdienst und Fußballspiel verlaufen nach einer festen Ordnung, Gottesdienstbesucher und Fangemeinde erscheinen in ihrer Sonntagskleidung (der gute Anzug hier, Trikots, Mützen und Schals in den Vereinsfarben dort), sowohl in der Kirche als auch im Stadion gibt es die Kerngemeinde mit angestammten Plätzen, der Einzug der Spieler wird von den Introitus-Gesängen der Fans begleitet, die Melodien und Inhalte von Kirchen- und Stadiongesängen gleichen einander. Ist Fußball eine Form „impliziter Religiosität"[49]?

C. Religion, Kult und Kultkritik

Frank Thomas Brinkmann diagnostiziert am Beispiel des Sports eine Trendwende in der theologischen Wahrnehmung massenkultureller Phänomene. „Was hat es eigentlich mit der Geltungspriorität und Deutungshoheit der ‚religiösen‘ Perspektive auf sich, die überall das entdecken kann, was sie entdecken möchte, weil sie es ent-

46 Gregor Ahn, Engel-Mode und Mode-Engel. Aspekte der Transformation christlicher Engeltraditionen in Texten des 20. Jahrhunderts, in: Mitteilungen für Anthropologie und Religionsgeschichte 11 (1996), 107–128: 112.

47 Dirk Schürmer, Gott ist rund. Die Kultur des Fußballs, Berlin 1996.

48 Manfred Josuttis, „Fußball ist unser Leben". Über implizite Religiosität auf dem Sportplatz, in: Kristian Fechtner/Lutz Friedrichs/Heinrich Grosse/Ingrid Lukatis/Susanne Natrup (Hg.), Religion wahrnehmen. FS für Karl-Fritz Daiber zum 65. Geburtstag, Marburg 1996, 211–218: 211.

49 Ebd.

decken will?"[50] Er plädiert für eine sorgfältige Analyse der Phänomene, die nicht einfach vorschnell Religion und Kultur miteinander verbindet. „Es ist alles eine Frage des Religionsverständnisses, des Religionsbegriffs – und der (religiösen oder nichtreligiösen?) Sinnwelten, in der der Interpret lebt."[51] Neben der begrifflichen Präzisierung ist damit die Kontextualisierung der Wahrnehmung und Beurteilung religiöser Phänomene von Bedeutung. Denn es stellt sich – nicht nur im Hintergrund – die Frage, wie man sich als Institution Kirche dazu verhält? Häufig sind ihre Reaktionen von der Sorge angesichts des als bedrohlich empfundenen Bedeutungsverlustes gezeichnet. Immerhin verständnisvoll gibt man sich dort, wo man vom Religionsboom „lernen" will und im Spiegel der außerkirchlichen Religionspraxis einzelne Defizite, wie etwa den Mangel der Rede von Engeln im kirchlichen Raum, einsehen und beheben will. Beide Reaktionen erweisen sich jedoch als sehr oberflächlich. Sowohl der Gedanke, sich etwas vom Design der schönen neuen Religionswelt für die glanzlosen Verpackungen des kirchenvolkseigenen Betriebs abzugucken, als auch der Versuch, eigene Lücken im Spektrum der zur Verkündigung üblichen Themen zu schließen, überzeugt auf die Dauer wohl kaum. Die mit der Moderne verbundenen Umwandlungsprozesse sind komplexer und sie sind irreversibel. Weiterführend sind daher umfassendere Überlegungen zur Religionsfähigkeit[52] der Kirche. Wie kann die Kirche in Lehre und Leben der Neigung zum Fundamentalismus und in Anbetracht unterschiedlicher Partizipationsformen ihrer Mitglieder der Homogenisierungsversuchung widerstehen? Statt trotzig auf die Wahrheit des Christentums zu pochen, sollte der Lebensbezug des christlichen Glaubens plausibel dargelegt werden, so dass seine befreiende Kraft dem Einzelnen einzuleuchten vermag. Die Kirche muss sich um den Erwerb einer neuen „Sprachfähigkeit" bemühen und „den religiösen Hintergrund von Lebensgeschichten" wahrnehmen und verstehen.[53] Auf die Alltags- und Erfahrungswelt sollte nicht nur formal und stereotyp Bezug genommen werden, sondern sie muss gerade als der Ort verstanden werden, an dem Religion ihre Wirksamkeit entfaltet.[54]

Arbeitsvorschläge für Gruppen

1. Schreiben Sie die folgenden Begriffe auf Karteikarten und losen Sie diese verdeckt unter sich aus. Jeder muss die zugelosten Begriffe verständlich erklären: Weltansicht, Heiliger Kosmos, Religion, Religiosität, implizite Religiosität, Synkretismus. Als Nachbereitung werden die Definitionen schriftlich festgehalten und gelernt.
2. Verschaffen Sie sich einen Überblick über einige religiöse Angebote. Studieren Sie die Kleinanzeigen eines Stadtmagazins oder achten Sie eine Woche lang auf Aushänge. Tragen Sie die Fundstücke zusammen und versuchen Sie diese religionstheoretisch zu beschreiben.

---

50 Frank T. Brinkmann, Art.: Sport, in: Wilhelm Gräb/Birgit Weyel (Hg.), Handbuch Praktische Theologie, Gütersloh 2007, 395–406: 396.
51 A.a.O., 406.
52 Volker Drehsen, Wie religionsfähig ist die Volkskirche? Sozialisationstheoretische Erkundungen zur neuzeitlichen Christentumspraxis, Gütersloh 1996.
53 Fremde Heimat Kirche (s.o. Anm. 37), 346.
54 Siehe Einheit 10.

4. Praktische Theologie und Systematische Theologie

A. Grundlagen

Wenn aber die ganze Theologie so gestellt wird, dass die Dogmatik die eigentliche Theologie sein soll und praktische Theologie nur Anwendung der Dogmatik, [...] so erscheint mir diese Ansicht sehr schief und der eigentlichen Lage der Sache nicht angemessen.
Friedrich Schleiermacher[55]

Praktische Theologie ist nicht Theorie des Handelns der Amtskirche, sondern: Praktische Theologie ist kritische Theorie religiös vermittelter Praxis in der Gesellschaft.
Gert Otto[56]

Praktische Theologie (=PT) ist die Lehre von der Mitteilung des Evangeliums. ‚Evangelium‘ bezeichnet in diesem Zusammenhang die biblische Botschaft von der Vertrauen und Befreiung schaffenden Begegnung Gottes mit den Menschen.
Eberhard Winkler[57]

[...] haben alle Beiträge zur praktisch-theologischen Methodik im reformatorischen Sinne eine Antwort auf die Frage zu geben, in welcher überlegten und besonnenen Weise die religiöse Kommunikation gestaltet werden muss, damit die Wahrheitsgewissheit des Glaubens und die durch sie begründete Gesinnung innerhalb einer individuellen Bildungsgeschichte menschlich möglich wird.
Konrad Stock[58]

Die praktische Disziplin von Theologie im engeren Sinne absorbiert nicht die übrigen Disziplinen – die historische und die systematische – aber sie integriert sie. Erst in dieser Integration wird die ursprüngliche Aufgabe von Theologie im engeren Sinne erfüllt. Erst sie bringt ihr einheitliches Wesen an den Tag, insgesamt nichts anderes zu sein als eine professionsspezifische Ausgestaltung der Reflexionskultur des christlichen Gesamtlebens [...].
Eilert Herms[59]

---

55 Schleiermacher, Praktische Theologie (s. o. Anm. 4), 6.

56 Gert Otto, Grundlegung der Praktischen Theologie, München 1986, 21f.

57 Eberhard Winkler, Praktische Theologie elementar. Ein Lehr- und Arbeitsbuch, Neukirchen-Vluyn 1997, 11.

58 Konrad Stock, Die Theorie der christlichen Gewissheit. Eine enzyklopädische Orientierung, Tübingen 2006, 299.

59 Eilert Herms, Gesellschaft – Christliches Leben – Theologie. Eine Besinnung auf das Wesen der Praktischen Theologie aus systematisch-theologischer Perspektive, in: Gelebte Religion. Im Brennpunkt praktisch-theologischen Denkens und Handelns (FS G. Otto), Rheinbach 1997, 352–379: 372. Herms nimmt die Einteilung Schleiermachers in systematische, historische und praktische Theologie auf und unterscheidet darüber hinaus die *Theologie im engeren Sinne* als Profession von der deutenden Selbstvergewisserung jedes Christenmenschen als *Theologie im weiteren Sinne*.

Die Systematische und die Praktische Theologie bewegen sich in der Gegenwart wieder deutlich aufeinander zu. Beiden geht es um die christliche Deutung der Gegenwart und um das, was die Menschen heute tatsächlich glauben, was sie glauben können und glauben sollen – also um ihre *religiös vermittelte Praxis in der Gesellschaft*, um ihre *Wahrheitsgewissheit des Glaubens* bzw. um die Reflexion *christlichen Gesamtlebens*. Immer wieder wurde die PT nicht als Theorie gesehen, sondern als eine Sammlung von Praxisregeln. So wurde sie von dem Alttestamentler Julius Wellhausen boshaft als Theorie des „praktischen Hufbeschlags" tituliert.[60] Eine Zeitlang waren die beiden theologischen Fächer eher Konkurrenten; das galt besonders unter dem Paradigma der PT als empirische Handlungswissenschaft in den 70er Jahren des 20. Jahrhunderts. Die PT galt damals vielen als eine Disziplin, in der die „Theologizität" zugunsten von Psychologie, Soziologie und Pädagogik verloren ging und die Systematik, besonders die Dogmatik galt in der PT als Affirmation von Bekenntnissätzen ohne Rücksicht auf die empirischen Gegebenheiten der außerhalb der Kerngemeinde gelebten christlichen Praxis.[61] Inzwischen aber ist deutlich geworden, dass die praktische und die systematische Disziplin der Theologie gleichermaßen die Bedingungen zu beschreiben suchen, unter denen der christliche Glaube heute formuliert und verantwortet werden kann.

Versteht man unter der Systematik nicht den Zwang zu einem geschlossenen System und unter der Praxis nicht das Handwerkliche des pfarramtlichen Handelns, dann ist die systematische Disziplin nur in praktischer Orientierung möglich und die praktische nur als Religionstheorie und damit mit starken systematischen Anteilen. Der Unterschied besteht dann nur darin, dass die Systematik mehr nach den grundlegenden (etwa den philosophischen) und historischen Bedingungen und Beschreibungen des christlichen Glaubens fragt, während die PT stärker nach den empirischen und aktuellen Bedingungen und Beschreibungen fragt.

Trennscharf ist die damit formulierte Unterscheidung allerdings nicht – und das ist so auch sachgemäß. Im Grundsätzlichen liegen beide Fächer nahe beieinander. Die praktische Fundamentaltheologie[62] und die Prolegomena zur Dogmatik gehen ineinander über. Erst wenn die für das Fach typischen Themen zur Sprache kommen: Trinitätslehre, Eschatologie, Anthropologie einerseits und Gottesdienstlehre, Unterricht, Seelsorgelehre andererseits, scheinen ganz unterschiedliche Denkmuster vorzuliegen; wenigstens die Texte der Forschungen sind ganz andere: Die Bekennt-

---

60 Vgl. dazu Gerhard Krause (Hg.), Praktische Theologie. Texte zum Werden und Selbstverständnis der praktischen Disziplin der Evangelischen Theologie, Darmstadt 1972 (WdF 264), XX, wo noch weitere Bonmots zitiert sind.

61 So hat Wilhelm Gräb noch in den letzten Jahren die „kirchlich-dogmatische Phraseologie" kritisiert und gefordert, die Kirche müsse erst wieder deutlich machen, dass sie „ein vorzüglicher Ort religiöser Deutungskultur in der Gesellschaft" sei (Wilhelm Gräb, Lebensgeschichten,

Lebensentwürfe, Sinndeutungen. Eine Praktische Theologie gelebter Religion, Gütersloh 1998, 32. 21).

62 Dazu vgl. Michael Meyer-Blanck, Die praktisch-theologische Großwetterlage: Diskurse, Bezüge, Forschungsrichtungen, in: Thomas Schlag/Thomas Klie/Ralph Kunz (Hg.), Ästhetik und Ethik. Die öffentliche Bedeutung der Praktischen Theologie, Zürich 2007, 11–24, bes. 18–24 („Praktische Fundamentaltheologie. Ein Plädoyer").

nisse der Kirche und die Werke großer Theologen hier, Unterrichtstheorien, Agenden und bedeutende Seelsorger dort. Doch auch hier ergeben sich schnell Überschneidungen. Denn gerade die Trinitätslehre braucht die Sichtweisen, wie sie in Unterricht und Seelsorge zur Sprache kommen und die Gottesdienstlehre benötigt eine theologische Anthropologie, wenn sie das Rituelle weder ignorieren noch theologisch kurzschließen will. Eine praktisch-theologische Theorie und theologische Praxis ohne dogmatische Reflexion ist unverantwortlich (und vice versa auch eine Dogmatik ohne religiösen Gegenwartsbezug).

Zu unterscheiden von der enzyklopädischen Frage der Disziplinen untereinander ist das Verhältnis der jeweiligen Theorie von PT zur *Kirche*. Während die frühe empirische PT zu Beginn des 20. Jahrhunderts in großer Kirchennähe entwickelt werden konnte (mit der „Kirchenkunde der Gegenwart"[63]), warnten bestimmte Programme von PT zu Beginn des 21. Jahrhunderts gerade vor einem zu engen Kirchenbezug.[64] Da die PT zwischen theologischer Wissenschaft, Gegenwartskultur und christlicher Praxis wissenschaftlich zu vermitteln hat, unterliegt sie immer der Gefahr der kirchlichen Verengung einerseits und der Verflüchtigung in eine allgemeine Gesellschaftstheorie andererseits. Ihre Chance dürfte es von daher umgekehrt sein, sich dieser beiden Gefahren bewusst zu sein und deren Spannung wissenschaftlich fruchtbar zu machen.

B. Positionen und Argumentationen im Verlauf der Geschichte

Weil für die Darstellung der Disziplinentwicklung in diesem Band wenig Platz zur Verfügung steht, wird im Folgenden nur kurz der große Zusammenhang angedeutet. Anhand des Verhältnisses zur Systematischen Theologie sollen mit Hilfe dieser Einheit auch historische Aspekte der PT erarbeitet werden. Die Geschichte kann in sechs Perioden eingeteilt werden.[65]

1. Die Begründung im 19. Jahrhundert: PT und Ekklesiologie

Friedrich Daniel Ernst Schleiermacher (1768–1834) gilt allgemein als „der Urheber der praktischen Theologie als Wissenschaft".[66] Schleiermacher begründete die Prak-

---

63 Die Kirchenkunde wurde erstmals von Paul Drews gefordert und dann durch die von Martin Schian herausgegebene Reihe verwirklicht. Von 1902–1919 erschienen 7 Bände „Evangelische Kirchenkunde. Das kirchliche Leben der deutschen evangelischen Landeskirchen": Sachsen, Schlesien, Baden, Bayern, Thüringen, Niedersachsen, Württemberg.

64 Dazu vgl. Albrecht Grözinger/Georg Pfleiderer (Hg.), „Gelebte Religion" als Programmbegriff Systematischer und Praktischer Theologie, Zürich 2002.

65 Ausführlich vgl. dazu Christian Grethlein/Michael Meyer-Blanck (Hg.), Geschichte der Praktischen Theologie. Dargestellt anhand ihrer Klassiker, Leipzig 1999, 1–65.

66 Ernst Chr. Achelis, Lehrbuch der Praktischen Theologie in 3 Bänden, Leipzig ³1911 [1890], Bd. 1, 14.

tische Theologie, indem er die gesamte Theologie neu einteilte und dabei drei Teile unterschied: Philosophische (= Systematische), Historische und Praktische Theologie. In seiner Praktischen Theologie aus dem Nachlass heißt es:

> Die praktische Theologie ist die Krone des theologischen Studiums, weil sie alles andere voraussetzt und deswegen zugleich für das Studium das Letzte ist, weil sie die unmittelbare Ausübung vorbereitet. So wird die systematische und historische Theologie bei der praktischen vorausgesetzt und von ihr dadurch ausgeschieden; [...] Das Ausschließen jener anderen Teile der wissenschaftlichen Theologie aus der praktischen ist nicht ein absolutes sondern ein relatives.[67]

Die Praktische Theologie als „Krone" bedeutet für Schleiermacher kein Werturteil (gemeint ist nicht die „Krönung der Theologie"), sondern eine enzyklopädische und zeitliche Ordnung des Studiums. Die Praktische Theologie soll zuletzt studiert werden, weil sie den Wurzelgrund philosophisch-systematischer und den Körper historischer Theologie voraussetzt – so Schleiermachers Enzyklopädie.[68] Die Praktische Theologie hat es nur mit der richtigen Verfahrensweise zu tun – nachdem historische wie systematische Theologie angeeignet sind.

Aufgabe 1

Lesen Sie F. Schleiermacher, Kurze Darstellung (s. o. Anm. 3), 100–102 (§§ 260–266) und ders., Praktische Theologie (s. o. Anm. 4), 25–32. Erläutern Sie den Unterschied der drei theologischen Bereiche nach Schleiermacher mit Hilfe seiner Kategorien „Technik", „Kunst" und „Kunstregeln".

Man kann der Sicht des großen Begründers der Disziplin jedoch auch kritisch gegenüberstehen. Denn Schleiermacher hat zwar die Eigenständigkeit der Praktischen Theologie als einen eigenständigen Zugang zur *Theologie* begründet, gleichzeitig aber hat er sie als *Verfahrensregeln* für die Kirche wiederum eingeschränkt.[69] Demgegenüber lässt sich trotz aller Unterschiede im einzelnen ein Konsens gegenwärtiger PT formulieren: Diese versteht sich durchgehend *nicht* als Ansammlung von Kunstregeln, sondern als eigenständige Form von theologischer Theorie.

Weniger an Schleiermachers Einteilung als an der landläufigen Praxis liegt es, dass die enzyklopädische Reihenfolge mit der PT als „Krone" oft tatsächlich zu einer chronologischen wird, so dass sich das praktisch-theologische Studium im Extremfall auf den Appendix des homiletischen Pflichtseminars im letzten Semester beschränkt. Diesem Missverständnis ist dadurch zu begegnen, dass die unterschiedli-

---

67 Schleiermacher, Praktische Theologie (s. o. Anm. 4), 26.
68 Schleiermacher, Kurze Darstellung (s. o. Anm. 3), 10. 12, §§ 26. 36. 31 der 1. Aufl. 1810: „Die philosophische Theologie ist die Wurzel der gesamten Theologie. [...] Die historische Theologie ist der eigentliche Körper des theologischen

Studiums [...]. Die praktische Theologie ist die Krone des theologischen Studiums."
69 Im Verhältnis zur damals vorherrschenden „Pastoraltheologie" war dies jedoch eine bedeutende Erweiterung, vgl. dazu die 6. Einheit dieses Buches.

chen Zugänge zur Theologie möglichst während des gesamten Studiums in ihrem inneren Zusammenhang studiert werden, wozu dieses Buch eine Hilfe sein soll.[70]

Anders als sein Lehrer Schleiermacher sah Carl Immanuel Nitzsch (1787–1868) das Verhältnis von Systematischer und Praktischer Theologie. Wie Schleiermacher war auch Nitzsch durch systematisch-theologische Arbeiten hervorgetreten. Er schrieb nicht nur ein Lehrbuch der Dogmatik, sondern entwarf auch als Anhänger der Union ein unionistisches Ordinationsformular, das als „Nitzschenum" heftig umstritten war.[71]

In seinem 1847–1857 erschienenen Lehrbuch der Praktischen Theologie – es war das erste der Disziplin überhaupt! – versteht Nitzsch die Praktische Theologie nicht nur als Krone des *theologischen Studiums*, sondern als Ziel der Theologie als kirchlicher Wissenschaft überhaupt. Die *gesamte Theologie* ist „scientia ad praxin" und vollendet sich nur als „scientia praxeos".[72] Bei Nitzsch, der bei seiner Tätigkeit in Bonn wie in Berlin vor allem an der kirchlichen Praxis orientiert war, ist die Praktische Theologie tatsächlich im bewertenden Sinne zur Krone der Theologie geworden. Ihren Schwerpunkt hat sie in der Ekklesiologie, so dass man auch vom „ekklesialen Paradigma" spricht, das sich mit Nitzsch durchsetzt.[73]

In dem an historischer Gründlichkeit bis heute unübertroffenen, monumentalen Lehrbuch von Achelis[74] ist die Entwicklung vollendet. Praktische Theologie ist Ekklesiologie. Dies ist schon in der Gliederung erkennbar. Die Ekklesiologie ist Klammer und Organisationsprinzip der fünf Teile (in drei Bänden von insgesamt über 1500 Seiten). Am Anfang steht die Lehre von der Kirche und ihren Ämtern (1.), am Schluss die Lehre vom Kirchenregiment/Kybernetik (5.). Die materiale Praktische Theologie folgt dem 1. Satz des dritten Glaubensartikels: Die Liturgik firmiert unter „Die einheitliche Kirche" (2.), Homiletik, Katechetik, Poimenik unter „Die heilige Kirche" (3.) und die Mission unter „Die allgemeine Kirche" (4.).

2. Die frühe empirische Periode zu Beginn des 20. Jahrhunderts

Man sollte sich wenigstens die Namen der „großen Drei" der liberalen Praktischen Theologie merken: Otto Baumgarten (1858–1934), ab 1894 Professor für PT in Kiel; Paul Drews (1858–1912), ab 1894 Professor für PT in Jena, Gießen und Halle; Friedrich Niebergall (1866–1932), ab 1908 Professor für PT in Heidelberg und Marburg.

Wir beschränken uns hier auf einige Bemerkungen zu Niebergall, weil dieser ebenfalls ein umfangreiches Lehrbuch verfasst hat.

---

70 Ein Hinweis dazu findet sich in Friedrich Schleiermachers „Kurzer Darstellung" (s. o. Anm. 3), 12 in § 36 der 1. Aufl. von 1810.
71 Eine im Umfang begrenzte und gut lesbare Darstellung der Geschichte findet sich bei Dietrich Rössler, Grundriss der Praktischen Theologie, Berlin/New York ²1994, 25–60.
72 Carl Immanuel Nitzsch, Praktische Theologie, Bd. 1, Bonn 1847, 5. Mehrere Zitate bei Rössler,

Grundriss (s. o. Anm. 71), 37f; zu Nitzsch s. die ausführliche Darstellung von Eberhard Hauschildt in Grethlein/Meyer-Blanck, Geschichte (s. o. Anm. 65), 111–150.
73 So Peter C. Bloth, Praktische Theologie (s. o. Anm. 22) 42–96 („Vom pastoralen zum ekklesialen Paradigma").
74 Grethlein/Meyer-Blanck, Geschichte (s. o. Anm. 65).

Aufgabe 2

Vergleichen Sie die Inhaltsverzeichnisse der Lehrbücher von Achelis und Niebergall.[75] Welche Rolle spielt bei beiden die Systematische Theologie? Beachten Sie besonders die Überschriften in Niebergalls „Praktischer Dogmatik" (Bd. I, 313–393) und lesen Sie etwas in diesem Abschnitt. Wie ist diese Dogmatik zu charakterisieren?

Niebergall zeigt sich nicht nur von der liberalen systematischen Theologie, sondern auch von der liberalen Exegese beeinflusst. Darauf weist schon sein Titel, der sein Werk als „auf religionswissenschaftlicher Grundlage" stehend bezeichnet. Damit wird auch an die zu Beginn des 20. Jahrhunderts einflussreiche „religionsgeschichtliche Schule" angespielt (H. Gunkel, W. Bousset, J. Weiß, W. Wrede, alle in Göttingen). Bei Niebergall bezieht sich das „Religionswissenschaftliche" aber nicht auf die Historie, sondern auf die gegenwärtige religiöse Praxis. Es handelt sich um eine frühe Form von Empirie in der Praktischen Theologie. Dazu entfaltet Niebergall auf fast 200 Seiten eine „Religiöse Seelen- und Volkskunde" (Bd. I, 31–216).

3. Die Praktische Theologie unter dem Einfluss der Dialektischen Theologie

Neben der liberalen Grundorientierung war es der Mangel an empirischer Methodik, welcher die alte Praktische Theologie unter dem Ansturm der Dialektischen Theologie als kraftlos erwies und zusammenbrechen ließ. Neben unterschiedlichen theologischen Positionen ging es dabei auch schlicht um Stile und Generationen. Niebergalls Texte erwecken heute den Eindruck einer bürgerlich-kulturpessimistischen Sicht der damaligen Zeit.

Beim frühen Karl Barth rücken Predigt und die Theologie überhaupt nah aneinander. „Die Aufgabe der Theologie ist eins mit der Aufgabe der Predigt", schreibt Barth 1923 an Adolf von Harnack.[76] Praktische Theologie und Systematische Theologie fallen zusammen – weil jede Form von Theologie eine im Grunde unmögliche Möglichkeit ist. Bei Barth lernt man bis heute die kategorialen Selbstunterscheidungen, die für die Predigt als religiöse Rede wichtig sind, so dass man vor naiven homiletischen Optimierungsstrategien gewarnt wird. Doch dabei werden die empirischen Fragen der PT in den Hintergrund gedrängt. Die Frage nach dem „Wie?" wird von der Frage nach dem „Was?" überlagert. Die PT steht unter der Herrschaft der Homiletik und wird generell als „Verkündigung" definiert.[77] Dies dauert bis zur em-

---

75 Friedrich Niebergall, Praktische Theologie. Lehre von der Kirchlichen Gemeindeerziehung auf religionswissenschaftlicher Grundlage, Bd. 1: Grundlagen, Tübingen 1918, Bd. 2: Die Arbeitszweige, Tübingen 1919.

76 Zitiert nach: Axel Denecke, Gottes Wort als Menschenwort. Karl Barths Predigtpraxis – Quelle seiner Theologie, Hannover 1989, 19.

77 Wolfgang Trillhaas beklagte schon 1963, „dass der Begriff der Verkündigung zu einem der abgegriffensten und inhaltsleersten Begriffe sowohl der Theologie wie der Kirche" geworden sei: Die wirkliche Predigt, in: Predigt. Texte zum Verständnis und zur Praxis der Predigt in der Neuzeit, hg. von Friedrich Wintzer, München 1989, 149–161, 161: 150.

pirischen Wendung um 1970. Es wundert auch nicht, dass aus dem Umfeld der Dialektischen Theologie kein Entwurf oder Lehrbuch der PT entstanden ist.

4. Eine Nebenlinie: Die Praktische Theologie im Umfeld der „Berneuchener"

Es lohnt sich, diese Nebenlinie stärker wahrzunehmen als dies in der Regel geschieht. Berneuchen war ein Landgut in der Neumark, wo sich Christen aus dem Umfeld der Jugendbewegung zusammenschlossen und seit 1923 zu jährlichen Konferenzen trafen. Als Programmschrift wurde 1926 veröffentlicht: „Das Berneuchener Buch. Vom Anspruch des Evangeliums auf die Kirchen der Reformation."[78] Die Berneuchener prägten nach 1945 die neu entstehenden Agenden, so dass „Berneuchen" meistens mit „Liturgischer Bewegung" gleichgesetzt wird. Dies ist aber nicht sachgemäß. Die Berneuchener verstanden sich umfassender als eine Kirchenreformbewegung.[79]

Systematisch-theologisch gehört die Praktische Theologie, die aus den Berneuchenern hervorgegangen ist, zum ekklesialen Paradigma, allerdings in einer besonderen Zuspitzung: Die Kirche findet Interesse als die zu reformierende. Die Kirchenreform soll aber nicht nur durch eine erneuerte Verkündigung in Angriff genommen werden, sondern durch neue *Formen* von Kirche („Bruderschaft") und Gottesdienst (evangelische Messe, Stundengebet), besonders auch durch die Reflexion auf die Leiblichkeit des Menschen. Ein Schlüsselbegriff ist der des Symbols, und das besondere Interesse für die Natur führt zu einer *Theologie des 1. Artikels.* Von daher ist die fundamentale Differenz zur Theologie Karl Barths gegeben und vieles aus unserer gegenwärtigen kirchlichen Diskussion vorweggenommen (Leiblichkeit, Ganzheitlichkeit, Symbol- und Naturtheologie).[80]

Ein Spezifikum, das schon auf die „empirische Wende" um 1970 verweist, ist die Rezeption der Tiefenpsychologie C.G. Jungs in der Praktischen Theologie von Alfred Dedo Müller (1890–1972), Professor in Leipzig, und vor allem Otto Haendler (1890–1981), Professor in Greifswald und Berlin. Haendlers tiefenpsychologische Predigtlehre[81] beschritt so nicht den geläufigen Weg „vom Text zur Predigt", sondern den „Weg des Subjektes zum Evangelium und zum Text".[82] Hier wird bereits 1941 thematisiert, was im Zuge der Seelsorgebewegung die Diskussion der 70er und 80er Jahre bestimmen sollte: die Struktur der Persönlichkeit in deren Bedeutung für

---

78 Hg. von der Berneuchener Konferenz, Hamburg 1926.
79 Die „Agende I" enthielt viele Gebete von Karl Bernhard Ritter (1890–1968), der mit Wilhelm Stählin und Ludwig Heitmann das Berneuchener Buch schrieb. Ursprünglich gehörte auch Paul Tillich zur Berneuchener Konferenz. Nicht zuletzt auf ihn dürfte der Symbolbegriff im Berneuchener Buch zurückgehen.

80 Ausführlich dazu s. über einen der wichtigsten Berneuchener, Wilhelm Stählin (1883–1975): M. Meyer-Blanck, Leben, Leib und Liturgie. Die Praktische Theologie Wilhelm Stählins, Berlin/New York 1994.
81 Otto Haendler, Die Predigt. Tiefenpsychologische Grundlagen und Grundfragen, Berlin ³1960 [1941].
82 A.a.O., 149–231 (Überschrift zu Kapitel III).

die Predigt, die Lebensgeschichte des Predigers und das Verhältnis von subjektiven und objektiven Faktoren bei der Entstehung der Predigt.

Aufgabe 3

Analysieren Sie das Inhaltsverzeichnis von Otto Haendler, Grundriss der Praktischen Theologie, Berlin 1957, XIf und benennen Sie dabei die Grundlinien der Berneuchener Praktischen Theologie.

---

5. Vom Was zum Wie: Die empirische Wende um 1970

Wissenschaftsgeschichtlich kann formuliert werden: Die PT knüpft um 1970 wieder an die Linie Drews – Niebergall – Baumgarten – Haendler an und löst sich von der systematisch-theologischen Zuspitzung, wie sie für Barth und Thurneysen typisch war. Es handelt sich dabei aber nicht um eine „Befreiung" von der Systematischen Theologie, sondern eher um ein schlichtes Übergehen. Jetzt wird die Wie-Frage wichtig, und das Schlüsselwort ist das der „Kommunikation". Die Diskussion konzentriert sich dabei auf die Religionspädagogik („Problemorientierung") und Poimenik („Seelsorgebewegung"). Ein Gesamtentwurf Praktischer Theologie ist in dieser Zeit nicht entstanden. Da die Zeit um 1970 in den Einheiten zu den Einzeldisziplinen (s. u. Einheiten 6–21) eine wichtige Rolle spielt, muss hier darauf nicht ausführlich eingegangen werden. Als Streiflicht sei jedoch kurz auf das von Gert Otto 1970 herausgegebene „Handbuch"[83] verwiesen. Dieses ist in mehrfacher Hinsicht für die neue Art Praktischer Theologie um 1970 kennzeichnend:

– An die Stelle eines Gesamtentwurfs tritt das Handbuch als Gemeinschaftsarbeit, weil die Praktische Theologie sich unter der Einbeziehung empirischer Aspekte immer mehr ausdifferenziert und vom Einzelnen nur noch schwer überschaut werden kann;

– Anstatt der historischen Entwicklung des Stoffes (so im Wesentlichen der 1957 erschienene Grundriss von O. Haendler) wird die Gegenwart zum Ausgangspunkt;

– Kritisch wird der „Realitätsverlust der traditionellen Theologie"[84] benannt, der gleichzeitig zu einem „Abstieg" der PT führe. Im Zusammenhang einer historischen und selbstbezüglichen Theologie werde die PT funktionslos.[85]

Die Einleitung des Handbuchs von 1970 gibt einen guten Eindruck vom damaligen Selbstverständnis des Faches, während die Einzelbeiträge theologisch unterschiedlich orientiert sind.

---

83 Praktisch-theologisches Handbuch, hg. von Gert Otto, Hamburg 1970. (1975 erschien eine zweite, vollständig überarbeitete und ergänzte Auflage.)

84 A.a.O., 10 ([1]1970), dort auch die These

1.1.1.: „Die Struktur traditioneller Th[eologie] ist vorwiegend als historisch-narzisstisch zu bezeichnen."

85 A.a.O., 11.

6. Die Gegenwart: Ein dritter Weg jenseits der Alternative von Empirie und Systematischer Theologie

Nach dem langen Einfluss der dialektischen Theologie und der stürmischen Rezeption von Psychologie, Soziologie und Pädagogik um 1970 sucht die Disziplin gegenwärtig nach einem Weg jenseits der beschriebenen Alternative von primärer Orientierung an der Theologie *oder* an den Humanwissenschaften. Unter dem Paradigma der „Wahrnehmungswissenschaft" wird die PT gegenwärtig eine Form von Verstehenslehre, von Hermeneutik, so dass sie wieder näher an eine kulturell reflektierende Systematische Theologie heranrückt, wie sie etwa unter phänomenologischen Kategorien vorgeht.[86]

Dabei wird in der PT besonders auf die Formen der Mitteilung geachtet, mithin auf *semiotische* und *ästhetische* Bezüge. Die „ästhetische Dimension [...] ist dort erreicht, wo sich die Inhalts-Problematik als Problem der Form entfaltet", lautet die entscheidend neue These.[87]

Aufgabe 4

Lesen Sie Albrecht Grözinger, Praktische Theologie und Ästhetik, 182–186 und unterscheiden Sie dabei die unterschiedlichen Arten von Reflexivität.

C. Ergebnis: Praktische Theologie als Hermeneutik christlicher Praxis

Die PT hat Bezüge zu allen anderen theologischen Disziplinen, zu den empirischen Wissenschaften und zur Praxis der Kirche wie zur Gesellschaft. Daraus ergibt sich ihr schwer zu fassender, leicht unübersichtlicher Charakter. Die PT hat sich denn auch seit ihrem Entstehen immer selbst thematisiert, ihr Verhältnis zur Systematischen Theologie problematisiert – und sich gerade so als eine Form auch von Systematischer Theologie profiliert. Die PT ist diejenige Disziplin, in der die Nötigung der Theologie zur Grenzüberschreitung und Integration am stärksten spürbar wird. Die Theologie als Ganzes soll ja für das Leben von Christenmenschen Deutungs- und Handlungsperspektiven entwickeln, die mit realen Vollzügen und nicht nur mit begrifflichen Distinktionen zu tun haben. Eine bloße Beschreibung der Vielfalt christlicher Praxis würde darum zu kurz greifen. Darum gilt: *Praktische Theologie ist Hermeneutik christlicher Praxis. Sie beschäftigt sich dabei besonders mit der Praxis intentionaler Mitteilung und Darstellung des Evangeliums (in Familie, Schule und Gemeinde). Sie reflektiert die christliche Praxis im Hinblick auf neues theologisches Verstehen und auf verändertes kirchliches Handeln. Damit verändert sie zugleich den Verstehenshorizont der anderen theologischen Disziplinen.*[88]

Wenn die PT somit keinesfalls „Anwendung" der Systematischen Theologie (oder

---

86 Dazu s. Michael Moxter, Kultur als Lebenswelt. Studien zum Problem einer Kulturtheologie, Tübingen 2000.
87 Albrecht Grözinger, Praktische Theologie und

Ästhetik. Ein Beitrag zur Grundlegung der Praktischen Theologie, München ²1991 [1987], 209.
88 Ausführlicher dazu vgl. Meyer-Blanck, Großwetterlage (s. o. Anm. 62), 24.

gar der auf Dogmatik reduzierten Systematik) ist, muss doch formuliert werden: Die PT kommt von der Systematischen Theologie her und führt auf sie hin – ebenso wie die Systematische Theologie ihrer Sache nur gerecht wird, wenn sie von der christlichen Praxis herkommt.

Das Spezifikum der PT ist die enzyklopädische Selbstreflexivität. Sie reflektiert ständig über ihr eigenes Theologiesein und Theologietreiben, weil sie genötigt ist, mit deskriptiven und normativen Sätzen zugleich zu arbeiten. Denn ohne Deskription ist sie keine *Praktische* Theologie und ohne normative Selbstvergewisserung ist sie keine *Theologie*. Die sorgfältigen Übergänge zwischen deskriptiven und normativen Sätzen sind darum der Ernstfall von PT.

Wegen dieses Sachverhaltes scheint sich die *Zeichentheorie (Semiotik)* als besonders geeigneter Theoriezugriff anzubieten, weil in ihr normative Sätze noch einmal sehr nüchtern als Kommunikationsphänomene beschrieben werden können, während umgekehrt kein Zeichenprozess ohne ihn normierende Codes überhaupt funktioniert. Die Zeichentheorie integriert die Betrachtung von Bedeutung („Semantik"), Form („Syntaktik") und interagierenden Personen („Pragmatik") und ist so von ihrem eigenen Tun noch einmal selbst reflexiv unterschieden. Die Zukunft wird zeigen müssen, was dieser Ansatz tatsächlich erbringt.[89] Wichtig ist, dass es beim Rückgriff auf die Semiotik nicht um eine neue Fachsprache geht, sondern um eine solche hermeneutische Form von Theologie, die weder die gegenwärtige vielfältige Praxis von Sinnorientierung noch die Theologie als eine ganz bestimmte Deutung dieser Gegenwart zu kurz kommen lässt, sondern beides beschreibend aufeinander bezieht und doch normativ voneinander unterscheidet.

⌐ Arbeitsvorschläge für Gruppen ─────────────────────────────────

1. „Die PT ist keine universitäre Theologie, sondern sollte als Praxisreflexion und Praxisanleitung in die zweite Ausbildungsphase (Predigerseminar) verlagert werden." Inszenieren Sie ein Pro- und Contra-Streitgespräch zu dieser immer wieder[90] begegnenden These.
2. Definieren Sie in einem mündlichen Statement die Begriffe „Praxis", „Theologie", und „Praktische Theologie" und bestimmen Sie das Verhältnis zu den drei Disziplinen der Systematischen Theologie (Dogmatik, Ethik, Religionsphilosophie/Fundamentaltheologie). Die anderen in der Gruppe formulieren Anfragen aus der Sicht der Systematischen Theologie an die PT.
3. Entwickeln Sie eine Studienordnung für die Evangelische Theologie, besonders im Hinblick auf das Verhältnis zur Systematischen Theologie. An welchen Stellen des Studiums sollten welche praktisch-theologischen Lehrveranstaltungen besucht werden? Welche Veranstaltungen sollten kooperativ zwischen beiden Disziplinen durchgeführt werden? Vergleichen Sie Ihre Entwürfe a.) untereinander und b.) mit der bisherigen Realität Ihres Studiums.

---

89 Einen Überblick dazu s. bei Michael Meyer-Blanck, Semiotik und Praktische Theologie (Research Report), in: IJPT 5 (2001), 94–133. Hermeneutik und Semiotik sind also nicht als konkurrierende oder gar einander ausschließende, sondern als geistesgeschichtlich unterschiedlich

entstandene Wirklichkeitszugriffe zu verstehen.
90 Vgl. dazu schon die „Thesen zur Reform des theologischen Studiums" der Marburger Fachschaft von 1931: Danach sollte die PT *gänzlich* von der Universität an die Predigerseminare verlagert werden (ThBl 10 (1931), 297f).

5. Praktische Theologie und Empirische Religionsforschung

A. Problemskizze

Solange man darunter [sc. der Praktischen Theologie], wie es üblich war und meist auch üblich ist, die zusammenhängende Einführung in die Technik des geistlichen Amtes versteht, wie sie sich aus den dogmatischen Begriffen der Kirche und des Amtes theoretisch ergiebt und bislang in der kirchlichen Praxis angewandt ist, solange ist ihr Gebiet und ihre Aufgabe eng begrenzt, und sie ist bei allem Umfang, den die Vorlesungen und Werke annehmen können, eine behagliche und vor Überraschungen gesicherte Disziplin.[91]

Die Reformbewegung um 1900 brachte mit Nachdruck das „Leben"[92], zumal das „Alltagsleben"[93] in seiner Vielfalt als die entscheidende Zielperspektive für Theologie und Kirche zur Geltung. Angesichts der komplexen Situation von Religion und Kirche in der Moderne, müsse es darum gehen, das Wirklichkeitsdefizit innerhalb der Theologie zu überwinden. Dabei ist nicht nur, aber doch besonders die Praktische Theologie dazu aufgerufen, eine gegenwartsorientierte „Kenntnis des wirklichen Lebens"[94] zu gewinnen und Studierenden zu vermitteln. Der eindringliche Appell, sich der „Wirklichkeit des Lebens"[95] auszusetzen, bedingt einen prinzipiellen Perspektivwechsel, der die Praktische Theologie, die zur „unpraktischen Theologie"[96] geworden war, vom Kopf auf die Füße zu stellen sucht. In immer neuen Anläufen polemisierte er gegen eine Praktische Theologie, die sich an dogmatischen und idealen Begriffen orientiert und diese dann deduktiv in die Praxis, die als solche gar nicht wahrgenommen wird, herunterzubrechen sucht. „Ihre Grundlage ist begrifflich und systematisch; ihr eigentlicher Inhalt praktisch-technisch; ihr Rahmen ist das bestehende kirchliche Recht und die kirchliche Ordnung."[97] Unter diesen Bedingungen sei die Praktische Theologie zu einem den kirchlichen Praktiker bevormundenden Regelwerk mutiert. Die Orientierung am Begriff statt an der Wirklichkeit habe zu ihrer „Versteinerung"[98] geführt. Immer dann, wenn in der Geschichte der Praktischen Theologie die Empirie stark gemacht wurde, dann verbindet sich dies mit der Kritik an einem Selbst(miss-)verständnis Praktischer Theologie als blo-

---

91 Wilhelm Bornemann, Historische und praktische Theologie. Öffentliche Antrittsvorlesung in der Aula der Universität Basel am 24. Juni 1898, Basel 1898, 7. Vergleichen Sie dazu die Einheit 2, Aufgabe 1.
92 A. a. O., 2.
93 A. a. O., 12.

94 A. a. O., 89.
95 A. a. O., 9.
96 Ders., Die Unzulänglichkeit des theologischen Studiums der Gegenwart, 1886, 85.
97 Ders., Historische und praktische Theologie, 1898, 13.
98 A. a. O., 11.

ßer Anwendungswissenschaft (theoria applicata), mit der Ablehnung einer einseitig spekulativen oder auch dogmatisch genannten Theologie sowie mit der dringlichen Warnung vor einem gründlichen Wirklichkeitsverlust kirchlichen Handelns. Wilhelm Bornemann wehrt schon im 19. Jahrhundert ein gängiges Missverständnis von Praktischer Theologie ab, das auch noch im 20. und vielleicht auch im 21. Jahrhundert noch nicht überwunden ist: Es kann in praktisch-theologischer Perspektive nicht darum gehen, einzelne theologische Erkenntnisse auf die Praxis hin anwendbar zu machen und einzelne nützliche Hinweise zu geben. Die Empirie muss vielmehr wissenschaftlich erforscht werden und sie muss, gerade weil sie oft gegen den Augenschein und die Intuition spricht, in die Theorie der Praxis einbezogen werden. Die Reformbewegung um 1900, die Bornemann hier präludiert, wird in der Geschichte des Faches darum auch als erste empirische Wendung bezeichnet, weil hier erstmals die Wirklichkeit zur Geltung gebracht wurde.

Hat man erst einmal eine gewisse Einigkeit darüber erzielt, dass die Wirklichkeit konstitutiv für praktisch-theologisches Arbeiten sein soll, so fächert sich sogleich eine weiterführende Fülle von Fragestellungen auf, die auf die Art und Weise der Verbindung von Praktischer Theologie zielt. So stellt sich die Frage danach, wie man *die Wirklichkeit* methodisch erheben kann, welche Wirklichkeit Gegenstand der Praktischen Theologie werden soll, ob man die empirische Religionsforschung schon als Teil der Praktischen Theologie sehen will oder nur als ihre Voraussetzung und schließlich wie man die Daten interpretieren soll und kann – nicht zuletzt im Blick auf die kirchliche Interessenlage. Deutlich wird, dass die Frage nach der Empirie eine sehr weitreichende ist. Sie zielt auf das Verständnis der Praxis Praktischer Theologie und hat enorme Konsequenzen für die methodische Gestaltung praktisch-theologischer Lehre und Forschung.

B. Positionen und Argumentationen

Die kirchliche Statistik

Wenn man heute fragt, wo zum ersten Mal empirische Methoden in der Praktischen Theologie vorgestellt worden sind, so landet man überraschenderweise bei Friedrich Schleiermacher. Die Einschätzung der von ihm sogenannten Kirchlichen Statistik differiert allerdings. Christian Grethlein urteilt, Schleiermacher leiste „für die Frage nach dem Zusammenhang der Praktischen Theologie mit der Empirie nur indirekt einen Beitrag",[99] da sie bei ihm „in den Zusammenhang der historischen und nicht der praktischen Theologie"[100] gehöre.

---

99 Christian Grethlein, Praktische Theologie und Empirie, in: Ders./Helmut Schwier (Hg.), Praktische Theologie. Eine Theorie- und Problemgeschichte, Leipzig, 2007, 289–352.

100 A. a. O., 295.

Deutlich ist, dass die Kirchliche Statistik nicht zur Kirchengeschichte gehört, sondern zur geschichtlichen Kenntnis des gegenwärtigen Zustands des Christentums[102] beiträgt. Sie zielt auf die Erhebung der gegenwärtigen Wirklichkeit; diese wird aber in ihrer Geschichtlichkeit wahrgenommen. Wenn Veränderungen eintreten, wachsen die nunmehr vergangenen Gegenstände der Kirchengeschichte zu (§ 242). Ein einmalig erhobener Zustand ist eine Momentaufnahme, die im Kontext ihres Gewordenseins interpretiert werden muss. Daher rubriziert die Kirchliche Statistik als historische Theologie. Sie zielt dennoch voll und ganz auf die Gegenwart, nur dass diese nicht verabsolutiert werden darf, da sie als Teil einer historischen Entwicklung zu verstehen ist.

Die Notwendigkeit der kirchlichen Statistik erwächst nicht zuletzt aus den gesellschaftlichen Differenzierungsprozessen, die Kirche und Gesellschaft betreffen. Von einem religionskulturellen Pluralismus war man zwar damals weit entfernt, aber deutlich ist, dass das Nebeneinander verschiedener Kirchengemeinschaften (§§ 239f) und das Verhältnis von Kirche und Staat (§ 241) die Nachfrage nach den wirklichen Verhältnissen provoziert. Erstaunlich aktuell sind auch die Überlegungen Schleiermachers zu den Unterschieden zwischen verschiedenen Regionen. Die Frage nach regionalen Besonderheiten, von denen die Unterscheidung zwischen Stadt und Land nur einen Moment abdeckt, macht ebenfalls eine wirkliche Kenntnis des kirchlichen Lebens, die nur mit dem Mittel der kirchlichen Statistik zu erfassen ist, nötig. Die Frage der Regionalisierung Praktischer Theologie war im 19. Jahrhundert präsent, heute stellt sie sich wieder. Insbesondere durch die Traditionsabbrüche in Ostdeutschland, wo Konfessionslosigkeit zum Normalfall geworden ist, sowie durch die Differenzen zwischen Ländern wie Niedersachsen einerseits und Bayern/Baden-Württemberg andererseits, die durch Erhebungen zum kirchlichen Teilnahmeverhalten deutlich wurden, zeigt sich, wie unterschiedlich die religiöse und kirchliche Situation sich allein in Deutschland darstellt. Diese differenziert wahrzunehmen und nicht alle Regionen über einen praktisch-theologischen Daumen zu peilen, ist eine wichtige Aufgabe für die Zukunft.

Emphatisch mahnt Schleiermacher die Kenntnis des wirklichen Zustandes der Kirche an, die nicht zu eng gefasst werden darf. Das Problem der Beschränkung auf den Teil, „in welchem die eigene Wirksamkeit liegt, wirkt höchst nachteilig auf die kirchliche Praxis" (§ 243), führt zur Beschränktheit. Emphatisch wird bis heute immer wieder die Notwendigkeit einer breiten Wirklichkeitswahrnehmung zur Geltung gebracht.

---

101 Schleiermacher, Kurze Darstellung (s. o. Anm. 3).

102 Vgl. im Inhaltsverzeichnis a. a. O. die Überschrift zum Zweiten Teil/Dritter Abschnitt.

Schließlich spricht Schleiermacher in diesen wenigen Paragraphen zur kirchlichen Statistik noch ein wichtiges Problem an, das auch in der heutigen Diskussion vielfach traktiert wird: Das Problem der Instrumentalisierung von wissenschaftlichen Erhebungen für spezifische Zwecke durch die Auftraggeber der Studien. Schleiermacher betont, dass religiöses Interesse und wissenschaftlicher Geist zusammen kommen müssen, um ein „treues Resultat" (248) zu erzielen. Dieser Hinweis verweist noch einmal auf den zustimmenden Zweck der Kirchenleitung.[103]

Die religiöse Volkskunde

Was sich mit Wilhelm Bornemanns entschiedenem Plädoyer bereits andeutete, kommt in der sogenannten Reformbewegung um 1900 zur vollen Entfaltung. Es ist eine Epoche, die das Schlagwort der „Wirklichkeit" als Programmbegriff wählt. In der Einheit 2 haben Sie bereits einen Einblick in diese Phase der Empirisierung, die die Geisteswissenschaften erfasst, bekommen und das Konzept der religiösen Volkskunde von Paul Drews (Aufgabe 4) kennen gelernt. Dieses Konzept ist geprägt davon, dass die Praktische Theologie „das kirchliche Leben der Gegenwart in allen seinen Verzweigungen, seinen mannigfaltigen Ausgestaltungen und Erscheinungsformen wissenschaftlich zu erfassen und darzustellen" habe.[104]

Die neu gegründete Monatsschrift für die kirchliche Praxis bietet Aufschluss über die Durchführung des Konzepts der religiösen Volkskunde. Im Vorwort des ersten Heftes skizziert Drews das Programm.[105] Wie weitläufig die Wahrnehmungen der kirchlichen Landschaft angelegt sind, kann man entdecken, wenn man den ersten Band der Reihe Evangelische Kirchenkunde[106] zur Hand nimmt, deren Ziel es ist, eben den „mannigfaltigen Ausgestaltungen und Erscheinungsformen" nachzugehen.

Die „empirische Wendung" der Praktischen Theologie

Der von Klaus Wegenast für die Religionspädagogik geprägte Begriff der empirischen Wendung – zum Teil umgangssprachlich auch Wende genannt – wird als das Programm der Praktischen Theologie seit den 60er Jahren verwendet, die sich in der Abkehr von einer dogmatisch geprägten Theologie den empirisch arbeitenden Humanwissenschaften zuwandte. Auch in diesem historischen Kontext wird wiederum mit Emphase die Wirklichkeit in ihrer Bedeutung für die Theologie zur Geltung gebracht. Ein Zitat aus dem genannten religionspädagogischen Aufsatz von Klaus Wegenast mag dies illustrieren:

---

103 Vgl. dazu die Einheit 1.
104 Paul Drews, Dogmatik oder religiöse Psychologie?, in: ZThK 8, 1898, 134–151.
105 Ders., „Religiöse Volkskunde", eine Aufgabe der Praktischen Theologie, in: MKP 1, 1901, 1–8.

106 Ders., Das kirchliche Leben der Evangelisch-Lutherischen Landeskirche des Königreichs Sachsen, Tübingen 1902.

Hier soll nun auf eine [...] Möglichkeit, die Krise des RU [...] in den Griff zu bekommen, hingewiesen werden: auf die empirische Tatsachenforschung. Zu diesem Hinweis veranlaßt mich nicht zuletzt die Einsicht, daß es nicht genügen kann, die Krise einer von Gott geschickten Verstocktheit der Jugend oder dem Ungeschick der Lehrer oder der dem Glauben schädlichen gesellschaftlichen Situation zuzuschreiben. [...] Wir müssen unsere [...] Vorurteile gegen eine empirische Forschung im Bereich des Religionsunterrichts aufgeben. Wir helfen niemandem, wenn wir dauernd versichern, daß der Erfolg des RU empirisch nicht meßbar sei, daß Glaube nicht erziehbar sei, daß Gott auch den schlechtesten Unterricht segnen könne und daß die Lage aufs Ganze gesehen doch viel besser sei, als man gewöhnlich höre.[107]

Deutlich ist, dass – wiederum – eine als krisenhaft empfundene Situation die programmatische Hinwendung zur Empirie motiviert. Die Unzufriedenheit mit der faktischen Praxis lässt danach fragen, wie man diese verbessern könnte. Aber um Handlungsorientierungen zu gewinnen, bedarf es einer Analyse der gegenwärtigen Situation. Diese soll auf der „empirischen Tatsachenforschung" aufruhen. Die Formulierung, die Krise des Religionsunterrichts „in den Griff" bekommen zu wollen, signalisiert eine große Entschlossenheit. Freilich möchte man fragen, ob die Erwartungen an die „Tatsachenforschung" nicht zu hoch gegriffen sind, weil sich bestimmte krisenhafte Phänomene möglicherweise gar nicht abschaffen lassen. Schließlich wird an diesem kurzen Zitat deutlich, dass das herrschende Denken in der Kritik steht. Die Polemik gegen eine spekulative Theologie, die den Glauben gegen die Wirklichkeit profiliert, ist anschaulicher als die sich notwendig anschließende Frage danach, wie die empirische Forschung methodisch angelegt sein soll, was man präzise erfragen will und wie man von einer Ist-Analyse zu einer angemessenen Interpretation und schließlich von einer Situationsanalyse zu einem Handlungskonzept kommen soll.

Aufgabe 2

Lesen Sie den Aufsatz von Klaus Wegenast im Ganzen und ziehen Sie Parallelen zu der von Dietrich Rössler und Wolfgang Trillhaas (Einheit 11) für die Homiletik zur Geltung gebrachten Kritik an dem Widerspruch zwischen Theologie und Empirie. Welche Lösungsansätze werden angeboten?

Man kann einerseits diese ersten Aufbrüche einer empirischen Wendung daher zwar als emphatische Annäherungen an die Empirie würdigen, muss allerdings andererseits sehen, dass die Methodenkenntnisse und das Theoriebewusstsein noch wenig ausgeprägt waren. Wie sollte es auch anders sein, stand doch die Theologie hier am Anfang.

---

107 Klaus Wegenast, Die empirische Wendung
in der Religionspädagogik, in: EvErz 20, 1968,
111–125: 118.

Methoden der empirischen Sozialforschung in der Praktischen Theologie

Die Deutsche Gesellschaft für Soziologie (DGS) hatte Ende der 50er Jahre ihre Sektion Religionssoziologie aufgelöst. Dies kann als deutliches Indiz verstanden werden, dass die Soziologie das Interesse an den Themen Religion und Kirche verloren hatte, um es dann seit den 90er Jahren wieder zurückzugewinnen. In der Zeit zwischen den 60er und 80er Jahren werden nun im Zuge der „empirischen Tatsachenforschung" von einzelnen Theologen Methoden der empirischen Sozialforschung angeeignet und häufig in enger Kooperation mit auf dem Feld der Empirie methodisch geübteren Sozialwissenschaftlern angewendet.

Wie das Zitat von Wegenast signalisiert, geht es dabei um ein Interesse an einer besseren Praxis und der Gewinnung von Handlungsoptionen. Die methodischen Instrumente werden „innerhalb des Rahmens der Handlungswissenschaften entwickelt".[108] Das Interesse an einem Kirchenbezug motiviert wesentlich die Durchführung der empirischen Sozialforschung durch die Praktische Theologie. Das spezifische Forschungsinteresse der Praktischen Theologie, so resümiert einer der Autoren in dem Band mit dem programmatischen Titel: „Methoden der empirischen Sozialforschung in der Praktischen Theologie" (1976), erfordere die Beteiligung Praktischer Theologen am Forschungsgang, d.h. der Gewichtung bestimmter empirischer Methoden und der Entwicklung von Instrumenten. „Empirische Analysen erobern sich nach und nach einen festen Platz auch in der praktischen Theologie. Sie bieten noch keine Lösungen und legen niemanden fest, aber sie bilden die Grundlage zu verantwortlichem gemeinsamen Handeln aller praktischen Theologen."[109]

Charakteristisch für diesen frühen Diskurs unter den programmatischen Befürwortern der empirischen Sozialforschung ist ein Verständnis von empirischer Forschung, das diese als Grundlagenforschung versteht, die einer Konzeptionalisierung kirchlichen Handelns vorausgeht. Deutlich ist allerdings, dass die empirische Religionsforschung bei diesem Konzept der Empirie in der Praktischen Theologie sich eigentlich noch nicht als Theologie versteht. „Wo Theologie wirklich anfängt, hört der Bereich ‚empirischer Theologie' schon auf."[110]

Aufgabe 3

Lesen Sie den Aufsatz von Yorick Spiegel, Praktische Theologie als empirische Theologie, in: Praktische Theologie heute, hg. von Ferdinand Klostermann/Rolf Zerfaß, München/Mainz 1974, 178–194. Beschreiben Sie das Programm (Praktische Theologie als ...), das Spiegel hier entwirft und illustrieren Sie es an dem vorgeschlagenen Dreischritt von Erfassen, kritische Interpretation und Innovation.

---

108 Grethlein, Praktische Theologie (s. o. Anm. 99), 338.
109 Gerd Birks, in: Christof Bäumler (u. a.), Methoden der empirischen Sozialforschung in der Praktischen Theologie. Eine Einführung, München/Mainz 1976, 19f.

110 Sigurd Martin Daecke, Praktische Theologie und Humanwissenschaften. Wissenschaftstheoretische Einführung, in: Klostermann/Zerfaß, Praktische Theologie heute (s. o. Aufgabe 3), 313.

Der Beitrag von Spiegel in dem Sammelband weist dem Empiriebezug der Praktischen Theologie eine sehr weitgehende Funktion zu. Detailliert geht er den Verflechtungen von Kirche und Gesellschaft im Kontext von modernen Strukturveränderungen (Säkularisierung, Demokratisierung und Differenzierung) nach. Mit seiner Fokussierung auf die Religion als Bedürfnis des Menschen (82) wirbt er für eine funktionale Religionstheorie, die der Religion ihren Ort in der Lebenswelt der Menschen zuweist. 1974 wird in diesem Zusammenhang, stärker als dies heute der Fall ist, die politische Dimension von Lebenspraxis stark gemacht.

Die Kirchenmitgliedschaftsuntersuchungen im Längsschnitt

Seit 1972 führt die EKD im Zehnjahresrhythmus sogenannte Kirchenmitgliedschaftsuntersuchungen (KMU) durch. Die vier bisher vorliegenden Studien bilden einen Längsschnitt, der im Hinblick auf die methodischen Konzepte und die Auswertungsgeschichte einen interessanten Blick auf den Wandel der Empirie-Diskussion in der deutschen Theologie eröffnet. Die erste Studie aus dem Jahr 1972 trägt den Titel „Wie stabil ist die Kirche?" Dieser Titel ist aufschlussreich. Der Entstehungszusammenhang der KMU ist ganz offensichtlich die „empirische[...] Selbstvergewisserung der Kirchen".[111] Tatsächlich war in der öffentlichen Wahrnehmung dieser Zeit das Religionsthema „vornehmlich verknüpft mit Klagen kirchlicher Funktionsträger [...] über den ‚Zusammenbruch des Abendlandes' in Gestalt der innerhalb nur weniger Jahre steil angestiegenen Kirchenaustrittszahlen – darin kräftig unterstützt durch die Medien, deren verkaufsfördernde Apokalypsensemantik wiederum so manchen in der Kirche die Richtigkeit seiner ‚Realitäts-Analyse' bestätigte."[112] Kirchenaustritte, die sinkende Selbstverständlichkeit des kirchlichen Teilnahmeverhaltens und die wachsende Kritik an traditionellen Institutionen brachten auch für die Kirche Veränderungen mit sich, die vielfach als bedrohlich empfunden wurden. Immer wieder prangten als Sensationsnachrichten stilisierte Umfragewerte auf den Titelblättern der Presse. Immer weniger Menschen glauben an Gott usw. Das führte zur ersten KMU, die im Stile der klassischen Meinungsforschung durchgeführt wurde. Joachim Matthes resümiert im Rückblick: „Eine diffuse und doch wohl feste Erwartung an die ‚Wissenschaftlichkeit' dieser Umfrage [...] so als ob eine methodensicher angelegte Umfrage die ‚Wirklichkeit' ans Licht bringen könnte, wie sie denn, jenseits aller Unsicherheiten ihrer Wahrnehmung ‚eigentlich' ist."[113] Hier klingt dasselbe Interesse an einer „Tatsachenforschung" an, durch die man Entwicklungen rückgängig zu machen wünschte. Die Einstellungen der Kirchenmitglie-

---

111 Hartmut Krebber, Die Kirchenmitglieder und die „Stabilität" der evangelischen Kirche, in: Joachim Matthes (Hg.), Erneuerung der Kirche. Stabilität als Chance? Konsequenzen aus einer Umfrage, Gelnhausen/Berlin 1975, 13–25: 13.
112 A. a. O., 28.

113 Joachim Matthes, Vorwort des Herausgebers, in: Ders. (Hg.), Kirchenmitgliedschaft im Wandel. Untersuchungen zur Realität der Volkskirche. Beiträge zur zweiten EKD-Umfrage „Was wird aus der Kirche?", Gütersloh [2]1991, 7–13: 8.

der stand im Vordergrund, ihre Zustimmung zu einzelnen Glaubensaussagen. Die Austrittsneigung wurde erfragt, um Prognosen über die „Stabilität" der Kirche treffen zu können.

Die Veröffentlichung und Rezeption der Umfrage von 1982 („Was wird aus der Kirche?") ist dagegen schon deutlich anders verlaufen. Sie, so Matthes, „streifte [...] die Eierschalen einer aufs Wissenschaftliche gerichteten Gewißheitserwartung ab, kam mit erfrischender Unbefangenheit zu den packenden Fragen kirchlichen Lebens heute und scheute nicht zurück vor offenen interpretierenden Aussagen Hand in Hand mit der Darlegung der nüchternen Auszählungen und Korrelationen."[114] Die Diskussion um die Konzeption und Rezeption der Kirchenmitgliedschaftsuntersuchungen ist freilich bleibend flankiert von dem von Matthes konstatierten „Autismus", der die Kirche als aparte Größe neben der Gesellschaft versteht und daher den Zusammenhang von kirchlichen Entwicklungen und gesellschaftlichen Trends zu verkennen droht. Matthes spricht in diesem Zusammenhang von einer „Exteriorisierung" des Gesellschaftlichen, d. h. dass die Kirche eben bereit sei, ihre Teilhabe am Gesellschaftlichen wahrzunehmen.[115]

Einen deutlichen Qualitätsgewinn stellt die Studie von 1992 dar. Gegenüber den in den 70er und 80er Jahren durchgeführten empirischen Erhebungen auf dem Feld von Kirche und Religion sind bedeutende Differenzierungs- und Vervielfältigungsgewinne zu verzeichnen, weil hier theorie-valide, methodisch differenzierende und mehrperspektivische Zugänge gewählt wurden, in denen quantitative und nun erstmals auch qualitative Verfahren produktiv Hand in Hand gehen. Als besonders aufschlussreich sind die intensiven themenorientierten Erzählinterviews zu werten, die mit insgesamt 28 Frauen und Männern geführt wurden. Diese hatten sich selbst als kirchendistanziert bezeichnet, fühlten sich fremd in der Kirche oder ausgeschlossen aus der Kerngemeinde. Die Interviews brachten aber eine erstaunliche Fülle an Erinnerungen und Gefühlen zum Sprudeln, die letzlich einen hohen Grad der Verbundenheit zur Kirche signalisierte.[116] Der Titel „Fremde Heimat Kirche" zeigt daher einen Wechsel in der Wahrnehmung der Kirchendistanzierten auf. Diese stellen die Mehrheit der Kirchenmitglieder, waren aber in den quantitativen Messverfahren der letzten Studien nur negativ hervorgetreten, weil sie „über die Abgrenzung von solchen Normen bestimmt werden, nach denen sich im wesentlichen die Zugehörigen der sogenannten Kerngemeinde darstellen".[117] Das ändert sich nun. Die sogenannten treuen Kirchenfernen bzw. Christen in Halbdistanz werden nunmehr in ihren religiösen Bedürfnissen, ihrem Verbundenheitsgefühl gegenüber der Institution und der Wertschätzung der Kasualien ausdrücklich aufgewertet.

Damit wird die apokalyptische Rhetorik, die die beiden zurückliegenden Studien begleitet hatte und von den Medien weiterhin geschürt wird, ausdrücklich als unsachgemäß zurückgewiesen, mehr noch einem falschen Kirchenbild zugeschrieben:

---

114 A. a. O., 9f.

115 Die Kritik zielt konkret gegen die Polemik Michael Welkers, Kirche ohne Kurs?, Neukirchen-Vluyn 1987.

116 Studien- und Planungsgruppe der EKD (Hg.), Quellen religiöser Selbst- und Weltdeutung, Bd. 1 und 2, Hannover 1998.

117 A. a. O., Bd. 1, 9.

„Die Dramatik solcher Szenarien hängt mit dem Kirchenbild zusammen, das ihnen als Hintergrundfolie dient. Zu diesem Bild gehören regelmäßige Teilnahme an den Gottesdiensten – möglichst im Wochenrhythmus –, Engagement in der Ortsgemeinde, Bibellesen und Beten sowie Fürwahrhalten dogmatisch geprägter Glaubenssätze. An einem solchen normativen Bild gemessen, kann die kirchliche Wirklichkeit nur als Abweichung wahrgenommen und für defizitär erklärt werden."[118] Diese veränderte Wahrnehmung der sog. Kirchendistanzierten hat in der Folge dazu geführt, qualitativen Studien einen höheren Stellenwert beizumessen, d. h. zu erkennen, dass Religion wesentlich individuell verfasst ist und daher der Originalton der Selbst- und Weltdeutung aufschlussreich ist. Die Rezeption der Studie hat zudem zu einer deutlichen Umwertung der Kasualpraxis geführt, die entsprechend der Wahrnehmung der Kirchenfernen nunmehr deutlich höher geschätzt wurde.

Die Ergebnisse der vierten Kirchenmitgliedschaftsuntersuchung der EKD sind mit Spannung erwartet worden. Methodisch neu sind die sog. Gruppeninterviews. Kirchliche und außerkirchliche Gruppen wurden durch Impulsfragen dazu animiert, sich zum Thema Leben nach dem Tod und vielem mehr zu äußern. Deutlich wird hier, wie vielfältig die Kommunikation über Religion in so unterschiedlichen Gruppen wie einer Frauenhilfe und einem Herren-Sportverein, einem ostdeutschen Kleingartenverein und einer süddeutschen Nachwuchs-Führungsgruppe ist. Sie unterscheidet sich nicht nur durch die Vorstellungen, die geäußert werden, aussagekräftig tritt die Differenz in den lebensweltlichen Zugängen zu religiösen Lebensfragen und die Weise, in der man miteinander ins Gespräch kommt, hervor.

Gerade die lebensweltliche Verankerung von Religion und Kirche wurde in der aktuellen Studie stärker in den Blick genommen. Man unterscheidet nicht nur nach Alter, Bildungsgrad und Geschlecht. Nicht nur dem dörflichen oder großstädtischen Wohnort und ob dieser in Ost- oder Westdeutschland gelegen ist, schreibt man unterscheidende Wirkung zu, mehr noch ist es der Lebensstil – das typische Freizeitverhalten, nachbarschaftliche Kontaktformen und vorrangige Lebensziele – der unterschiedliche Mitgliedschaftstypen hervorbringt. Ausführlich wird dies in der Einheit zu den Milieus (7) verhandelt.

Aufgabe 4

Die vierte KMU zielt vor allem auf die Verschiedenheit der Milieus, die das Teilnahmeverhalten bestimmen. Welche Konsequenzen soll man aus der Erhebung für das kirchliche Handeln ziehen? Diese ergeben sich ja keineswegs von selbst. Lesen Sie das Schlusskapitel „Konsequenzen" von Jan Hermelink in: Wolfgang Huber u. a. (Hg.), Kirche in der Vielfalt der Lebensbezüge, Bd. 1, Gütersloh 2006, 415–435. Achten Sie dabei besonders auf die Zielvorstellung, die von kirchlicher Praxis entworfen wird.

---

118 Fremde Heimat Kirche. Ansichten ihrer Mitglieder, Hannover 1993, 3.

C.   Empirie und Normativität

Mit dem Hinweis auf die Konsequenzen ist ein Problem angesprochen, dass man kurz gefasst als die Frage nach dem Verhältnis von Empirie und Normativität bezeichnen kann. Der Längsschnitt der Kirchenmitgliedschaftsuntersuchungen zeigt ganz deutlich, dass empirische Erhebungen immer schon mit Interessen verbunden sind, dass theoretische Voreinnahmen in die Methodisierung eingehen und dass sich mit Auswertungen auch Wertungen verbinden. Die Veränderung des Kirchenbildes (treue Kirchenferne oder Kerngemeinde) kann dies illustrieren. Der erste Kongress der International Society of Empirical Research in Theology (ISERT), der 2002 in Nijmegen/Niederlande stattfand, war diesem Thema gewidmet.

Aufgabe 5

Lesen Sie von R. Ruard Ganzevoort, What You See is What You Get. Social construction and Normativity in Practical Theology, in: Johannes A. Van der Ven/Michael Scherer-Rath (Hg.), Normativity and empirical research in theology, Leiden 2005, 17–33. Wie ist „What You See is What You Get" präzise zu verstehen?

Es wäre ein Missverständnis von empirischer Forschung, wenn man meinen würde, dass sie – wenn sie nur methodisch gut gemacht ist – Wirklichkeit lediglich, so wie sie ist, abbilden würde. Eine vermeintlich reine Deskription kann es nicht geben, weil in die Beschreibung immer schon subjektive Einstellungen, Vorannahmen etc. einfließen. Diese Vorstellung, das Vorverständnis ausklammern zu können, wird als Positivismus abgelehnt. Daher gilt auch für die Wahrnehmung von Empirie, dass es primär darum gehen muss, das eigene Vorverständnis, Theorieannahmen etc. offen zu legen und in einen hermeneutischen Zirkel mit hineinzunehmen. „Empirical theology [...] should not be mistaken in a positivistic sense as providing objective data to be interpreted afterwards. [...] In the hermeneutical circle of theory and praxis, we need to ask ourselves where we find the normative criteria to create new strategies or to evaluate existing ones." (24)

Auf die Schwierigkeiten, die sich mit der Rezeption von empirischen Erhebungen verbinden, hat bereits Joachim Matthes im Kontext der Kirchenmitgliedschaftsuntersuchungen hingewiesen. Empirische Sozialforschung generell steht in Spannung zu dem vorhandenen Alltagswissen der Menschen. Im Alltagswissen kumulieren Wissen und Erfahrungen von Menschen, tradiertes und selbst erworbenes, das eine besondere Plausibilität hat, weil es im Alltag angewendet wird und funktioniert. „Sofern nun die Sozialwissenschaft Ergebnisse liefert, die mit einem ‚funktionierenden' Alltagswissen übereinstimmen, lautet die verständliche Reaktion: ‚Das ist doch trivial; das wissen wir schon längst.' [...] Sobald dagegen die Sozialwissenschaft Ergebnisse produziert, die besagen, dass das bisher bewährte Alltagswissen eigentlich nicht stimmt, dass seine Anwendung nur unter ganz bestimmten Bedingungen ‚funktioniert', herrscht große Skepsis, wenn nicht gar Ablehnung."[119]

---

119 Helmut Kromrey, Empirische Sozialforschung. Modelle und Methoden der standardisierten Datenerhebung und Datenauswertung, Opladen [10]2002, 16f.

Es liegt auf der Hand, dass Sie in dieser Einheit nicht umfassend über die Methoden informiert werden können. Man erhält nur dann einen ersten Einblick in die empirische Forschung, wenn man selbst forschend tätig wird. Es ist daher zu hoffen, dass empirische Methoden auch in der Lehre mehr und mehr etabliert werden.

Arbeitsvorschläge für Gruppen

1. Verschaffen Sie sich gemeinsam einen Forschungsüberblick anhand von Andreas Feige/Ingrid Lukatis, Empirie hat Konjunktur. Ausweitung und Differenzierung der empirischen Forschung in der deutschsprachigen Religions- und Kirchensoziologie seit den 90er Jahren – ein Forschungsbericht, in: Praktische Theologie 39, 2004, 12–32.
2. Schauen Sie sich gemeinsam das Beispiel einer weiträumig angelegten Erhebung zum Thema Religion an (http://www.religionsmonitor.com).

II. Entfaltungen

6. Person, Amt und Beruf des Pfarrers/der Pfarrerin

A. Problemskizze

Zu allen Zeiten hat man sich für den Lebenswandel des Pfarrers und des Priesters interessiert. Diese sollen, wie es sprichwörtlich heißt, nicht etwa Wasser predigen und Wein trinken, damit die Lehre nicht durch das Leben konterkariert würde. Je weniger selbstverständlich eine christliche Lebenspraxis ist, desto mehr wird der Pfarrer zu einer Anschauungsfigur für gelebtes Christentum. Er gewinnt in der Moderne Beispielcharakter, wird zu einer personifizierten Predigt. Die Tatsache, dass die Person des Pfarrers/der Pfarrerin in gesteigertem Maße Aufmerksamkeit auf sich zieht, zeigt an, dass Person und Berufsausübung ganz offensichtlich eine besondere Verbindung da eingehen, wo es um die Religion geht. Neben der Person spielt allerdings auch die Funktion des Pfarrers/der Pfarrerin eine entscheidende Rolle für die Wahrnehmung des Pfarramtes. Die Frage nach der Funktion des Pfarrers/der Pfarrerin zielt auf einen – mit den Worten Friedrich Schleiermachers formuliert – „zusammenstimmenden Zweck der Kirchenleitung".[1] Ein Pfarramt geht nicht in der Summe seiner Einzeltätigkeiten auf, sondern die Einzeltätigkeiten müssen in eine gemeinsame Zielperspektive gerückt werden, die das berufliche Handeln für den Amtsträger jenseits der Diffusität seines Berufsalltags als eine sinnvolle Einheit verstehbar und – im günstigsten Fall – auch erlebbar werden lässt.

Diese Frage nach der Funktion des Pfarramts ist auf Dauer gestellt, weil gesellschaftliche und kirchliche Wirklichkeit einerseits und theologische Bestimmungen zur Aufgabe des Pfarramts andererseits stets aufs Neue aufeinander bezogen werden müssen. Die Pastoraltheologie wäre demnach die theologische Wissenschaft, welche die Berufspraxis des Pfarrers/der Pfarrerin zum Gegenstand hat. In ihrer Bezogenheit auf die Berufspraxis versteht sie sich zugleich als eine praktisch-theologische Disziplin, weil sie die konkreten, tatsächlichen Bedingungen der beruflichen Wirklichkeit in ihre Theoriebildung mit einbeziehen muss.

In dieser Definition erschöpft sich die Pastoraltheologie nicht. Wolfgang Steck hat von „dem langen Schatten der Pastoraltheologie" gesprochen.[2] Die Bemerkung zielt auf eine Konkurrenz zwischen Pastoraltheologie und Praktischer Theologie. Mit Friedrich Schleiermachers enzyklopädischer Grundlegung wurde die Praktische

---

1 Siehe dazu Einheit 1: Praktische Theologie und die Kunst der Kirchenleitung.
2 Wolfgang Steck, Der lange Schatten der Pastoraltheologie. Wissenschaftstheoretische Reflexion zu Funktion und Struktur der gegenwärtigen Praktischen Theologie, in: PThI 13 (1993), 93–121.

Theologie zu einer eigenständigen Wissenschaft, die sich als Theorie der Praxis versteht, weil sie Praxis und Theologie in wechselseitigen Kontakt bringt. Diese, die Praxis als eigenständiges Feld wissenschaftlicher Forschung wahrnehmende Praktische Theologie löste eine bis dato herrschende pastoraltheologische (!) Umgangsweise mit der Amtspraxis der Studenten bzw. Kandidaten der Theologie ab. Pastoraltheologie bezeichnet in dieser historischen Perspektive eine noch nicht eigentlich wissenschaftlich zu nennende Konzeptualisierung von Erfahrungswissen durch Mentorate und Ratgeberliteraturen, die man als Kandidat mit in das erste Pfarramt nahm, um erst hier an dem krass vollzogenen Übergang zwischen Universität und Berufsalltag mit Hilfe von Ratschlägen und erfahrungsgesättigten Hinweisen eines älteren Kollegen die Vermittlungsleistung zwischen Theorie und Praxis – wenn auch weitgehend vorwissenschaftlich – zu vollziehen.

Der lange Schatten der Pastoraltheologie bedeutet, dass sich der vorwissenschaftliche, auf der Basis von Ratgeberliteratur, Winke, lehrmeisterlichen Tipps und Daumenregeln vollziehende Umgang mit der praktischen Herausforderung lange Zeit gehalten hat, ja, sich gewissermaßen bis heute durchhält und dabei einen wissenschaftlichen Zugang zur Praxis verstellt, jedenfalls da, wo wissenschaftliche Praktische Theologie gefordert wäre, stattdessen eindrückliche, aber nur mangelhaft reflektierte und nicht eigenständig erarbeitete Praxistipps vermittelt.

Schließlich ist noch eine dritte klassische Verwendungsweise des Begriffs ‚Pastoraltheologie' zu nennen. Sogenannte Pastoraltheologien sind pointierte Entwürfe von einzelnen Praktischen Theologen, die im Rahmen eines Buches neben einer Analyse der gegenwärtigen Situation des Pfarramts ein signifikantes Leitbild vom evangelischen Pfarramt entwerfen. Dieses Leitbild ist in der Regel idealtypisch, erhebt normative Ansprüche und entfaltet diskursive Funktionen.

B 1. Zur historischen Entwicklung des Amtes

Neutestamentliche Wurzeln

Auf Jesu Ruf zur Nachfolge und die Forderung des Dienens beziehen sich alle Ämter und Dienste in der Kirche zurück. Die meisten der im Neuen Testament verwendeten Bezeichnungen für kirchliche Funktionsträger wie apostolos, diakonos und episkopos sind neu entwickelt worden und schließen sich nicht an kultische Bezeichnungen aus der Tradition an. Viele Funktionen bezeichnen kein dauerhaftes und persongebundenes Amt, sondern nur zeitweise, kollegial ausgeübte Tätigkeiten. Zutreffend spricht man daher eher von Diensten, die noch bis zur dritten Generation institutionell kaum etabliert waren. Das Neue Testament kennt keine hierarchischen Strukturen innerhalb des kirchlichen Amtes. Die Ämter liegen alle auf derselben Ebene und unterscheiden sich nur durch die bezeichneten Funktionen. Kultisch-priesterliche Terminologie findet sich hingegen da, wo alle Getauften als „Priester" verstanden sind, die sich Gott nähern und ihm das Opfer des Lobes und der Anbetung darbringen (Hebr 9,14; 10,10.14.19ff; 13,10.15; 1Petr 2,4–10; Apk 1,5b.6; 5,10; 7,14f).

Die Reformation des Amtsverständnisses

Bereits in der älteren Kirche zwischen dem 2. und 4. Jh. nach Christus wurde das Amt zu einer Dauerstellung mit bestimmten Machtbefugnissen und Kompetenzen, deren Inhaber in geregelter Nachfolge eingesetzt wurden. Die Verfestigung und Normierung des kirchlichen Amtes ist als wirkungsvolle Strategie zu verstehen, den drohenden Identitätsverlust der Kirche zu verhindern. Die verschiedenen Funktionen und Charismen in der christlichen Gemeinde wurden nun in die Form fest umrissener Ämter gebracht, die klar voneinander abgegrenzt waren. Auch der Zugang zu den Ämtern wurde geregelt und das Bischofsamt den anderen Ämtern vorgeordnet. Die Lehre vom christlichen Priestertum findet ihren stärksten Ausdruck im Werk von Cyprian von Karthago im 3. Jh. Der Bischof ist nicht nur sakrosankt wie die levitischen Priester im Pentateuch, sondern Cyprian stellt auch eine enge Verbindung zwischen diesem Priestertum und dem eucharistischen Mahl her. Für Cyprian wird der Zelebrant – in der Regel ist es der Bischof – zum kultischen Opferpriester, der Christus Gott dem Vater darbringt. Wenn sich diese Anschauung mit der cyprianischen Vorstellung vom Bischof als Herrscher verbindet, der seine Vollmacht in einer durch die Apostel begonnenen Sukzession von Christus erhalten hat, so sind damit die Fundamente für die mittelalterliche Auffassung gelegt, die im Klerus eine Priesterkaste sieht, dessen Autorität unabhängig von der übrigen Kirche steht.

Das Priestertum aller Gläubigen

Die Hintergrundfolie für Luthers Amtsverständnis bildet die katholische Auffassung des Priesteramts, die sich mit den Begriffen potestas ordinis und potestas jurisdictionis verbindet. Potestas ordinis bedeutet teils eine generelle Vollmacht, die Sakramente zu verwalten, teils die Vollmacht im besonderen Sinne, das Messopfer zu verrichten. Die potestas jurisdictionis betraf die Pflicht des Amtes, zu lehren, zu führen und zu urteilen. Die priesterliche Vollmacht in ihrer doppelten Bedeutung der potestas ordinis und potestas jurisdictionis trat im Bußsakrament zutage. Der Priester sollte die Reue des Beichtenden prüfen, ihn von der Sünde erlösen und ihm Buße auferlegen. Im Bußsakrament trat der Priester als geistlicher Richter auf. Der Aspekt der potestas jurisdictionis bekam damit die Oberhand.

Luthers Kritik zielt auf den Anspruch des Amtes auf Gerichtsbarkeit und Macht über die Menschen. Er bestritt diesen Aspekt der potestas jurisdictionis, der die Schlüsselgewalt betraf, das heißt die alleinige Macht, die Sünden der Menschen zu lösen und zu binden. Im Blick auf Mt 16,18f betont Luther, dass die Schlüsselgewalt der ganzen Kirche gegeben sei, d. h. *allen getauften Christen*. Luther deutet Mt 16,16–19 mit Hilfe von Mt 18,18 und bezieht sich auf Joh 20,22f. Luther wies den Anspruch des Amtes zurück, Inhaber der rechtssprechenden Macht zu sein.: „Allen Christen wird hier (Joh 20,22f) gebenn dyse gewalt, wiewol etzliche unbillich yhn allein tzu geeygnet habenn, als Babst, Bischoffe und Pfaffen, die wollen die gewalt habenn und sagen, sie ist yhn allein geben und nit den leyhen" (WA 10/3,96,15ff).

Aufgabe 1

Lesen Sie aus *An den christlichen Adel* (1520) die Argumentation gegen die erste Mauer (WA Bd. 6, 407,10–408,25). Notieren Sie sich die Spitzenaussagen. Welche neutestamentlichen Belegstellen werden herangezogen und wie werden Sie ausgelegt? Interpretieren Sie die Formulierung, dass der Pfarrer ein „amptmann" sei.

Das allgemeine Priestertum aller Gläubigen hat Teil an allen Vollmachten, die die römische Kirche dem besonderen Amt vorbehalten hat. „Wenn ich Dich Christ heiße, nenne ich dich unmittelbar auch einen Priester, der das Sakrament ausgeben, vor Gott fürbittend eintreten und über die Lehre richten kann." Angesichts der Radikalität, mit der hier das Priestertum aller Gläubigen im Gegenüber zur römisch-katholischen Lehre zur Geltung gebracht ist, stellt sich die Frage, ob damit das ordinierte Amt nicht aufgehoben bzw. in die communio als Ganze hinein aufgelöst ist. Aber: Die Gemeinde, der die Vollmacht übertragen ist, beruft aus ihrer Mitte Einzelne, indem sie diesen das Amt überträgt. Im Auftrag der Gemeinde und stellvertretend für diese hat der Berufene die Aufgabe zu predigen und zu lehren. Allerdings behält die Gemeinde die Aufgabe und die Pflicht, die Evangeliumsgemäßheit der Predigt und der Lehre zu überprüfen. Sie tritt also ihr Recht und ihre Pflicht nicht einfach ab. Die Berufung und Einsetzung in das besondere Amt, vocatio und Ordination, kommen einer öffentlichen Funktionsübertragung gleich, für die die Gemeinde die Verantwortung behält. Die Rechte und Pflichten, die allen zustehen, müssen im bleibenden Einverständnis aller ausgeübt werden.

Wie stark der Gedanke der gemeinschaftlichen Amtsausübung auch im besonderen Amt ist, zeigt sich in einem zentralen Text Luthers zum Gottesdienst. Bei der Einweihung der Schlosskirche in Torgau im Jahr 1544 sagte Luther: „Denn das ich, so wir in der Gemeine zusamen komen, predige, das ist nicht mein wort noch thun, Sondern geschicht umb ewer aller willen und von wegen der gantzen Kirchen, one, das einer mus sein, der da redet und das wort füret aus befehl und verwilligung der andern, welche sich doch damit, das sie die predigt hoeren, alle zu dem Wort bekennen und also andere auch leren. Also das ein kindlin getaufft wird, das thut nicht allein der Pfarher, sondern auch die Baten als zeugen, ja die gantze Kirche, Denn die Tauffe gleich wie das Wort und CHRistus selbs ist ein gemein gut aller Christen, Also auch beten, singen und dancken sie alle miteinander, und ist hie nichts, das einer fur sich selbs alleine habe oder thue, Sondern was ein jglicher hat, das ist auch des andern."[3]

Luthers Amtsverständnis ist damit deutlich von der römisch-katholischen Amtsauffassung unterschieden. In der apostolischen Sukzession stehend werden die Bischöfe unter der Leitung des Papstes sowie die mit ihnen verbundenen Priester und anderen Geweihten zu einem besonderen Stand. Die katholische Lehre unterscheidet zwischen dem allgemeinen Priestertum aller Gläubigen und dem mit besonde-

3 Martin Luther, Predigt bei der Einweihung der Schloßkirche zu Torgau, gehalten 1544, gedruckt 1546, in: WA 49, 600b, 12–21.

ren Qualitäten und Vollmachten ausgestatteten Amtspriestertum. Der Unterschied zwischen Klerus und Laien ist ein wesensmäßiger und nicht nur ein funktionaler. Jeder zum katholischen Priester Geweihte hat durch die Handauflegung des Bischofs ein unauslöschliches geistliches Merkmal, einen character indelebilis eingeprägt, der ihn zum Kleriker macht und über den Laienstand erhebt. Taufe und Firmung berufen zwar zum sog. Laienapostolat, darüber stehen aber pyramidenhaft die durch unterschiedliche Weihegrade qualifizierten Ämter. Nach Luther dagegen gibt es nur eine Weihe, das ist die Taufe, die allen Gläubigen als unverlierbares Wesensmerkmal eingestiftet wird und sie mit Christi Tod und Auferstehung verbindet. Auf diese theologische Aussage hin ist das ordinierte Amt in der protestantischen Kirche immer wieder kritisch zu beziehen.

Das Amt in der Moderne

Die Jahrhundertschwelle zum 19. Jh. bildet eine Epoche blühender pastoraltheologischer Literaturen, die Ausdruck einer tiefgreifenden Selbstbesinnung auf das Wesen und die Aufgabe des protestantischen Pfarramts ist und die einen drohenden gesellschaftlichen Bedeutungsverlust des Pfarramts abwehren wollte.

Aufgabe 2

Lesen Sie: Birgit Weyel, Praktische Bildung zum Pfarrberuf, Tübingen 2006, 32–40. Auf welche faktischen Veränderungen reagieren die pastoraltheologischen Schriften? Was bedeutet die Fokussierung auf die Funktion und die Person des Pfarrers? Welche beiden grundsätzlich unterschiedlichen Positionen lassen sich im Blick auf die Verortung des Pfarramts in der Gesellschaft beschreiben?

Mit Schleiermachers enzyklopädischer Bestimmung der Praktischen Theologie als eigenständige theologische Wissenschaft kann die Pastoraltheologie als diejenige praktisch-theologische Teildisziplin bestimmt werden, die sich mit der Amtsauffassung des Pfarrers beschäftigt.

Aufgabe 3

Lesen Sie zwei Quellentexte. 1. Friedrich Schleiermacher, Praktische Theologie (1850), Berlin/New York 1983, 506–513 über das Verhältnis des Geistlichen in den geselligen Beziehungen. Entfalten Sie den Satz: „Der Geistliche soll mit gutem Beispiel vorangehen, und kann das nur geben wenn er in Gesellschaft lebt." (509) 2. Johann Joachim Spalding, Über die Nutzbarkeit des Predigtamtes und deren Beförderung, in: Kritische Ausgabe, Abt. 1 Schriften, Bd. 3, hg. von Tobias Jerzak, Tübingen 2002, 33–40. Entfalten Sie den Satz: „Der Prediger, der nach der Wahrheit zu sich selber sagt: [...] ich bin nichts mehr, wie ein Mensch; und ich weiß zwischen mir und andern Menschen keinen weitern Unterschied, als daß die mehrere Beschäftigung meines Verstandes mit den grossen Bewegungsgründen der Frömmigkeit und Tugend, auch natürlicherweise ein grösseres Maß der Wirkung von denselben bey mir vermuthen lassen; der Prediger darf gewiß nicht der Heuchler, der feyerliche Formalist, der andächtlende Sonderling seyn". (35f) Gegen welche zeitgenössischen Missverständnisse grenzen sich Spalding und Schleiermacher ab?

Eine der am häufigsten gelesenen Pastoraltheologien des 19. Jh. sind die von Claus Harms verfassten „Reden an Theologie-Studierende", die in drei Bänden von 1830–1834 erschienen sind.

Harms ist nicht nur, wie in Einheit 2 entfaltet, ein Beispiel für die Integration der Praktischen Theologie in die Pastoraltheologie, sondern sein Verständnis vom Pfarramt hat ebenfalls hohe integrative Anteile. Harms fächert das Pfarramt in drei Funktionen auf. Der Pfarrer ist Prediger (Verkündigung), Priester (Taufe und Abendmahl) und Pastor (Seelsorge und Beichte). Deutlich wird, dass gegen die Vielzahl der Einzeltätigkeiten die Einheit der Amtsausübung von der Person des Pfarrers her gedacht wird. Neben den Tipps und Ratschlägen, die der Autor seinen jugendlichen Lesern im vertraulichen Ton des väterlichen Freundes mit auf den Weg gibt, bietet sich hier ein starkes Integral des beruflichen Selbstverständnisses.

B 2. Konzepte der Pastoraltheologie: Pfarrerleitbilder

Manfred Josuttis

Wie kein anderer hat Manfred Josuttis die pastoraltheologische Diskussion der letzten 25 Jahre mitgestaltet und geprägt. Josuttis ist mit drei pastoraltheologischen Entwürfen innerhalb dieses Zeitraums in Erscheinung getreten. *Der Pfarrer ist anders. Aspekte einer zeitgenössischen Pastoraltheologie* ist der erste Entwurf aus dem Jahr 1982. Was er im Vorwort schreibt, ist gewissermaßen Programm: „Der protestantische Pfarrer ist eine merkwürdige Zwitterfigur. Der Ausbildung und der Amtstracht nach tritt er auf als Gelehrter. Durch die Art seiner Dienstleistungen gehört er in die Reihe der Priester. In seinem theologischen Selbstverständnis möchte er am liebsten als Prophet agieren. Aber die meiste Zeit verbringt er wahrscheinlich damit, die Rollen des kirchlichen Verwaltungsbeamten und des gemeindlichen Freizeitanimateurs zu spielen."

Die Rollendiffusion des Pfarrers zwischen Gelehrtem, Priester, Prophet, Beamten und Animateur ist der produktive Ansatzpunkt dieser Pastoraltheologie. Die Andersartigkeit des Pfarrers ist sein charakteristisches Merkmal. Zuschreibungen von außen und eigenes Selbstverständnis, Berufsbild und tatsächliche Berufsausübung klaffen auseinander und zwar nicht nur von Zeit zu Zeit oder doch so, dass sie einmal miteinander vermittelt werden könnten, sondern die Andersartigkeit des Pfarrers macht den Kern seiner beruflichen und privaten Existenz aus. Josuttis demonstriert dies anhand einer langen Liste von Themenbereichen, die sein Buch kapitelweise strukturieren.

Feststellung – Absicht – Erwartung und Kritik. Das Diktum von der Andersartigkeit des Pfarrers ist offen für vielfältige Themenbereiche und Perspektiven: Beruf, Glaube und Person des Pfarrers sind mit im Blick und diese werden jeweils von innen und von außen, vom Pfarrer selbst, seiner Gemeinde, der Kirchenleitung etc. betrachtet. Damit setzt Josuttis programmatisch an den – wie er es nennt – Konfliktzonen an, weil diese „sich bei der Wahrnehmung beruflicher Funktionen immer wieder auswirken und in der theologischen Reflexion dieser beruflichen Aufgaben kaum behandelt werden." Es seien aber gerade diese Konfliktzonen, die an den Schnittpunkten zwischen der beruflichen, der religiösen und der personalen Dimension pastoraler Existenz lokalisiert sind, wissenschaftlich zu reflektieren.

1996 legt Josuttis eine neue Pastoraltheologie unter dem Titel „Die Einführung in das Leben. Pastoraltheologie zwischen Phänomenologie und Spiritualität" vor. Dieses Buch ist eines der meist diskutierten pastoraltheologischen Leitbildentwürfe der vergangenen Jahre.

Aufgabe 4

Lesen Sie das Vorwort. Erläutern Sie möglichst umfassend das von Josuttis entwickelte Leitbild vom Pfarrer als Führer in den Machtbereich des Heiligen. Schauen Sie sich den für das Leitbild prägenden Film Stalker (1978/9) von A. Tarkowski gemeinsam an. Welche Aspekte gewinnt das Leitbild von der filmischen Figur her?

Diesen Film interpretiert Josuttis auf eine eigenwillige Weise. Pfarrer und Pfarrerinnen wären demnach Führer in eine Zone des Heiligen, das hieße entsprechend, dass er/sie die Menschen an den Ort ihrer innigsten Wünsche führt und sie bei den Erfahrungen begleitet, die sie dabei machen. Die Menschen verwandeln sich dabei im Machtbereich des Heiligen, sie kommen zu sich und werden doch ganz andere. Religion wäre demnach auch nicht einfach gleichbedeutend mit Wunscherfüllung, weil der Film sehr stark mit dem Motiv der heilsamen Enttäuschung operiert. Der Pfarrer als Führer ist dabei nicht selbst derjenige, der den Menschen das Heil bringt, sondern er ist nur derjenige, der den Menschen den Zugang dazu zeigt. Er kennt sich hier aus, ist im besten Sinne Vermittler, wandert zwischen den Wirklichkeitsbereichen hin und her, gehört aber ganz und gar auf die Seite der Tristesse, aus der auch die Geführten kommen.

Isolde Karle. Pfarrer/in als Professional

Karle wählt einen ausgesprochen soziologischen Ansatzpunkt. Sie will damit einen Beitrag dazu leisten, die soziale Bedingtheit von Personalität im Pfarramt stärker wahrzunehmen. Ziel ist also, weniger von der Person als vielmehr von ihrer gesellschaftlichen Funktion her zu pastoraltheologischen Aussagen zu kommen, die berufliche Leistungsrolle stärker zur Geltung zu bringen. Eben dies will ihre Habilitationsschrift „Professionalität im Pfarrberuf" (1999) leisten. Sie greift dabei maßgeblich auf die Gesellschaftstheorie von Niklas Luhmann, einem Soziologen, zurück, der eine Gesellschaftstheorie als Systemtheorie entworfen hat. Kern dieser Systemtheorie ist die Selbständigkeit sozialer Systeme, die sich durch Kommunikation bilden und die von unterschiedlicher Komplexität sind. Das komplexeste, umfassende soziale System ist die Gesellschaft als Ganzes. Das kleinste soziale System, gewissermaßen der Zellkern, ist das interaktionale System zweier Menschen, die miteinander kommunizieren. Typisch für jedes System ist nach Luhmann, dass es autopoietisch operiert, d. h. sich selbst jeweils mithilfe eines zweiwertigen (binären) Codes von der Umwelt abgrenzt und so seine Identität im Prozess der Selbstreproduktion aufrechterhält. Soziale Systeme treten in Interaktion durch Kommunikation. Sie operieren, so Luhmann. Kommunikation ist also die Art von Operation, durch die soziale Systeme sich bilden, erhalten und von ihrer Umwelt abgrenzen. Warum Isolde Karle in der Systemtheorie für ihre Pastoraltheologie fündig wird, liegt auf der Hand: Sie will ja gerade weg von einer Verpersönlichung der Pastoraltheologie. Es geht ihr um die soziale Bedingtheit von Personalität. Sie setzt nicht beim Individuum und der Person des Pfarrers an, sondern beim sozialen System und das heißt bei der Kirche und der Kommunikation, durch die sich Gemeinde, Kirche etc. bilden, erhalten und von ihrer Umwelt abgrenzen. Diese von Karle so genannte professionstheoretische Perspektive soll eine Konzentration auf die Kommunikation leisten und die in der Kommunikation zur Sprache kommende Sachthematik. Die Sachthematik der pastoralen Kommunikation ist klar vom Ordinationsversprechen her bestimmt. „Evangelische Pfarrerinnen und Pfarrer werden mit der Ordination auf Schrift und Bekenntnis verpflichtet. Die Evangeliumsverkündigung steht deshalb im Zentrum des pastoralen Dienstes." Pfarrerinnen und Pfarrer haben die Aufgabe, „das Evangelium von Jesus Christus, wie es in der Heiligen Schrift gegeben und in den Bekenntnissen der Reformation bezeugt ist, zu verkündigen und in Seelsorge, Unterricht und Gottesdienst reflektiert und differenziert zu vermitteln. Freiheit und Bindung des evangelischen Pfarrers und der evangelischen Pfarrerin sind durch diese Sachthematik, durch die Verkündigung des Evangeliums, bestimmt."

Von da aus vergleicht Karle den Beruf des Pfarrers mit anderen typischen Professionen, die von der jeweiligen Sachthematik sehr stark bestimmt sind. „Es ist die spezifische Funktion der Professionen in der modernen Gesellschaft, kulturell anspruchsvolle und identitätsrelevante Sachthematiken zu vermitteln. Der Arzt versucht dabei zur Gesundheit zu verhelfen, die Richterin zum Recht und die Pastorin oder der Pastor zum Glauben. Konkret bedeutet dies im evangelischen Kontext, daß das Wort Gottes im Mittelpunkt des pastoralen Dienstes steht. Pfarrerinnen und Pfarrer verkennen mithin die Professionalität ihres Berufs, wenn sie sich als ‚professionelle Nachbarn' (Ernst Lange) auf die Pflege von Kontakten oder die Selbstdarstellung ihrer Subjektivität beschränken."

Karle will ihre Theorie daher auch eigentlich nicht als eine dem evangelischen Amtsverständnis fremde und gänzlich neue Perspektive sehen, sondern die Theorie reformuliert spezifisch reformatorische Anliegen unter den Bedingungen der Moderne.

Neben der Sachthematik ist aber auch die Interaktion der Kommunikation von Bedeutung. Das heißt – die Luhmannsche Systemtheorie wiederum aufnehmend – es kommt auf die Art und Weise der Kommunikation maßgeblich an. Hier, so Karle, ist insbesondere das Vertrauen im Sinne einer professionsethischen Dimension von Bedeutung. Nun könnte man Karle vorwerfen, dass sie ja doch letztlich da landet, wovon sie sich abgrenzen wollte, nämlich bei der Verbindung von Person und Beruf.

Durch die Betonung der Sachthematik allerdings, so Karle, ist ein wesentliches Korrektiv an dieser Verbindung von Person und Amt angebracht. Ihre Glaubwürdigkeit ist sehr eng auf die Sachthematik, nämlich die Verkündigung des Evangeliums bezogen, so dass einer beliebigen Selbstdarstellung des pastoralen Amtsträger gewehrt wird und die von Karle monierte Verpersönlichung zugunsten der Einheit von Sache und Person überwunden wäre.

Ein wesentlicher Gewinn der Pastoraltheologie von Isolde Karle liegt darin, dass sie die pastoraltheologische Diskussion an die Sachthematik rückbindet und damit zu einer Konzentration des pfarramtlichen Berufs wesentlich beiträgt. Mit dem Hinweis auf Schrift und Bekenntnis gewinnt sie einen Fokus, wo es nicht nur um Beziehung im weitesten Sinne geht, sondern wo das Vertrauensverhältnis mit der pfarramtlichen Interaktion unauflöslich verbunden ist.

Diese Betonung der Sachthematik hat für viele Pfarrerinnen und Pfarrer eine hohe Plausibilität und birgt entlastende Aspekte. Von der Luhmannschen Gesellschaftstheorie aus, entspricht es gerade der allgemeinen Erwartung an soziale Systeme, dass sie ihre Kommunikation in spezifischer Weise profilieren und d.h. auch nach außen abgrenzen.

Kirchliche Interaktion sollte also demnach auch der Erwartungshaltungen anderer sozialer Systeme entsprechend von der Sachthematik Evangelium in Schrift und Bekenntnis dominiert sein. Die Religion ist so nichts, was man verschämt am Rande thematisieren müsste, sondern das, was von einem erwartet wird. Es bleibt allerdings zu fragen, ob das, was Karle kritisch als Verpersönlichung des Amtes diagnostiziert, nicht letztlich eine historisch unhintergehbare Entwicklung darstellt. In der Überschreitung der Epochenschwelle zur Moderne sind Amt und Person eine enge Verbindung eingegangen, weil der Pfarrer zur Anschauungsfigur für gelebtes Christentum wird.

Albrecht Grözinger. Das Amt der Erinnerung

Es ist ganz bezeichnend für dieses Konzept, dass Albrecht Grözinger es nicht im Rahmen einer eigenständigen monographischen Pastoraltheologie entfaltet, sondern dass seine Pastoraltheologie als ein Kapitel „Ausblick" im Kontext seiner Kirchentheorie firmiert. Seine Kirchentheorie ist unter dem Titel „Die Kirche – ist sie noch zu retten? Anstiftungen für das Christentum in postmoderner Gesellschaft" 1998 erstmals erschienen und ist der Versuch, Kirche möglichst von außen wahrzunehmen, um von da aus Perspektiven für die Zukunft zu entwickeln. Dass seine Pastoraltheologie als Ausblick unter der Überschrift „Das Amt der Erinnerung – Überlegungen zum künftigen Profil des Berufs der Pfarrerinnen und Pfarrer" erscheint, ist ein deutlicher Hinweis darauf, dass die Kirche nur dann zu retten ist, wenn sich das Pfarramt verändert und entsprechend dieser Veränderungen wahrgenommen wird. Die Bedürfnisorientierung der Menschen und der Auftrag der Kirche seien in Wahrheit keine Gegensätze, vielmehr müsse die Kirche mehr als bisher dafür tun, dass individuelle Wertvorstellungen und unterschiedliche Formen der Frömmigkeit Raum haben. Die Kirche wird sich nämlich, so Grözinger, „nur dann in der Konkurrenz der Sinndeuter behaupten, wenn sich ihre biblisch begründeten Antworten als tauglich für die Moderne erweisen'. Damit ist die konkrete Aufgabe gestellt, vor der die Kirche steht, nämlich in ihrer Praxis die Tauglichkeit (und dies ist weit mehr als nur ein pragmatischer Begriff) der biblischen Tradition inmitten der postmodernen Vielfalt der Weltanschauungen und religiösen Orientierungen Tag für Tag aufs neue den Menschen plausibel zu machen."[4]

Die Moderne bzw. die Postmoderne als epochale Zeitdiagnose bringt vor allem dieses mit sich: Es geht im Sinne einer radikalisierten Aufklärung darum, Plausibilitäten durch argumentative Anstrengungen zu schaffen, Autoritätsansprüche demnach also nicht einfach zu behaupten. Nicht weil etwas in der Bibel steht und weil der Pfarrer als Autoritätsperson die Wahrheit des Christentums verkündet, muss das Christentum, muss die christliche Tradition etwas bedeuten. Die formale Begründung von Autoritätsansprüchen muss vollständig überwunden werden zugunsten der inneren Plausibilität: Die lebenspraktische Seite des Christentums muss stärker betont werden und gerade in der Erfahrung würde sich seine Wahrheit erschließen lassen.

Aufgabe 5

Lesen Sie *Albrecht Grözinger*, Das Amt der Erinnerung – Überlegungen zum künftigen Profil des Berufs der Pfarrerinnen und Pfarrer, in: Ders., Die Kirche – ist sie noch zu retten? Anstiftungen für das Christentum in postmoderner Gesellschaft, Gütersloh 1998, 134–141. Interpretieren Sie den Satz: „Je rasanter das selbstverständliche Erleben von Tradition dahinschwindet, desto dringlicher wächst der Bedarf an Traditionen. Die Postmoderne läßt Traditionen zerfallen und lechzt zugleich nach ihnen." (137)

Grözinger setzt zwei Akzente: Zum einen wäre das Pfarramt dezidiert mit der Vergegenwärtigung der biblisch-christlichen Tradition befasst. Dies wäre gewissermaßen die Kerntätigkeit. Und: Es wäre deutlich mehr Wert auf die Art und Weise, in der die Tradition zur Sprache gebracht wird, zu legen. Diese müsste sich tatsächlich stärker an Plausibilitätsmustern orientieren, populärer sein, stärker noch auf die Hörerbedürfnisse eingehen. Das Amt der Erinnerung ist in dieser hermeneutisch anspruchsvollen Zuspitzung wesentlich ein intellektuelles Amt.

---

4 Albrecht Grözinger, Das Amt der Erinnerung – Überlegungen zum künftigen Profil des Berufs der Pfarrerinnen und Pfarrer, in: Ders., Die Kir-che – ist sie noch zu retten? Anstiftungen für das Christentum in postmoderner Gesellschaft. Mit Zitat Heike Schmoll, 135.

C.   Perspektiven des Pfarramts

Dass wir in der Frage nach Person und Funktion des evangelischen Pfarrers/der Pfarrerin mit einem ganzen Bündel an Themen und Problemen um Kirche und Religion konfrontiert sind, ist ein Indikator dafür, dass der Pfarrer/die Pfarrerin eine Anschauungsfigur, ein Repräsentant des Religionsthemas mit hohem symbolischen Wert ist. Die Beziehung zur Institution Kirche wird für viele Menschen greifbar in der Beziehung zu einem/ihrem Pfarrer bzw. einer/ihrer Pfarrerin. Erfahrungen mit dem Pfarrer/der Pfarrerin werden sowohl in positiver wie in negativer Hinsicht als Erfahrungen mit der Kirche subjektiv gewertet. Ein Indikator für gesellschaftsöffentliche Funktion der Pfarrerbilder ist der Film. Hier steht die Thematisierung des Pfarramts und des Pfarrhauses für die Fragen nach dem guten und wahren Leben. Hier wird die Religionsthematik präsent gehalten und auf sehr unterschiedliche Weise inszeniert. Deutlich ist, dass jeder der Protagonisten seinen/ihren je eigenen Weg finden muss. Oder wie der Film „Wie im Himmel" nahe legt: Jeder muss seinen eigenen Ton finden. Dass das Pfarrhaus auch der Ort von Verirrung (Doppelmoral) sein kann und die lebendige Gemeinde (Chor) an einem anderen Ort gelebt wird, ist ein Stück medial inszeniertes Priestertum aller Gläubigen. Der Regisseur Kay Pollak bringt die Frage nach der Religion auf den Punkt: „Wovon wir träumen: den anderen ganz und gar offen und ohne Angst zu begegnen."

⌐ Arbeitsvorschläge für Gruppen ────────────────────────────────

1. Überlegen Sie, wie die beiden Texte von Luther und Spalding zusammenpassen. Achten Sie dabei besonders auf den Begriff der Nützlichkeit.
2. Schauen Sie sich gemeinsam den Film an: Wie im Himmel (Schweden 2004). Beschreiben Sie die beiden Protagonisten Daniel (Musiker) und Stig (Pfarrer). Achten Sie auch auf die ikonographische Stilisierung von Daniel. Hier werden Elemente aus der Geschichte Jesu eingespielt (Taufe, Grablegung, Kreuzestod).
3. Einer von Ihnen referiert das Konzept von Wilhelm Gräb (Lit.). Gehen Sie miteinander die pastoraltheologischen Entwürfe anhand der Tabelle durch. Wo liegen Ihrer Meinung nach die Stärken und Schwächen?

Entwurf	Leitbild	Aufgabe	Kernkompetenz	Vergleich	Referenzwissenschaft
Manfred Josuttis 1982	Der Pfarrer ist anders	Konfliktzonen reflektieren	Rollen unterscheiden	Prophet	Soziologie, Tiefenpsychologie
Manfred Josuttis 1996	Führer in das Heilige	spirituelle Techniken vermitteln	Spiritualität	„Stalker"	Religionsphänomenologie (Hermann Schmitz)
Albrecht Grözinger 1998	Amt der Erinnerung	biblisch-christliche Tradition vermitteln	intellektuelle Denkleistung	Rabbi	Kulturphilosophie (Postmoderne)

Entwurf	Leitbild	Aufgabe	Kernkompetenz	Vergleich	Referenzwissenschaft
Isolde Karle 2001	Professional	Sachthematik auf Vertrauensbasis kommunizieren	theologische Kompetenz	Arzt, Jurist	Soziologie: Systemtheorie (Niklas Luhmann)
Wilhelm Gräb 2006	exponierte religiöse Subjektivität	Deutungsangebote vermitteln (rituell und symbolisch)	religionshermeneutische Kompetenz	Künstler	Religionssoziologie, Medientheorie, Kulturwissenschaft, Rechtfertigungslehre

7. Die Kirchenmitglieder – Milieus in der Kirche

Die Milieuperspektive entzieht manchen ideologisch-theologischen Argumentationsgewohnheiten kirchlicher Arbeit den Boden; sie fordert andererseits zu theologischen Klärungen und Präzisierungen heraus.
Eberhard Hauschildt[5]

Sicher: es gibt hin und wieder Orte und Zeiten, wo sich Milieus begegnen können – bei Familienfesten z. B. Im übrigen bleibt man aber nach wie vor gerne unter sich, vor allem heiratet man in seinem Milieu [. . .]. Denn eine Ehe wird man nur gründen, wenn man den oder die andere im wahrsten Sinne des Wortes ‚riechen‘ kann [. . .]. Die ‚Liebe‘, die dem in der Regel zugrunde gelegt zu sein scheint, ist also ganz und gar nichts Spontanes, sondern geradezu ein Milieuelixier schlechthin.
Gerhard Wegner[6]

A. Problemskizze

Warum halten sich Menschen (noch?) zur Kirche? Warum interessieren sich Jugendliche für Religion, bzw. warum scheint ihnen diese Frage gleichgültig zu sein? Wer sind die Menschen, mit denen man es in Schule und Gemeinde zu tun bekommt? Das wichtigste Instrumentarium, um diese Voraussetzungen der eigenen Arbeit in den Blick zu bekommen, sind die eigenen Beobachtungen. Sie sind durch nichts zu ersetzen. Aber unsere Beobachtungen sind niemals wertfrei. Sie sind immer von Verstehensvoraussetzungen gekennzeichnet. Eine wichtige Aufgabe der PT ist es, die eigenen Beobachtungen theoretisch beobachten zu können. Dazu stellt die PT Theorien zur Verfügung. Dabei handelt es sich um psychologische und soziologische Theorien, oder, wie es in der Unterrichtsvorbereitung heißt: Diese Theorien beschreiben die „anthropogenen" (psychologischen) und die „soziokulturellen" Voraussetzungen sozialen (pädagogischen, diakonischen, liturgischen) Handelns, und sie werden in diesem Buch darum auch mehrfach angesprochen (s. die 5. Einheit zur empirischen Religionsforschung und die 15. Einheit zur religiösen Entwicklung).

5 Eberhard Hauschildt, Milieus in der Kirche. Erste Ansätze zu einer neuen Perspektive und ein Plädoyer für vertiefte Studien, in: PTh 87 (1998), 392–404: 403.
6 Gerhard Wegner, Was dem Einen sein Bach, ist dem Anderen sein Baltruweit. Glaube und kulturelle Formen. Ein praktisch-theologischer Problemaufriss, in: Wolfgang Vögele/Helmut Bremer/Michael Vester (Hg.), Soziale Milieus und Kirche, Würzburg 2002, 25–51: 25.

Seit gut zehn Jahren werden in der PT darüber hinaus die „Milieutheorien" diskutiert, die eine Art von mittlerer Theorie zwischen individuellen und kollektiven Beschreibungen wählen. Menschen werden von Gruppen und von überindividuellen Einstellungen und Verhaltensweisen geprägt. Die Ethik und Ästhetik sowie der Habitus des Alltagslebens sind individuell gewählt und doch sozial vermittelt. Jeder trifft täglich eine Unzahl von Entscheidungen (etwa beim Konsum- und Freizeitverhalten) – und alle Entscheidungen sind seine eigenen, persönlich getroffen. Aber dennoch unterliegt er dabei Geschmacks- und Verhaltensmustern, die nur bedingt persönlich, aber auch milieubedingt sind. Das betrifft auch das Verhältnis zu Religion, Glaube und Kirche, weil eben dieses ebenfalls eine mittlere Struktur individueller Wahl und kultureller Prägung aufweist. Wir reden darüber, „wie wir von unseren Eltern geprägt wurden" – und zeigen gerade mit diesem Sprechakt, dass wir uns davon nicht determiniert wissen. Wir beschreiben „unseren eigenen Weg in die Kirche" und wissen damit, dass keine Entscheidung voraussetzungslos ist. Diesen „mittleren Ort" (frz. „mi" = halb, mittel, der mittlere, und „lieu" = der Ort) suchen die Milieutheorien zu erfassen.

Das hat man auch schon früher getan, indem man die Mittel-, Unter- und Oberschicht bzw. den Arbeiter-, Bürger- und Bauernstand sowie die gebildeten und besitzenden Kreise voneinander unterschied. Mit dem Übergang von der geschichteten zur funktional differenzierten Gesellschaft haben jedoch die Schichten mehr und mehr ihre Bedeutung verloren. Die Bildungsreformen und die sich beschleunigenden Märkte haben dazu geführt, dass zwar nicht jeder jede Stellung erreichen kann, dass aber die Schichten durchlässiger geworden sind. Man kann sich das sehr einfach klar machen: Es zählt für die gesellschaftliche Anerkennung immer weniger, aus welchem Elternhaus jemand kommt, sondern viel mehr das, was jemand selbst durch Ausbildung und eigene Anstrengung erreicht (allerdings stellt das Elternhaus wichtige Weichen dafür, was jemand erreichen *kann*).

Die Zusammengehörigkeit innerhalb der Gesellschaft und der eigene Freundes- und Bekanntenkreis bildet sich heutzutage nicht mehr aufgrund der Herkunft, sondern innerhalb von gesellschaftlichen Netzwerken, die man selbst knüpft. Diese wiederum entstehen im Rahmen von oft wechselnden Berufstätigkeiten und in der Freizeit, in Vereinen mit ihren durchaus verschiedenen Fitnesskulturen (Jogging, Fußball, Golf), in sehr verschiedenen (so genannten „Szene"-)Lokalen, bei Konzerten verschiedener Stilrichtungen und nicht zuletzt bei der Wohnungseinrichtung (Selbstbaumöbel, Wohnlandschaft, Stilmöbel). Die Ästhetik des Alltags und die Verhaltensmuster der Freizeit schließen Menschen zu Gruppen zusammen, die meinen, dass sie sich vor allem individuell verhalten. Kurz: Die klassischen gesellschaftlichen Schichten lösen sich auf in andere Gruppenzugehörigkeiten – in die Milieus, die jedoch deutliche Merkmale der alten Schichtenzugehörigkeit behalten. Schon die PT vor hundert Jahren überlegte, wie sie für die verschiedenen Schichten Predigt, Seelsorge und Unterricht zu gestalten habe, so wird heute entsprechend nach einer milieugemäßen kirchlichen Praxis gefragt.

B. Theorien und Argumentationen

Leidet die Arbeit der evangelischen Kirche unter „Milieuverengung", wie das der Soziologe und seinerzeitige Präsident des Deutschen Evangelischen Kirchentages, Klaus von Bismarck, schon 1957 (!) festgestellt hatte? Bismarck hatte die Angebote von westfälischen Kirchengemeinden auf der Basis einer breiten Datenerhebung (rund 100 Gemeinden verschiedener Prägung) untersucht. Dabei hatte er fünf Gruppen unterschieden: 25% „Kleinbürgertum", 5% „gehobenes Bürgertum", 35% „Arbeiter", 5% „Intellektuelle", 10% „Desintegrierte" (20% wusste er nicht genauer zuzuordnen). Sein Ergebnis lautete, dass in der Kirchengemeinde (im Gottesdienst und in Gruppen) das Kleinbürgertum und das gehobene Bürgertum dominierten, während die größte Gruppe, die Arbeiter (mit 35%), weniger in kirchlichen Gruppen und Gremien vorkam – dafür aber stark auf die Tradierung kirchlicher Werte achtete.[7] Der Schluss, den Bismarck schon damals zog, weist weit voraus: Die Kirche dürfe derartige Verhältnisse der Mitglieder zur Kirche nicht als defizitär betrachten, sondern sie habe verschiedene Zugänge zum kirchlichen Leben zu eröffnen. (Das genau ist der Weg, der in der Gegenwart nach inzwischen vier Kirchenmitgliedschaftsuntersuchungen und nach verschiedenen Milieustudien zu gehen versucht wird.) Der Milieubegriff bei Bismarck ist noch ein erkennbar anderer als in den späteren Milieustudien, weil er im Grunde mit dem alten Begriff des „Standes" oder der „Schicht" zusammenfällt.

Aufgekommen war der Milieubegriff aber schon viel früher im Kontext der Aufklärung. Im 19. Jahrhundert hatte er dann vor allem in der Biologie Eingang gefunden: Die Abstammung und die Umwelt bestimmen ein Lebewesen. In der frühen Soziologie wurde dieser Begriff auf die Prägung des Menschen übertragen: Abstammung, Umwelt und Zeitumstände bestimmen einen Menschen, oder eben: „race, milieu, moment (historique)",[8] wie es der Geschichtsphilosoph Hippolyte Taine (1828–1893, im Anschluss an Denkweisen des Positivisten Auguste Comte, 1798–1857) schon 1863 konstatierte. Diese frühe Milieutheorie war – als Gegenschlag zum Individualismus im Idealismus und in der Romantik – deterministisch und übertrug die Entdeckung der Naturgesetze auf Geschichte und Gesellschaft (auch der Marxismus ist eine Art von Milieutheorie). Damals wurde der Milieubegriff nahezu synonym mit der Kategorie der (sozialen) Umwelt gebraucht.

---

7 Klaus von Bismarck, Kirche und Gemeinde in soziologischer Sicht, in: ZEE 1 (1957), 17–30; u. a. darauf bezieht sich Helmut Bremer, Problemstellung: Die ‚Milieuverengung' und das Problem der ‚Distanzierten', in: Vögele/Bremer/Vester (s. o. Anm. 6), Soziale Milieus, 55–67: 59f.
8 In seiner vierbändigen englischen Literaturgeschichte hatte Taine die These vertreten, auch Laster und Tugend seien durch das gesellschaftliche Milieu produziert: „Le vice et la vertu sont des produits comme le vitriol et le sucre" (H. Taine, Histoire de la Littérature Anglaise. Tome premier, Paris 1863, XV). Taine sah die großen Autoren als durch Rasse, Milieu und Zeitumstände bestimmt an. Seit Taines Buch gehört der Milieubegriff zum alltäglichen Sprachschatz (etwa bei dem Berliner Zeichner Heinrich Zille, 1858–1929).

In der Praktischen Theologie in ihrer frühen empirischen Phase um 1900 wurden ebenfalls genaue Beobachtungen zu den sozialen Schichtungen und ihrem Verhältnis angestellt. Aber hier findet sich noch nicht die Kategorie des „Milieus", sondern es ist von bestimmten „Ständen" und „Kreisen" sowie von der Prägung durch den Beruf die Rede. So fordert Friedrich Niebergall, man müsse im Rahmen der praktisch-theologisch notwendigen „religiösen Volkskunde" die Menschen in „religiösen Photographien" vor sich haben. Die von Niebergall genannten Beispiele sind aus heutiger Sicht schon historisch hochinteressant (und die Art der Beschreibung lässt nicht zuletzt Schlüsse auf das damalige akademische Milieu zu): „Ein Bauer aus Württemberg, über fünfzig Jahre alt, in hartem Kampf gestählt an Leib und Seele, mit reicher Phantasie, pietistisch aufgezogen, entschlossenen Willens, der ihn in den Stand setzt, ein kleiner Führer in einer Gemeinschaft zu sein. [...] Oder ein kleiner Zollbeamter aus militärischer Familie, stramm und gewissenhaft, lange in katholischer Gegend gewesen, sanguinischen Temperamentes, konservativ bis auf die Knochen."[9]

⌐ Aufgabe 1 _____

Lesen Sie aus Niebergall, Praktische Theologie. Bd. 1 (s. o. Anm. 9) den Abschnitt über „Stand und Beruf" (144–166). Inwiefern haben sich die beschriebenen Stände Ihrer Beobachtung zufolge seitdem verändert? Was hat sich an der Art der Beschreibung sozialer Realität selbst verändert?

Erst im Laufe des 20. Jahrhunderts bildet sich im Kontext der Fragen nach Lebenswelt, Lebensstil und Lebensweise der übergreifende Begriff des Milieus als einer Summe von gemeinsamen sozialen Eigenschaften unabhängig von Schichtenmodellen der Gesellschaft. Dies wird mit der soziologischen Theorie der Individualisierung von Ulrich Beck[10] und dann mit der bald danach entstandenen Theorie der „Erlebnisgesellschaft" von Gerhard Schulze[11] erreicht.

Schulzes These: Nicht mehr das elementare Überleben steht wie in der Nachkriegsgesellschaft im Vordergrund, sondern das Erleben. Nachdem sich fast niemand mehr um den materialen Lebensunterhalt (im Sinne elementar notwendiger Ernährung) zu sorgen brauche, verlagere sich das Interesse auf die eigene Leiblichkeit, und zwar im ästhetischen und existenziellen Sinne: auf Gesundheit, „Fitness" und das Erleben des eigenen Körpers in Freizeit und Urlaub. Der Wunsch, den „Kick" zu erleben (für Begüterte beim Extrembergsteigen oder beim teuren Überlebenstraining, für weniger Begüterte beim Techno-raving, Bungee-Jumping oder auch beim „S-Bahn-Surfen") entspreche einer Orientierung an dem kulturell neuen „Spannungsschema" in der heutigen Erlebnisgesellschaft.[12]

---

9 Friedrich Niebergall, Praktische Theologie. Lehre von der kirchlichen Gemeindeerziehung auf religionswissenschaftlicher Grundlage. Bd. 1: Grundlagen. Die ideale und die empirische Gemeinde. Aufgaben und Kräfte der Gemeinde, Tübingen 1918, 33.
10 Ulrich Beck, Risikogesellschaft. Auf dem Weg in eine andere Moderne, Frankfurt am Main 1986.
11 Gerhard Schulze, Die Erlebnisgesellschaft. Kultursoziologie der Gegenwart, Frankfurt am Main/New York 1992 [⁷1997].
12 A.a.O., 125–167 und 537ff.

Durch dieses Spannungsschema, das erstmals mit der breiten Rezeption der Rock- und Popmusik seit 1970 greifbar ist, hat sich nach Schulze ein Wechsel in der Wahrnehmung der Kultur vollzogen. Früher gab es klassisch drei Schichten: Die gebildete Oberschicht, die in die Oper ging, die Arbeiterschicht, die Schlager und Volksmusik liebte und die Mittelschicht, in der sich beides mischte. Seit dem Spannungsschema der letzten 30 Jahre jedoch entwickelten sich neue kulturelle Stile, so Schulze. Die gebildeteren Jüngeren fragen vor allem nach ihrer Selbstverwirklichung mit Hilfe von Musik, Aktion und politischem Engagement, die weniger Gebildeten geben sich mit den vervielfältigten Erlebnis- und Unterhaltungsmöglichkeiten zufrieden. Entsprechend dieser Analyse unterscheidet Gerhard Schulze fünf kulturelle Milieus:

	Milieus nach G. Schulze, Die Erlebnisgesellschaft, 1992	Alter	Ältere Beschreibung dieses Milieus
1	Niveaumilieu	Ca. Jahrgang 1950 und älter	Oberschicht
2	Harmoniemilieu	Ca. Jahrgang 1950 und älter	Arbeiterschicht
3	Integrationsmilieu	Ca. Jahrgang 1950 und älter	Mittelschicht
4	Selbstverwirklichungsmilieu	Jahrgang ab 1950 und jünger	Keine
5	Unterhaltungsmilieu	Jahrgang ab 1950 und jünger	Keine

Zwar ist diese Beschreibung auch jetzt schon wieder mehr als 15 Jahre alt und der Unterschied zwischen den „nach-68ern" und den „vor-68ern" wird zunehmend irrelevanter, aber der Erklärungswert für das unterschiedliche Verhalten der vor 1950 und der nach 1950 Geborenen bleibt gleichwohl bestehen.

Aufgabe 2

Lernen Sie die fünf Milieus nach Gerhard Schulze mit dem Namen und mit einer Kurzbeschreibung auswendig, indem Sie sich diese nach der Formel „3+2" (die drei aus dem älteren Schichtenmodell hervorgegangenen und die zwei neuen Milieus) einprägen.

Eberhard Hauschildt[13] hat Schulzes Theorie auf die Kirche übertragen und entwickelt daraus die folgenden Praxissituationen:

1. Das *Niveaumilieu* ist die „kultivierte Kirche" von gebildeten Älteren. Hauschildts Beispiel dafür ist der Universitätsgottesdienst: Ein kulturelles Ereignis, bei dem es keine Störungen geben soll; hinterher steht man zusammen „und die Darbietung wird nach ihrer Perfektion beurteilt" (398).
2. Das *Harmoniemilieu* ist die „Kirche, wie sie immer war" bei wenig gebildeten Älteren. Dazu gehört die Hochzeit in weiß mit Mendelssohns Hochzeitsmarsch,

---

13 Hauschildt, Milieus (s. o. Anm. 5).

man ist liturgisch besonders konservativ und unpolitisch. Die Aufgabe der Liturgie ist es, das Gefühl zu vermitteln, dass die Welt noch in Ordnung ist.

3. Das *Integrationsmilieu* ist die *„freundliche Kirche"* von Älteren mit mittlerer Bildung. Als Beispiel nennt Hauschildt den Gemeindeclub mit etwas Geselligkeit und etwas Kultur und Religion, etwa einen Diavortrag über den Isenheimer Altar.

4. Das neue *Selbstverwirklichungsmilieu* ist die *„aktive Kirche"* von Jüngeren mit hoher oder mittlerer Bildung. Wichtig sind hier Gottesdienstexperimente und Aktionen (hier erkennt man das Erbe der „Gottesdienste in neuer Gestalt"). Diese Gruppen prägen die Wahrnehmung von Kirche in der Öffentlichkeit stärker, weil sie etwas Besonderes machen. Hauschildt dazu: „Im Milieu der ‚aktiven Kirche' distanziert man sich von der spießigen Kirche [...]. Man verabscheut Erscheinungen wie Posaunenchor, Mütterdienst und die agendarischen Gottesdienste, Kasualien." (401)

5. Das neue *Unterhaltungsmilieu* ist die *Kirche, bei der „was los"* ist und wird gebildet von Jüngeren geringerer Bildung. Für dieses Milieu, das der Kirche am ehesten fremd zu sein scheint, werden oft Spezialisten abgestellt wie Fußball- oder Motorradpfarrer. Hier verabscheut man die langweilige, intellektuell überfordernde und sinnlich unterfordernde Kirche: Dort ist eben in der Regel „nichts los".

Eine andere Milieutheorie ist die bereits oben erwähnte Theorie von Vögele/Bremer/Vester.[14] In dieser geht es weniger um das ästhetische „Erlebnis", sondern um das ethische Verhalten im Alltag und um die entsprechenden Formen von Mentalität und Habitus (darauf weist auch das zweite Eingangszitat zu dieser Einheit über das Heiratsverhalten hin). Milieus sind definiert als gemeinsame Gruppeneigenschaften von Menschen, die mit Lebenssituationen ähnlich umgehen – die Menschen unterscheiden sich, je nachdem wie sie im Alltag wirtschaften, wie sie ihre Freizeit verbringen und ihre Berufswege planen und gestalten. Im Gegensatz zu der Individualisierungsthese von Beck und Schulze wird hier die Ansicht vertreten, dass die alten Schichten sich nicht einfach auflösen, sondern dass diese unter veränderten gesellschaftlichen Bedingungen weiterbestehen, wenn auch die Berufsgrenzen keine Milieugrenzen mehr sind. Mit Hilfe dieses Theoriedesigns werden in der Studie 20 verschiedene Milieus beschrieben, die nach den drei Gruppen der klassischen Schichten und zusätzlich der Jugendkultur gegliedert werden; für kirchliche Zielgruppen werden dann acht Profile konstatiert:

---

14 Michael Vester, Die sozialen Milieus der Bundesrepublik Deutschland, in: Vögele/Bremer/Vester, Soziale Milieus (s. o. Anm. 6), 87–107 und 267–274.

Milieugruppen	Acht qualitative Profile kirchlicher Zielgruppen
Milieus der akademischen Intelligenz	1. Die Humanisten
	2. Die Idealisten
Milieus der Facharbeit und der praktischen Intelligenz	3. Die Alltagschristen
	4. Die Nüchtern-Pragmatischen
	5. Die Anspruchsvollen
Milieus aus dem Bereich der kleinbürgerlichen Volks- und Arbeitermilieus	6. Die Traditionellen Kirchenchristen
	7. Die Modernen Kirchenchristen
Milieu der Avantgarde der Jugendkultur	8. Die Scheinbaren Rebellen

Diese Beschreibungen zeigen, dass die alten Schichtenmodelle nicht völlig überholt sind, dass diese aber durchlässiger und undeutlicher werden. Trägt man nun die Partizipation an der gesellschaftlichen Herrschaft auf der y-Achse („Herrschaftsachse") und den Grad an Eigenverantwortlichkeit auf der x-Achse auf („Differenzierungsachse"), so zeigen sich ungerade Grenzen zwischen den Milieus und es entsteht statt eines Schachfeldes eine Art von Kartoffel. Dieses „Kartoffeldiagramm" ist die typische Darstellungsform für Milieutheorien.

Aufgabe 3

Erschließen Sie sich die Abbildungen bei Vögele/Bremer/Vester, Soziale Milieus (s. o. Anm. 6), 94. 97. 100f und beschreiben Sie die Funktion des „Kartoffeldiagramms".

Eberhard Hauschildt hatte 1998 angeregt, dass die neue EKD-Mitgliedschaftsstudie im Jahre 2002 den milieutheoretischen Ansatz aufnehmen und weiterführen sollte. Das ist tatsächlich geschehen. Die vierte EKD-Erhebung über Kirchenmitgliedschaft[15] bezieht sich dabei auf eine Theorie der Lebensstile, die ähnlich sind wie die Kategorien Schulzes, aber dennoch von diesen unterschieden werden müssen. Gewonnen sind die sechs Stile an den Parametern Konsum, Freizeitverhalten, Freundeskreis, Mediennutzung und Werte. Man sieht, dass es sich bei den Milieus jeweils um Konstrukte handelt, um die vielfältige soziale Wirklichkeit etwas verstehbarer zu machen. Es handelt sich mithin nicht um empirisch gewonnne *Abbildungen*, sondern um (aufgrund von methodisch kontrollierten Verfahren gewonnene) *Bilder* der Wirklichkeit. Friederike Benthaus-Apel unterscheidet dabei sechs Lebensstile[16]:

---

15 Kirche in der Vielfalt der Lebensbezüge. Die vierte EKD-Erhebung über Kirchenmitgliedschaft, hg. von Wolfgang Huber u. a., Gütersloh 2006 (=„KMU 4").

16 Friederike Benthaus-Apel, Lebensstilspezifische Zugänge zur Kirchenmitgliedschaft, in: Kirche in der Vielfalt (s. o. Anm. 15.), 205–236.

Lebensstil	Merkmale
1. Hochkulturell-traditionsorientiert (13%)	Altersdurchschnitt 63 Jahre, politisch engagiert, naturverbunden, gehobener Standard
2. Gesellig-traditionsorientiert (16%)	Vorwiegend Rentenalter, naturverbunden, traditionelle Normen, Abgrenzung von Hoch- und Jugendkultur
3. Jugendkulturell-modern (22%)	Durchschnittsalter 29 Jahre, Computer- statt Naturverbundenheit, gutes Einkommen und Bildung
4. Hochkulturell-modern (14%)	Durchschnittsalter 44 Jahre, liberal, höheres Einkommen und höhere Bildung, hochkulturelle und jugendkulturelle Freizeitinteressen
5. Von Do-it-yourself geprägt (18%)	Durchschnittsalter 42 Jahre, Gartenarbeit und Computernutzung, Kino, Diskothek – dörflich-kleinstädtischer Bereich
6. Traditionsorientiert-unauffällig (16%)	Durchschnittsalter 53 Jahre, Vorliebe für Volksmusik, niedrigeres Einkommen, geringere Bildung

Versucht man hier, den Befund ebenfalls auf zwei Achsen aufzutragen, auf die x-Achse für die Kirchlichkeit und auf die y-Achse für die Religiosität, dann ergibt sich eine andere Form des Diagramms, die aber in derselben Art und Weise der Rekonstruktion sozialer Wirklichkeit begründet ist wie das bei den Milieus Vesters (s. o.) der Fall ist.

Ein letztes Beispiel für die Milieuforschung ist die „SINUS"-Milieustudie aus dem Jahre 2005/2006, durchgeführt von dem Marktforschungsinstitut Sociovision in Heidelberg. Besonders die katholische Kirche hat sich in den letzten Jahren sehr mit den SINUS-Milieus beschäftigt. Auch die SINUS-Studien benutzen wiederum ein Kartoffel-Diagramm. Der Ausgangspunkt sind auch hier die Parameter Bildung und Alter. Wenn man dabei jeweils drei Stufen annimmt (Jugendliche, junge und ältere Erwachsene sowie Akademiker, Angestellte, Arbeiter), dann kommt man auf 3x3=9 Felder. Diese 9 Felder bilden auch die Folie des Kartoffel-Diagramms der Sinus-Milieus. Nur ist es inzwischen so, dass das Alter nicht mehr so entscheidend ist und dass sich die Orientierungen von mehr und weniger Gebildeten überlagern. Darum gelangen wir nach der „SINUS"-Studie zu 10 Milieus, die sich in der 9-Felder-Matrix unregelmäßig anordnen lassen.

Die „Kartoffel-Grafik" von SINUS verortet die Milieus folgendermaßen: A. Von oben nach unten: Nach sozialer Lage in Schichten, auf der Grundlage von Bildung, Beruf und Einkommen; B. Von links nach rechts: Nach der Grundorientierung, in einem Spannungsbogen von traditionell bis postmodern. Die Milieus unterscheiden sich in dem Bezug auf Werte, im Stil, in der Sprache und in der Ästhetik, was also

Konsumwünsche angeht. Ein modernes und aktuelles Milieu wird dabei unter dem Namen „die modernen Performer" beschrieben. Diese sind unter 30, karriere- und selbstbewusst, traditionskritisch und haben ein starkes Ich-Vertrauen. Wie vieles andere auch nutzen sie kirchliche Angebote mit Selbstbewusstsein. Eine „moderne Performerin" etwa formuliert: „Es ist nicht so, dass ich in die Kirche gehe und habe den Eindruck, ich komme da schlauer raus. Ich komme da oft raus und denke: Ja, ist mir schon klar. [...] Das bestätigt mich: Ich brauche euch jetzt nicht, um mir das noch mal zu sagen. Das habe ich schon selber kapiert. Aber manchmal gehe ich eben hin, um mir diese Bestätigung zu holen."

Aufgabe 4 ————————————————————————————————————

Das SINUS-„Kartoffeldiagramm" ist gut zugänglich unter http://www.sociovision.de (zuletzt abgerufen am 25.3.2008). Machen Sie sich mit einigen Milieubeschreibungen vertraut und entwickeln Sie daraus Maximen für die Gestaltung von Gottesdiensten.

C.   Zur praktischen Relevanz: Milieus und Gottesdienstbesuch

Was folgt aus den Milieustudien für die kirchliche Praxis? Es ist zu wiederholen, dass es sich bei den Milieutheorien nicht um die objektive Abbildung von Wirklichkeit handelt, sondern um eine Form von Wirklichkeitsbeschreibung. Erst recht ist damit der Weg von der Wahrnehmung zur Praxis nicht unmittelbar aus den empirischen Ergebnissen abzuleiten. Verantwortete Praxis beruht vielmehr stets auf einer kriteriengeleiteten Entscheidung. Die Kriterien entstammen dabei nicht der Empirie selbst, sondern theologischen und pädagogischen Werturteilen. Daraus folgt, dass milieuspezifische Gottesdienste nur eine mögliche Option sind. Das zeigt schon das folgende Gedankenexperiment: Bei der Berücksichtigung mehrerer Parameter käme man sonst zu unzähligen Anlässen – zwei Geschlechter mal mindestens vier Lebensalter mal sechs oder 10 Milieus (je nachdem, ob man sich an den sechs Lebensstilen der EKD-Studie oder an den 10 Milieus von SINUS orientiert) – das wäre absurd (wenn auch die Rechnung nicht ganz stimmt, weil die Milieus wiederum nur in bestimmten Lebensaltern bestimmend sind). Auf jeden Fall aber kann die Milieuorientierung nur ein zusätzlicher Gesichtspunkt für die Planung von Gottesdiensten sein.

Ein Dilemma besteht auch darin, dass die Erweiterung an Partizipation gleichzeitig zu einer Verengung auf bestimmte Milieus tendiert. Auch dies ist nichts prinzipiell Neues; doch die Milieustudien stellen ein schärferes Instrumentarium der Wahrnehmung bereit, um solche Verengungen erkennen und benennen zu können. Schon länger wissen wir: Je mehr sich der Gottesdienst an einer bestimmten Zielgruppe (oder in diesem Falle: an einem bestimmten Milieu) orientiert, desto mehr schließt er andere aus und verliert seinen Öffentlichkeitscharakter. Die Milieustudien machen dieses Grundproblem zwischen pädagogischer Weitung und öffentlichkeitsbezogener Verengung noch einmal anders bewusst.

Meine grundlegende Schlussfolgerung ist darum eine andere. Sie lautet: Die Milieubeschreibungen haben weniger eine praktisch-produktive als vielmehr eine aufdeckende, theologisch könnte man geradezu sagen: eine „elenchtische" Funktion. Die Studien zeigen uns die Grenzen der eigenen Wahrnehmung. Sie überführen manches theologisch unanfechtbare Argument als milieubeschränkt. Milieuorientierung kann demnach nicht bedeuten, die liturgischen Schätze der Kirche milieugerecht zu applizieren, um einen milieudifferenzierten liturgischen Supermarkt einzurichten. Gerade die postmoderne Ambivalenz gegenüber der Tradition verschärft noch das Spannungsfeld, das jeder in der Praxis kennt: Oft orientiert man sich am anderen besser dadurch, dass man ihm auch das Fremde der Tradition anbietet und zumutet.

Bei aller differenzierten Wahrnehmung der Milieus gibt es darüber hinaus auch so etwas wie kommunikative Standards für alle Milieus bei den Menschen, die Gottesdienste aufsuchen. Dort sollte erkennbar religiös kommuniziert werden und nicht nur über Religion; es sollte authentisch, aber nicht privat, sondern rollenbezogen authentisch religiös kommuniziert werden; und es sollte spürbar sein, dass die Agierenden die eigenen Milieuprägungen kennen, aber nicht in den Vordergrund spielen.

Ich rechne damit, dass es einen Grundbestand an öffentlicher Mitteilung und Darstellung von authentischer Religion, von christlichem Glauben gibt, der die Milieus überschreitet. Das Spezifikum der religiösen Kommunikation – das Ergriffensein, das Ringen um Verstehen und Interpretieren und das gleichzeitige Stehen vor einer Grenze, die Verbindung von inszenatorischer Routine und sachbezogener Fragehaltung, die genaue theologische Durchdringung und das Wissen um die Unmöglichkeit von Verstehen und Erklären, Humor als Selbstdistanz (statt selbstgefälliger witziger Bemerkungen) – alles das erschließt sich allen Menschen, die ernsthaft religiös fragen. Es gibt eine grundsätzliche Qualität des Fragens nach dem Ganzen und Letzten – da ist nicht „Experimentierer" oder „Bürgerliche Mitte", nicht „Selbstverwirklichungsmilieu" noch „Harmoniemilieu" – da sind alle einig in der Suche nach authentischer Religion, biblisch gesprochen: nach Christus (vgl. Gal 3,27). Und es ist schließlich daran zu erinnern, dass sich der Gottesdienst in der Kirchengeschichte nicht nur an Gruppen orientiert hat, sondern selbst milieuproduktiv gewesen ist. Unsere Chöre sind die besten Beispiele, in denen die „bürgerliche Mitte" und die „Postmateriellen" zwar die Mehrheit bilden, wo aber auch „moderne Performer" und „Traditionsverwurzelte" angesprochen werden.

Freilich hat der Besuch des Gottesdienstes zwei Voraussetzungen: Erstens muss man sich für das Thema Religion, für den Glauben überhaupt interessieren. Man wird mit Gottesdiensten niemanden tiefer ansprechen können, der den Glauben aus innerer Überzeugung ablehnt – auch nicht durch das noch so gut spezifizierte Angebot. Andererseits aber gilt auch das Gegenteil: Durch bestimmte milieubezogene Stile kann man Menschen ausschließen, etwa durch die Musik. Eine einzige Musikrichtung ist ungeeignet, um dem Glauben der ganzen Gemeinde Ausdruck zu geben – darum ist das EG mit seinen Liedern aus vielen Epochen auch eine gute Grundlage.

Wenn allerdings einzelne Milieus besondere Aufmerksamkeit vertragen können, sind es wahrscheinlich die, die in der 4. EKD-Studie als „traditionsorientiert-unauffällig" (Typ 6) und in der SINUS-Studie als „bürgerliche Mitte" bezeichnet werden. Die Kirche wendet sich in der Regel den Starken und den Schwachen zu, also den etablierten und den progressiven Gebildeten einerseits und den Gescheiterten und Hilfsbedürftigen andererseits. Es finden sich kaum liturgische Angebote für das unauffällige Sechstel von Menschen, die zur Kirche gehören. Der erfolgreiche Versuch eines Angebotes für die bürgerliche Mitte war im Advent 2006 die „Heimatkirche in Alfeld", ein adventlicher Abend mit einer NDR-1-Moderatorin, gestaltet von Fritz Baltruweit vom Michaeliskloster Hildesheim. Saxophon- und Harfenmusik, Begegnungen bei Gebäck und Wein sowie ruhige, leicht verständliche Gebrauchstexte umrahmten einen bewusst „gemütlich" und „harmonisch" gestalteten Abendgottesdienst, der nicht vom Moment der Verfremdung und ästhetischen Spannung, sondern von „Stimmung" gekennzeichnet war.

┌─ **Arbeitsvorschläge für Gruppen** ─────────────────────────────

1. Diskutieren Sie die These von Gerald Kretzschmar: „Die Frage lautet dann nicht mehr: ‚Ist jemand kirchlich oder nicht?'. Vielmehr kann jetzt gefragt werden: Auf welche je eigene Art und Weise ist jemand mehr oder weniger oder gar nicht kirchlich? Wie lebt er unter den Bedingungen, die sein Leben prägen, Kirche?"[17]
2. Sehen Sie sich die beiden Diagramme bei Benthaus-Apel, Lebensstilspezifische Zugänge (s. o. Anm. 16), 216 und 218 an. Geben Sie der Darstellungsform einen analogen Namen wie „Kartoffel-Diagramm" und beschreiben Sie die Parallelen und die Unterschiede zu Ansatz und Darstellungsform in der Milieustudie von Wolfgang Vögele/Helmut Bremer/Michael Vester und in der SINUS-Studie.

---

17 Gert Kretzschmar, Kirche und Gemeinde. Milieu – Typologien der Kirchenmitgliedschaft – Theologie und Empirie, in: Handbuch Praktische Theologie, hg. von Wilhelm Gräb/Birgit Weyel, Gütersloh 2007, 75–88: 87.

8. Kasualien – Lebensbegleitung und Erneuerung

So attraktiv das Modell [von Angebot und Nachfrage] in der Perspektive ökonomischer und organisatorischer Optimierung gelegentlich sein mag, so wenig vermag es doch, dem Bildungsanspruch der Kirchen gegenüber ihrer Klientel und der Bildungserwartung dieser Klientel nachzukommen. [...] Kurz gesagt, die erwartete Erfüllung der Bedürfnisse besteht unter Umständen darin, diese Bedürfnisse gerade nicht unmittelbar zu erfüllen.
Christian Albrecht[18]

Im weiteren Durchgang durch die Kasualien zeigt sich, dass [...] der Taufe eine besondere Bedeutung zukommt. Sie ist einerseits [...] in der Sphäre der primären Religiosität verwurzelt (Sehnsucht nach Schutz; Segen); zugleich weist sie durch den Bezug auf Christus und sein Geschick darüber hinaus.
Christian Grethlein[19]

A. Problemskizze

Kasualien begleiten die Lebensgeschichte der meisten Kirchenmitglieder – und vor allem die Berufsgeschichte von Pfarrerinnen und Pfarrern. Im 19. Jahrhundert waren die Amtshandlungen neben der Landwirtschaft die einzigen Gebühreneinkünfte der Pfarrer, die so genannten „Stolgebühren" (von „Stola"). Sie wurden in Preußen (also auch im Rheinland und in Westfalen) erst 1892 abgeschafft. Die Zahl der im Laufe des Berufslebens zu haltenden Kasualpredigten übersteigt auch heute die Zahl der Sonntagspredigten um ein Vielfaches. Die Kasualpraxis erfordert damit eine gebildete pastorale Routine. Diese zeichnet sich dadurch aus, dass man sie nicht spürt – weder in der Form von handwerklichen Fehlern noch in der Form von Spannungsabfällen durch Gewöhnung. Der Beerdigungsprediger muss nicht (immer) mittrauern, aber er muss aktuell glaubwürdig mitteilen und darstellen, dass er ein Empfinden von Trauer kennt, versteht und auch jetzt nachzufühlen sucht. Für die Pfarrerinnen und Pfarrer verbindet sich die gesammelte Erfahrung mit dem jeweils ganz Neuen des zu feiernden Kasualgottesdienstes – denn keine Begegnung mit Menschen gleicht der anderen, erst recht dann nicht, wenn Menschen in besonderer Weise glücklich oder traurig sind.

Für die Gemeindeglieder verbinden sich die bestätigende *Begleitung* und die perspektivenerschließende *Erneuerung*. Auf beiden Seiten geht es mithin um einen Bil-

---

18 Christian Albrecht, Kasualtheorie. Geschichte, Bedeutung und Gestaltung kirchlicher Amtshandlungen, Tübingen 2006, 177.

19 Christian Grethlein, Grundinformation Kasualien. Kommunikation des Evangeliums an Übergängen des Lebens, Göttingen 2007, 51.

dungsvorgang, der wie alle Bildungsvorgänge als „Lebensbegleitung und Erneuerung"[20] beschrieben werden kann. Die Kasualien verändern das Verstehen des Lebens und der ganzen Wirklichkeit, sie bilden die eigene Religion, den Glauben an Gott (weiter) – auf Seiten der Familien und auf Seiten der Pfarrer(innen).

Die Kasualtheorie umfasst viele Aspekte der praktisch-theologischen Theoriebildung bzw. ihrer verschiedenen Teildisziplinen: Für die Gestaltung von Taufe, Konfirmation, Trauung und Bestattung sind *homiletische* und *liturgische* Kenntnisse und Fähigkeiten ebenso notwendig wie zu deren Vorbereitung und Nachbereitung *pädagogische* und *seelsorgerliche*. Da im Berufsalltag – erst recht nach der vermehrten Zusammenlegung von Pfarrstellen – viele Kasualien zu gestalten und zu verantworten sind, benötigt man in der Praxis außerdem eine individuelle Theorie der Zielbestimmung von Kasualien, für die *kybernetische, kirchenrechtliche und religionssoziologische* Einsichten hilfreich sind. Ohne eigene Kasualtheorie droht die psychische Überforderung aufgrund des Wunsches, allen einander widersprechenden Wünschen gerecht werden zu wollen (z. B.: individuelle Gestaltung – Wiedererkennbarkeit, persönliche Zuwendung – Gemeindeaufbau).

Die Kasualien integrieren nicht nur die handlungstheoretischen, sondern auch die metatheoretischen Perspektiven der Praktischen Theologie. Bei allen Kasualien, in hervorgehobener Weise vielleicht in der Konfirmation, geht es um das Zusammenspiel der drei von Dietrich Rössler benannten Formen des neuzeitlichen Christseins. Am Beispiel der Konfirmation: In der Konfirmation wird der *individuelle Segen* zugesprochen unter größter *gesellschaftlicher und öffentlicher Anteilnahme* (wie das sonst vielleicht nur noch im Falle von Weihnachten geschieht) – und gerade in diesem Zusammenhang bildet sich auch die *Institution Kirche* neu, weil sich hier ein neuer Jahrgang von künftig wahlberechtigten und zahlenden (!) Kirchenmitgliedern konstituiert.

Die Kirchenmitglieder wissen offensichtlich instinktiv um die besondere Qualität der Kasualien, denn sie fragen diese immer stärker nach – und das in den letzten Jahrzehnten, die man bekanntlich mit den soziologischen Stichworten der religiösen Individualisierung und Pluralisierung umschreibt. Der Anteil der westdeutschen Kirchenmitglieder, die ihre Kinder taufen lassen wollen, betrug 1972 noch 82%, 2002 hingegen 95%.[21] Offensichtlich erreichen der Heiligabendgottesdienst und die Kasualien den größten Anteil der Kirchenmitglieder; demgegenüber hat sich immer wieder gezeigt, dass die so genannten „alternativen Gottesdienste" (bzw. die „Gottesdienste im 2. Programm" wie „Thomasmesse", „GoSpecial" u. a.) kaum über den Kreis der hochverbundenen Gemeindeglieder hinausgreifen.[22]

20 Karl Ernst Nipkow, Bildung als Lebensbegleitung und Erneuerung. Kirchliche Bildungsverantwortung in Gemeinde, Schule und Gesellschaft, Gütersloh 1990.
21 Dazu vgl. die EKD-Studien zur Kirchenmitgliedschaft: Wie stabil ist die Kirche? Bestand und Erneuerung. Ergebnisse einer Meinungsbefragung, hg. von Helmut Hild, Gelnhausen/Berlin 1974 (=„KMU 1"), 86; Kirche in der Vielfalt (s. o. Anm. 15), 442.
22 Lutz Friedrichs (Hg.), Alternative Gottesdienste, Hannover 2007.

┌─ **Aufgabe 1** ───
│ Machen Sie sich noch einmal die dreifache Beschreibung des neuzeitlichen Christseins in Dietrich Rösslers Praktischer Theologie klar (s. dazu in diesem Band die 2. Einheit) und benennen Sie die kirchlichen, individuellen und gesellschaftlichen Aspekte des Christseins im Hinblick auf Taufe, Trauung und Bestattung.

Nach *katholischer Lehre* und Praxis ist die kirchliche Lebensbegleitung stärker sakramental gedacht: Firmung, Trauung und Krankensalbung stehen als Sakramente den beiden Hauptsakramenten der Taufe und Eucharistie zur Seite. Die Taufe ist für beide Kirchen das grundlegende Sakrament im Lebenslauf. Der Unterschied wird jedoch beim kirchenrechtlichen Stellenwert der Trauung sowie bei der Firmung deutlich. Nach Luther ist die Ehe bekanntlich ein „weltlich Ding"; katholisch ist jedoch die Ehe – und nicht etwa allein die kirchliche Trauung! – ein Sakrament. Die durch den Konsens zweier Getaufter geschlossene Ehe (matrimonium ratum) wird unter der Assistenz eines Priesters zum Ehesakrament, das sich die Eheleute durch den Ritus und den leiblichen Vollzug der Ehe gegenseitig spenden (nicht koital vollzogene Ehen können auch noch nach Jahren von kirchlichen Ehegerichten für ungültig erklärt werden). Die Firmung ist sogar ein episkopales Sakrament, das nur ausnahmsweise vom Pfarrer, in der Regel aber vom Bischof (Weihbischof) gespendet wird. Die Bestattung wird zwar in der Regel als Eucharistiefeier gehalten; der auf den Verstorbenen bezogene Ritus aber ist kein Sakrament – anders als die Krankensalbung, die bis zum 2. Vatikanum als „ultima unctio" beschrieben wurde (und bisweilen noch heute volkstümlich als die „letzte Ölung" bezeichnet wird).

B. Positionen und Argumentationen

Der Begriff der „Kasualie" hat sich wahrscheinlich aus demjenigen der „Casualreden" ergeben, die von Schleiermacher am Schluss der Homiletik behandelt werden.[23] Die Verwendung der Terminologie ist in der Literatur uneinheitlich. So hat Wolfgang Steck einen weiten Kasualbegriff („die liturgisch geordneten kirchlichen Handlungen mit Ausnahme des sonntäglichen Gottesdienstes") von einem engen („die Übergangsriten [rite de passage] im Ablauf des menschlichen Lebenszyklus") unterschieden.[24] Christian Albrecht (s. o. Anm. 18) beschränkt sich in seiner Kasualtheorie auf Taufe, Konfirmation, Trauung und Bestattung, während Christian

---

23 Friedrich Schleiermacher, Die praktische Theologie nach den Grundsätzen der evangelischen Kirche im Zusammenhang dargestellt, hg. von Jacob Frerichs, Berlin/New York 1983 [1850], 321–326 unterscheidet die auf die spezielle Seelsorge und die auf die Austeilung der Sakramente bezogenen „Casualreden".

24 Wolfgang Steck, Artikel „Kasualien", in: TRE 17 (1988), 673–686: 674; der Begriff „rite de passage" wurde von dem französischen Ethnologen Arnold van Gennep (1873–1957) geprägt (Les rites de passage, Paris 1909).

Grethlein (s. o. Anm. 19) auch Einschulungsgottesdienst und Krankensalbung unter der gemeinsamen Überschrift „Kasualien an elementaren Übergängen im Kontext großer sozialer Organisationen" beschreibt (323–389).

Kasualien gehören zum Lebensalltag der meisten Familien und Kirchengemeinden und müssen mit sehr verschiedenen Theorieinstrumenten beschrieben werden. Dabei ist auch die erwähnte konfessionelle Perspektive zu berücksichtigen. So gibt es in evangelischer Sicht für den einzelnen Menschen nur ein lebensgeschichtlich bestimmtes Sakrament – die Taufe, denn das zweite Sakrament, das Abendmahl, ist kein primär individueller Kasus (obwohl es beim Krankenabendmahl auch dies sein kann), sondern ein wiederholter gemeinsamer liturgischer Ritus. Als neue evangelische Kasualie kann auch die Krankensalbung gelten, die im 19. Jahrhundert durch Wilhelm Löhe (1808–1872) und dann 1949 durch die Evangelische Michaelsbruderschaft wieder Eingang in die evangelische Kirche und ihre Agenden fand.[25] Hier hat sich in der Praxis inzwischen der bemerkenswerte Umstand ergeben, dass im Krankenhaus viel öfter die evangelische als die katholische Salbung gespendet wird, weil die letztere den Priester erfordert, während auch nichtordinierte evangelische Seelsorger die Salbung vornehmen dürfen.

Begrifflich lassen sich die lebensgeschichtlichen Kasualien, die Gottesdienste an den Lebenseinschnitten Geburt, Partnerschaft und Tod (Taufe und Konfirmation, Trauung, Beerdigung), von den kirchengemeindlichen und lokalen Kasualien unterscheiden. In letzter Zeit haben sich auch neue Kasualformen herausgebildet wie etwa Einschulungsgottesdienste oder Trennungssegnungen; diese wird man aber als nichts kategorial Neues gegenüber den vier klassischen Kasualien ansehen, weil dabei dieselben theoretischen und praktischen Fragestellungen (wie nach der Ekklesiologie und der Rechtfertigungslehre, nach dem Milieubezug und den ästhetischen Kriterien) zu bedenken sind. Etwas Besonderes ist die Konfirmation, weil es sich hier um einen lebensgeschichtlichen und gleichzeitig um einen gemeindlichen „Kasus" handelt: Die Konfirmation ist eine „Gruppenkasualie", ein von vielen Familien und der Gemeinde gemeinsam gefeierter Lebenseinschnitt, der nicht individuell lebensgeschichtlich, sondern durch das Lebensalter vorgegeben ist. Die gemeindlichen Kasualien sind z. B. die Einweihungs- und Einführungshandlungen und die örtlichen Feste (z. B. Städtepartnerschaft oder Eröffnungen). Eine ganz neue gemeindliche Kasualie ist die Entwidmung von Kirchen, bei denen sich eine Gemeinde von einem Gottesdienstraum verabschiedet und dann in liturgischer Form in die andere Kirche umzieht; dazu haben die Deutsche Bischofskonferenz und die VELKD im Jahre 2006 Formulare entwickelt.

Gemeinsam ist den gemeindlichen und den lebensgeschichtlichen Kasualien, dass die Predigtaufgabe auf einen „Fall" oder „Casus" bezogen ist; vollkommen unterschiedlich sind beide Arten deswegen, weil im einen Falle der Lebenslauf und die

---

25 Dienst an Kranken: Agende für evangelisch-lutherische Kirchen und Gemeinden, Band III,4, Hannover 1994; Näheres dazu s. bei Grethlein, Grundinformation (s. o. Anm. 19), 371f.

Biographie im Mittelpunkt stehen, während es im anderen Falle gemeinsame Aufgaben und Interessen sind. Paul Kleinert unterschied darum die „Kasualpredigt", die – bei gemeindlichen Anlässen wie einer Einführung – von der Kanzel gehalten wird von der „Kasualansprache", deren Standort „diejenige heilige Stätte ist, an der die Handlung sich ordnungsgemäß vollzieht: der Taufstein, der Altar, der Sarg, der Friedhof".[26]

Im Fortgang dieses Kapitels geht es ausschließlich um die lebensgeschichtlichen Kasualien (im Überschneidungsbereich beider Kasualformen steht übrigens als gemeindlicher wie als lebensgeschichtlicher Anlass die Ordination).

Die Kasualien haben in der pastoralen und in der praktisch-theologischen Diskussion ein sehr verschiedenes Echo gefunden. Zeiten der fraglosen Geltung und der besonderen Hochschätzung und Zeiten der scharfen Kritik wechselten einander ab. Phasen, in denen die empirische Realität der Kirche hohe Aufmerksamkeit fand wie die ersten Jahrzehnte des 20. Jahrhunderts und die Jahre seit 1970, sahen eher die Chancen, während die Phase der Wort-Gottes-Theologie (Weimarer Republik, Kirchenkampf und kirchlicher Wiederaufbau bzw. Restauration nach 1945) die Differenz zwischen dem Bedürfnis des Menschen nach Vergewisserung einerseits („Religion") und der Möglichkeit, zu dem Grund dieser Gewissheit zu gelangen („Wort Gottes") andererseits, betonte. Die Strenge bei der Unterscheidung zwischen dem Handeln Gottes und dem Handeln des Menschen übertrug sich auf die Bewertung der Kasualien und diese erschienen als „defizitäre Formen der kirchlichen Lebenswirklichkeit".[27]

Große Wirkung hatte Rudolf Bohrens Streitschrift: „Unsere Kasualpraxis – eine missionarische Gelegenheit?" aus dem Jahre 1960.[28] Bohren setzte sich als Schüler Eduard Thurneysens mit einer langen Tradition der Kasualtheorie auseinander, die diese als Möglichkeit ansah, zu den der Kirche Fremden zu sprechen und ihnen etwas vom Evangelium deutlich zu machen. Dafür steht etwa das Buch über die Traupredigt des bedeutenden liberalen Theologen Friedrich Niebergall. Dieser hatte gemeint, die Kasualreden seien „vorgeschobene Posten der Kirche, vorgeschoben in das zu erobernde Land der Gleichgültigkeit und Gegnerschaft".[29]

Bohrens Titelfrage ist durchaus rhetorisch gemeint, und zwar mit einer eindeutig verneinenden Antwort. Die Kasualien sind nach Bohren gerade *keine* missionarische Gelegenheit, im Gegenteil: In den Kasualien werde das Wort Gottes vom Ritus aufgesogen, was zu einer Art von Götzendienst führe. Bohren sprach von der „Baalisierung" des Kerygmas. Für den Pfarrer bedeute die Verpflichtung zu vielen Kasualien eine Degradierung zum Amtsträger, zum seufzenden „Zeremonienmeister" (dieser Begriff ist typisch für die Rhetorik der dialektisch-theologisch beeinflussten Kasua-

26 Paul Kleinert, Homiletik, Leipzig 1907, 124.
27 Christian Albrecht, Kasualtheorie (s. o. Anm. 18), 142.
28 Rudolf Bohren, Unsere Kasualpraxis – eine

missionarische Gelegenheit? München [3]1968 [1960] (TEH 147).
29 Friedrich Niebergall, Die Kasualrede, Göttingen [3]1917 [1905], 25.

ltheorie).[30] Denn das Zentrum der neutestamentlichen Verkündigung sei die Ankündigung der neuen Welt – die Kasualien aber verklärten durch ihre Rituale die alte Welt. Die Lösung sah Bohren in einer gemeindepädagogischen Radikalkur: Die Pfarrer sollten von den Kasualien entlastet werden; darum sollten Gemeindeglieder die Kasualien selbst vollziehen und dazu von den Pfarrern zugerüstet werden.

Der Vorschlag war berufstheoretisch unrealistisch und wurde darum nirgendwo umgesetzt. In den letzten Jahrzehnten des 20. Jahrhunderts hat sich die lebensgeschichtlich-biographische Betrachtung der Kasualien durchgesetzt. Die neue Entwicklung wird schon an der älteren Terminologie von den „Amtshandlungen"[31] deutlich. Die damit zusammenhängende Theorie betrachtete die Kasualien unter dem Gesichtspunkt des Verhältnisses des Einzelnen zur Kirche, während man inzwischen die lebensgeschichtliche Begleitung durch Ritus und Predigt in den Mittelpunkt stellt. Damit hat sich eine „liberal-protestantische Sichtweise" durchgesetzt.[32] Das gilt auch dann, wenn die kybernetische Perspektive und eine stärkere Verbindung der Kasualien mit dem Gemeindeaufbau angemahnt werden.[33] Das Wort „Amtshandlung" hat durch die Forderung einer „integralen Amtshandlungspraxis", die 1975 im Zusammenhang der ersten EKD-Mitgliedschaftsstudie erhoben wurde, eine neue Prägung bekommen: Eine „integrale" Praxis solle den Amtshandlungen höhere Bedeutung im Hinblick auf das Selbstverständnis der Kirchenmitglieder und auf die gesamte Gemeindearbeit zumessen.

Galt bei Bohren und seinen Zeitgenossen dem Sonntagsgottesdienst, der Versammlung der Gemeinde, der höchste Grad an Aufmerksamkeit, während die Kasualien als Gefährdungen der Verkündigung des Wortes angesehen wurden, gilt in der Gegenwart das Prinzip: „Nie waren sie so wertvoll wie heute: die Kasualien. Nicht der Haupt-Gottesdienst, die Kasualien sind heutzutage das wichtigste Angebot der Kirche".[34] Die Neuorientierung der Kasualtheorie an empirischen (soziologischen, sozial- und entwicklungspsychologischen) sowie an religionstheoretischen

---

30 Der Begriff „Zeremonienmeister" (neben „Kultkasper", „Dekorationsredner" und vielen anderen) begegnet allerdings schon bei Niebergall, Kasualrede (s. o. Anm. 29); ausführlicher dazu s. Albrecht, Kasualtheorie (s. o. Anm. 18), 137f.
31 Günther Dehn, Die Amtshandlungen der Kirche, Stuttgart 1950 sowie Manfred Mezger, Die Amtshandlungen der Kirche als Verkündigung, Ordnung und Seelsorge, Bd. 1, München ²1963 [1957]. Erstmals von Amtshandlungen sprach Carl Immanuel Nitzsch, Praktische Theologie Bd. 3, Bonn ²1868, 84 (§ 444); Claus Harms gebrauchte auch den Ausdruck der „priesterlichen Handlung" (Pastoraltheologie in Reden an Theologie-Studierende, 2. Teil Gotha ²1893 [1830], 119, zur Beerdigung).
32 So mit Recht Peter Cornehl, Sakramente oder Kasualien? Zur unterschiedlichen Wahrnehmung

der lebenszyklischen Handlungen in evangelischer und katholischer Sicht, in: Erich Garhammer/Heinz-Günter Schöttler/Gerhard Ulrich (Hg.): Zwischen Schwellenangst und Schwellenzauber. Kasualpredigt als Schwellenkunde, München 2002, 35–48: 35.
33 So bei Eberhard Winkler, Tore zum Leben. Taufe – Konfirmation – Trauung – Bestattung, Neukirchen-Vluyn 1995, 33ff und 42f; vgl. 34: „Wir haben in der DDR erlebt, wie schnell eine Kasualkirche zusammenbrechen kann."
34 So Holger Mischke, in: Lernort Gemeinde 18 (2000), 55–59; das ganze Zitat ist die Überschrift des Beitrages. Das geflügelte Wort „Nie war es so wertvoll wie heute" war übrigens der Werbeslogan von „Klosterfrau Melissengeist" – der seit 1831 im katholischen Köln registriert (und mit dem preußischen Adler geschützt) ist.

und bildungstheoretischen Gesichtspunkten bestimmt die aktuelle Diskussion in der evangelischen Praktischen Theologie in Deutschland. In den letzten Jahren sind von Kristian Fechtner,[35] Christian Albrecht (s. o. Anm. 18) und Christian Grethlein (s. o. Anm. 19) gleich drei Bücher erschienen, die alle drei die neuen Gesichtspunkte heranziehen und von denen die beiden letzten umfangreiche Monographien sind.

Christian Albrecht folgt einer klassischen Gliederung, indem er in drei Kapiteln die historischen (11–133), die praktisch-theologischen (135–229) und die gestaltungspraktischen Fragen (231–261) abhandelt; aufgrund dieser Gliederung stehen die verschiedenen Aspekte der einzelnen Kasualien also nicht in einem Kapitel. Durch diese Betrachtung treten hingegen die religions- und bildungstheoretischen Gesichtspunkte stärker hervor (vgl. das Nachwort zum begrenzten praktischen Stellenwert einer auf das Pfarramt bezogenen Theorie, 263f). Albrecht arbeitet besonders die rollentheoretisch bedingten Verstehensunterschiede von Gemeindegliedern und Pfarrer(inne)n heraus, wie sie sich aus den vier Kirchenmitgliedschaftsstudien der EKD ergeben: Während die pfarramtliche Wahrnehmung Gottesdienst, Unterricht, Seelsorge und Gemeindekreise in den Mittelpunkt der Aufmerksamkeit stelle, ergebe sich das Verbundenheitsgefühl der meisten Kirchenmitglieder über die Kasualien, so dass sich „das Problem einer Diskrepanz in der Bewertung kirchlicher Veranstaltungen" ergebe (176).

An dieser Stelle wird man allerdings noch genauer empirisch forschen müssen, denn das Selbstverständnis der Pfarrer(innen) war in den EKD-Studien nicht speziell erfragt worden. Es könnte sich ähnlich verhalten wie bei Religionslehrerstudien, die ergeben haben, dass die Rollenkonflikte viel weniger gravierend als vermutet sind, weil diese von den Lehrer(inne)n im Modus der doppelt reflexiven Distanz – sowohl zur eigenen Glaubenseinstellung als auch zur eigenen Tätigkeit – gut bewältigt werden können.[36] Die jüngere Pfarrergeneration, die in der Öffentlichkeit wirken möchte, könnte sich also beim Kasualhandeln weitaus identischer erleben als es die institutionentheoretische Betrachtungsweise nahe legt. Nach den Kirchenmitgliedschaftsstudien wären demnach auch Pfarramtsstudien angezeigt, um zu prüfen, ob sich die Pfarrer im Rahmen der Kasualpraxis tatsächlich „so sehr missverstanden und missbraucht" fühlen, wie dies Albrecht (7) voraussetzt.

---

35 Kristian Fechtner, Kirche von Fall zu Fall. Kasualpraxis in der Gegenwart – eine Orientierung, Gütersloh 2003. Zuvor war erschienen: Ulrike Wagner-Rau, Segensraum. Kasualpraxis in der modernen Gesellschaft, Stuttgart 2000 (PThHe 50). Speziell zur Trauung vgl. jetzt die neue empirische Studie von Simone Fopp, Trauung – Spannungsfelder und Segensräume. Empirisch-theolo-gischer Entwurf eines Rituals im Übergang, Stuttgart 2007 (PThHe 88).

36 Dazu s. Andreas Feige/Bernhard Dressler/Werner Tzeetzsch (Hg.), Religionslehrerin oder Religionslehrer werden. Zwölf Analysen berufsbiographischer Selbstwahrnehmungen, Ostfildern 2006, bes. 11–17.

Die Aufgabe der Kasualien wird als „Vermittlung zwischen individueller Lebensgeschichte und christlich-kirchlicher Deutungstradition" beschrieben (195, dort kursiv). Dabei solle sich keine Einheitsperspektive ergeben; vielmehr sollten die Unterschiede „einerseits ihr Recht behalten, andererseits in ihrer Relativität wahrgenommen werden können" (196). In Schleiermachers Denkfigur des relativen Gegensatzes und der polaren Oszillation soll jeder der beiden Pole nicht isoliert dastehen, sondern Verweise auf den anderen enthalten und umgekehrt von diesem her erschlossen werden (196). Dabei können die menschliche „Mangelerfahrung" und die „Erfülltheitserfahrung" gleichermaßen als Abhängigkeitserfahrung die Rechtfertigung erschließen (198f), so dass „die Kasualie dabei den Betroffenen gleichermaßen die *Anerkennung* wie auch die *Relativierung* ihres die Kasualie veranlassenden Geschicks" ermöglicht (200, dort kursiv).

Christian Grethleins Buch ist dagegen nach den einzelnen Kasualien gegliedert und arbeitet den Bezug zur Taufe als der grundlegenden Kasualie heraus. Nach einer allgemeinen Kasualtheorie, die in den ersten beiden Kapiteln besonders auch empirisches Material verarbeitet (13–98), folgt das zentrale Kapitel 3 „Taufe – Grund und Bezug des Christseins" (99–152), dem sich Konfirmandenarbeit, Trauung und Bestattung anschließen (Kap. 4–6, 152–322); am Schluss stehen Einschulungsgottesdienst und Krankensalbung (Kap. 7 und 8, 328–389) sowie die Zusammenfassung unter dem Titel „Kasualien als Stationen auf dem Taufweg" (390–407). Nur die Taufe in ihrem reformatorischen, auf den gesamten Lebenslauf bezogenen Verständnis ermögliche es, das christliche Leben „zu verstehen und zu gestalten" (389).

Daraus ergeben sich auch religionspädagogische Konsequenzen. Die Taufe müsse auch (wieder) zu einem Thema des schulischen Religionsunterrichts werden, der allgemein dem Konzept „Lernen, als Christ leben zu können" folgen solle (399). Neben dem Taufbezug ist Grethleins grundlegende theologische Kategorie diejenige der „Kommunikation des Evangeliums", die durch Ernst Lange herangezogen worden war, um die hierarchischen Missverständnisse des Verkündigungsbegriffes zu überwinden.[37]

---

37 Ernst Lange, Aus der „Bilanz 65" [1965], in: Ders., Kirche für die Welt, Stuttgart/Gelnhausen 1981, 101–129.

Aufgabe 3

Lesen Sie Christian Grethleins § 3 („Kommunikation des Evangeliums an Übergängen im Leben", 31–36) im Hinblick auf die leitenden Kategorien und profilieren Sie dessen Definition der Kasualien, indem Sie ihr drei andere Definitionen entgegenstellen.

Anders als Albrecht, der das protestantische Profil gerade zunächst ohne ökumenische Seitenblicke schärfen möchte, stellt Grethlein zahlreiche Bezüge auch zur katholischen Schwesterkirche her (darauf deutet bereits der katholisch geläufige Begriff der Taufe als „christliches Initiationsritual", 99). Möchte man diese beiden – binnen Jahresfrist vorgelegten – evangelischen Ansätze in ihrem „relativen Gegensatz" nebeneinander stellen, so lässt sich formulieren: Albrecht folgt einem lebensdeutenden und vermittlungstheoretischen (stärker individuellen) Konzept, indem er eine religionstheoretische Lesart der Rechtfertigungslehre in den Mittelpunkt stellt: Diese erschließt sich im Prozess der Selbstdeutung. Demgegenüber ist Grethleins Ansatz familien- und kirchentheoretisch (und damit stärker gemeinschaftlich) fundiert – er folgt einer liturgischen und sakramentendidaktischen Lesart der Rechtfertigungslehre: Diese erschließt sich im zeichenhaften Vollzug. Gemeinsam ist den Ansätzen Albrechts und Grethleins, dass sie den Gesichtspunkt der Bildung hervorheben, der lange Zeit vernachlässigt worden war.

C.   Neue Formen und aktuelle Herausforderungen

Die Teilnahme an Kasualien überhaupt und der Wunsch nach ihrer individuellen Gestaltung unterliegen dem spätmodernen Wahlverhalten und dem Wunsch nach einer persönlichen Ästhetik. Die Übergangsriten befinden sich im Übergang.[38] Das betrifft vor allem die Musikwünsche, aber auch Gestaltungsformen, die aus dem Fernsehen bekannt sind (wie der Einzug der Braut mit dem Vater).[39] Die Herausforderung besteht darin, den beiden einander bisweilen widersprechenden Prinzipien „Mitgestaltung des Gottesdienstes durch Gemeindeglieder" und „Verantwortung für eine wiedererkennbare kirchliche Formensprache" zugleich gerecht zu werden. Das prinzipielle Beharren auf Agende und Gesangbuch hat ebenso wenig eine bildende Funktion wie das bloße Erfüllen von popkulturell inspirierten Wünschen. Das Umgehen mit Musik- und anderen Gestaltungswünschen ist demnach eine pastorale Kunst, für die keine über die genannten Prinzipien hinausgehenden Regeln aufge-

---

38 Ausführlich und aktuell sind die gesellschaftlichen und die kulturellen Rahmenbedingungen berücksichtigt bei: Lutz Friedrichs, Kasualpraxis in der Spätmoderne. Studien zu einer Praktischen Theologie der Übergänge, Leipzig 2008 (APrTh 37).

39 Vgl. dazu das Themenheft der Zeitschrift „Pastoraltheologie": Traumhochzeit. Kasualien in der Mediengesellschaft, PTh 88 (1999), 1–76.

stellt werden können. Auf jeden Fall ist praktisch zu bedenken, dass Pfarrer und Kirchenmusiker gemeinsam für die Musikkultur an einer Kirche verantwortlich sind.

Aufgabe 4

Kristian Fechtner beginnt sein Buch zu den Kasualien mit der Bestattung. Dem Tod begegnen (Bestattung) und zur Welt kommen ([Kinder-]Taufe) seien unausweichliche Stationen, während der Trauung und Konfirmation mehr und mehr Entscheidungscharakter zukomme.[40] Bedenken Sie Fechtners These und recherchieren Sie dazu die statistischen Daten unter: http://www.ekd.de/statistik/amtshandlungen.html.

Die Veränderung der Bevölkerungszusammensetzung stellt auch das Kasualhandeln vor neue Fragen. Während es mit evangelisch-katholischen Trauungen inzwischen jahrzehntelange Erfahrungen gibt und die neuen Agenden die entsprechenden Regelungen treffen, wird in der Gegenwart auch nach dem gottesdienstlichen Handeln angesichts christlich-muslimischer Partner und Elternpaare gefragt. Einige Versuche wie der Entwurf einer christlich-muslimischen Kindersegnung zeigen die Grenzen solcher Bemühungen auf.[41] Kann üblicher Weise der gemeinsame Glaube verschiedene Lebensgeschichten, Familien und Milieus deuten und so zusammenführen, so müsste in einem solchen Fall eine künstlich generierte und damit desintegrierte (Misch-)Religion die Integration leisten. Das wäre nicht nur theologisch problematisch, sondern auch sozialpsychologisch unangemessen. Denn das sozial verankerte Ritual integriert ja gerade aufgrund seiner fraglosen Gültigkeit, indem es Regression und Progression zugleich ermöglicht. Demgegenüber macht das eigens zum Zweck der Integration geschaffene Ritual vor allem die Notwendigkeit der Integration bewusst; das aber ist nicht die Aufgabe einer Feier.

Die Evangelische Kirche in Deutschland hat darum zu Recht festgehalten, dass der Wunsch nach gemeinsamen religiösen Feiern zwar verständlich und ernst zu nehmen ist, so dass „Formen der gastweisen Teilnahme erwogen werden" könnten, die „dem Leben von Menschen auf der Grenze zwischen den Religionen in Wahrheit gerecht werden", indem sie „mit geistlichem und theologischem Augenmaß jeden Anschein einer Religionsvermischung vermeiden." Um deutlich zu formulieren, heißt es aber insgesamt: „Gemeinsame christlich-muslimische Amtshandlungen sind nicht möglich."[42]

Arbeitsvorschläge für Gruppen

1. Die Taufe, das katholische Ehesakrament und die evangelische Ehe als ein „weltlich Geschäft" („res civilis", BSLK 528): Nach Martin Luther und nach evangelischer Lehre ist die Ehe kein Sakrament (vgl. Luthers „Traubüchlein", BSLK 528–534). Ihr kirchlicher

---

40 Fechtner, Kirche (s. o. Anm. 35), 59.

41 Christlich-muslimische Andachten und Gottesdienste. Eine Orientierungshilfe, hg. vom Evangelischen Missionswerk in Deutschland, Hamburg 2005 mit einer „Christlich-islamischen Segnung eines neugeborenen Kindes" (12–14).

42 Klarheit und gute Nachbarschaft. Christen und Muslime in Deutschland. Eine Handreichung des Rates der EKD, Hannover 2006 (EKD-Texte 86), 118.

Aspekt bezieht sich auf die Seelsorge und das Gewissen (insofern wiederum ist die Ehe wie jede Berufstätigkeit auch ein geistlicher Stand). Die Ehe gilt mit M. Luther primär als politische Angelegenheit („cum omnibus suis circumstantiis nihil pertinet ad ecclesiam, nisi quantum conscientiae casus", WA. TR 4, 111, Nr. 4068).[43]
Erläutern Sie (in der Form eines Rollenspieles) die hervorgehobene theologische Bedeutung von Taufe und Abendmahl und deren Verhältnis zur evangelischen Trauung für ein evangelisch-katholisches Brautpaar, das sich evangelisch trauen lassen möchte.

2. Diskutieren Sie die These: „Kasualien sind, kirchensoziologisch gesehen, eine Schnittstelle zwischen volkskirchlicher Mitgliedschaftsvielfalt und pfarramtlicher Aufgabenvielfalt [...]. Kasualbegehrende wünschen sich die Würdigung ihrer individuellen Lebensgeschichte durch die Kirche, der amtliche Vertreter der Kirche wünscht sich die Würdigung der evangelischen Verkündigungsgehalte durch die Kasualbegehrenden."[44]

---

43 Dazu vgl. im Einzelnen: Martin Honecker, Grundriss der Sozialethik, Berlin/New York 1995, 165f.

44 Albrecht, Kasualtheorie (s. o. Anm. 18), 6.

9. Gemeindeentwicklung (Gemeindeaufbau, Gemeindepädagogik, Gemeindeleitung)

A. Problemskizze

Wiefern die in der vorigen Zusammenkunft genannten Personen, Küster, Klingelbeutelträger, Eidgeschworene u.d.a. von Ihnen für die Zwecke des Amts zu gebrauchen seien, dass Sie mittelst ihrer hören und sehen in der Gemeinde umher, gleichwie auch mittelst ihrer zu einzelnen Mitgliedern, Familien, Dörfern dasjenige sprechen, was Sie selbst nicht sprechen können oder mögen, – dies überlasse ich gänzlich Ihrer eignen Beurteilung.
Claus Harms[45]

Es gehört schon fast zu den Kriterien des Evangelischseins, Vorbehalte gegenüber Leitung und vor allem der Kirchenleitung zu pflegen. Leitungsscheu der Verantwortlichen und Leitungsflucht der Mitarbeitenden sind ein nicht selten zu beobachtendes Verhalten. Es ist deshalb nicht verwunderlich, dass ein Bereich, der nicht gewollt und schon gar nicht geliebt wird, auch nicht gekonnt wird.
Herbert Lindner[46]

Wenn man in einer Kirchengemeinde zu arbeiten beginnt, ist diese schon da (es sei denn, man beginnt die Tätigkeit in einer neu gegründeten Gemeinde – aber auch diese hat kybernetische Vorgaben). So wie man nicht nicht kommunizieren kann, so ist man auch gezwungen, an der Entwicklung und Leitung der Gemeinde teilzuhaben. Besonders wichtig ist es dabei, das Machbare vom nicht Machbaren zu unterscheiden. Denn wenn die Gemeinde nach dem schönen Wort Luthers ein Geschöpf des Evangeliums ist,[47] dann heißt das nur, dass das Machbare nicht überschätzt werden darf – es heißt nicht, dass das Machbare unterbleiben soll. Leitungsscheu und Leitungsdefizit sind typisch für Organisationen, deren Ziel die Kommunikation selbst und nicht das Erzielen ökonomischer Gewinne ist („non-profit"-Organisationen); das gilt erst recht in der Kirche, weil diese menschliche Machtverhältnisse aus

---

45 Claus Harms, Pastoraltheologie in Reden an Theologie-Studierende. Nach der Originalausgabe aufs neue herausgegeben in zwei Teilen, Zweiter Teil, Gotha ²1893, 266 (drittes Buch, Rede X).
46 Herbert Lindner, Kirche am Ort. Ein Entwicklungsprogramm für Ortsgemeinden. Völlig überarbeitete Neuausgabe, Stuttgart 2000, 96 (ursprünglich unter dem Titel: Kirche am Ort. Eine Gemeindetheorie, Stuttgart 1994).

47 „Ecclesia enim creatura est Euangelii, [...] ait Paulus: per Euangelium ego vos genui", WA 2, 430,6–8, Resolutiones zur Leipziger Disputation von 1519. Luther bezieht sich hier auf die – bemerkenswert selbstbewusste – Formulierung von Paulus in 1Kor 4,15. Die paulinische Metapher der „Zeugung" hat jedoch (anders als der „Aufbau") keinen Eingang in die ekklesiologische Begriffsbildung gefunden.

der Perspektive des Glaubens grundsätzlich kritisch bedenkt (vgl. Mk 10,43; 1Kor 9,19).

Die Gemeinde ist nach biblischem Glauben Gottes Werk. Die Menschen sind einerseits Gottes Arbeitsfeld (γεώργιον) und Gottes Bau (οἰκοδομή) und andererseits Gottes Mitarbeiter (συνεργοὶ), wie es in 1Kor 3,9 heißt. Dabei entfaltet sich der Gemeindebildungsprozess, die οἰκοδομή, aufgrund der Basis, die in Christus selbst gegeben ist (1Kor 3,11: θεμέλιον). Aus diesem Grunde spricht man auch nicht vom Gemeinde*bau*, sondern vom Gemeinde*aufbau*. Die Verbindung von „bauen" und „pflanzen" in 1Kor 3 findet sich übrigens schon in der Berufungserzählung Jeremias (Jer 1,4–10). Dort stehen die Tätigkeiten des „Bauens" und des „Pflanzens" im unmittelbaren Zusammenhang mit jenen Worten Gottes, die in Jeremias Mund gelegt werden. Die evangelische Rede von der Gemeinde als „creatura verbi" hat hier ihren Ursprung: Gott selbst baut Israel neu (Jer 31,4) durch das Wort des Propheten (Jer 31 ist das Kapitel, in dem vom „neuen Bund" die Rede ist). Bei Paulus gilt dann die Erbauung der Gemeinde als entscheidendes Kriterium zur Beurteilung gemeindlicher Streitfragen (1Kor 14,3–5.12.17.26; Röm 14,19; Röm 15,2).

Aufgabe 1

Lesen Sie 1Kor 3,1–17 im Urtext und in mehreren deutschen Übersetzungen. Wo finden sich Anknüpfungspunkte für die drei praktisch-theologischen Leitbegriffe „Gemeindeaufbau", „Gemeindepädagogik" und „Gemeindeleitung"? Welche Gründe gibt es dafür, dass Christian Möller das entsprechende Kapitel seiner Praktischen Theologie explizit mit „Oikodomik"[48] überschreibt?

In der Überschrift dieser Einheit steht an erster Stelle der Begriff der „Gemeindeentwicklung", weil das Wort „Entwicklung" (ebenso wie „Bildung") im Deutschen am stärksten die Eigendynamik und weniger die Einwirkung von außen zur Sprache bringt. Doch alle vier Kategorien betonen etwas Wichtiges, und welche Grundkategorie man für die Theorie der Gemeinde verwendet, ist letztlich von untergeordneter Bedeutung. Es kommt jedoch sehr darauf an, den eigenen Anteil an der Entwicklung und Leitung zu erkennen, anzunehmen und mit anderen ins Gespräch zu bringen. Abwesenheit von Leitung und Leitung mit verdeckten oder unhinterfragbaren Zielen sind zu überwinden zugunsten einer Leitung mit klaren Zuständigkeiten und Verfahren, auf der Basis von deutlich formulierten und gemeinsam revidierbaren Zielen. Dazu können Theorieelemente aus Pädagogik (Gemeindepädagogik) und allgemeiner Leitungstheorie (Management) gleichermaßen helfen; die Aufgabe der PT ist es, solche Theorieelemente mit biblisch-theologischen Einsichten zu vermitteln.

Bemerkenswert ist übrigens, dass es eine entsprechende Diskussion um „Gemeindeaufbau" etc. in der katholischen PT kaum gibt.[49] Die katholische „Pastoral" denkt

---

48 Christian Möller, Einführung in die Praktische Theologie, Tübingen/Basel 2004, 45–71.
49 Vgl. dazu den Artikel „Gemeinde" in: Herbert

Haslinger u. a. (Hg.), Handbuch Praktische Theologie, Bd. 2: Durchführungen, Mainz 2000, 287–322 sowie die 20. Einheit in diesem Buch.

in der Regel gesamtkirchlich und man kann vermuten, dass das mit dem hierarchischen Amtsverständnis zusammenhängt.[50] Nicht umsonst entstand darum nach dem 2. Vatikanischen Konzil in Lateinamerika jene Gemeindebewegung, die in „Basisgemeinden" das Leben aus der Bibel in Solidarität mit den Armen zu gestalten sucht.[51]

B.   Positionen und Argumentationen: Gemeindeaufbau, Gemeindepädagogik und Gemeindeleitung

Claus Harms (1778–1855) beginnt den Abschnitt über die „kollegialischen Verhältnisse" des Pfarrers in seiner 1830–1834 erschienenen Pastoraltheologie (vgl. dazu die 6. Einheit in diesem Buch) mit dem einleitend zitierten Satz. Dieser zeigt, dass die Gemeinde in der alten Pastoraltheologie im Wesentlichen als der verlängerte Arm des Pfarrers verstanden wurde. Die seit Schleiermacher entwickelte Praktische Theologie stellte demgegenüber bekanntlich heraus, dass die Kirche als ganze das Subjekt der Praktischen Theologie sei.[52] Dieser ekklesialen Ausrichtung wird die Theorie gerecht, indem sie sich mit den Steuerungsvorgängen von Gemeinde und Kirche befasst und die Praxis, indem sie nach Möglichkeiten fragt, Gemeindeglieder neben den hauptamtlich Tätigen in die Verantwortung einzubeziehen. Die Praktische Theologie um das Jahr 1900 sprach hier von der Steuermannskunst oder „Kybernetik"[53], bezog diese aber vor allem auf die Leitung der Gesamtkirche.

Eine Praktische Theologie der Gemeinde hat die biblischen Aussagen, wie sie sich in der paulinischen Lehre von der Gemeinde, von den Charismen und vom Leib Christi (Röm 12 und 1Kor 12) finden, sowie die systematischen Erkenntnisse, etwa von der Kirche als creatura verbi (CA VII) und vom Zusammenhang zwischen Verkündigung und Ordnung (Barmen III) mit der Praxis zu vermitteln. Dabei stellt sich die *deskriptive Frage*, inwieweit die biblisch-theologischen Aussagen mit der vorgefundenen Wirklichkeit zusammen interpretiert werden können. Daraus folgt die *normative Frage*, wie auf die Realität Einfluss zu nehmen ist. Eine grundlegende Veränderung der theologischen Orientierung geschah so in Augsburg 1530 und in Barmen 1934; die Veränderung von Einzelheiten der empirischen Realität gehört zum gemeindlichen Alltag.

---

50 So Christian Grethlein, Gemeindeentwicklung, in: Handbuch Praktische Theologie, hg. von Wilhelm Gräb und Birgit Weyel, Gütersloh 2007, 494–506: 495.
51 Vgl. dazu den Artikel „Basisgemeinden in Lateinamerika" in ⁴RGG Bd. 1, 1156f.
52 Vgl. dazu die klassische Formulierung bei Carl Immanuel Nitzsch (1787–1868), Praktische Theologie, Erster Band, ²1859 [1847], 14: „Das Subject dieser kirchlichen Ausübung des Christenthums ist der ersten Potenz nach weder der einzelne Christ als solcher noch der Kleriker, sondern eben die Kirche, oder die zuerst und im Allgemeinen nur von Christi Stiftung und Amt abhängige Gemeine in der Selbigkeit und Allheit ihrer Mitglieder, [...]."
53 Dazu s. etwa Ernst Christian Achelis, Lehrbuch der Praktischen Theologie, 3. Band, Leipzig 1911, 396–482 („Die Lehre vom Kirchenregiment oder Kybernetik"). Inzwischen wird der Begriff Kybernetik wieder mehr benutzt und auf die Steuerungsprozesse von allen kirchlichen Ebenen bezogen, besonders ausgeprägt bei Peter C. Bloth, Praktische Theologie, Stuttgart 1994.

Zur kybernetischen Reflexion gehört aber nicht nur die Veränderung der Empirie, sondern auch die Veränderung von Theologie. Diese muss jeweils neu formuliert und dabei auf die Gegenwart bezogen werden. Darum ist die praktisch-theologische Kybernetik keine Anwendungslehre christlicher Theologie, sondern wie die Praktische Theologie insgesamt *Hermeneutik christlicher Praxis*.[54]

Was heißt das nun konkret? Stellen Sie sich vor: Sie kommen als Gemeindepraktikant während des Studiums oder als Vikarin zu Beginn der zweiten Ausbildungsphase in die Gemeinde. Sie werden mit einer Vielzahl von Menschen, Rollen, Gremien, Gruppen, Orten und Veranstaltungen bekannt. Sie sehen einerseits kaum Zusammenhänge, andererseits sehen Sie an vielen Stellen immer wieder die gleichen Menschen. Nun werden Sie von Ihrem Vikariatsleiter gefragt: „Was meinen Sie denn nun, was würden Sie zuerst tun, um den Gemeindeaufbau voranzubringen? Sie haben doch Praktische Theologie studiert und kennen die neuesten Praxisentwürfe!" Wenn Ihnen dann die großen ekklesiologischen Theoreme wie CA VII und Barmen III einfallen, werden Sie wahrscheinlich feststellen, dass Ihre neue Gemeinde dahinter zurückbleibt, weil doch manches mehr Freizeitunterhaltung als Theologie ist und Ihr neuer Chef doch immer noch sehr im Mittelpunkt steht, vielleicht gar mit dem Bild von Claus Harms (s. o. das Zitat zu Beginn) übereinstimmt. Jetzt brauchen Sie ein Wahrnehmungsraster, das die Vielfalt strukturiert und mit der theologischen Ekklesiologie kompatibel macht.

Aufgabe 2

Lesen Sie Wolfgang Lück, Praxis: Kirchengemeinde, Stuttgart 1978, 45–50. Prägen Sie sich die Unterscheidung gemeindlicher Arbeit in „Pfarramt", „Körperschaft", „Pfarrhaus" und „Vereinen" ein, indem Sie Ihre Heimatgemeinde daraufhin bedenken (falls Sie mehr Zeit haben, nehmen Sie das Beispiel des Autors, 50–68 hinzu, im besten Fall auch die historische Herleitung, 18–44).

Sie haben nun die eigene Wahrnehmung etwas geordnet. Die Frage, was in der Gemeinde nun zu tun ist, welche Ziele, Inhalte und Methoden dabei verwendet werden sollen, haben Sie noch nicht beantwortet. Sie müssen dazu die verschiedenen Ansätze sichten, die sich unter den drei im Titel genannten Theoriekomplexen subsummieren lassen.

Um unser Gedankenspiel fortzusetzen: Sie sind nun im Vikariat und tauschen sich über die neuen Chefs aus. Wir ordnen sie idealtypisch drei kybernetischen Grundverständnissen zu. In Ihren Vikariatstreffen versuchen Sie, die unterschiedlichen Ansätze aufeinander zu beziehen. Wir sind damit über Abschnitt A. insofern hinausgekommen, als die drei im Folgenden angenommenen Personen nicht nur interessiert nach Konzepten fragen, sondern sich selbst eines zueigen gemacht haben, mit wie viel Theoriehintergrund auch immer dies geschehen sein mag.

---

54 Zu dieser Begrifflichkeit s. in diesem Buch die 25. Einheit sowie die Definition bei Michael Meyer-Blanck, Leben, Leib und Liturgie. Die Praktische Theologie Wilhelm Stählins, Berlin/New York 1994, 403.

Pfarrerin A hat schon eine Menge in der Gemeinde versucht: Eine neue Jugendgruppe, Jugendfreizeiten, einen „Dritte-Welt"-Arbeitskreis, Abendvorträge, Seminare und theologische Fortbildung der Kirchenvorsteher. Dennoch hat sie bei alledem noch nicht das gefunden, was ihrem Bild von Gemeinde entspricht. Alles scheint sich auf ihre Person zu konzentrieren, worunter nicht zuletzt die Familie leidet (s. o. die Kategorie „Pfarrhaus"). Außerdem hat sie den Eindruck, dass sie schlicht von Sitzungen (Kategorie „Körperschaft") und vor allem von Freizeitaktivitäten (Kategorie „Vereine") „aufgefressen" wird. Außerdem hat sich bei ihr mehr und mehr der Eindruck verschärft, dass die Thematisierung des Glaubens nur auf ihr Handeln beschränkt ist („Pfarramt"). Seitdem betreibt sie volkskirchlichen *Gemeindeaufbau*, durchaus auch mit vorsichtiger missionarischer Komponente. Sie hat das Projekt „Neu anfangen" kennengelernt und erhofft sich nun einen stärkeren Kontakt zu bisher in Veranstaltungen kaum zu sehenden Gemeindegliedern und damit eine stärkere Verbindung von Menschen mit verschiedenen Teilnahmeformen am kirchlichen Leben.

⌐ Aufgabe 3 ───

Merken Sie sich drei der Gemeindeaufbauprojekte, die von Alfred Seiferlein, Projektorientierter Gemeindeaufbau, Gütersloh 1996, 40–64 geschildert werden. Beschäftigen Sie sich etwas genauer mit „Neu anfangen" (dort 40–43). Dieses Projekt hat seit 1985 in 39 Städten und Regionen stattgefunden und mehr als 2 Millionen Menschen erreicht (besonders im Süden Deutschlands, aber auch in Potsdam, Gera, Magdeburg und Borna).[55] Überlegen Sie, wie Sie einen Kirchenvorstand (ein Presbyterium) für die Mitarbeit an diesem Projekt gewinnen können.

Pfarrer B kommt selbst aus der Jugendarbeit. Er leitet gern Gruppen, aber nicht gern Sitzungen. Er ist früher Diakon gewesen und hat danach die Ausbildung zum Pfarrverwalter nachgeholt und hat jetzt eine Pfarrestelle inne. Seitdem ist er vor allem bemüht, die Gruppen in der Gemeinde in ihrer Selbständigkeit zu fördern. Seine Domäne ist die Mitarbeiterschulung. Ihm geht es vor allem darum, auch die Alltagsfragen der Menschen nach Wohnung, Arbeit und sinnvoller Freizeitgestaltung zu berücksichtigen. Er hat den Eindruck, dass viele seiner Pfarramtskollegen vor lauter Theologie den Wirklichkeitsbezug des Glaubens aus dem Blick verloren haben.

Ihm geht es stattdessen darum, auch Initiativen wie eine Asylarbeitsgruppe im Stadtteil in Verbindung mit der Gemeinde zu bringen. Dabei will er diese nicht gemeindlich „einbinden", sondern vielmehr deren Tun als dem Glauben entsprechende Lebenspraxis für die Gemeinde sichtbar machen. Das soziale Leben in Familie und Gesellschaft ist ihm als Realität wichtig, damit das Gemeindeleben keine Sonderwelt darstellt. Der Zusammenhang des Glaubens mit dem Leben und dem Lernen ist sein Hauptanliegen. Den Gedanken des „Gemeindeaufbaus" lehnt er ab, weil ihm das viel zu sehr nach kirchlicher Bevormundung und Bestandssicherung der Institutionen aussieht, die für ihn lediglich eine dienende Funktion haben.[56]

---

55 Vgl. dazu die Internetseiten des Gemeindekollegs Celle der VELKD: http://www.gemeindekolleg.de.

56 Zu diesem Konzept s. die Handreichung: Kirchenkanzlei der EKD (Hg.), Zusammenhang von Leben, Glauben und Lernen. Empfehlungen zur

Aufgabe 4

Prägen Sie sich die Entstehung des Begriffes „Gemeindepädagogik" ein nach Christian Greth-lein, Gemeindepädagogik, Berlin/New York 1994, 4–8. Bewerten Sie Grethleins eigenes Kon-zept von Gemeindepädagogik, wie es 38–43 entwickelt wird: Welche Akzentsetzungen wären anstelle der hier getroffenen auch denkbar? Vergleichen Sie dazu den hier idealtypisch geschil-derten Pfarrer B.

Pfarrer C hat nach einer Pfarrstelle auf dem Land und der Arbeit in einem Neubau-gebiet jetzt ein Pfarramt in einer größeren Stadt übernommen. Er hat es gelernt, zu kooperieren, hat aber seine letzte Gemeinde verlassen, weil die Mitarbeiter und Kreise dort nicht nur sehr verschieden waren, sondern auch gerne isoliert voneinan-der arbeiteten. Pfarrer C liegt daran, bei aller Verschiedenheit ein gemeinsames Kon-zept von Gemeinde zu entwickeln. Er liebt die genaue Planung und die sorgfältige Gremienarbeit (nicht die „Verwaltung", wie viele seiner Kollegen eher abfällig for-mulieren). Er möchte damit die Kräfte in der Gemeinde bündeln und „Synergieef-fekte" erzielen (diese Formulierung benutzt er gern) und vor allem die Wahrneh-mung der Gemeinde in der politischen Öffentlichkeit der Stadt verbessern.

Seine Kollegen im Pfarramt stehen seinen Kooperationsideen aufgeschlossen ge-genüber, da sie einen neuen Schub für die Gemeinde erhoffen. Pfarrer C hat zuerst für eine gemeinsame Dienstbesprechung des Pfarramts mit den Kindergartenleiter-innen und dem Vorsitzenden des Presbyteriums gesorgt. Als nächstes plant er einen Mitarbeitertag, an dem die unterschiedlichen Aktivitäten der Gemeinde vorgestellt und aufeinander bezogen werden sollen. Ihm schwebt vor, ein Leitbild seiner neuen Gemeinde formulieren zu helfen, wie er es in der Literatur gefunden hat.[57] So möchte er die Gemeinde für die eigene Selbstverständigung, aber auch für die Öf-fentlichkeit profiliert sehen.

Verlassen wir das Gedankenspiel. Die drei Personen stehen für drei Konzepte, die selbstverständlich in der Praxis nicht so getrennt auftreten. Dennoch hängen Ge-meindekonzepte auch stark mit der Lebenssituation und der Berufsgeschichte der hauptamtlich Verantwortlichen zusammen. Außerdem gilt, dass die in der Literatur vertretenen Konzepte nicht nur theologische, sondern auch institutionelle Hinter-gründe haben. So haben in den 80er Jahren Gemeindeaufbau wie Gemeindepädago-gik starke Beachtung gefunden, ohne miteinander recht ins Gespräch zu kommen. Dies könnte nicht an den unterschiedlichen Ausbildungsstätten und dem Selbstver-ständnis der dort Lehrenden liegen. Die universitäre Praktische Theologie mit dem

---

Gemeindepädagogik, Gütersloh 1982 und Klaus Goßmann, Lernprozesse in der Gemeinde. Der gemeindepädagogische Ansatz des Comenius-In-stituts, in: PTh 78 (1989), 525–534.

57 Dazu vgl. die Beispiele bei Herbert Lindner, Kirche am Ort. Eine Gemeindetheorie, Stuttgart 1994, 124, Anm. 17: „Evangelisch in Nürnberg – die Bürgerkirche zu St. Lorenz" oder „Evangelisch in Nürnberg – der Weg nach Innen in St. Jakob."

Leitbilder müssen nach Lindner gemeindespezi-fisch sein und die „Persönlichkeit" der Gemeinde gegenüber anderen Gemeinden und Organisatio-nen an diesem Ort herausstellen. Das Leitbild soll sprachlich verdichtet und doch verständlich in zielgruppenspezifischer Sprache gefasst sein; es soll handlungsleitend, aber auf einer Mitte zwi-schen Konkretion und Allgemeinheit angesiedelt sowie flexibel sein.

Schwerpunkt Pfarrerausbildung diskutierte den Gemeindeaufbau, die Fachhochschulen suchten nach dem Selbstverständnis der Gemeindepädagogen/Gemeindepädagogik.[58]

Außerdem ist der globale politische und soziokulturelle Kontext entscheidend für das Entstehen kybernetischer Theorien. Der Zusammenhang geht bereits aus dem bekanntesten historischen kybernetischen Programm hervor: Der Dresdner Pfarrer Emil Sulze (1832–1914) entwickelte als Reaktion auf das rasante Städtewachstum im 19. Jahrhundert den Gedanken der „Laienseelsorge". Sulzes Gemeinde in der Dresdner Neustadt umfasste 60.000 Menschen. So teilte er die Gemeinde in überschaubare Bezirke, in denen dann verantwortliche Mitarbeiter tätig waren. Ein Bezirk sollte nicht mehr als 3.000 bis 5.000 Gemeindeglieder umfassen und seinerseits noch in drei Teile geteilt werden. Hier sollten „Vereine" innerhalb der Gemeinde die Arbeit tragen.[59] Ein anderes Beispiel aus der jüngsten Vergangenheit: Die Entwicklung der Kirchenaustritte ist ein Impuls für kybernetische Theorien: Als in den 80er Jahren das Abbröckeln von Gemeinde zu Bewusstsein kam, entdeckte man Gemeindepädagogik und Gemeindeaufbau.

Gegenwärtig wird zunehmend der Gedanke der *Gemeindeleitung* propagiert, wie er oben Pfarrer C zugeschrieben wurde. Man kann auch vom „Gemeinde-Management" sprechen, wenn einem dieser Begriff nicht grundsätzlich als theologisch ungeeignet erscheint. Gegenüber Kategorien aus dem Wirtschaftsleben ist weder Berührungsangst noch naive Begeisterung angezeigt und mit der Managementtheorie verhält es sich wie mit anderen sozialwissenschaftlichen Theorien auch. Sie bedeuten weder den Ausverkauf der Theologie noch die schnelle Lösung theologischer Probleme. Sie helfen vielmehr dabei, die Fragen anders zu stellen.

Leitung und Management haben letztlich denselben Sinn wie eine gute Unterrichtsplanung: Sie verlangen eine genaue Situationsanalyse mit Ziel- und Schrittplanung, wobei die beteiligten Menschen soweit wie möglich in den Entscheidungsprozess einzubeziehen sind und das eigene Verhalten erkenn- und berechenbaren Regeln zu folgen hat.[60] Auch für Pfarrerinnen und Pfarrer gilt es, die eigene Leitungsrolle anzunehmen und erkennbar auszufüllen. Der in der angelsächsisch beeinflussten Literatur verwendete Begriff der „Führung" hat in diesem Zusammenhang ebenso sein Recht wie der Leitungsbegriff. Wirkliche Unterschiede zwischen den Kategorien „Leitung", „Management" und „Führung" sind – jedenfalls für den

---

58 Darüber hinaus wurden beide Diskurse wiederum gleichermaßen unabhängig von der (schulischen) Religionspädagogik geführt.

59 In seiner Programmschrift „Die evangelische Gemeinde" von 1891 hatte Sulze geschrieben: „Wir brauchen Laienseelsorger (Presbyter). Ein Bau besteht nur dann, wenn jeder einzelne Stein wohl behauen ist. Und eine Gemeinde kann nur bestehen, wenn jedes einzelne ihrer Mitglieder wahrhaft christlich erzogen wird. Dafür können

unmöglich die Geistlichen allein einstehen. Dafür müssen aus der Gemeinde selbst die erforderlichen Arbeiter hervorgehen." (Zitiert nach Friedrich Wintzer, Seelsorge. Texte, München 1988 [ThB 61], 38)

60 Eine entsprechende Sammlung von Verhaltensregeln habe ich formuliert im Artikel Gemeindeleitung, in: Handbuch Praktische Theologie, hg. von Wilhelm Gräb und Birgit Weyel, Gütersloh 2007, 507–518: 512.

Bereich der Gemeinde – nicht zu begründen.[61] Auf jeden Fall gilt: Wer nicht leitet, sorgt dafür, dass die jeweilige Leitungsform bestehen bleibt oder dass sich derjenige bzw. diejenige mit den stärksten Geltungsansprüchen durchsetzt. Darum ist es notwendig, die notwendigen Leitungsstrukturen einer Gemeinde zu kennen und die eigene Leitungsrolle zu finden und bewusst auszufüllen. „Leiten" und „Managen" sind von daher nicht als autoritäre und individuelle, sondern als pädagogisch durchdachte und gemeinsame Tätigkeiten zu begreifen.

In diesem Sinne versteht Herbert Lindner sein Programm der „konziliaren" Gemeindeleitung.[62] Dieser Begriff meint, dass in der Ortsgemeinde nicht ein einziges Prinzip der Leitung gewählt werden darf. Aus der Geschichte entnimmt Lindner vier Formen, die personale, die kollegiale, die repräsentative und die partizipative Leitung. Der *personale* Stil ist auf eine Person konzentriert – ob diese nun patriarchalisch, charismatisch oder auch partnerschaftlich leitet. Die *kollegiale* Leitung bezieht die Teilbereiche aufeinander, für die gleichberechtigte Kollegen verantwortlich sind. Das *repräsentative* Prinzip ist das aus der Demokratie vertraute: Gewählte repräsentieren für die Wahlperiode die Gesamtheit, entscheiden aber weisungsungebunden (es gibt kein imperatives Mandat). Dies ist anders beim *partizipativen* Leitungsmodell, welches direkte Entscheidungseinwirkungen aller Betroffenen vorsieht und das man „das basisdemokratische Modell" nennen kann. Das heißt positiv: Die personalen Leitungselemente sind klar, schnell und ermöglichen Identifikation; die repräsentativen Leitungselemente sind unabhängig und durchschaubar, weil sie durch klare Verfahren legitimiert sind; die partizipativen Elemente sind für aktuelle außerordentliche Fragen wichtig. Negativ formuliert: Das personale Element kann zur Willkür tendieren, das repräsentative zum Formalismus und das partizipative zum Chaos.

Darum soll nach Lindner eine *konziliare* Leitung die Leitungselemente von allen Prinzipien enthalten. Neben dem Kirchenvorstand sei so eine Beteiligung der Basis und der freien Initiativen an der Leitung anzustreben. In diesem Zusammenhang nennt Lindner das jährlich tagende „Gemeindekonzil". Dazu gehören neben den Gremien auch frei Einzuladende, Initiativenvertreter und ökumenische Gäste. Darum schlägt Lindner nun noch drei weitere Leitungsinstrumente vor:

– „Runde Tische" der Arbeitsbereiche
– Koordinierende Fachgruppen
– Das Kollegium der Mitarbeitenden (Mitarbeiterkreis).

Lindners Konzept widerspricht nicht den gemeindepädagogischen und Gemeinde aufbauenden Ansätzen. Es hat diese vielmehr zur Voraussetzung und kann sie in Bezug auf die in jeder Gemeinde notwendige Leitung integrieren. Die Gefahr des in-

---

61 Friederike Höher/Peter Höher, Handbuch Führungspraxis Kirche. Entwickeln, Führen, Moderieren in zukunftsorientierten Gemeinden, Gütersloh 1999, 19–23.

62 Herbert Lindner, Kirche am Ort. Eine Gemeindetheorie, Stuttgart 1994, 124, vgl. Anm. 6.

tegrativen Modells könnte darin liegen, dass es zum Selbstzweck wird und dass die Gemeinde sich vor allem mit sich selbst beschäftigt.

C.   Gegenwärtige und zukünftige Fragestellungen

Zunächst sollte deutlich geworden sein, dass sich hinter den kybernetischen Leitkategorien nicht unvereinbare Konzepte verbergen müssen.[63] Darum sollte der Eifer für den Gemeindeaufbau nicht das Alltagsleben und die pädagogischen Bezüge von Gemeinde aus dem Blick verlieren; die Gemeindepädagogik hat auch die Institutionalität von Gemeinde einschließlich der Mitgliederzahlen im Blick zu behalten. Jedes Gemeindekonzept sollte auf erkennbare und veränderbare Leitungsstrukturen bedacht sein und damit auch den Standards entsprechen, die im außerkirchlichen beruflichen Alltag der Gemeindeglieder gängig sind (Management-Strukturen von Leitung statt einer unbeabsichtigten Neuauflage von Pfarrerzentrierung).

Die meisten kybernetischen Konzepte sind in den alten Bundesländern entstanden, abgesehen von der Gemeindepädagogik, die gleichzeitig in der BRD und DDR propagiert wurde. Die in den neuen Bundesländern Tätigen beklagen häufig, dass Gemeindekonzepte aus dem Westen in den Osten „exportiert" werden sollen. Nach 1990 haben aber auch die DDR-Kirchen verstärkt über den Gemeindeaufbau nachgedacht. In durchaus missionarischer Weise geschah dies etwa durch Eberhard Winkler. In seinem Buch „Gemeinde zwischen Volkskirche und Diaspora" plädierte er für einen Gemeindeaufbau in Ostdeutschland, der auch dort die volkskirchlichen Möglichkeiten nutzen sollte.[64] Winkler weist darauf hin, dass auch die Kirche in den neuen Bundesländern volkskirchliche Züge tragen kann. Als Kriterium dafür benennt er die Kasualien und den Umstand, „dass kirchliches Brauchtum gesellschaftliche Bedeutung hat".[65] Die Durchschnittszahl von 25% Kirchenmitgliedschaft in den neuen Bundesländern sage allein wenig – gebe es doch völlig entkirchlichte Stadtbezirke wie Dörfer, aber auch Orte, in denen auch 1998 fast alle Einwohner der Kirche angehören.[66] Die Situation verbiete „jeden leichtfertigen Umgang mit den in den volkskirchlichen Strukturen enthaltenen Chancen."[67]

---

63 Vgl. über den Zusammenhang von Gemeindeaufbau und Gemeindepädagogik: M. Meyer-Blanck, Gemeinde und Bildung. Die künftige Arbeit einer „qualifizierten Kirche" zwischen Gemeindepädagogik und Gemeindeaufbau, in: GlLern 10 (1995), 156–169 mit dem Vorschlag, beide Begriffe terminologisch als „Gemeindebildung" zusammenzufassen.
64 Eberhard Winkler, Gemeinde zwischen Volkskirche und Diaspora. Eine Einführung in die praktisch-theologische Kybernetik, Neukirchen-Vluyn 1998. Der Autor (geb. 1933) hat neben dem akademischen Lehramt über 25 Jahre auch

ein Pfarramt innegehabt. Nicht nur im Hinblick auf Ostdeutschland wichtig ist sein Hinweis, dass der Protestantismus mit einem tendenziell geringen Verbundenheitsgefühl mit der Gesamtkirche besonders leicht zur Separation geistlicher Gruppen neigt (a. a. O., 69ff zur „Geistlichen Gemeindeerneuerung").
65 A. a. O., 20.
66 Ebd. Winkler denkt an die „volkskirchlich stabilen Gebiete[n] in Südsachsen und Thüringen" (a. a. O., V).
67 A. a. O., 22. Teilweise habe es in den evangelischen Kirchen der DDR die Neigung gegeben,

In den neuen Bundesländern wird in verstärkter Weise ein Problem brennend, das auch im Westen viel zu lange vernachlässigt wurde: Die *Bestandssicherung* von Gemeinde und Kirche, nicht zuletzt im finanziell-steuerlichen Sinne. Die Relation von Kybernetik und Finanzierung bedeutet eine wichtige Zukunftsaufgabe (dazu vgl. in diesem Buch die 7. Einheit zur Kirchenmitgliedschaft).

Die Rezeption von Management-Theorien in der Kybernetik kann sich nicht auf die Landeskirchen und Kirchenkreise beschränken. Sie betrifft auch die Gemeinden. Wie die Diskussion um das EKD-Reformpapier „Kirche der Freiheit" im Jahre 2007 zeigt, handelt es sich beim Thema Leitung und Finanzen auch um eine eminent theologische Frage: „Sosehr es beim Geld um eine Sache geht, die sachlich behandelt werden muss, sosehr ist doch die Geldfrage in der Kirche im Grunde eine Glaubensfrage."[68]

Ein weiteres kybernetisches Thema für die Zukunft ist die zunehmende Verstädterung der Lebensverhältnisse. Bisher sind viele Theorien von Gemeinde an herkömmlichen Dorf- und Familienstrukturen orientiert. Die „Singles" und vor allem die Männer sind von der Gemeindepädagogik zu entdecken und die Städte vom Gemeindeaufbau. Das Konzept der „City-Kirchen" als Träger von Kultur und Sinnvergewisserung ist dabei an erster Stelle zu bedenken, aber auch eine allgemeine *Urbanität* als Hintergrund kirchlichen Handelns.[69] In diesem Zusammenhang hat Uta Pohl-Patalong vorgeschlagen, den Begriff des „kirchlichen Ortes" zu verwenden, um denkerisch einen „dritten Weg zwischen Parochialität und Nichtparochialität" zu erproben.[70]

Arbeitsvorschläge für Gruppen

1. Lesen Sie Herbert Lindner, Kirche am Ort. Ein Entwicklungsprogramm für Ortsgemeinden, Stuttgart 2000, 241–249 und entwickeln Sie ein (hypothetisches) Leitbild für eine Ihnen bekannte Kirchengemeinde.
2. Diskutieren Sie eines der von Seiferlein (s. o. Aufgabe 3) referierten Gemeindeaufbauprojekte, indem Sie es einem Pfarramtsteam kritisch vorstellen. Benutzen Sie dabei die von Grethlein (s. o. Aufgabe 4) genannte Kriteriologie (s. das Schema bei Grethlein, Gemeindepädagogik, 43).

---

den Schrumpfungsprozess „zu idealisieren und aus der Not eine Tugend zu machen" (a. a. O., 26). Die empirischen Befunde zeigen aber, dass sich das Mitgliedschaftsverhalten in der stark reduzierten Kirche nur unwesentlich von der Mehrheitskirche unterscheidet (a. a. O., 21, dort auch Literaturangaben).
68 A. a. O., 204. Umfangreich dazu s. Wolfgang Lienemann (Hg.), Die Finanzen der Kirche. Studien zu Struktur, Geschichte und Legitimation kirchlicher Ökonomie, München 1989.

69 Dazu vgl. Volker Drehsen, Die Gemeinde der Gemeindepädagogik, in: Roland Degen u. a. (Hg.), Mitten in der Lebenswelt. Lehrstücke und Lernprozesse zur zweiten Phase der Gemeindepädagogik, Münster (Comenius-Institut) 1992, 92–125, bes. 117–122 („Urbanität als problematischer Kulturkontext der Gemeindepädagogik").
70 Uta Pohl-Patalong, Ortsgemeinde und übergemeindliche Arbeit im Konflikt. Eine Analyse der Argumentation und ein alternatives Modell, Göttingen 2003, 212–252, bes. 216–218.

10. Der Lebensbezug der Predigt

A. Problemskizze

Blickt man auf die gesellschaftskulturelle Bedeutung der Predigt, so könnte man sich dazu herausgefordert fühlen, eine Verfallsgeschichte zu schreiben. Friedrich Niebergall beklagt 1925 die zeitgenössische Situation des evangelischen Gottesdienstes mit folgenden Worten: Heute gibt es „Ersatz für den geistigen Gehalt, den früher die Kirche bot. Zeitung, Vorträge, Wissenschaft, Kunst, Politik und Technik, Theater und Konzerte vor allem bieten Gelegenheit genug, geistige und seelische Bedürfnisse zu befriedigen. Von da aus kann man höchstens noch Interesse für einen ‚Kanzelredner‘, aber nicht mehr für die gemeinsame Verehrung Gottes fassen."[71] Niebergall spricht hier die Herausbildung einer öffentlichen, plural verfassten Diskussionskultur im bürgerlichen Zeitalter an. War die Predigt zu früheren Zeiten eines der wenigen Angebote der öffentlichen Kommunikation und für die vielen, die des Lesens nicht mächtig waren, oft das einzige Medium, zu dem sie Zugang hatten, so prägten im 19. und 20. Jahrhundert neue Medien die öffentliche Kommunikation. Durch die Massenmedien ist die Predigt immer auch schon relativiert. Sie prägen überdies auch die Rezeptionsgewohnheiten der Menschen. Heute wirkt es schon beinahe komisch, dass Wolfgang Trillhaas in den 50er Jahren vor der Reizüberflutung durch Busreisen warnte und diese argumentativ für die Verkürzung der verträglichen Redezeit auf der Kanzel beanspruchte.[72] Dennoch ist deutlich: Predigthörer und -hörerinnen bleiben nicht unbeeinflusst von Freizeitverhalten und Medienkonsum. Im Blick auf die Predigt ist dabei vor allem der Wandel vom Wort zum Bild zu benennen. Angesichts der eindrücklichen Bilder, die das Kino generiert, oder den interaktiven Möglichkeiten, die das Internet bietet, ist es ungleich schwieriger, durch eine bloße monologische Rede Menschen mit allen ihren Sinnen in Bann zu ziehen. Der Übergang von der oralen zur literalen und zur multimedialen Kultur lässt sich daher als Verdrängungswettbewerb beschreiben, in den die Predigt sich gestellt sieht.

---

71 Friedrich Niebergall, Der evangelische Gottesdienst im Wandel der Zeiten, Sammlung Göschen 894, Berlin/Leipzig 1925, 73. Vgl. dazu auch Kurt Nowak, Geschichte des Christentums in Deutschland. Religion, Politik und Gesellschaft vom Ende der Aufklärung bis zur Mitte des 20. Jahrhunderts, München 1995, 104–107.

72 „Die Menschen heute sind [...] schlechte Zuhörer geworden. Sie können nur noch schlecht lesen, ihre Fähigkeit, sich aufs Wort zu konzentrieren, ist durch ein ganzes System von Reizüberflutungen, durch Kino und Fernsehen und Omnibusreisen bis in den Grund verdorben." Wolfgang Trillhaas, Die wirkliche Predigt, in: Albrecht Beutel u. a. (Hg.), Homiletisches Lesebuch. Texte zur heutigen Predigtlehre, Tübingen 1986, 13–22: 16.

Versteht man diese Entwicklungen als Herausforderungen, die die Predigt nicht chancenlos machen, aber eine nicht zu vernachlässigende Bedeutung für die Aufgabenbestimmung und die Gestaltung der Predigt im Medienzeitalter haben, dann sind produktive Ansatzpunkte für die Predigt und ihre Funktion in der Mediengesellschaft zu gewinnen.

B. Entfaltungen

Die Predigt als religiöse Kommunikation

Die Predigt ist eine Form religiöser Kommunikation. Dass die Predigt ihre kommunikativen Bedingungen und Möglichkeiten bedenken muss, ist keine neue Einsicht. In ausdrücklicher Aufnahme und Auseinandersetzung mit der antiken Rhetorik hat Augustin im vierten Buch seiner Doctrina Christiana grundlegende Bestimmungen zum Verhältnis von rhetorischer Überzeugungskraft und christlicher Lehre vorgenommen.

> **Aufgabe 1**
>
> Lesen Sie im Augustin Handbuch, hg. von Volker Henning Drecoll, Tübingen 2007, einen Ausschnitt aus Teil C. Werk, Kap. 11: De doctrina christiana von Gaetano Lettieri, 389–393! 1. Wie ist das Verhältnis von eloquentia und sapientia zu bestimmen? 2. Welche Rolle wird dem Heiligen Geist zugewiesen? 3. Charakterisieren Sie die drei Stilarten der Reden (docere, delectare, flectere)! Informieren Sie sich weiter darüber in einem rhetorischen Lexikon!

Die Bedeutung der Rhetorik für die Homiletik war und ist allerdings nicht unumstritten. Einen wesentlichen Beitrag, die eigenen kommunikativen Möglichkeiten des gesprochenen Wortes im Rahmen der empirischen Wendung[73] in der Praktischen Theologie wieder zur Geltung zu bringen, hat Gert Otto geleistet. In einem Themenheft zum Gedenken des 2005 verstorbenen Mainzer Praktischen Theologen würdigt Martin Nicol[74] seinen Verdienst für eine rhetorische Homiletik. Indem Gert Otto die Predigt *als* Rede bezeichnete, stellte er sie auf die Agora. Die Predigt ist eine öffentliche Rede, wie dies die CA ja auch deutlich formuliert (publice docere).[75] „Gert Otto öffnet weit die Türen nach außen, macht Predigt als öffentliche Rede stark und stellt sie wieder dorthin, wo sie eben auch hingehört: in den Kontext großer geistlicher wie weltlicher Reden." (41) Damit wird die Rhetorik zu einer wesentlichen Referenzwissenschaft der Homiletik. Dass dies keineswegs unumstritten war, sondern ein „Paukenschlag"[76], wird an den ersten programmatischen Sätzen Ottos deutlich, mit denen er sein Programm eröffnet: „Ich möchte, um es vorneweg zu sagen, mit diesem Buch die herrschende Lehre von der Predigt in Frage stellen und

---

73 Vgl. dazu die Einheit 2 (Geschichte der PT).
74 Martin Nicol, Predigt als Rede. Zur Homiletik von Gert Otto, in: Praktische Theologie 42, 2007, 39–48.

75 Vgl. CA XIV De ordine ecclesiastico.
76 So Martin Nicol, Predigt als Rede (s. o. Anm. 74), 39.

ein ‚neues' Predigtverständnis in die Debatte bringen, ein Verständnis der Predigt, das sie als das nimmt, was sie ist: _Rede_ – also haben wir es mit _Rhetorik_ zu tun. Was so selbstverständlich klingt, ist es doch nicht, wie man in der Predigtlehre seit Karl Barth und Rudolf Bultmann, aber in ihrem Schatten bis heute, lernen kann."[77] Otto setzt sich damit vom Verkündigungsparadigma der Dialektischen Theologie ausdrücklich ab, dessen Rhetorikkritik programmatisch Eduard Thurneysen auf den Punkt gebracht hatte: „Denn auch das Wort ist vergänglich, ist sterblich, muß seiner unheimlichen psychischen Eigengewalt entkleidet, muß begraben werden, sonst steht es Gottes Wort im Wege. [...] Darum erste Regel: keine Beredsamkeit!"[78]

In dem von der Wort-Gottes-Theologie prononcierten, teilweise diastatischen Verhältnis von Wort Gottes und Menschenwort ist kein theologischer Raum für eine Reflexion der Predigt als Rede, weil das Nachdenken über die formale Gestaltung der Predigt immer schon eine Fixierung auf das Menschenmögliche beinhaltet: „sonst steht es Gottes Wort im Wege."

Ottos Rhetorikverständnis, das er über Jahrzehnte hinweg vertieft hat, indem er die Sprachfähigkeit als anthropologische Grundbestimmung exponiert hat, überschreitet einen rein instrumentellen Gebrauch sprachlicher Mittel. Versteht man Rhetorik als bloßes Instrumentarium, um fertige Inhalte in Form und wirkungsvoll an die Hörer zu bringen, so wäre das ein fatales Missverständnis der Redekunst. Otto zeigt, dass es um die Wahrheitsfrage geht. „Jede Rede, die diesen Namen verdient, kommt aus dem Gespräch und führt in das Gespräch. Denn: Wahrheit ist nur im Prozess zu haben, in Verläufen von Kommunikation, wesentlich also im Medium der Sprache. Damit hat es Rhetorik zu tun. Nicht mit irgendwelchen Tricks zur Steigerung der Effizienz von Rede, erst recht nicht mit Anstiftung zur Demagogie. Sondern mit der unaufhörlichen Suche nach der Wahrheit: ‚Mit dem _Weg_, auf dem ich Wahrheit finde, und mit der Weise, sie andern mitzuteilen, damit es _ihre_ Wahrheit werde, hat es Rhetorik zu tun.' Predigt kann sich nur mit einer hermeneutischen, niemals mit einer instrumentellen Rhetorik verbünden."[79]

Damit sind die rhetorischen Potentiale der Predigt als ein zentrales Thema der Homiletik hier durch Gert Otto wieder zur Geltung gebracht worden. Diese Potentiale gilt es stets aufs Neue auszuloten. Aufgabe der Predigt in ihrer liturgischen Verortung zwischen ritueller und diskursiver Kommunikation ist es, die Bedeutsamkeit des christlichen Glaubens für das Leben aufzuzeigen, seine Bedeutung im Horizont gegenwärtiger Lebenswirklichkeit zu entfalten und der interpretierenden Vernunft zugänglich zu machen. Die Predigt zielt auf Einsicht, Verstehen und Überzeugen.

---

77 Gert Otto, Predigt als Rede. Über die Wechselwirkungen von Homiletik und Rhetorik, Stuttgart 1976, Hervorhebungen im Original. Zitiert bei Martin Nicol, a. a. O., 39f.
78 Eduard Thurneysen, Die Aufgabe der Theologie (1921), in: Gert Hummel (Hg.), Aufgabe der Predigt, WdF 234, Darmstadt 1971, 105–118: 111.

79 Nicol, Predigt als Rede (s. o. Anm. 74), 41. Das Zitat im Zitat stammt aus Otto, Predigt als Rede (s. o. Anm. 77), 9. Hervorhebungen im Original.

Oder wie es Gert Otto im Blick auf die Hörer der Predigt ausdrückte, „damit es *ihre* Wahrheit werde".

Der Lebensbezug des christlichen Glaubens ist in der Geschichte der Predigt immer wieder neu zur Geltung gebracht worden. Friedrich Niebergall brachte mit Blick auf den zeitgenössischen, von ihm ausdrücklich als modernen Menschen charakterisierten Predigthörer, die Lebensbedeutung der Predigt als Anliegen der Homiletik zur Geltung. Wie predigen wir dem modernen Menschen? Diese Fragestellung ist titelgebend für seine dreibändige Homiletik aus den Jahren 1902, 1906 und 1921. Seine Überlegungen wurden zunächst nicht weitergeführt, was maßgeblich mit der Zäsur durch die Wort-Gottes-Theologie zu tun hatte. Ernst Lange insistierte seit den 60/70er Jahren erneut auf dem Wirklichkeitsbezug der Predigt: „Für den Hörer entscheidet sich die Relevanz der Predigt mit der Klarheit und der Stringenz ihres Bezuges auf seine Lebenswirklichkeit, auf seine spezifische Situation. Dabei ist der Ausdruck ‚Wirklichkeits*bezug*‘ eigentlich noch zu schwach. Denn der eigentliche Gegenstand christlicher Rede ist eben nicht ein biblischer Text oder ein anderes Dokument aus der Geschichte des Glaubens, sondern nichts anderes als die alltägliche Wirklichkeit des Hörers selbst – im Licht der Verheißung."[80]

Der Hinweis auf die Alltäglichkeit ist zu verstehen als eine Betonung und Steigerung des Wirklichkeitsbezugs. Es geht nicht nur darum, das Leben der Menschen *irgendwie* am Rande zu thematisieren, sondern der christliche Glaube hat seinen Ort mitten im Leben. Die Religion kommt nicht erst dann ins Spiel, wenn es um *letzte Dinge* geht, um Leben und Tod, sondern sie ist immer auch schon präsent in Fragen der täglichen Lebensgestaltung, im Umgang mit Routinen, plötzlichen Kontingenzen, der Orientierung in der Lebenswelt. Und gerade dies darf die Predigt nicht außer Acht lassen.

Es bedarf eines genauen Verständnisses von dem, was sich mit Religion verbindet und wie Religion in der modernen Lebenswelt thematisch wird. In den letzten Jahren und Jahrzehnten wurden daher verstärkt Religionstheorien rezipiert, die zu einem vertieften Verständnis geführt haben. Während bei Ernst Lange der Bezug auf das Leben der Hörer noch quasi intuitiv hergestellt wird und die Exegese der Wirklichkeit daher im Wesentlichen durch die gewiss nicht zu vernachlässigende eigene Wahrnehmung des Predigers/der Predigerin bestimmt ist, sind durch ein vertieftes Verständnis von Religion in der Moderne deutliche Gewinne zu verzeichnen.

Aufgabe 2

Lesen Sie von Alois Hahn, Identität und Biographie, in: Monika Wohlrab-Sahr (Hg.), Biographie und Religion. Zwischen Ritual und Selbstsuche, Frankfurt/New York 1995, 127–152! Interpretieren Sie den Untertitel des Buches „Zwischen Ritual und Selbstsuche"! Beschreiben Sie mit eigenen Worten, worin die Sinngebungsproblematik besteht! Überlegen Sie, wie eine Predigt gestaltet sein muss, wenn sie einen Beitrag zur Selbstfindung des Hörers leisten soll!

---

80 Rüdiger Schloz (Hg.), Predigen als Beruf. Aufsätze zu Homiletik, Liturgie und Pfarramt, Edition Ernst Lange 3, München 1982, 57f. Hervorhebung im Original.

Die Predigt als öffentliche Kommunikation zu verstehen, bedeutet, dass sie zwar als eine monologische Rede konzipiert ist, aber dass sie faktisch eine dialogische Struktur integriert. Sie ist eine Verständigungsbemühung. „Predigen heißt: Ich rede mit dem Hörer über sein Leben. Ich rede mit ihm über seine Erfahrungen und Anschauungen, seine Hoffnungen und Enttäuschungen, seine Erfolge und sein Versagen, seine Aufgaben und sein Schicksal. Ich rede mit ihm über seine Welt [...]. Er, der Hörer, ist mein Thema, nichts anderes, freilich: er, der Hörer vor Gott. Aber das fügt nichts hinzu zur Wirklichkeit seines Lebens, die mein Thema ist, es deckt vielmehr die eigentliche Wahrheit dieser Wirklichkeit auf.“[81]

Das Hörerbild

Der Lebensbezug einer Predigt ist nicht zuletzt abhängig von dem konstruktiven Bild, das ich als Prediger und Predigerin von meinen Hörern und Hörerinnen habe. Dieses Themenfeld ist in der Geschichte der Homiletik in unterschiedlicher Perspektive bearbeitet worden.

Aufgabe 3

Vergleichen Sie die beiden Zitate! Welches Hörerbild wird jeweils skizziert? Überlegen Sie sich mögliche Konsequenzen für die Predigtarbeit!

Zitat 1:
„Die *Verschiedenheit unserer Hörer* ist unendlich. [...] Aber in der Mitte der Sache sind sie sich alle sehr nahe: sie sind Sünder, die Gott seligmachen will. Hier in dieser Mitte – also theologisch gesehen –, liegt der Grund zu der Möglichkeit, Fromme und Gottlose zugleich anzureden. [...] Den Bildungsunterschied in der Gemeinde so zu durchbrechen, daß alle hören können, ist nur möglich für den, der etwas Wirkliches zu sagen hat, so daß der Bauer und der Professor gleichzeitig zuzuhören in der Lage sind. [...] Ziel aller echten Meditation ist echte Einfalt.“[82]

Zitat 2:
„Wir Menschen sind, sowohl was die einzelnen Individuen, als auch was die gesonderten Gesellschaftgruppen anlangt, durchaus nicht in ein und derselben Weise fromm. Der Bauer ist anders fromm als der Fabrikarbeiter, der Theologe anders als der Mediziner, der mehr Gemüt hat, anders als der mehr rational Gerichtete.“[83]

Sowohl Martin Fischer, der dem Umfeld der Wort-Gottes-Theologie zuzurechnen ist, als auch Paul Drews[84] erkennen an, dass Hörer nicht gleich Hörer ist. Während jedoch Drews das Augenmerk auf die Religiosität des Einzelnen legt und diese Unterschiedlichkeit der Frömmigkeit ernst zu nehmen versteht, geht es Fischer gerade darum, von der Verschiedenheit der Hörer in der Predigtarbeit abzusehen. Er bettet

---

81 A.a.O., 58.
82 Martin Fischer, Grundzüge einer evangelischen Predigtlehre, in: Wege zum Wort 6, 1951, 306 und Wege zum Wort 7, 1952, 558f. Hervorhebung im Original.

83 Paul Drews, „Religiöse Volkskunde“. Eine Aufgabe der Praktischen Theologie, in: MKP 1, 1901, 1.
84 Zu Drews vgl. oben Kapitel 2.B.

seine Homiletik in eine theologische Anthropologie ein, die es erlaubt, unterschiedliche Frömmigkeitsstile, Bildungsgrade und lebensweltliche Kontexte zu vernachlässigen. Drews betont die individuellen und soziologisch bedingten Differenzen, um diese angemessen zu berücksichtigen. Für Martin Fischer dagegen ist letztlich der anthropologische Nenner maßgeblich, auf den sich alle tatsächlich bestehenden Unterschiede kürzen lassen: Alle Hörer, wer auch immer sie seien, sind im Wesentlichen „Sünder, die Gott seligmachen will." Auf dieser Grundlage entsteht ein einheitliches und unwandelbares Hörerbild. Dass der Hörer als Sünder verstanden wird, bestimmt die Predigt nachhaltig. Die Predigt wird Kritik am Hörer üben, sie wird sich um einen überzeugenden Schuldaufweis bemühen, um den Hörer von seiner Erlösungsbedürftigkeit zu überzeugen, so dass er bereit wird, sich das Wort von der gnädigen Zuwendung Gottes zusagen zu lassen. Der Prediger muss mit Widerstreben rechnen, da der Sünder das Evangelium nicht widerspruchslos akzeptieren wird. Umso deutlicher ist daher darauf zu pochen, dass der Mensch vor Gott nichts vorzuweisen hat, was ihn auch nur im Geringsten für das Heil prädisponieren könnte. Die Predigt insistiert in der Regel auf der Unzulänglichkeit und Mangelhaftigkeit der Hörer. Positive Glaubenserfahrungen werden den Menschen nicht zugestanden. Gelungenes, Erfreuliches als integrative Bestandteile ihrer Lebenswelt bleiben ausgeblendet. Der Lebensbezug geht verloren, wenn kein Raum bleibt für die Mannigfaltigkeit der Lebenserfahrungen.

Gewiss müssen sich Prediger ein Bild vom Hörer machen. Schon der Begriff des Bildes signalisiert, dass ein solcher Entwurf konstruktive Anteile hat und notwendig mit Schematisierungen arbeiten muss. Der Entwurf eines einheitlichen Hörerbildes verhindert geradezu eine konkrete Predigt. Vor allem ein einseitig negatives Menschenbild verfehlt die Wirklichkeit.

Aufgabe 4

Lesen Sie zur Nachbereitung den Klassiker dialektisch-theologischer Homiletik:
Eduard Thurneysen, Die Aufgabe der Theologie (1921), in: Gert Hummel (Hg.), Aufgabe der Predigt, WdF 234, Darmstadt 1971, 105–118.

Ernst Langes Verständnis der Predigt als Kommunikationsbemühung setzt sich kritisch gegenüber dem Verständnis der Wort-Gottes-Theologie ab und markiert damit die empirische Wendung der Praktischen Theologie seit den 60er Jahren. Deutlich ist bei Ernst Lange neben der Lebensbezüglichkeit die Wechselseitigkeit der Predigt als dialogisches Geschehen aufgenommen, auf die gerade der aus den Sozialwissenschaften aufgenommene Kommunikationsbegriff zielt. Die Orientierung auf die Erschließung des Evangeliums in seiner Bedeutsamkeit für das menschliche Leben beinhaltet, dass in der Predigt die allgemeine Selbst- und Alltagserfahrung grundsätzlich aller potentiellen Teilnehmer zur Sprache kommen muss. Dieses Moment der Gestaltung öffentlicher Kommunikation fordert die Predigt als „darstellende Mitteilung" (Friedrich Schleiermacher) dazu heraus, individuelle Stimmungen, Gefühle und Haltungen aufzunehmen und in eine gemeinsame Deutungsperspektive

hinein zu vermitteln. Während man bis in die 70er und 80er Jahre bei der Alltagserfahrung vor allem an soziale Fragen und die Arbeitswelt dachte, bezieht man sich
seit den 90er Jahren mehr auf die Alltagskultur, den ästhetisch geprägten Lebensstil
und andere Formen medialer Kommunikation. Die Predigt soll den christlichen
Glauben mit den kulturellen Hintergrunderzählungen in Kontakt bringen. Aufgabe
der Predigt ist es, die biblischen Erzählungen in den Strom der Erzählungen einzu-
betten, und ihren Text in das Gewebe der Argumente, Metaphern und Bilder einzu-
wirken. Dazu bedarf es der Anschaulichkeit und der Konkretion. Wenn dies gelingt,
sind Predigten in unserer Gesellschaft nicht nur museale Kulturrelikte, sondern können zu „Erfahrungs- und Handlungsräumen eines [...] Glaubensentwurfes [...]
werden."[85]

   Die von Friedrich Niebergall eingangs zitierte Diagnose, dass religiöse Kommunikation auch in den Medien stattfindet und die Predigt als traditionelles Medium der
religiösen Kommunikation zu der plural verfassten Kultur in ein Verhältnis gesetzt
werden muss, wird gegenwärtig als eine besondere Herausforderung der Homiletik
gesehen. Dass Predigen eine Kunst ist und dem Prediger/der Predigerin ästhetische
Gestaltungskraft abverlangt wird, ist dabei deutlich hervorgetreten. Martin Nicol
und Alexander Deeg reagieren auf diese Einsicht, indem sie homiletische Konzepte
aus den USA rezipieren und für die Homiletik in unserem Kontext fruchtbar zu machen versuchen.

Aufgabe 5

Lesen Sie: Martin Nicol, Preaching as Performing Art. Ästhetische Homiletik in den USA, in: PTh
89, 2000, 435–453. Überlegen Sie: Welche Chancen und Grenzen bietet eine an den Kunstfor-
men Kino und Theater orientierte Homiletik?

Das Konzept der dramaturgischen Homiletik sieht vor, dass die Predigt weniger von
Diskursivität geprägt ist und sich nicht an einem – wenn auch populären – akademischen Vortrag orientiert, sondern, dass in erster Linie, wenn auch nicht ausschließlich, Kino und Theater Vorbilder für die Predigt darstellen. Das bedeutet, dass die
Predigt eine Aneinanderreihung von bewegten erzählerischen Bildern wäre, die – und
darin liegt eine besondere Pointe – sehr stark ineinander greifen. Das besondere Augenmerk liegt daher auf den Übergängen der einzelnen Predigtteile, den sog. moves.
„Ein Film besteht aus Szenen, ein Theaterstück aus Szenen und Akten, eine Sympho-
nie aus Sätzen – und eine Predigt aus Moves. ‚Moves‘, das heißt: einzelne Sequenzen.
Bewegte Sequenzen, so legt es der englische Begriff nahe. Wir finden kein besseres
Wort dafür. ‚Abschnitt‘ oder ‚Einheit‘ erinnert an einen Vortrag oder Aufsatz, aber
nicht an bewegte Sprachkunst. ‚Move‘ dagegen evoziert die bewegten Bilder des Films
(Moving pictures bzw. movie) und die Sätze in einem Musikstück (movements)."[86]

---

85 Hans-Georg Soeffner, Gesellschaft ohne Bal-
dachin. Über die Labilität von Ordnungskonst-
ruktionen, Weilerswist 2000, 143 (zu Kirchenräumen).

86 Martin Nicol/Alexander Deeg, Im Wechselschritt zur Kanzel. Praxisbuch Dramaturgische
Homiletik, Göttingen 2005, 16.

Die Hinweise von Nicol und Deeg bilden in sich keine ausgewogene Homiletik. Sie wollen vor allem Anregungen für Prediger und Predigerinnen bereithalten, die Predigt zu verlebendigen, sich mit der eigenen Predigtkunst im Ensemble kultureller Medienkunst zu verorten. „Kunst unter Künsten ist die Predigt"[87] und sie sollte sich konsequent um mehr Spannung („Prinzip Spannung") und Anschaulichkeit bemühen. Sie machen zugleich deutlich, dass dieses homiletische Konzept den biblischen Texten durchaus gerecht wird. Die biblischen Texte können erst dann angeeignet werden und ihren Lebensbezug entfalten, wenn sie in ein Wechselspiel mit anderen Geschichten, Worten und Bildern einbezogen werden. Nicht linear – vom Text zur Predigt – schreitet die Predigtarbeit voran, sondern künstlerisch, tänzerisch im Wechselschritt.

Aufgabe 6

Lesen Sie: Wilhelm Gräb, Sinnfragen. Transformationen des Religiösen in der modernen Kultur, Gütersloh 2006, darin Kap. 11 Religiöse Kommunikation in der Medienkultur (183–197). Welchen Begriff von Verkündigung entfaltet Gräb und wie setzt er Verkündigung in den Medien und Verkündigung im Gottesdienst in Beziehung?

Sie sehen bei Gräb deutlich die Frage formuliert, die in der gegenwärtigen Homiletik die entscheidende Herausforderung darstellt: „Vom christlichen Glauben soll die Rede sein, aber so, dass seine Relevanz für den Alltag unmittelbar einleuchtet. [...] Ich muss irgendwie übers Alltägliche auch wieder hinaus, in die theologische Deutungsperspektive – aber nicht abstrakt und bloß reflexiv, sondern selber wieder auf anschauliche, bildhafte, sinnlich begreifbare Weise." (184) Die Ambivalenz von Alltag und Transzendenz, Weltlichkeit und Gottesbeziehung ist eine hermeneutisch komplex zu bewältigende Gestaltungsaufgabe der Predigt und des Gottesdienstes überhaupt. Gräb betont mit aller Deutlichkeit die Relevanzfrage. Nicht weil etwas in der Bibel steht oder von der Kanzel aus verkündigt wird, gewinnt es an Autorität. Sondern allein dadurch, dass sich Menschen angesprochen fühlen, dass ihnen etwas aufgeht, was anderswo nicht zu hören ist. „Verständlich, lebensnah, situativ nachvollziehbar, konkret muss es sein und doch von außen kommen" (ebd.). Er betont den Aspekt der Öffentlichkeit. Denn das kann man von der medialen Kommunikation lernen, dass die versammelte Gemeinde stets zugunsten einer größeren Öffentlichkeit zu überschreiten ist. „Entscheidend für die Öffentlichkeit religiöser Kommunikation ist ihr Anschluss an das, was die Medien zum Thema machen bzw. an das, was als religiöses Kommunikationsbedürfnis durch die moderne Kultur selbst erzeugt wird." (186)

---

87 A. a. O., 14.

Erfahrung und Wirklichkeit des Glaubens

Über das Hörerbild hinaus stellt sich die Frage nach einer theologisch und homiletisch angemessenen Rede von der Wirklichkeit. Welches Bild haben wir von der Wirklichkeit?

Es fällt auf, dass es in vielen Predigten mehr als nur eine Wirklichkeit gibt. Zwei Wirklichkeiten werden häufig einander gegenübergestellt. Die erste Wirklichkeit ist die Lebenswirklichkeit des Menschen, die alltägliche Welt. Die zweite Wirklichkeit ist die Wirklichkeit Gottes. Sie ist die neue Wirklichkeit des Reiches Gottes, die *ganz anders* ist als die Wirklichkeit, in der wir leben. Beide Wirklichkeiten sind scharf voneinander unterschieden. Durch die Gegenüberstellung erhalten beide Wirklichkeiten erst ihre Attribute. Die Lebenswirklichkeit wird vor allem düster beschrieben. Es ist die dunkle, todesverfallene Welt, geprägt durch Erfahrungen von Trauer und Leid. Sie fungiert als dunkle Folie für Gottes neue Wirklichkeit, welche die alte Welt glanzvoll überstrahlt.

Dieses Weltbild der zwei Wirklichkeiten birgt zwar die wesentliche Einsicht, dass der Glaube mehr erhofft, als das, was die alltägliche Normalität an Erfahrungen bereithält und somit auch negativen Erfahrungen, sogar dem Äußersten: dem Tod, standhält. Entsprechend kann die Predigt die Lebenserfahrungen ansprechen, ohne sich in Verdrängung und Schönfärberei flüchten zu müssen. Dieser Wirklichkeitsgewinn des christlichen Glaubens wird jedoch verspielt, wenn menschliche und göttliche Wirklichkeit so scharf[88] voneinander geschieden werden und in der Predigt unvermittelt bleiben. Denn die Wirklichkeit Gottes hat dann nur wenig oder gar nichts mehr mit unserer Lebenswirklichkeit zu tun. Die Predigt verfehlt das wirkliche Leben. Schwarzweißmalerei ist nur plakativ, während das Leben nuancenreich ist. Die Kontrastierung der beiden Wirklichkeiten lässt überdies für die Lebenswelt des Menschen nur dunkle Farben übrig. Wir haben oben festgestellt, dass ein einseitig negatives Hörerbild so nie zutreffen wird. Das gilt auch für die umfassende Wirklichkeit. Um ihr gerecht zu werden, sollte die Predigt auch dem „Glück im Unglück"[89] Ausdruck verleihen. Diese Überlegung beinhaltet mehr als bloß die Beobachtung, dass die Predigthörer nicht allesamt verzweifelte Menschen sind und der eine oder die andere recht vergnügt unter der Kanzel Platz nimmt. „Glück im Unglück" bedeutet, dass die gesamte Breite an Wirklichkeitserfahrungen, positive wie

---

88 So programmatisch etwa Wolf Krötke, „Nur eine Wirklichkeit, die mit der Welt nicht mehr verwechselt werden kann, verdient Gottes Wirklichkeit zu heißen." Ders., Die Kirche und die Wirklichkeit. Erwägungen zum Wirklichkeitsverständnis des christlichen Glaubens an Gott, in: BThZ 13, 1996, 71–83: 71.

89 „Das reine Glück ist nicht von dieser Welt: das kann auch der einsehen, der Zweifel hat daran, ob es – in einer Ewigkeit oder in einer Zu-

kunft – eine andere Welt gibt, von der es sein könnte. In ‚dieser Welt' jedoch – der Lebenswelt der Menschen – ist das Glück immer neben dem Unglück, trotz des Unglücks oder gar durch das Unglück: das eigene oder das der anderen oder indem beides zusammenhängt: Menschliches Glück ist – ganz elementar – stets nur Glück im Unglück." Odo Marquardt, Glück im Unglück. Philosophische Überlegungen, München 1995, 11.

negative, in der Predigt repräsentiert werden muss, um das Spektrum dessen, was der Glaube für wirklich hält, nicht künstlich einzuschränken. Auch aus theologischen Gründen ist das Denkmodell von den beiden unterschiedenen Wirklichkeiten aufzugeben. Denn Offenbarung und Erfahrung stehen sich nicht unvermittelt gegenüber, sondern „Offenbarung geschieht: unverfügbar – in, mit und unter Erfahrung in ihrer Normalität und Regelmäßigkeit."[90] Die Predigt wird also immer mehr zu leisten haben, als die Wirklichkeit bloß zu beschreiben und abzubilden. Sie eröffnet vielmehr Neues, indem sie Anteil gibt an den Erfahrungen anderer, und sie deutet und interpretiert Lebenserfahrungen, so dass Lebenserfahrungen zu Glaubenserfahrungen werden können.

Aufgabe 7

Lesen Sie: Dietrich Rössler, Beispiel und Erfahrung. Zu Luthers Homiletik, in: Christian Albrecht/ Martin Weeber (Hg.), Klassiker der protestantischen Predigtlehre, Tübingen 2002, 9–25. Achten Sie bei der Lektüre besonders auf die theologischen Implikationen von Beispiel und Erfahrung. Beantworten Sie ausführlich die Fragen: Inwiefern ist Christus das „Exempel schlechthin" (19)? Inwiefern kennzeichnet der „Defekt auf dem Felde der Erfahrung" die Irrlehre? (12)

Auslegung von Wirklichkeit

Die bisherigen Überlegungen zeigen, dass die Wirklichkeit dem Prediger nicht einfach vorgegeben ist. Es gibt keine klar umrissene *Situation, in die hinein* die Predigt spricht. Wirklichkeit ist ebenso auslegungs- und deutungsbedürftig wie der biblische Text auch. Es reicht daher nicht aus, wenn man in der Predigt auf Wirklichkeit verweist. Wirklichkeit wird in der Predigt durch Sprache repräsentiert. Sie wird konstruiert. Rolf Schieder hat an dieser Stelle diskurstheoretische Überlegungen in die Homiletik eingebracht, indem er darauf hinwies, dass es *Situation* nur als Diskurs gibt. Die Diskurstheorie geht auf den französischen Soziologen Michel Foucault zurück. „Jeder soziale Ort hat seinen eigenen Diskurs, seine eigenen Sprachregelungen. In der Schule wird anders geredet als im Krankenhaus, im Gerichtssaal anders als in der Kneipe. Auf der Kanzel anders als im Seminar."[91] Diese Einsicht birgt jedoch mehr in sich als nur das Wissen um die Existenz von ortstypischem Jargon und konstellationsabhängigen Konventionen. Diskurse legen vielmehr fest, was es gibt und was es nicht gibt, was erlaubt ist und was nicht. „Die symbolische Ordnung der Diskurse regelt und beherrscht unser soziales Leben."[92] Wenn in der Predigt Wirklichkeitsbezüge hergestellt werden, dann bedeutet das, dass der religiöse Diskurs mit nicht-religiösen Diskursen verknüpft wird. Methodisch kann es daher sinnvoll sein, die Predigt kritisch daraufhin zu befragen, welche Diskurse mit dem

---

90 Eilert Herms, Offenbarung und Erfahrung, in: Ders., Offenbarung und Glaube. Zur Bildung des christlichen Lebens, Tübingen 1992, 246–272: 266.

91 Rolf Schieder, Der „Wirklichkeitsbezug" der Predigt. Vom Nutzen einer diskurstheoretischen Predigtanalyse, in: EvTh 55, 1995, 322–337: 324.
92 Ebd.

biblischen Text verbunden und welche herrschenden (!) Diskurse durch die Predigt verstärkt werden.

Der Hörer als Interpret

Wie kann man den unterschiedlichen Individuen und ihren vielfältigen Lebenskontexten gerecht werden? In diesem Zusammenhang ist es von Bedeutung, dass Hören ein schöpferischer Vorgang ist: Der Hörer ist nicht bloß passiver Rezipient, sondern aktiver Interpret, der das Gehörte selbständig deutet und in seinen eigenen Lebenskontext integriert. Diese Einsicht der Rezeptionsästhetik ist auch von Bedeutung, wenn der Prediger sich an die Predigtarbeit mit einer biblischen Perikope macht. Denn jeder Verstehensprozess ist davon geprägt, dass der Hörer oder Leser nicht bloß eine festumrissene Botschaft empfängt, sondern vielmehr etwas von sich aus dazutut. Umberto Eco spricht von der „Mitarbeit der Interpretation".[93] Der Leser, Hörer oder Betrachter eines Kunstwerks wird als Rezipient selbst kreativ, indem er etwas assoziiert, sich ausmalt. Er stellt sich etwas vor und füllt Leerstellen aus. Diese Leerstellen sind jedoch nicht einfach zufällige Lücken, die der Autor selbst versäumt hat auszufüllen, sondern sie werden absichtsvoll in den Text bzw. das Kunstwerk hineingewoben. Es entsteht ein offenes Kunstwerk, das den Rezipienten zur Mitarbeit einlädt, statt in sich abgeschlossen zu sein. Eine ergänzungsbedürftige (=ambiguitäre) Predigt provoziert den Hörer zur Konstruktion seines eigenen Textes: dem Auredit. Das Auredit ist das, was er – aktiv – gehört hat.

Aufgabe 7 _____

Lesen Sie das Teilkapitel von Wilfried Engemann, Theorie und Praxis der Kommunikation des Evangeliums, in: Christian Grethlein/Helmut Schwier, Praktische Theologie. Eine Theorie- und Problemgeschichte, Leipzig 2007, 145–150.

Ein Kunstwerk wird erst durch die ästhetische Erfahrung zu einem Kunstwerk. Eine Predigt ist also erst dann eine Predigt im eigentlichen Sinne, wenn sie im Gottesdienst *aufgeführt* wird und somit für die Rezipienten offen wird für deren Interpretation. Das ist die Offenheit als Strukturmerkmal, die jedem Kunstwerk zuzuordnen ist. Darüber hinaus gibt es aber auch die Offenheit oder Ambiguität, die unterschiedlich weit gespannt sein kann und die den Grad der Mehrdeutigkeit eines Kunstwerks signalisiert. Ein monochromes Bild ist in diesem Sinne offener als ein gegenständliches Gemälde. An diesem Beispiel mag deutlich werden, dass Offenheit ein charakteristisches ästhetisches Konzept insbesondere in der modernen Kunst ist, das nicht etwa mit Beliebigkeit zu verwechseln ist. Die Mehrdeutigkeit ist das erklärte Kunstwollen des Künstlers selbst und stellt somit keinen Akt der Beliebigkeit des

---

93 Umberto Eco, Lector in fabula. Die Mitarbeit
der Interpretation in erzählenden Texten,
deutsch: München/Wien 1987.

Rezipienten dar. Nur eine gedanklich klare Predigt wird einen Rezeptionsprozess organisieren können. Nur eine anschauliche Sprache regt die Hörer dazu an, ihre eigenen lebensweltlichen Erfahrungen in die Predigt hineinzutragen. Ein allgemeiner, abstrakter Satz, der denkbar viele Einzelfälle zusammenfasst,[94] schließt gerade aus, dass der Hörer sich etwas Konkretes vorzustellen beginnt.

Aufgabe 8

Lesen Sie – wenn Sie sich für das Thema *offenes Kunstwerk* besonders interessieren – Birgit Weyel, Religion als poetisches Konzept der Weltdeutung, in: Volker Drehsen/Wilhelm Gräb/Birgit Weyel (Hg.), Kompendium der Religionstheorie, Göttingen 2005, 317–328.

C. Anschaulich Predigen

Aufgabe der Predigt ist es, christliche Tradition im Horizont gegenwärtiger Lebenswirklichkeit zur Sprache zu bringen. An der Frage der Bezugnahme auf die Lebens- und Erfahrungswirklichkeit der Hörerinnen und Hörer entscheidet sich, ob die Predigt einen bedeutsamen Beitrag für die Bewältigung des Lebens zu leisten vermag oder das wirkliche Leben tatsächlich verfehlt. Wenn man davon ausgeht, dass der christliche Glaube keine Sonderwirklichkeit für sich in Anspruch nimmt oder seine Bedeutung lediglich in aus sonstigen Lebenszusammenhängen ausgrenzbaren Nischen zu entfalten vermag, dann ist der Frage des Lebensbezugs der Predigt größte Aufmerksamkeit zu widmen. Die Predigt darf nicht allgemein, ungegenständlich und abstrakt bleiben, wenn es darum geht, das Leben der Hörerinnen und Hörer zu erhellen.

Es soll daher noch einmal betont werden, dass es sich nicht um eine formale Gestaltungsfrage handelt. Wenn man das ästhetische Konzept ernst nimmt, dann betrifft dies die prinzipielle Homiletik.

Arbeitsvorschläge für Gruppen

1. Diskutieren Sie die Bedeutung des theologischen Wirklichkeitsverständnisses für die Predigtarbeit!
2. Jeder und jede hat eine – nach Möglichkeit – selbstverfasste Predigt mitgebracht und reicht sie an den Nachbarn zur Rechten weiter. In einer 15-minütigen Arbeitsphase streicht jeder Beispiele für gelungene Konkretionen an. Stellen Sie anschließend reihum diese Beispiele vor. Begründen Sie Ihre Auswahl!
3. Vergleichen und diskutieren Sie die beiden homiletischen Profile von Wilhelm Gräb und Martin Nicol (Aufgaben 5 und 6)! Benennen Sie Gemeinsamkeiten und Unterschiede!

---

94 Vgl. das ausgeführte Beispiel bei Horst Hirschler, Konkret predigen. Anleitungen und Beispiele für die Praxis, Gütersloh 1977, 11: „Ein Mann geht um ein Haus." Konkret könnte es heißen: „Ein Dieb schleicht um eine Villa."

11. Die Aufgabe der Predigt

A. Problemskizze

„Wie kann ich Gottes Wort verkündigen? Ich hoffe darauf, hier ein paar Anregungen dazu zu kriegen, wie man das macht." Eine Studentin formulierte so ihre Erwartungen an ein homiletisches Proseminar. Sie bringt ein prinzipielles Verständnis von Predigt zum Ausdruck. Predigt ist „Verkündigung des Wortes Gottes" und dies, so lässt sich vermuten, in pointierter Gegenüberstellung zu dem uns Menschen verfügbaren Aussagbaren: unserem Wort, dem „Menschenwort". Ihr Interesse am Proseminar konzentriert sich auf das, was machbar ist. Sie erwartet mit Recht Einblicke in die praktische Organisation von Predigtarbeit. Die Homiletik soll mit dem Ziel betrieben werden, die eigene Planung und Gestaltung einer Predigt hilfreich zu unterstützen. Der enge Zusammenhang, in dem sie im ersten Satz definiert, was die Predigt ist und im zweiten Satz Interesse an der Frage, wie man eine Predigt machen kann, äußert, weist darauf hin, dass die formale Homiletik, der sie sich zuwenden wird, zu ihrem Verständnis von Predigt passen muss oder aber sie wird aufgrund der Beschäftigung mit den konkreten Bedingungen der Predigtproduktion möglicherweise auch ihr prinzipielles Predigtverständnis neu formulieren. Für eine gelingende homiletische Theorie ist es daher dringend notwendig, dass ihre jeweiligen materialen, formalen und prinzipiellen Aspekte zusammenstimmen.[95]

Thema dieser Arbeitseinheit ist die Frage nach einer ausgewogenen Verhältnisbestimmung von prinzipieller und formaler Homiletik. Der Fokus liegt gerade auf dieser Beziehungskonstellation, weil sie sich insbesondere im 20. Jahrhundert als äußerst störanfällig erwiesen hat. Die prinzipielle Frage nach dem, was die Predigt ist, und die Aufmerksamkeit für die wirkliche Predigtpraxis markieren nicht nur unterschiedliche Zugänge zur homiletischen Theoriebildung, sondern drohen miteinander zu konkurrieren, einander zu überlagern oder zu ignorieren.

---

95 Der Übersicht halber ist es üblich, homiletische Fragen und Probleme in drei Bereiche zu gliedern. (Vgl. etwa den Aufbau des systematischen Teils von Hans Martin Müller, Homiletik. Eine evangelische Predigtlehre, Berlin/New York 1996.) Die materiale Homiletik befasst sich mit den Inhalten der Predigt. Formale Homiletik konzentriert sich auf die Fragen, die um die konkrete Predigtarbeit kreisen und diese anzuregen und zu strukturieren versuchen. Die prinzipielle Homiletik schließlich ist damit beschäftigt, das Wesen der Predigt zu beschreiben, d. h. grundsätzlich zu definieren, was eine Predigt ist und worin ihre Aufgabe besteht.

B. Positionen und Argumentationen

Predigt als Wort Gottes (Karl Barth)

Blicken wir noch einmal auf das kurze Votum der Studentin zurück. „Wie kann ich Gottes Wort verkündigen?" In ihrer Definition schlägt sich ein Predigtverständnis nieder, wie es insbesondere in der sogenannten Wort-Gottes-Theologie zur Geltung gebracht wurde und sich deutlich von der bisherigen Homiletik absetzte. Die Predigtreformbewegung[96] um die Jahrhundertwende (1890–1920) hatte bei ihrer Aufgabenbestimmung der Predigt vor allem ihre Zeit- und Situationsgemäßheit betont. „Was soll also die Predigt? *Sie soll einer bestimmten Gemeinde im bestimmten Augenblick das Evangelium predigen.*"[97] Von der Bearbeitung der formal-homiletischen Frage: „Wie predigen wir dem modernen Menschen?" erhoffte man sich, diesem Predigtverständnis gerecht zu werden und setzte daher vor allem Einzelfragen auf die homiletische Tagesordnung. Der Versuch, „das Evangelium mit dem Leben der Gemeinde in die engste Fühlung [zu] bringen",[98] stellte sich als harmonische Vermittlung von Christentum und Kultur dar. In der mangelhaften Profilierung des christlichen Glaubens liegt ein wesentlicher Grund für den „tatsächlichen Mißbrauch der Predigt als kulturideologisch-instrumentalisierbare[s] ‚Menschenwort'",[99] wie dies insbesondere im und um den Ersten Weltkrieg augenfällig wurde. Der Erste Weltkrieg erschütterte darüber hinaus jeden kulturellen und anthropologischen Optimismus und ließ den Kulturprotestantismus fragwürdig werden. „Wir stehen in einem Tunnel. Der Eingang ist hinter uns zugefallen."[100]

Die entscheidenden Impulse für einen theologischen Neuansatz gewinnt Barth, was zunächst erstaunen mag, durch den Blick auf die Erwartungen der Menschen. Diese wollen nämlich keinen Pfarrer, der es ihnen recht macht und ihr altes Leben schmückt. Sie suchen eine Kirche gerade deshalb auf, weil sie „erschöpfte Möglichkeiten"[101] hinter sich haben. Von der Predigt erhoffen sie sich mehr als bloß ein paar Lebensweisheiten, die sie sich auch selbst sagen können. Gottes Wort, das auch im Angesicht des Todes gültig und zuverlässig ist, soll zu hören sein.

Aufgabe 1 und 2

1. Lesen Sie zur Entwicklung des Predigtverständnisses von Karl Barth, Hans Werner Dannowski, Kompendium der Predigtlehre, Gütersloh [2]1990, darin: 1.1.3. bis 1.1.5. Versuchen Sie das Problem einer Verhältnisbestimmung von Gotteswort und Menschenwort zu erläutern!

---

96 Vgl. dazu Friedrich Wintzer, Die Homiletik seit Schleiermacher bis in die Anfänge der „dialektischen Theologie" in Grundzügen, APTh 6, Göttingen 1969.
97 Martin Schian, Die Aufgabe der Predigt (1906), in: Gert Hummel (Hg.), Aufgabe der Predigt, Darmstadt 1971, WdF 234, 75–89: 89. Hervorhebung im Original. Siehe dazu auch oben Einheit 2: der Passus zur Praktischen Theologie als Dogmatik, 26–28.

98 A. a. O., 88f.
99 Volker Drehsen, Aufgabe der Homiletik, in: Albrecht Beutel u. a. (Hg.), Homiletisches Lesebuch. Texte zur heutigen Predigtlehre, Tübingen [2]1989, 9–11: 10.
100 Karl Barth, Religion und Leben (1917), in: EvTh 11, 1951/52, 437–451: 449.
101 Ders., Not und Verheißung der christlichen Verkündigung (1923), in: Das Wort Gottes und die Theologie, München 1925, 99–124: 106.

Was leuchtet Ihnen an Karl Barths Predigtdefinitionen ein, was weniger? Machen Sie sich dazu Notizen! Wenn Sie sich über dieses Thema prüfen lassen wollen, lernen Sie die Definitionen auswendig!
2. Lesen Sie: Eduard Thurneysen, Die Aufgabe der Predigt (1921), in: Hummel, Aufgabe der Predigt (s. o. Anm. 97), 105–118.

Wolfgang Trillhaas: Die wirkliche Predigt

In diesem Beitrag soll ein Problem behandelt werden, das theoretisch ebenso schwer zu bezeichnen ist, wie es sich von der Praxis des kirchlichen Lebens aus penetrant geltend macht. Es betrifft das rätselhafte Verhältnis zwischen der theologischen Beurteilung der Predigt und der wirklichen Predigt der Kirche.

Mit diesen Worten beginnt Trillhaas seinen Aufsatz über „Die wirkliche Predigt".[102] Dieser Aufsatz ist von großer Bedeutung, weil er einen Neuansatz markiert. Die Konzentration auf eine Predigtdefinition im Anschluss an die Wort-Gottes-Theologie hatte dazu geführt, dass der Blick auf die praktische Predigtarbeit verstellt war. Die Praktische Theologie ist quasi arbeitslos gewesen, solange aus dogmatischer Perspektive das Predigtgeschehen als unmögliches Unterfangen definiert wurde. Die Fixierung auf die „tiefe Kluft" zwischen „dem Wort des Predigers und dem Wort Gottes"[103] verhinderte die Arbeit an der konkreten Predigt. Die Predigtarbeit konnte weder methodisch angeleitet, noch im Einzelnen analysiert werden. Man sprach nicht von einer *wirklichen* Predigt, wie sie Pfarrer X am Sonntag Y in Z gehalten hat. Der Praxisbezug der Rede von der Predigt war verloren gegangen. Es gab eigentlich keine eigenständige praktisch-theologische Homiletik mehr.

Mit Trillhaas' Aufsatz ist es ein bisschen so wie mit dem Kind in dem Märchen von „Des Kaisers neuen Kleidern". Kein Erwachsener traut sich zu sagen, dass er keine Kleider sieht, weil diese ja angeblich nur für kluge Menschen sichtbar sind. Das Kind wird zum Aufklärer, indem es seinen Augen traut und ohne Furcht vor Blamage ruft: „Der Kaiser ist ja nackt!" Trillhaas traut seinen Ohren und er stellt diagnostisch fest: „Die öffentlichen Predigten in evangelischen Kirchen sind in weiter Überzahl homiletische Belanglosigkeiten." (14) Nun war zwar schon jahrzehntelang von der auf den Kanzeln herrschenden sogenannten „Predigtnot"[104] die Rede gewesen. In ihr sah man jedoch eine theologische Notwendigkeit, denn sie bezeichnete gerade den dialektischen Spagat, dass der Prediger als Zeuge das Wort Gottes verkündigen soll und dies als sündiger Mensch eigentlich gar nicht kann. Die „Predigtnot" konnte und sollte daher nicht wirklich bearbeitet, sondern musste ausgehalten werden. Bei Trillhaas ist das anders. Die Kluft, die zwischen Anspruch und Wirklichkeit klafft, will er nicht länger als theologisch notwendige Dialektik verstehen. Der scho-

102 Wolfgang Trillhaas, Die wirkliche Predigt (1963), in: Beutel u. a. (Hg.), Lesebuch (s. o. Anm. 99), 13–22.
103 Eduard Thurneysen, Die Aufgabe der Predigt (s. o. Aufgabe 2), 105.

104 Eindrücklich z. B. Hans-Joachim Iwand, Predigtmeditationen, Göttingen 1964, 195f.

nungslose Blick auf die Predigtpraxis zeigt, dass mit der herrschenden Predigtdefinition etwas nicht in Ordnung ist. „Es ist eine Illusion, jeder Amtsträger der evangelischen Kirche der Gegenwart sei eo ipso auch ein Prediger und jede heute irgendwo gehaltene sogenannte Predigt sei ipso facto ‚Gottes Wort'. Jedenfalls kann man sich, vorsichtig ausgedrückt, in keiner Weise darauf verlassen, dass man bei heutiger Predigt dem begegnet, worauf sie Anspruch erhebt." (16) Das klingt noch ganz *vorsichtig*, ist aber ein Plädoyer dafür, den Anspruch, mit dem die Predigt im kirchlichen Raum auftritt, mit dem, was sie tatsächlich zu leisten imstande ist, zu vermitteln. Das *wirkliche* Predigtgeschehen muss demnach wieder Gegenstand der Homiletik werden. Die Praktische Theologie fügt sich nicht länger der dogmatischen Bevormundung, sondern gewinnt als Theorie der Praxis ihre homiletische Sache zurück.

⌐ Aufgabe 3 ————————————————————————————

1. Lesen Sie den Aufsatz von Wolfgang Trillhaas (Anm. 102). 1.1 Achten Sie auf das Bild, das er von der zeitgenössischen Predigtpraxis malt. Welche Diagnosen stellt er hinsichtlich der Prediger und der Hörer? 1.2 Was bedeutet der Vorwurf des Supranaturalismus? 1.3 Welche Predigtdefinition bietet er als Alternative an? Woher hat er sie? Inwiefern lässt sie den Blick auf die Praxis zu?
2. Lesen Sie zur Nachbereitung die Darstellung von Jürgen Henkys, Homiletische Konzeptionen. Kap. 2.3.3. Wolfgang Trillhaas, in: Karl-Heinrich Bieritz u. a. (Hg.), Handbuch der Predigt, Berlin 1990, 39–41.

Trillhaas ging es vor allem darum, die Predigtdefinition von einer „Überlastung" (21) zu befreien. Aber er macht auch praktische Vorschläge: Es sollte nicht so oft und so lang gepredigt werden, um auch mal wieder Gehaltvolleres sagen zu können. Die sonstigen Arbeitsfelder wie Seelsorge, Unterricht usw. sollten nicht länger der Predigt nachgeordnet bzw. als Spezialfälle der Predigt verstanden werden. Bislang hatte man etwa Seelsorge verstanden als Verkündigung an den Einzelnen. Religionsunterricht war Verkündigung im Raum der Schule usw. Die Gleichung Pfarramt gleich Predigtamt will Trillhaas auflösen. Die Eigenständigkeit der vielfältigen Aufgaben gilt es zu entdecken und sie als solche wertzuschätzen. Predigt, wo sie geschieht, soll nicht länger unbesehen als Wort Gottes ausgegeben werden. Die Vorschläge Trillhaas' sind zweifellos erwägenswert. Indem sie jedoch in erster Linie bei einem Bewusstseinswandel des Pfarrers einsetzen, sind sie noch nicht eigentlich praktisch-theologisch, sondern eher pastoraltheologischer Natur. Die Frage nach der Methodik der Predigtarbeit nimmt er noch nicht näher in den Blick.

Dietrich Rössler: Das Problem der Homiletik

Dieses Verdienst kommt dem Vortrag (1965) bzw. Aufsatz (1966) von Rössler zu. Er zeigt anhand von zwei Predigten über denselben Text von zwei berühmten Theologen (Rudolf Bultmann und Otto Weber), dass die Predigten sich gleichermaßen prinzipiell als Textauslegung verstehen, tatsächlich aber nicht nur und ausschließlich

Auslegung sind. Vielmehr lässt sich an ihnen ablesen, dass der „etablierten Homiletik" immer auch eine „praktische Predigtlehre" (37) zur Seite steht, die am Zustandekommen der Predigt maßgeblich beteiligt ist. Das Problem der Homiletik ist die
einseitige Konzentration auf das prinzipielle Predigtverständnis, welche die konkreten Bedingungen der Anfertigung der Predigt außer Acht lässt. Die praktische Predigtlehre sucht sich dann ihre eigenen Wege, „soweit das im Verborgenen möglich
ist" (ebd.). Problematisch ist daran gerade, dass die Predigtarbeit der wissenschaftlichen Nachfrage entzogen bleibt. Rössler zeigt die Notwendigkeit an, „Prinzip und
Erfahrung kritisch [zu] vermitteln"[105] (38).

Aufgabe 4

Lesen Sie jetzt den Aufsatz von Dietrich Rössler, Das Problem der Homiletik, in: Beutel, Homiletisches Lesebuch (s. o. Anm. 99), 23–39. 1. Achten Sie auf die „eigenen Wege", die die praktische Predigtlehre in den von Rössler analysierten Predigten geht.

Diese beiden Aufsätze markieren die *empirische Wendung* für die Homiletik. Die
formale Homiletik wurde wieder Gegenstand einer praktisch-theologischen Homiletik. Die Predigtpraxis war wieder theoriefähig geworden. Man widmete sich den
Rezeptionsbedingungen, indem man nach dem Hörer und dem gottesdienstlichen
Kontext fragte. Das Interesse an den Produktionsbedingungen brachte Vorschläge
zur methodischen Anleitung der Predigtarbeit hervor. Im Wesentlichen knüpfte
man an die Fragen der Predigtreformbewegung um die Jahrhundertwende an: Wem
predigen wir? Wie predigen wir?

Damit hat die praktisch-theologische Homiletik ihren Gegenstand wieder gefunden. Aber die neuerliche Zuwendung zur formalen Homiletik beinhaltete noch keinen Beitrag zur prinzipiellen Homiletik. Trillhaas löst die Identifikation von Predigt
und Wort Gottes auf, indem er vom „Dienst am Wort Gottes" spricht. Rössler weist
der praktischen Predigtlehre eine „kritische Funktion" (37) zu. Tatsächlich hatte
sich ja die prinzipielle Homiletik als hinderlich erwiesen. Ernst Lange etwa erklärte
eine Predigtdefinition als „für die Homiletik untauglich".[106] Daher lag es nahe, sie
zunächst einmal einfach beiseite zu lassen bzw. der Dogmatik zu überlassen. Daran
ändert sich lange Zeit nichts. 1974 zeigt Wolfgang Steck, dass auch die homiletischen Neuansätze der 60er Jahre letztlich den dogmatischen Prämissen der dialektischen Theologie verhaftet blieben.[107] 1988 hält Wilhelm Gräb rückblickend fest,
dass zwar immer wieder, so auch bei Steck, eine synthetische Theorie der Predigt,
die auf die Vermittlung von Erfahrung und Prinzip zielt, gefordert wird, aber diese
weiterhin noch aussteht.[108] Es bleibt bei „der schon erreichten additiven Verkoppe-

---

105 Siehe dazu in Einheit 2 die Definition von
Praktischer Theologie, die Rössler (Grundriß der
Praktischen Theologie, Berlin/New York 1986)
zwanzig Jahre später formuliert.
106 Ernst Lange, Zur Theorie und Praxis der
Predigtarbeit (1967), in: Ders., Predigen als Beruf, München 1976, 19–51: 19.

107 Wolfgang Steck, Das homiletische Verfahren.
Zur modernen Predigttheorie, APTh 13, Göttingen 1974.
108 Wilhelm Gräb, Predigt als Mitteilung des
Glaubens. Studien zu einer prinzipiellen Homiletik in praktischer Absicht, Gütersloh 1988.

lung des Predigtbegriffs der dialektischen Theologie mit der in empirisch-praktischer Hinsicht berechtigten Fragestellung der liberalen Homiletik".[109]

Aufgabe 5

Lesen Sie die Einführung von Gräb (Anm. 108) in Teil A. Problemanzeigen. Die Krise des dogmatischen Predigtbegriffs (11–15). Was ist hier mit Addition, was mit Synthese gemeint?

Die Predigt zwischen Prinzip und Praxis

Die Predigt ist ein Text, im Medium der wörtlichen Rede vorgetragen, und sie ist Predigt – selbst da, wo sie thematisch angelegt ist – Predigt *über* einen Text. Die gottesdienstliche Kanzelrede hat – selbst dann, wenn sich Prediger und Predigerin nicht an die liturgische Ordnung halten – einen Text, nämlich ihren Text, den Predigttext. Die Frage nach der *Verhältnisbestimmung* von Predigt und biblischem Text stellt sich im Hinblick auf jede konkrete einzelne Predigt, aber auch in prinzipieller Absicht im Blick auf das Wesen der Predigt überhaupt. „Was hat die Predigt mit dem Text zu tun?" In dieser Formulierung von Eberhard Jüngel ist die wechselseitige Verschränktheit der konkret-praktischen mit der prinzipiell-theologischen Fragestellung in pointierter Weise enthalten:[110]

– Was hat die Predigt mit dem Text zu tun? Das ist die mit prinzipiell-theologischem Interesse vorgetragene kritische Frage nach der *Schriftgemäßheit* der Predigt. Schriftgemäßheit und Textgemäßheit sind nicht dasselbe, aber beide Fragestellungen verweisen auf den Umgang mit den biblischen Texten: Weiß die einzelne konkrete Predigt sich sachlich gebunden an die Heilige Schrift als Grund, Norm und Ziel christlicher, im besonderen evangelischer Predigt, oder knüpft die Predigt nur scheinbar an den Text an, *be*nutzt sie ihn nur als Stichwortlieferant, um sich sodann entschlossen und nachhaltig von dessen Aussagegehalt zu entbinden?

– Was hat die Predigt mit dem Text zu tun? Das ist in konkret-praktischer Absicht zugleich auch die konstruktive Frage nach den Methoden, welche den Umgang mit dem Predigttext so anzuleiten vermögen, dass die Predigt diesem tatsächlich gerecht zu werden vermag.

Wollte man an dieser Stelle die Problembeschreibung abbrechen, so ließe man die Komplexität der Predigtarbeit außer Acht. Predigtarbeit kann nicht als ein einliniges Verfahren vom Text zur Predigt sachgemäß bestimmt werden, sondern sie vollzieht sich zu einem großen Teil in einem bipolaren Zwischenraum, und zwar zwischen Text und gegenwärtiger Lebenswirklichkeit, zwischen „Text und Situation" (Ernst Lange).[111]

---

109 A.a.O., 14.

110 Eberhard Jüngel, Was hat die Predigt mit dem Text zu tun? (1968), in: Beutel, Homiletisches Lesebuch (s. o. Anm. 99), 111–124.

111 Vgl. das homiletische Verfahren der Predigtstudien, einer von Ernst Lange mitbegründeten Predigthilfe, die halbjährlich bis heute erscheint. Das Verfahren, das über die Jahrzehnte zwar vielfach verändert, aber nicht prinzipiell nivelliert wurde, ist schematisch in jedem Band mit abgedruckt.

Den Wirklichkeitsbezug der Predigt Gegenstand homiletischer Theoriebildung werden zu lassen, bedeutet nichts anderes als das ernst zu nehmen, was die Predigt als öffentliche Kanzelrede immer schon ist: Anrede an die Hörer, zeitgemäße religiöse Mitteilung, die Bezug nimmt auf die Lebenswelt der Hörerinnen und Hörer, weil es ihre Aufgabe ist, christliche Tradition *im Horizont gegenwärtiger Lebenswirklichkeit* in einer Weise zur Sprache zu bringen, dass – ubi et quando visum est Deo – Glaube geweckt wird.[112]

Es gilt eine Predigtarbeit anzuleiten, die sich unermüdlich um das Verstehen der biblischen Texte bemüht (diese *meditiert* im Sinne von Luthers meditatio) *und* die zugleich auf eine verständliche öffentliche Rede zielt, die sich im kulturellen Horizont gegenwärtiger Lebenswirklichkeit zu verorten weiß, um durch *beides* einen Beitrag zur gelebten Religion der Menschen zu leisten. Es geht also stets um beides, Textgemäßheit und Wirklichkeitsbezug, nicht in einem additiven Sinne, sondern in ihrer wechselseitigen Verschränkung: Die Aufmerksamkeit für die Textbindung wecken zu wollen geschieht nicht im Dienste eines zwanghaften Kultes an musealen Textstücken, sondern sie basiert auf der unaufgebbaren reformatorischen Einsicht, dass die Bibel sich als Wort Gottes, als Heilige Schrift erweist, die in umfassender Weise das Selbst-, Welt- und Gottesverhältnis des ganzen Menschen zu erleuchten versteht, wenn man – und das ist freilich die Voraussetzung – sich mit ihr auseinandersetzt.

Die Ordnung der Perikopen (der Predigttext)

Neben den Ordnungen, die für jeden Sonntag vorgesehen sind, gibt es auch wechselnde Vorgaben, die am Kirchenjahr orientiert sind. In den Agenden finden wir zu jedem Sonntag wechselnde Eingangssprüche, Psalmen, Kollektengebete, Hallelujaverse und Wochenlieder. Zudem findet sich der Hinweis auf einen Epistel- und einen Evangeliumstext. Damit sind die gottesdienstlichen Lesungen gemeint, die jeden Sonntag wechseln. In vielen Gottesdienstordnungen sind diese beiden Lesungen vorgesehen: Eine Epistel, die aus den Briefen oder der Apostelgeschichte stammen kann, und eine Lesung aus einem der vier Evangelien. Diese Lesungen sind Teil der für einen jeden Sonntag vorgesehenen Lese- und Predigttextordnung[113], die aus insgesamt sechs Reihen besteht. Die Evangelienlesung stammt immer aus der Reihe I, die Epistellesung aus der Reihe II. Sie kehren also Jahr für Jahr wieder. Die Predigttexte dagegen folgen einem Sechs-Jahres-Rhythmus. Zu Beginn eines jeden Kirchenjahres, am 1. Advent also, wechseln die Reihen. 2007/2008 wird über die Texte der Reihe VI gepredigt, 2008/2009 beginnt der Zyklus von vorn mit der Reihe I. Weil ja die Lesungen den Reihen I und II entnommen sind, haben wir es in den entsprechenden beiden Jahren mit einer Besonderheit zu tun: Jeweils eine der beiden Lesun-

---

112 Siehe dazu auch das Kapitel 10 „Der Lebensbezug der Predigt".

113 Siehe die informativen Seiten der Liturgischen Fachkonferenz (zur Geschichte und zur gegenwärtigen Diskussion): http://www.ekd.de/liturgische_konferenz/kalender/perikopenordnung.html (13.03.2008).

gen ist zugleich Predigttext. Wenn die Reihe I dran ist, wird über den Texte gepredigt, der zugleich Evangelienlesung ist. Wenn die Reihe II dran ist, wird über die Epistellesung gepredigt. Die Reihen III bis VI bieten übrigens Texte aus allen möglichen biblischen Büchern und Briefen. Auch das Alte Testament ist, allerdings mit insgesamt relativ wenigen Texten, vertreten. Die im Gottesdienst verwendeten Bibeltexte werden als Perikopen (griechisch perikopto = heraushauen) bezeichnet. Von Zeit zu Zeit (zuletzt 1958 und 1978) werden die Perikopen durch die Liturgische Konferenz revidiert.[114] Bei diesen Revisionen werden manche Texte einer anderen als der bisherigen Reihe zugeordnet, indem sie etwa von Reihe II in Reihe IV wandern. Manchmal wird auch die Verortung einer Perikope im Kirchenjahr neu vorgenommen, indem sie auf einen anderen Sonn- oder Festtag gelegt wird. Selbstverständlich kann auch die Abgrenzung der Perikopen selbst variieren, indem Verse ganz oder teilweise wegfallen bzw. neu hinzukommen. Perikopierungen sind stets revisionsbedürftig, weil es ein schwieriges Unterfangen ist, einen biblischen Text aus seinem Zusammenhang so herauszureißen, dass er dennoch ein in sich geschlossenes und verstehbares Ganzes bildet. Darüber hinaus ergeben sich je nach Abgrenzung einer Perikope unterschiedliche inhaltliche Akzente, so dass immer auch nachzufragen bleibt, ob sich ein Perikopenvorschlag auch exegetisch und theologisch als stichhaltig erweist. Abgedruckt sind die Texte der Lese- und Predigtordnung (LPO) in einem sogenannten Perikopenbuch und im Lektionar. Im Evangelischen Gesangbuch finden Sie eine Übersicht über die Reihen.

Im Blick auf die liturgische Gestaltung des Gottesdienstes wird zwischen dem Ordinarium, d. h. den gleichbleibenden Stücken, und dem Proprium, d. h. den sonntäglich nach dem Kirchenjahr wechselnden Stücken, unterschieden. Jeder Sonntag erhält durch das Proprium einen unverwechselbaren thematischen Akzent. Das jeweilige Profil wird durch den Evangelientext vorgegeben. Das Evangelium bezeichnet man darum auch als den Rector des jeweiligen Sonntags.

Text und/oder Thema der Predigt

Dass die Predigt eine Rede anhand eines biblischen Textes ist, ist der Regelfall. Der Textbezug der Predigt kann allerdings sehr unterschiedlich bestimmt werden. Spricht man von der Textbindung der Predigt, so werden vor allem normative, autoritative und identitätsstiftende Funktionen des Predigttextes betont. Spricht man allgemeiner von Textbezug, so stehen eher kreative und kommunikative Funktionen des Textes für die Predigt im Vordergrund.[115] Im Protestantismus ist eine deutliche Vorordnung der Bibel vor anderen Urkunden der christlichen Tradition namhaft gemacht. Von der Textbindung nicht zu trennen, aber zu unterscheiden ist die Schriftbindung der Predigt. Sie bezeichnet den Gedanken, dass biblische Texte wider-

---

114 Vgl. auch hierzu ebd.
115 Manfred Josuttis, Die Bibel als Basis der Predigt, in: Hans-Georg Geyer u. a. (Hg.), Wenn nicht jetzt, wann dann? Aufsätze für Hans-Joachim Kraus zum 65. Geburtstag, Neukirchen-Vluyn 1983, 385–393.

sprüchlich und theologisch kritikbedürftig sein können, so dass sie inhaltlich auf ihre Evangeliumsgemäßheit hin zu befragen sind (Mitte der Schrift). Die Heilige Schrift ist als die entscheidende Norm (norma normans) bestimmt, von der aus auch kirchliche Bekenntnisse (norma normata) in Frage gestellt werden können.[116] Grundsätzlich können aber auch andere als biblische Texte (besonders Kirchenlieder und Katechismusstücke) die Basis einer Predigt bilden. Allerdings sind auch diese Texte kritisch und konstruktiv an die Bibel als Quelle des christlichen Glaubens zurückzubinden.

Das Kirchenjahr und die moderne Zeiterfahrung

In den letzten Jahren ist der Textbezug der Predigt vielfach diskutiert und auch in Frage gestellt worden. Zum einen ist Kritik an der Perikopenordnung geübt worden, deren Textauswahl zum Teil als hermeneutisch problematisch empfunden wird, zum anderen hat sich in Abgrenzung zum sonntäglichen Hauptgottesdienst eine vielfältige und in sich nicht einheitliche Gottesdienstkultur herausgebildet, die sogenannten besonderen Gottesdienste. Auch wenn diese besonderen oder alternativen Gottesdienstformen nicht zuletzt Wert darauf legen, liturgisch alternativ gestaltet zu sein, so sind sie doch auch dadurch geprägt, dass sie in der Regel keine übliche Textpredigt, sondern ein Thema haben. Sowohl der Gottesdienst als auch – diesem folgend – die Predigt haben ein Thema, dem sie sich widmen. Damit knüpft der Themengottesdienst bewusst an die lebensweltlichen Fragen der Menschen an und folgt nicht einfach der Logik des Kirchenjahrs (dem De Tempore), an dem die biblischen Texte orientiert sind.

Die Übergänge zwischen Text- und Themengottesdiensten sind dabei durchaus fließend. So kann mit einzelnen Stationen des Kirchenjahres ein Thema sinnvoll verbunden werden. Prägnante Feste im Kirchenjahr sind ja schon immer mit Themen verbunden, Karfreitag etwa mit dem Thema Leiden, Ostern mit Auferstehung, Totensonntag mit dem Thema Lebensende und Trauer. Neu an der thematischen Orientierung „Lebenswelt im Kirchenjahr"[117] ist, dass diese Themen auf moderne Lebenserfahrungen zugespitzt werden und dass Stationen im Jahreslauf, die traditionell wenig oder auch gar nichts mit dem Kirchenjahr zu tun haben, ausdrücklich mit aufgenommen werden. Die weltliche Jahresschwelle Silvester hat schon Eingang in das Kirchenjahr gefunden. Darüber hinaus würde aber auch beispielsweise die Urlaubszeit stärker zur Geltung kommen („Wüstenerfahrungen" und „Entsorgen"[118]). Es geht im Wesentlichen darum, die moderne Zeiterfahrung mit ihren natur- und jahreszeitlichen Bezügen auch mit in das traditionelle Kirchenjahr aufzunehmen.

---

116 Vgl. dazu auch im Überblick Birgit Weyel, Art. Predigt, in: TRT 3, Göttingen ⁵2008, 941–944.
117 Sigrid Glockzin-Bever, Lebenswelt im Kir-

chenjahr. Gottesdienste, die sich Themen stellen, Münster 2005.
118 So die Gottesdienstthemenvorschläge für die Urlaubszeit. A.a.O., 117 und 126.

Kristian Fechtner hat darauf hingewiesen, dass mit der kollektiv gelebten Zeiterfahrung Wesentliches gewonnen ist, weil Menschen in eine Zeitordnung eintreten, die sie „nicht selbst hervorbringen und die nicht aus ihrer innerlichen Befindlichkeit heraus erwächst." Das Kirchenjahr birgt dennoch die Möglichkeit, Lebensthemen im Horizont des Glaubens zu thematisieren und „umspannt individuelle Zeitmuster."[119]

Wer predigt?

Die Frage mag verrückt klingen, ist aber durchaus ein zentrales Thema der Homiletik und eine wichtige Frage, der sich der Prediger stellen muss. Die Prediger – in der klassischen Homiletik als Zeugen definiert – stellen eine Art Medium dar, die ihre eigene Erfahrung und Einschätzung durchsichtig zu machen suchen für die Erfahrungen anderer. Dabei geht es wie bei anderen öffentlichen Reden nicht darum sich selbst auszustellen, gewissermaßen etwas mit der eigenen Person zu bekräftigen oder gar Intimes auf die Kanzel zu tragen. Es geht hierbei vielmehr darum, bewusst damit umzugehen, sich selbst als Subjekt der Predigt weder zu verleugnen, noch zu stark in den Vordergrund zu drängen, wenn man für andere predigt.

Aufgabe 6

Lesen Sie: Manfred Josuttis, Der Prediger in der Predigt. Sündiger Mensch oder mündiger Zeuge?, in: Wilfried Engemann/Frank M. Lütze (Hg.), Grundfragen der Predigt. Ein Studienbuch, Leipzig 2006, 81–103. Lernen Sie die Darstellungsformen und Funktionen des Ichs!

C.   „Prinzipielle Homiletik in praktischer Absicht"[120]

Zum Schluss soll keine Patentlösung geboten werden. Wichtig ist vor allem, das Problem und seine historische Dimension zu kennen. Was ist eine Predigt? Wie macht man eine Predigt? Beide Fragen sind nur in einer intakten Arbeitsgemeinschaft produktiv zu beantworten. Warum erweist sich diese als so schwer? In der Homiletik macht sich an dieser Stelle ein Problem bemerkbar, das teilhat an den grundsätzlicheren Beziehungsproblemen zwischen Praktischer Theologie und Dogmatik. Die praktisch-theologische Homiletik braucht die prinzipielle Perspektive auf die Predigt nicht nur der Vollständigkeit halber. Um die vielen Einzelfragen rundum das Predigtgeschehen beantworten zu können, bedarf sie der Orientierung. Als theologische Theorie kann sie sich nicht einfach an nichttheologische Disziplinen ausliefern. Die Rhetorik etwa hält zwar durchaus kritische Maßstäbe bereit, um zu beurteilen, ob eine Rede gelungen ist oder nicht. Und die Homiletik tut gut da-

---

119 Kristian Fechtner, Im Rhythmus des Kirchenjahres. Vom Sinn der Feste und Zeiten, Gütersloh 2007, 150.

120 Wilhelm Gräb, Predigt als Mitteilung des Glaubens. Studien zu einer prinzipiellen Homiletik in praktischer Absicht, Gütersloh 1988.

ran, sich belehren zu lassen. Aber eine Predigt ist in theologischer Perspektive nicht ausschließlich eine Rede. Ihr kommt eine Aufgabe zu, die sich nur theologisch fassen lässt. Eine Predigt kann durchaus eine gute Rede sein, weil sie rhetorisch kunstvoll gearbeitet ist, aber als Predigt misslungen, weil sie ihre Aufgabe verfehlt. Die Praktische Theologie braucht also die Dogmatik (und die Dogmatik braucht die Praktische Theologie).

Aufgabe 7

Lesen Sie dazu von Wilhelm Gräb, Dogmatik als Stück der Praktischen Theologie. Das normative Grundproblem in der praktisch-theologischen Theoriebildung, in: ZThK 85, 1988, 474–492.

Arbeitsvorschläge für Gruppen

1. Suchen Sie den Predigttext für den nächsten Sonntag. Vergleichen Sie zwei verschiedene Predigthilfen (die Göttinger Predigtmeditationen und die Predigtstudien) miteinander hinsichtlich des homiletischen Verfahrens.
2. Schauen Sie sich gemeinsam eine schriftliche Predigt an. Markieren Sie die Stellen, wo der Prediger bzw. die Predigerin „Ich" sagt. Überlegen Sie (begründend), welche der Formen im Anschluss an Manfred Josuttis namhaft zu machen sind.

12. Das gestaltete Ritual: Der evangelische Gottesdienst

Die Tragik des evangelischen Gottesdienstes liegt in seiner Wahrhaftigkeit. [...] Was den evangelischen Gottesdienst zu exzeptioneller, unvergleichlicher Durchschlagskraft befähigt, ist zugleich der Grund zu seiner gewöhnlichen Ohnmacht. Es ist, wie wenn er den Reichtum seltener seliger Stunden durch jahrelange Armut erkaufen müsste, und dies, weil er eines über alles andere stellt: die Wahrhaftigkeit.
Fernand Ménégoz[121]

[...] es ist ein heilloser Zustand, dass heute vielfach auf der Pfarrerseite der überragende Wert der Predigt als der Wortverkündigung betont wird, und Musiker dann unter skeptischem Seitenblick auf die Predigt verfechten, dass auch Chorgesang und Orgelspiel ‚Wort' sein können. Der Begriff Wort Gottes eignet sich nicht zur Kampfparole zwischen uns Menschen. [...] Wir überwinden die falsche Einschätzung nicht dadurch, dass wir – wie manche so schön sagen – die Predigt ‚maßvoll zurücktreten' lassen. Sie möge getrost hervortreten! Aber sie muss auch hervortreten aus ihrer Isoliertheit.
Richard Gölz[122]

A. Problemskizze

Zum Selbstverständnis evangelischer Pfarrerinnen und Pfarrer wie zum Selbstverständnis von Presbyterien gehört es, dass der Gottesdienst als Gestaltungsaufgabe verstanden wird. Die Liturgie verläuft nicht nach einem festgelegten Schema, sondern entsprechend den Überlegungen der jeweiligen Gemeinde, der jeweiligen Mitarbeiter und häufig auch entsprechend der besonderen Zielgruppe. Der Sinn von Gottesdienstgestaltung ist es, auf die feiernden Menschen einzugehen.

Zur Erkenntnis der Praktischen Theologie und Liturgiewissenschaft gehört die Einsicht, dass der Gottesdienst ein Ritual ist. Als Ritual bezeichnen wir eine bewusste Wiederholung von etwas, das nicht neu erfunden, sondern erneut begangen wird, und zwar gerade im Bewusstsein der Wiederholung. So sagt man: „Zweimal dasselbe tun heißt sich wiederholen – dreimal dasselbe tun heißt ein Ritual vollziehen". Der

---

121 Fernand Ménégoz, zitiert nach Friedrich Heiler, Das Gebet. Eine religionsgeschichtliche und religionspsychologische Untersuchung, München ⁴1921 [1918], 477. Ménégoz, geb. 1873, war seit 1911 Privatdozent und ab 1926 Professor für protestantische Dogmatik in Straßburg.
122 Richard Gölz, Die heutige Lage der evangelischen Kirche auf dem Gebiete des Gottesdienstes

(1927), zitiert aus: Singen und Sagen. Richard Gölz zum Gedächtnis, hg. von Karl Esslinger und Eberhard Weismann, Alpirsbach 1986, 47. Gölz (1887–1975) war ein wichtiger Vertreter der „Singbewegung" und 1933 Initiator der „Kirchlichen Arbeit von Alpirsbach", einem Zweig der Liturgischen Bewegung.

Sinn des Rituals ist es, durch Vorgaben in einer Hinsicht offenere Wahrnehmungen in anderer Hinsicht zu ermöglichen (das beste Beispiel dafür ist das Begrüßungszeremoniell); der Sinn des gottesdienstlichen Rituals ist es, die feiernden Menschen mitzunehmen, ohne dass diese ihr Verhalten genauer überlegen und sich eigens äußern müssen. Daraus folgt sofort: Rituale muss man lernen; Rituale trennen Kenner von Nichtkennern (und können damit ausschließen). Rituale haben ein zweifaches Gesicht.

Der evangelische Gottesdienst ist als *Gottesdienst* Ritual, das von der Wiederholung lebt; und er ist als *evangelischer* Gottesdienst kritisch gegenüber jeder Gestalt von Gottesdienst, auch gegenüber der eigenen. Diese kritische Sicht beruht auf dem evangelischen Schriftprinzip. Immer wieder neu muss gefragt werden, was Christus entspricht und was eine Fehlentwicklung („Menschenwerk") ist. Für die Liturgiegestaltung gilt Analoges wie für das Schriftverständnis: „Das ist auch der rechte Prüfstein, alle Bücher zu beurteilen, wenn man sieht, ob sie Christus treiben oder nicht."[123]

Die damit umschriebene Spannung soll in dem Ausdruck „das gestaltete Ritual" anklingen. Seit der Reformation ist der evangelische Gottesdienst ritualkritisch. Das lässt sich an den Veränderungen am Herzstück des mittelalterlichen Gottesdienstes leicht sehen: Die Reformatoren schafften den Kern der Messe, den seit dem 8. Jahrhundert nachweisbaren Messkanon einfach ab und ließen nur Vaterunser und Einsetzungsworte übrig – also die Worte Christi selbst. Alles andere wurde als nicht nur überflüssig, sondern als schädlich erkannt. Das Opferhandeln der Menschen (das heißt genauer: das stellvertretende Handeln des Priesters) bewirkt das Gegenteil des Erhofften. Es bringt den Menschen nicht näher zu Gott, sondern entfernt ihn von Gott, weil es Gott als einen Despoten darstellt, der etwas vom Menschen verlangt – und nicht als schenkenden und sich erbarmenden Gott. Der Messkanon ist ein Ritual, das nicht Christus in den Mittelpunkt stellt („treibt"), sondern den Gott wohlgefälligen Menschen. Er kann darum kein Teil des evangelischen Gottesdienstes sein. Mit dieser folgenreichen Entscheidung Luthers beginnt die Geschichte des evangelischen Gottesdienstes als eines gestalteten Rituals, das stets an der Bibel überprüft werden muss.

⌐ Aufgabe 1 ──────────────────────────────────

Studieren Sie den römischen Messkanon in seiner nachkonziliaren Form (in: Die Feier der Gemeindemesse [1995], Handausgabe. Auszug aus der authentischen Ausgabe des Messbuches für die Bistümer des deutschen Sprachgebietes, Solothurn u. a., 34–49) und in seiner vorkonziliaren Form (in: Anselm Schott: Römisches Sonntagsmessbuch lateinisch und deutsch, Freiburg/Breisgau 1940, 231–238).[124] Welche Passagen würden sich auch für den evangelischen Gottesdienst eignen? An welchen Stellen ist nach Ihrer Einsicht in die Theologie der neutestamentlichen Autoren Einspruch zu erheben?

---

123 Martin Luther, WA DB 7, 384.
124 Beide Texte finden sich auch in: Michael Meyer-Blanck, Liturgie und Liturgik. Der Evangelische Gottesdienst aus Quellentexten erklärt, Gütersloh 2001, 141–150.

B. Positionen und Argumentationen

Der wichtigste Text für alle aktuellen Diskussionen ist das 1999 erschienene „Evangelische Gottesdienstbuch" (abgekürzt: EGb). Rechnet man alle Vorstufen dazu, dann hat die Arbeit an diesem Buch 25 Jahre gedauert.[125] Die Vorform dieser Agende, die erstmals gemeinsam für die unierten und die lutherischen Kirchen und Gemeinden erarbeitet wurde, kam 1990 heraus und hieß zunächst „Erneuerte Agende". Damit wurde zum Ausdruck gebracht, dass nichts revolutionär Neues, sondern etwas Erneuertes geschaffen werden sollte, bei dem das Bewährte der bisherigen evangelischen Agenden mit den Neuaufbrüchen der letzten Jahrzehnte zusammengeführt werden sollte.

Das EGb ist damit die erste Agende, die die Pluralität liturgischer Traditionen und Stile in sich vereinigt und diese zum Prinzip erhoben hat; man spricht von einer „Arbeitsagende" im Gegenüber zu den bisherigen „Ableseagenden". Enthält das „Agendum" das, was getan werden muss, so ist das EGb tatsächlich eher ein Buch mit Vorschlägen dafür, was getan werden kann. Das EGb tritt für die situativ angemessene Gestaltung ein. Es benennt dazu sieben Kriterien (Grundprinzipien), und darunter finden sich als die in diesem Zusammenhang wichtigsten die folgenden: „2. Der Gottesdienst folgt einer erkennbaren, stabilen Grundstruktur, die vielfältige Gestaltungsmöglichkeiten offen hält" sowie „3. Bewährte Texte aus der Tradition und neue Texte aus dem Gemeindeleben der Gegenwart erhalten den gleichen Stellenwert." (EGb, 15)

Im neuen EGb stehen altvertraute Rituale und die Ausläufer der politischen und kirchenkritischen Gottesdienste der siebziger Jahre, die sich seinerzeit zum Teil erbittert bekämpft hatten, friedlich nebeneinander. Die Vertreter der politischen Gottesdienste hatten damals den konservativen Liturgikern vorgeworfen, sie würden das Evangelium zugunsten von bürgerlicher Traditionspflege verraten; und umgekehrt war gesagt worden, die politischen Gottesdienste verkehrten das Evangelium in Gesetz, indem sie die Anbetung Gottes in Lernprozesse und Aktionen umfunktionieren wollten, um politische Zustände zu verändern.

Peter Brunner, der 1954 die eindrücklichste Gottesdiensttheologie des 20. Jahrhunderts veröffentlicht hatte,[126] war 1970 einer der schärfsten Kritiker der „Gottesdienste in neuer Gestalt". In der Festschrift für Christhard Mahrenholz formulierte Brunner scharf: „Mit dem Merkmal des Ethizismus hängt aufs engste zusammen die Tatsache, dass in diesen Gottesdiensten ein bestimmter ‚missionarischer' Elan lebendig ist. Mit diesen Gottesdiensten will man etwas. Sie zielen auf etwas Bestimmtes ab. Der Gottesdienst hat darum in der Regel ein konkretes Thema, dessen Inhalt durch den Vollzug des Gottesdienstes nicht nur gedanklich geklärt, sondern sozusa-

---

125 Ausführlich dazu s. Michael Meyer-Blanck, „daß unser lieber Herr selbst mit uns rede …". Möglichkeiten des neuen „Gottesdienstbuches"

für die lutherischen und unierten evangelischen Kirchen, in: ZThK 97 (2000), 488–508.
126 Einführend dazu vgl. a.a.O., 212–232.

gen verwirklicht werden soll [...]. Als solche gezielte Veranstaltungen sind diese Gottesdienste selbst schon gezielte Aktionen, sie grenzen unmittelbar an Demonstrationen an."[127]

Die Streitigkeiten zwischen traditionsbewusster und alternativer Gestaltung sollen durch das EGb überwunden werden. Neben diesem Grundsatz enthält das EGb auch eine liturgiehistorisch bedeutende Neuerung. Denn darin finden sich erstmals die beiden Gottesdienstformen, die bisher unabhängig voneinander existiert hatten: der südwestdeutsche evangelische Predigtgottesdienst und der norddeutsche bzw. süddeutsche evangelische Messgottesdienst (den letzteren erkennt man u. a. an den liturgischen Gesängen Kyrie, Gloria, Sanctus und Agnus Dei). Bei allen Unterschieden konnte man beide Gottesdiensttraditionen als „Grundform I" (Messe) und „Grundform II" (Predigtgottesdienst) unter demselben Strukturschema A (Eröffnung und Anrufung) – B (Verkündigung und Bekenntnis) – C (Abendmahl) – D (Entlassung und Segen) darstellen und mit einem gemeinsamen Textanhang kombinieren. So konnte ein gemeinsames Agendenprojekt verwirklicht werden, während 1955 und 1959 noch getrennte Agenden für die Lutheraner und die Unierten erschienen waren. Dies entsprach aber nicht mehr der Realität der gewachsenen Zusammenarbeit von Lutheranern und Unierten, besonders in der „Lutherischen Liturgischen Konferenz Deutschlands" (LLK).

Aufgabe 2

Lesen Sie im EGb die Einführung (13–19), die Erläuterungen zu den beiden Grundformen (24–35) und beschäftigen Sie sich dann genauer mit der Darstellung der Schritte A–D in der Grundform I (36–49: Form des Messgottesdienstes) oder in der Grundform II (50–57: Form des Predigtgottesdienstes). Welche Bedeutung spielt das Wort „kann"? Welche Herausforderungen ergeben sich dadurch für die verschiedenen Mitarbeiter und Gremien einer Gemeinde? Vergleichen Sie ferner für eine Reihe von Sonntagen die jeweils drei vorgeschlagenen Tagesgebete: Was ist typisch für das erste, zweite und dritte Gebet? (Lesen Sie dazu auch die Erläuterungen „Tagesgebet zu Grundform I", 528f, nach.)

Das EGb sucht bei der reformatorischen Tradition anzuknüpfen, indem es sich bereits in der Einleitung auf Martin Luthers Torgauer Kirchweihpredigt aus dem Jahre 1544 bezieht, in der Luther den Gottesdienst als Dialog der Gemeinde mit ihrem Herrn beschrieben hatte: „Meine lieben Freunde, wir wollen jetzt dies neue Haus einsegnen und unserem Herrn Jesus Christus weihen. Das gebührt nicht mir allein, sondern ihr sollt auch zugleich mit angreifen, auf dass dieses neue Haus dahin gerichtet werde, dass nichts anderes darin geschehe, als dass unser lieber Herr selbst mit uns rede durch sein heiliges Wort und wir umgekehrt mit ihm reden durch unser Gebet und Lobgesang."[128] Schon in dieser Predigt findet sich der Hauptgedanke

---

127 Peter Brunner, Theologische Grundlagen von „Gottesdiensten in neuer Gestalt", in: Kerygma und Melos, Kassel u. a. 1970, 103–114: 113f. Der mit diesem Buch als Festschrift geehrte Christhard Mahrenholz (1900–1980) war einer

der wichtigsten Väter des „Ev. Kirchengesangbuches" (EKG) von 1950 sowie der lutherischen Agende I von 1955.
128 Martin Luther, WA 49, 588, hier zitiert nach M. Meyer-Blanck, Herr (s. o. Anm. 124), 29.

des EGb: Der Gottesdienst ist das Werk der gesamten versammelten Gemeinde. Auch wenn Luther bei diesem Anlass allein predigt, geschieht das Einsegnen und Weihen nach seinem Verständnis durch die versammelte Gemeinde.

Die Torgauer Predigt hielt Luther in seinen letzten Lebensjahren. Als er sich auf seine erste Messe vorbereitete, galt die Lehre: Die Messe wirkt in zweifacher Weise Erlösung, so die Messerklärung des Scholastikers Gabriel Biel (1410–1495):

durch den ordnungsgemäßen Vollzug der Wandlung – *ex opere operato*
durch die Verdienste des opfernden Priesters – *ex opere operantis.*

Falls der Priester unwürdig und Gott nicht wohlgefällig sei, dann handele es sich gleichwohl um eine Darbringung durch die Kirche, in der es immer heilige Glieder gebe: Der Priester vollziehe die Wandlung eben *in persona ecclesiae.*[129] Der Wert aber der Messe ist begrenzt und darum, so Biel, kann (soll und muss!) man eine Messe für dasselbe Anliegen auch wiederholen. Ja, es gilt sogar, dass „wenige oder ein einzelner, wenn für sie die Messe dargebracht wird, mehr Frucht daraus empfangen als viele; und zwar nicht nur, was die sündentilgende, sondern auch, was die fürbittende Kraft des Messopfers angeht."[130] Das Problem ist deutlich: An die Stelle der freien Tat Gottes tritt die berechenbare Tat der Kirche – die Erlösung wird quantifiziert.

In Luthers kleiner früher liturgischer Schrift „Von der Ordnung des Gottesdiensts in der Gemeinde" von 1523 werden darum drei große Missbräuche im Gottesdienst genannt:

„Der erste: dass man Gottes Wort zum Schweigen gebracht und in den Kirchen alleine gelesen und gesungen hat, das ist der ärgste Missbrauch."[131]

Daraus folgen die anderen Missbräuche: Fabeln und Lügen kamen in den Gottesdienst, der insgesamt zum frommen Werk wurde, um damit Gottes Gnade und Seligkeit zu erwerben.

Daraus ergibt sich das klassische evangelische Prinzip: Wenn die Gemeinde zusammenkommt, soll gepredigt werden. „Darum: wo nicht Gottes Wort gepredigt wird, ists besser, dass man weder singe noch lese noch zusammenkomme." (Ebd.) Allein durch die Lesung werde die Gemeinde nicht gebessert, ebenso wenig wie in Klöstern und Stiften, „da sie nur die wende haben angeblehet".[132]

Warum ist es für Luther so wichtig, dass im Gottesdienst *gepredigt* wird? Man hat ihm darum immer wieder Intellektualismus vorgeworfen: Er habe für das Sakramentale keinen rechten Sinn gehabt und habe deshalb auf das Wort als Kommunikationsmedium gesetzt. Doch das ist unzutreffend. Wo Luther „Wort" oder „Predigt" sagt, geht es ihm nicht um das Wort als Zeichensorte, als Medium der Verständigung zwischen Menschen. „Wort" ist für Luther immer gleichbedeutend mit dem sich selbst vergegenwärtigenden Herrn Christus. Luther stellt nicht das Reden über das Handeln, sondern die Wirkung Christi vor das Reden und Handeln der Men-

---

129 Hans B. Meyer SJ: Luther und die Messe. Eine liturgiewissenschaftliche Untersuchung über das Verhältnis Luthers zum Messwesen des späten Mittelalters, Paderborn 1965, 151.

130 A. a. O., 155.
131 WA 12, 35 = BoA 2, 424 = Aland 6, 82.
132 WA 12, 36 = BoA 2, 425.

schen. Und weil die Menschen im mittelalterlichen Gottesdienst durch ihr Reden und Handeln den Christus immer mehr verdeckt haben, ist Luther gegen diese Formen und greift auf die Rituale und Worte Christi zurück. Christus selbst will sich im Wort hören lassen. Das lebendige Wort Christi erklingt durch die Predigt, indem das Bibelwort wieder zur Gegenwart wird. Das nur *gelesene* Wort erfüllt diese Aufgabe nicht. Es geht immer um den Bezug zu den konkreten versammelten Menschen – und dieser Bezug wird durch die Predigt gesucht. Wort und auch Sakrament werden damit von der versammelten Gemeinde her gedacht. Was in der Versammlung geschieht, ist entscheidend. Darum kann auch nicht ein geweihter Priester stellvertretend für die Gemeinde das Entscheidende vollbringen. Das Heilswerk kann nur *zusammen* realisiert werden: Durch Predigen und Hören, durch Feiern und durch Anteilnehmen geschieht es, dass Christus zu denen spricht, die in seinem Namen versammelt sind. Der Glaube ist das Medium, in dem Christus seine Wirkung entfaltet. Die Rettung durch Christus im Glauben erfolgt zwar nicht durch die Subjektivität, sondern durch Christus, aber dennoch am Ort der Subjektivität, nicht an ihr vorbei – sie geschieht im Herzen als dem Personzentrum des Menschen.

Luther hat sich als Reformator länger dagegen gesträubt, eine Gottesdienstordnung vorzulegen. Aber schließlich erschien im Jahre 1526 seine „Deutsche Messe", in der er den Prinzipien der Bibelorientierung, der Konzentration auf die Rechtfertigung des Sünders und der Gestaltungsfreiheit der jeweiligen Gemeinde gleichermaßen zu entsprechen suchte.

Aufgabe 3

Lesen Sie den Ausschnitt aus Luthers „Deutsche Messe" mit den Erläuterungen in: Meyer-Blanck, Liturgie und Liturgik (s. o. Anm. 123), 39–64 und notieren Sie *erstens*, inwiefern Luther den genannten Prinzipien (Bibel, Rechtfertigung, Gestaltungsfreiheit) folgt. Notieren Sie *zweitens*, welche Gestaltungsvorschläge Luthers noch im EGb zu finden sind. Lesen Sie zur Vertiefung: Karl-Heinrich Bieritz, Dass das Wort im Schwang gehe. Lutherischer Gottesdienst als Überlieferungs- und Zeichenprozess, in: ders., Zeichen setzen. Beiträge zu Gottesdienst und Predigt, Stuttgart 1995, 82–106.

Luthers Auffassung ist bis heute grundlegend für das Verständnis des evangelischen Gottesdienstes. Und doch steht Luther erst am Beginn der Neuzeit, noch vor der Aufklärung. Die zweite Gottesdienstlehre, die man unbedingt kennen sollte, ist darum diejenige von Friedrich Schleiermacher (vgl. dazu die 1. Einheit in diesem Buch). Schleiermachers Konzeption knüpft bei Luthers Gemeindebezug und Schriftorientierung an, bringt aber noch zwei moderne, nachaufklärerische Gesichtspunkte ein, wie sie für die bürgerliche Zeit ab 1800 typisch sind: die Orientierung an der *Subjektivität* und am Rhythmus von Geschäftstätigkeit und *Fest*.

Zur Orientierung an der *Subjektivität*: Durch Schleiermachers Umformulierung der Dogmatik in eine Lehre vom glaubenden Subjekt wird es auch möglich, den Gottesdienst als Kommunikation von glaubender Erfahrung zu beschreiben, oder in Schleiermachers Begrifflichkeit: als „Mitteilung und Darstellung" des religiösen Selbstbewusstseins. Der Gottesdienst ist auf diese Weise noch stärker als bei Luther als ein Werk der gesamten Gemeinde beschrieben (und dabei ist Schleiermachers Herrnhuter Herkunft unverkennbar). Was Luther als Rede des Herrn Jesus und als Antwort der Gemeinde in Gebet und Lobgesang beschreibt, ist für Schleiermacher durch das Mitteilen von religiöser Erfahrung innerhalb der Gemeinde gegeben. Dies führt bei oberflächlicher Betrachtung dazu, dass man einen Gegensatz aufmacht: Bei Luther rede der Herr mit der Gemeinde, bei Schleiermacher bleibe die Gemeinde unter sich und rede über sich selbst und ihre frommen Empfindungen. Richtig ist vielmehr, dass Luther direkt die Gottesbegegnung beschreibt, während Schleiermacher die Kommunikationsbedingungen der Gottesbegegnung genauer in den Blick nimmt. Auch Schleiermacher geht es darum, dass es die „Grundlage der Gemeinschaft" ist, „Jesum erkennen als den Sohn Gottes". Er betont, dass die menschliche Vernunft „nicht das gleiche, sondern das gleichartige aber unendlich höher in Christo unter der Form eines Ahndens zu vernehmen im Stande ist".[133]

Zur Orientierung am *Fest:* Am Beginn der bürgerlichen Epoche trennen sich mehr und mehr Arbeit und Freizeit, Wohnort und Arbeitsplatz. Auch Religion und Kirche werden zunehmend ein eigener Bereich, der nicht mehr in den agrarischen Alltag einbezogen ist, sondern wie andere Kulturveranstaltungen etwas Besonderes ist – in Analogie zum Gedankenaustausch im bürgerlichen Salon, zum Theater oder Konzert. Diese Entwicklung bestimmt Schleiermachers Gottesdienstverständnis, aber auch unsere heutigen Versuche, christliche Rituale im Kontext von Kultur und Theater zu gestalten. Die funktionale Differenzierung der Gesellschaft nach verschiedenen Kommunikationsformen führt dazu, dass der Gottesdienst eine spezielle Aufgabe erhält: Er soll der zweckfreien seelischen Erholung dienen.

In diesem Zusammenhang bestimmt Schleiermacher den Gottesdienst nun als ein darstellendes Handeln, das wie das Fest oder die Kunst seinen Sinn in sich selbst hat. Der Gottesdienst muss keine moralischen, (gemeinde-)pädagogischen oder (kirchen-)politischen Ziele erreichen. Er ist eine Form des *darstellenden Handelns* der Kirche im Gegenüber zum *wirksamen Handeln* (wie es etwa in Mission, Unterricht und Seelsorge vorherrscht). Das wirksame und das darstellende Handeln sind zwar in der Kirche wie in der Gesellschaft überhaupt nur ein *relativer* Gegensatz, aber es ist eben doch ein *Gegensatz*. Jede Form des Handelns schließt auch die andere in sich, so Schleiermacher weiter, „und so soll auch durch die gegebene Erklärung nicht ausgeschlossen sein, dass das darstellende Handeln per accidens immer auch ein wirksames in sich trägt."[134] Gleichwohl bleibt der Gegensatz bestehen:

---

133 Friedrich Schleiermacher, Die christliche Sitte nach den Grundsätzen der evangelischen Kirche im Zusammenhang dargestellt, Nachdruck der 2. Aufl. Berlin 1884, neu hg. von Wolfgang E.

Müller, Waltrop 1998, 513f (aus der Vorlesung 1824/25).
134 A.a.O. 526.

Handlungskategorie	Affektbestimmtheit des religiösen Bewusstseins	Inhaltsbestimmtheit des religiösen Bewusstseins	Daraus sich ergebende Art der Tätigkeit
Wirksam-reinigend	Unlust, Hemmung	Sünde	Verändernd (effektiv)
Wirksam-verbreitend	Lust, Leichtigkeit	Gnade	Verändernd (effektiv)
Darstellend	Relative Befriedigung	Erhöhtes Bewusstsein der Spannung zwischen Sünde und Gnade	Künstlerisch (nicht effektiv)

Aus: Friedrich Schleiermachers „Christliche Sittenlehre", Übersicht nach Meyer-Blanck (s. o. Anm. 123), 172

Der Gottesdienst als darstellendes Handeln ist demnach für Schleiermacher nicht auf Veränderungen, auf Wirkungen, auf Effekte ausgerichtet. Der Gottesdienst erfüllt nach Schleiermacher keinen anderen Zweck, als der zweckfreien Mitteilung und Darstellung der Christuserfahrung zu dienen.

Aufgabe 4

Lesen Sie aus der Lehre vom „Cultus" in Schleiermachers Praktischer Theologie (68–201) die grundsätzlichen Passagen (68–82)[135] oder die Textausschnitte mit Kommentar bei M. Meyer-Blanck, Liturgie und Liturgik (s. o. Anm. 123), 161–177. Lernen Sie die Definition auswendig: „Der Zweck des Cultus ist die darstellende Mitteilung des stärker erregten religiösen Bewusstseins" und erläutern Sie anhand der darin enthaltenen Begriffe die Gottesdienstkonzeption Schleiermachers.

Das Konvergierende von Luther und Schleiermacher liegt in der Konzentration auf das Individuum als den Ort, wo das liturgische Geschehen wirkt – oder nicht. Am Subjekt und an seinem Glauben vorbei hat Liturgie keinen Sinn. Schon für Luther ist der Gottesdienst eine personale, mit Schleiermacher könnte man geradezu sagen: eine individuelle Angelegenheit. Das Angesprochenwerden durch Christus, der Widerklang von Christus im Herzen ist das Entscheidende, nicht das heilige, gültige Geschehen auf dem Altar. Dass das Herz des Menschen die Sache „feste fasset", ist die Hauptsache. Es geht schon bei Luther um eine Verstehensleistung, um eine Deutungsleistung des Individuums, des Rezipienten. Das Wort des lieben Herrn, mit dem dieser mit uns redet, geschieht im Widerklang des Herzens. Insofern ist Luther durchaus im Sinne der Neuzeit zu interpretieren.

Wenn man Schleiermacher und Luther miteinander verbindet, heißt das: Theologisch ist der Gottesdienst gerade nur dadurch Dialog mit Gott (Luther), dass sich

---

135 Schleiermacher, Praktische Theologie (s. o. Anm. 23).

dieser Dialog im Medium menschlicher, künstlerischer Darstellung und Mitteilung (Schleiermacher) vollzieht. Das Handeln Gottes vollzieht sich nicht mehr getrennt vom Menschen, in Gaben, Riten, Formeln. Es vollzieht sich vielmehr durch das Medium des Wortes im Herzen als dem Zentrum des Heilsgeschehens.

Durch die bürgerliche Moderne und Spätmoderne hat sich die Funktion des Gottesdienstes dann noch einmal grundlegend geändert. Er ist kein alle tragendes Ritual mehr, sondern er wird in Analogie zum Theater eine Art kleines Ritual, dem man eine mehr oder weniger hilfreiche Wirkung zuschreibt und dem man sich bewusst nach freier Wahl oder lieb gewordener Gewohnheit aussetzt. Damit ist die Gegenwart mit der Kapitelformulierung „Das gestaltete Ritual" erreicht.

Der britische Kulturanthropologe Victor Turner (1920–1983) hat nicht umsonst die Entwicklung hin zur modernen Gesellschaft unter der Überschrift „Vom Ritual zum Theater" beschrieben.[136] In Turners Theorie ist darum davon die Rede, dass sich in der Moderne die echten Schwellen (bei Turner: das „Liminale") in eine Art von selbstgewählter, wechselnder Form von Schwellen verwandelt; dies nennt Turner das „Liminoide". Dies macht den Unterschied der nachaufklärerischen im Vergleich zur Stammes- und Agrargesellschaft aus. In der Stammesgesellschaft sind die Schwellen Ernst und Pflicht. Alles „über-die Stränge-Schlagen" und „Fluss-Erleben" in den Ritualen führt über eine echte Schwelle, deren Überschreiten nicht der individuellen Wahl unterliegt. Das ist in der Gegenwart anders. Das „liminoide" Erfahren von lebensgeschichtlichen und kulturellen Schwellen erfolgt eher in einer Art von „Schwelligkeit" (so könnte man den Begriff des „Liminoiden" wiedergeben). Das Liminoide ereignet sich dabei in der Kunst und Literatur, in der Freizeit statt im (als kollektive Pflicht verstandenen) Stammesfest: „Das *Liminoide* ist eher einer Ware vergleichbar – tatsächlich *ist* es oft eine Ware, die man auswählt und für die man bezahlt –, während das *Liminale* Loyalitätsgefühle weckt und mit der Mitgliedschaft oder begehrten Mitgliedschaft in einer stark korporativen Gruppe verbunden ist."[137]

C. Liturgie – Begegnung mit Gott durch Mitteilung und Darstellung im gestalteten Ritual

Die Theorien Luthers und Schleiermachers stimmen trotz aller Unterschiede insofern überein, als es sich um neuzeitliche Theorien handelt. Sie bedenken die Möglichkeiten des Rituals von den Verstehensmöglichkeiten des Individuums her. Der Einzelne wird vom Ritual nicht einfach getragen, indem er sich unterwirft, sondern indem er sich (mit dem „Herzen" oder mit dem „Selbstbewusstsein") persönlich dazu verhält. Die sozialwissenschaftliche Theorie von Turner stellt das moderne Ver-

---

136 Victor Turner, Vom Ritual zum Theater. Der Ernst menschlichen Spiels, Frankfurt am Main 1989 [engl.: New York 1982].

137 A.a.O., 87, Hervorhebung dort.

hältnis des Menschen zum Ritual in einen allgemeinen kulturellen Horizont. Der Mensch der Gegenwart kann gar nicht zu einem vormodernen Ritual zurückkehren; denn wenn er das täte, dann würde er die archaische Form gerade – in modern-postmoderner Form – *wählen*. Das zeigt die Geschichte der liturgischen Bewegungen im 20. Jahrhundert. Der italienische Liturgiewissenschaftler Andrea Grillo (geb. 1961) hat aufgezeigt, dass die Kategorie des Rituellen in Antike und Mittelalter eine Verstehensvoraussetzung des christlichen Glaubens war und in der Neuzeit radikal aus der Theologie verdrängt wurde; ihre Wiedergewinnung kann aber nur so erfolgen, dass die eingetretenen kulturellen Veränderungen im Verstehen nicht übergangen, sondern sorgfältig in Rechnung gestellt werden.[138] So müssen auch die Diskussionen um die Wiedereinführung der mittelalterlich-tridentinischen Messliturgie in der römisch-katholischen Kirche im Jahre 2007 als ein typisch spätmodernes Phänomen betrachtet werden.

Das aber bedeutet für die heutige liturgische Arbeit: Zur *Gestaltung* des Rituals gibt es keine Alternative. Luthers Konzentration des Gottesdienstes auf die situativ zugespitzte Predigt wird man als den Anfang dieser in die Gegenwart führenden Entwicklung ansehen müssen. Denn im evangelischen Gottesdienst wird die Predigt – als der interne rituelle Widerspruch zum Ritus[139] – zum Zentrum des Gottesdienstes. Das EGb mit seinen vermittelnden Grundprinzipien scheint dieser Situation bis auf weiteres sehr viel mehr zu entsprechen als die bisweilen geforderten radikalen (traditionsbezogenen oder reformerischen) Lösungen.

Solange man nämlich den Aspekt von Kunst und Inszenierung zugunsten der ungebrochenen Redeweise vom Gottesdienst als „Wort Gottes" leugnet, scheint der Gottesdienst einfach zu beschreiben zu sein. Aber man verstellt sich dann die Vermittlung mit der Alltagserfahrung. Solange man umgekehrt den Gottesdienst nur religionswissenschaftlich oder kulturwissenschaftlich als Austausch religiöser Botschaften auffasst, scheint er ebenfalls einfach beschreibbar zu sein. In diesem Falle reißt man einen Graben auf zwischen der Sprache der Liturgie selbst und der liturgiewissenschaftlichen Sprache über die Liturgie. Sobald man darum den Gottesdienst als Dialog mit Gott *und* als menschliche Kunst der Darstellung und Mitteilung versteht, gerät man in die Spannung zwischen der religiösen Rede selbst und der Rede über Religion.

Dieses Spannungsfeld habe ich 1997 mit der Kategorie der „Inszenierung" zu umschreiben gesucht.[140] Der Vorteil des Inszenierungsbegriffes ist es, dass es sich dabei um eine ästhetische Kategorie handelt. Die Theorie der Inszenierung ist an dem Spannungsfeld von Fakten und ihrer ästhetischen Brechung interessiert, entspricht

138 Andrea Grillo, Einführung in die liturgische Theologie. Zur Theologie des Gottesdienstes und der christlichen Sakramente, Göttingen 2006 (übersetzt aus dem Italienischen und eingeleitet von M. Meyer-Blanck).
139 Dazu s. meinen Aufsatz: Die Dramaturgie von Wort und Sakrament. Homiletisch-liturgi-sche Grenzgänge im ökumenischen Horizont, in: PTh 96 (2007), 160–171.
140 Michael Meyer-Blanck, Inszenierung des Evangeliums. Ein kurzer Gang durch den Sonntagsgottesdienst nach der Erneuerten Agende, Göttingen 1997.

einem von Sachzwängen wie von ästhetischer Grenzenlosigkeit geprägten Lebensge-
fühl und konzentriert das Interesse auf die Spannung von Schein und Sein, von wirk-
licher, aber oft trostloser Realität und Umdeutung dieser Realität. Der Inszenie-
rungsbegriff umfasst so die Realität des agierenden Menschen und die Fiktionalität
des (ihn gerade in diesem Agieren transzendierenden) ganz Anderen gleichermaßen.
Das bedeutet auch: Wenn wir inszenieren, dann lügen wir nicht. Wir spielen uns
vielmehr in eine andere Wirklichkeit hinein. Gerade das Theater als Bezugspunkt
des Rituals kann helfen, die Eigenart der liturgischen Gestaltung neu zu verstehen.
Denn sowohl im Erzählen von Geschichten als auch im Theater und im Gottesdienst geht es darum, in der Realwelt eine andere Sinnwelt zu eröffnen.

Die Analogie zum Theater hat allerdings eine Grenze. Denn das Theater bietet ein
Schau-Spiel, bei dem der Zuschauer in die andere Sinnwelt durch Identifikation mit
dem Rollenträger eintritt, indem er diesem zuschaut. Im Gottesdienst jedoch kommunizieren die Beteiligten zwar in unterschiedlichen Rollen, aber doch in der gemeinsamen Voraussetzung, dass sich in ihrer Kommunikation der Dialog mit Gott
ereignet oder ereignen könnte.

Der Gottesdienst ist also nicht „nur" eine Inszenierung. Er ist nicht weniger als eine Inszenierung. Er ist die Darstellung dessen, was den dort Versammelten unbedingt wichtig ist: die (katabatische) Zuwendung Gottes und die eigene (anabatische)
Hinwendung zu Gott in der gesellschaftlichen Öffentlichkeit, als öffentlicher kirchlicher Gebetsdienst.

13. Seelsorgelehre und Psychologie

Die Seelsorge stellt ein zentrales Feld der kirchlichen Arbeit dar. Entsprechend hat sich die Seelsorgelehre zu einer weit gefächerten Teildisziplin der Praktischen Theologie ausdifferenziert. Dennoch ist es schwierig, präzise zu bestimmen, was ein seelsorgerliches Gespräch ist und wie das Verhältnis der Gesprächspartner zu beschreiben ist. Der Themenkomplex, der hier nur mit wenigen Worten angedeutet ist, kristallisiert sich an Fragen an, wie: Wodurch ist ein seelsorgerliches Gespräch von einem psychologisch-therapeutischen Gesprächszusammenhang zu unterscheiden? Hat ein seelsorgerliches Gespräch stets eine religiöse Dimension und wie wäre diese zu präzisieren? Muss es eigentlich immer um gravierende Themen gehen, damit ein Gespräch den Titel ‚Seelsorge' verdient? Oder kann auch ein beiläufiger Small Talk, der als wohltuend erfahren wird, seelsorgerlich sein? Wie stimmt das zusammen, dass häufig Menschen gerade „zwischen Tür und Angel" besonders schwer wiegende Angelegenheiten zur Sprache bringen? Wer ist eigentlich das Subjekt der Seelsorge? Spenden sich Menschen wechselseitig Seelsorge oder gibt es stets einen, der Rat gibt und einen anderen, der die Seelsorge nachfragt? Können nur Christen Seelsorger und Seelsorgerinnen sein? Ist die Sorge um sich selbst auch eine Form der Seelsorge oder stellt sie nur eine Voraussetzung dar, um für andere da sein zu können?

Dieses Fragenensemble hat Teil an den Veränderungen des gesellschaftlichen Feldes, in dem sich Seelsorge in der Moderne verortet. Eine besondere Herausforderung liegt in der Verselbständigung der Psychologie und deren Konsequenzen: der psychologischen Religionskritik und der Verweigerung des Gesprächs mit der Psychologie in weiten Teilen der protestantischen Theologie im 20. Jh. Schließlich haben sich die Praxisfelder vervielfältigt. Unter der Überschrift „Body and Soul" erleben wir einen Boom teils spiritueller, teils gesundheitsorientierter Angebote. Gesundheit, Ernährung und Pflege werden mit religionsaffinen Deutungsangeboten umworben. Medizinische und religiöse Argumente für die eine oder andere therapeutisch-leibseelische Anwendung lassen sich kaum voneinander unterscheiden. Auch im Selbstverständnis vieler Pfarrerinnen und Pfarrer hat die Seelsorge einen schwunghaften Aufstieg genommen. Im Folgenden sollen Sie einen skizzenhaften Überblick über seelsorgerliche Positionen und gegenwärtige Diskussionen bekommen. Doch wir beginnen mit einem historischen Überblick über das Verständnis von Seele in Theologie und Philosophie.

Aufgabe 1

Lesen Sie von Rhoderich Barth, Art. Seele, in: TRT Bd. 3, Göttingen 2008, 1076–1079. Worin liegen die Implikationen des biblischen Begriffs von naephaesch (1077)? Erläutern Sie das moderne Verständnis von Seele als „Medium und Akteur ethischer, ästhetischer und religiöser Darstellungsvollzüge" (1079).

A.   Positionen und Argumentationen

Christliche Seelsorge hat eine lange Tradition, auch wenn sich erst im 19. Jh. eine wissenschaftliche Seelsorgelehre entwickelte. Das Fremdwort Poimenik leitet sich von der Bezeichnung Gottes (Ps 23) und auch Jesu Christi (Joh 10,11) als gutem Hirten ab. Am Leitbild des fürsorglichen Hirten muss sich die Gemeindeleitung orientieren (1Petr 2,21bff; Ez 24; Joh 21,15–19; Hebr 13,20f). Zugleich wird deutlich, dass es noch keine klare begriffliche Unterscheidung zwischen Seelsorge, Gemeindeleitung, aber auch Predigt und Unterricht gibt. Seelsorge ist hier eher als Grunddimension christlichen Handelns verstanden, denn als ein ausgrenzbares kirchliches Handlungsfeld. Zahlreiche weitere biblische Bezüge haben das Seelsorgeverständnis beeinflusst: Die Aufforderung, sich gegenseitig zu trösten (1Thess 4,18), einander zu ermahnen (2Kor 13,11) und beizustehen (Phil 4,3).

Die Seelsorge Martin Luthers weist einen theologischen Grundzug auf.[141] Die Einsicht in die Rechtfertigung des Gottlosen und die darin liegende liebende Barmherzigkeit, die ihre Zuwendung nicht an Bedingungen knüpft, prägt das Seelsorgeverständnis Luthers nachhaltig. Dass damit die mittelalterliche Beichtpraxis, die die Beichte als Instrument der Kirchenzucht verstanden hatte, reformiert wurde, ist nur ein Teilaspekt.

Friedrich Schleiermacher

Friedrich Schleiermachers Religionsverständnis, seine Kirchentheorie und sein Verständnis von Kirchenleitung bilden ein ausgewogenes und in seinen inneren Bezügen klares System, so dass es stets eine Einschränkung bedeutet, wenn man ein Thema extrapolieren möchte.[142]

Bei Schleiermacher hat die Seelsorge eine zentrale Stellung. Die „Seelenleitung" ist der Hauptzweck kirchlichen Handelns. Allerdings ist hier noch nicht an die sog. spezielle Seelsorge gedacht, also die problem- oder kasusbezogene cura animarum specialis, sondern an eine Grunddimension der Kirchenleitung. Weil die Kirche ein Ort öffentlicher Sinnreflexion ist und sein soll, steht das kirchenleitende Handeln

---

141 Vgl. dazu Gerhard Ebeling, Luthers Seelsorge. Theologie in der Vielfalt der Lebenssituationen an seinen Briefen dargestellt, Tübingen 1997, 449ff.

142 Wiederholen Sie noch einmal kurz die Einheit 1 und achten Sie besonders auf Schleiermachers Religionsbegriff, die Geselligkeit und das Ziel kirchenleitenden Handelns.

im Dienst des Selbst-, Welt- und Gottesverhältnisses des Individuums. Auch die spezielle Seelsorge, als „ein besonderes Verhältniß zwischen dem Geistlichen und einem einzelnen Gemeingliede" (429) ist Teil der Geselligkeit und beruht somit auf einem freien Gespräch. Die Seelsorge stellt eine Ergänzung des Kultus dar und bleibt zugleich auf diesen bezogen.

Schleiermacher betont „die geistige Freiheit des Gemeingliedes" (431) und lehnt pointiert jede Form dirigistischer Einmischung von außen ab. Die vehemente Abwehr jeder Form der Bevormundung finden wir noch vielfach in der Seelsorgelehre des 19. und frühen 20. Jh. Schleiermacher insistiert darauf, dass hierin eine protestantische Besonderheit liege: „In der katholischen Kirche hat der Geistliche ein bestimmtes Recht darauf daß ein solches Verhältniß ausgehen muß vom einzelnen Gemeineglied, weil ein jeder verpflichtet ist zu der speciellen Beichte. Diese enthält die Veranlassung für den Geistlichen in eine besondere Thätigkeit in Beziehung auf das Gemeineglied sich zu sezen, und dieses hat die Pflicht sich einer solchen Thätigkeit zu fügen." (429f) Der Unterschied besteht darin, dass im Protestantismus das Priestertum aller Gläubigen ein anderes Verhältnis setzt. „Wir gehen von der Voraussetzung aus: jedes Gemeineglied steht in unmittelbarem Verhältnis zu dem göttlichen Wort, kann sich aus demselben selber berathen, und kann zu seinem Verständnis des göttlichen Wortes und seiner Subsumtion der einzelnen Fälle unter die in dem göttlichen Wort gegebenen Regeln, Vertrauen haben oder nicht; nimmt es den Geistlichen in Anspruch, so ist es ein Zeichen, daß dieses Vertrauen fehlt." (430) Die entstandene Irritation führt Schleiermacher auf Defizite im Unterricht und im Gottesdienst zurück. „Nun ist ein jeder schuldig das zu ergänzen was er an der Vollkommenheit seiner Pflichtthätigkeit hat fehlen lassen" (ebd.). Wenn der Geistliche sich nun dem seelsorgerlichen Gespräch nicht verweigern kann, so hat er es in eben die Zielperspektive hineinzustellen, „die geistige Freiheit des Gemeingliedes zu erhöhen und ihm eine solche Freiheit zu geben, daß jene Anforderung nicht mehr in ihm entstehe." (431) Mit aller Deutlichkeit zeigt sich, dass Seelsorge nicht nur durch die christliche Freiheit motiviert ist, sondern daran auch wesentlich orientiert ist. Die „geistige Freiheit" bildet den „Kanon" der Seelsorge (445).

Aufgabe 2

Lesen Sie Schleiermacher, Praktische Theologie (s. o. Anm. 23), 428–453. Welche Rolle spielt die Gemeinde für das seelsorgerliche Gespräch (452f)? Was sagt Schleiermacher über die Inhalte des Gesprächs? Warum kann „Rathgeben [...] nie etwas völlig bestimmtes sein" (452)?

Sigmund Freud

Psychologie gibt es zwar nicht erst seit Sigmund Freud (1856–1939), dennoch hat er wie kein anderer die moderne Psychoanalyse geprägt. Für die Seelsorgelehre ist sein Werk von großer Bedeutung, da er seine Seelenkunde mit einer radikalen Religionskritik verbindet. Wir wollen uns auf diese nicht beschränken, aber sie in den Mittelpunkt der Darstellung rücken. „Freuds Deutung erschließt die Religion nur in einem begrenzten Horizont. Doch diese offensichtliche Begrenzung lässt auch die ganze Kraft seiner Fragestellung hervortreten."[143]

Freuds Theoriebildungen kann man sich am besten als in drei konzentrischen Kreisen vorstellen. Im Mittelpunkt steht die Arbeit an funktionellen Störungen, an diese lagert sich eine umfassende Seelenkunde an und diese wird schließlich mit eingefasst in eine Kulturtheorie, die auf die Seelenkunde und die Arbeit an den funktionellen Störungen wiederum rückwirkt. Die einzelnen Schriften und Theorieansätze sind in diesem Zusammenhang am besten aufgehoben, um hier nicht einzelne Partien zu isolieren. Wenn man sich dem Thema Religion widmet, hat man es mit einer hermeneutischen Schwierigkeit zu tun. „Freud deutet nirgends ‚die Religion‘, sondern stets Phänomene religiöser Praxen. [...] Freud hat kein systematisches Interesse an einer methodischen Religionstheorie gehabt. Reflexionen auf das Religiöse stehen stets im funktionalen Kontext der psychoanalytischen Theoriebildung."[144]

Die wichtigsten Schriften für die Religionsthematik sind: Zwangshandlungen und Religionsübungen (1907), Totem und Tabu (1912f), Die Zukunft einer Illusion (zuerst: 1927), Der Mann Moses und die monotheistische Religion (1939). Von der Beobachtung ausgehend, dass religiöse Praxen Ähnlichkeiten mit dem Verhalten von Zwangsneurotikern aufweisen, konstatiert Freud einen Wiederholungszwang für religiöses Verhalten, dessen Gewinn gegenüber privaten Zwangshandlungen (häufiges Händewaschen usw.) in der Kollektivität besteht. Religion ist für ihn etwas, das es zu überwinden gilt, weil die Religion Ausdruck mangelnder Einsicht in die Realität ist. Die Hilflosigkeit gegenüber Natur und Kultur weckt den Wunsch nach Lebenserfüllung und Bedürfnisbefriedigung, die man von einem übermächtigen Vater erhofft. Das Verhältnis zu Gott als dem übermächtigen Vater ist allerdings in hohem Maße ambivalent. Freud bildet eine Theorie der Stammesgeschichte aus, derzufolge in der sog. Urhorde ein gemeinschaftlicher Vatermord begangen wurde. Dieser Mord, der auf ödipales Begehren zurückgeht, hat seine Spuren in der Entwicklung der einzelnen Individuen bis heute hinterlassen (Zusammenhang von Phylogenese und Ontogenese). Das Resultat sind schuldhafte Komplexe und der Zwang, die Gottheit besänftigen zu müssen.

Aufgabe 3

Lesen Sie von Christian Albrecht: Sigmund Freud. (s. Anm. 143), 51–61. 1) Warum ist Religion nach Freud eine Illusion? Erläutern Sie die sog. Kompensationsthese! 2) Worin könnte positiv die Bedeutung der Religionsauffassung Freuds liegen (59–61)?

Oskar Pfister kommt das Verdienst zu, als einer der ersten Theologen die Potentiale der Freudschen Theorie für die Seelsorge gesehen zu haben. Erst seit den 60er Jahren

---

143 Hans Martin Dober, Seelsorge bei Luther, Schleiermacher und nach Freud, Leipzig 2008, 162.
144 Christian Albrecht, Sigmund Freud. Religion

im Reflexionsprozess der Aufklärung, in: Volker Drehsen/Wilhelm Gräb/Birgit Weyel, Kompendium Religionstheorie, Göttingen 2005, 51–61: 51.

ist die Tiefenpsychologie Freuds im deutschsprachigen Raum in der Seelsorgelehre – dann aber mit einer hohen Dynamik – rezipiert worden.

William James

William James hat in einem Vorlesungszyklus aus den Jahren 1901/02 einen Klassiker der Religionspsychologie hervorgebracht: „Die Vielfalt religiöser Erfahrung. Eine Studie über die menschliche Natur." Als Neurophysiologe, seit 1876 Professor für Psychologie und Philosophie an der Harvard University, formuliert er sein Interesse an der religiösen Erfahrung und damit das Programm der Religionspsychologie. „[I]ch bin weder ein Theologe noch in Religionsgeschichte ausgebildet, noch ein Anthropologe. Psychologie ist der einzige wissenschaftliche Bereich, in dem ich mich genauer auskenne. Für einen Psychologen aber sollten die religiösen Neigungen des Menschen zumindest ebenso interessant sein, wie alles andere, was zu seiner geistigen Verfassung gehört."[145] Anhand von Tagebüchern, Autobiographien und anderen introspektiven Literaturen bietet James eine Übersicht über „religiöse Gefühle und religiöse Antriebe", die er zu systematisieren und zu typisieren versucht. Der Freudschen Tiefenpsychologie, die er als Spielart eines „medizinischen Materialismus" bezeichnet, hält er vor, dass sie religiöse Gefühle lediglich als „Nichts-als-Ausdruck unserer organischen Verfassung bezeichnen".[146] „Er [sc. der medizinische Materialismus] erledigt die heilige Theresa als Hysterikerin, den heiligen Franz von Assisi als erbgeschädigt. [...] Die Bekehrung ist Ausdruck einer Pubertäts- und Adoleszenzkrise. Elizas Freude an ihrer Kirche ist ein Ausdruck ihrer hysterischen Verfassung. Peter würde sich weniger Sorgen um sein Seelenheil machen, wenn er sich mehr an der frischen Luft bewegte etc."[147] Demgegenüber betont James das Anliegen der Religionspsychologie, welches darin besteht, dass religiöse Bewusstseinszustände einen „ganz wesentlichen Wert haben als Ausdruck der lebendigen Erfahrung". Nicht die Erklärung von Religiosität, die mit dieser letztlich reduktiv verfährt, sondern der konkrete Gehalt des religiösen Bewusstseins soll, so James, zur Deutung der Religion betrachtet werden.[148] Mit der religiösen Erfahrung in ihrer empirischen Vielfalt ist eine Perspektive gewonnen, die die Religionspsychologie bis heute bestimmt. Die Reichweite von Aussagen und Forschungsfragen kann präziser bestimmt werden, wenn zwischen Ansichten (d.h. Denksystemen, Gottesvorstellungen, Dogmen, Erzählungen), Verhaltenweisen (individueller und kollektiver Art, wie Gottesdienstbesuch oder Meditation) und Erlebnissen, die das innere, individuelle Erfahrungsfeld ansprechen, differenziert wird. Daraus ergibt sich eine Fülle an Forschungsthemen.

---

145 William James, Die Vielfalt religiöser Erfahrung. Eine Studie über die menschliche Natur, Frankfurt am Main/Leipzig 1997, 48.

146 A.a.O., 46.
147 Ebd.
148 A.a.O., 506 (Vorlesung 1, Anm. 1).

Eduard Thurneysen

Auch wenn man von einer Freud-Lektüre, die über die vordergründige Ablehnung einer angeblich übertriebenen Sexualisierung hinausging, in der Theologie nicht sprechen konnte, so gab es doch um 1900 im Zusammenhang der Reformbewegung eine blühende protestantische Seelsorgelehre, die sich am Paradigma der modernen Lebenswelt zu orientieren suchte. Otto Baumgarten und Heinrich Adolf Köstlin waren ihre prominentesten Vertreter, die sich der Individualisierung als Herausforderung für die Seelsorge stellten und durch eine sorgfältige Gegenwartsreflexion „in hohem Maße auf gesellschaftliche oder theologiegeschichtliche Umbrüche reagierten".[149] An diese hermeneutisch-alltagsweltlich orientierte Seelsorge, die Seelsorge als Teilnahme am Leben verstand, „nicht auf der Ebene des ‚Machens' oder Manipulierens, sondern auf der Ebene der Einfühlung und Interpretation",[150] wurde erst mit der empirischen Wendung der Praktischen Theologie behutsam wieder angeknüpft. Auch in der Seelsorgelehre kam es zu einem Bruch mit den theologischen Diskursen.[151] Die Metapher des Bruchs wurde von Eduard Thurneysen als Programm für das seelsorgerliche Gespräch formuliert. Ausgehend von der definitorischen Bestimmung des seelsorgerlichen Gesprächs als „eines Gesprächs, das herkommt vom Worte Gottes und hinführt zu seiner Verkündigung in der Gemeinde" zielt es auf eine „wirkliche Anrede an den Menschen durch das Wort Gottes".[152] Die Seelsorge ist ganz offensichtlich vom Paradigma der Verkündigung her bestimmt und von ihr abgeleitet. Die Orientierung auf das ganz andere Wort Gottes führt eine Betonung der Differenz zwischen Wort Gottes und Menschenmöglichem mit sich, die in der Metapher des Bruchs für das seelsorgerliche Gespräch Gestalt gewinnt. Die Rede vom Bruch kann missverstanden werden, so als ginge es faktisch darum, das Gespräch über die Situation des Ratsuchenden abzubrechen. Die Rede vom Bruch zielt jedoch vielmehr auf eine prinzipielle theologische Bestimmung der Seelsorge:

Weil das Seelsorgegespräch das ganze Feld des menschlichen Lebens mit allen darin wirksamen psychologischen, weltanschaulichen, soziologischen und moralischen Deutungen und Beurteilungen dem Urteile des Wortes Gottes unterstellt, darum geht durch das ganze Gespräch eine Bruchlinie, die anzeigt, daß das menschliche Urteilen und Bewerten und das ihm entsprechende Verhalten hier zwar nicht außer Kraft gesetzt, aber daß es in seiner Vorläufigkeit erkannt ist.[153]

---

149 Thomas Stahlberg, Seelsorge im Übergang zur ‚modernen Welt'. Heinrich Adolf Köstlin und Otto Baumgarten im Kontext der Praktischen Theologie um 1900, Göttingen 1998, 292.
150 A. a. O., 295.

151 Vgl. dazu die Einheit 2.
152 Eduard Thurneysen, Die Lehre von der Seelsorge, München 1948, 87.
153 A. a. O., 114.

Indem das Seelsorgegespräch sehr stark theologisch bestimmt wird, rückt es wieder stärker an das Beichtgespräch heran. Zwar wird neben dem Hören auf das Wort Gottes auch das Hinhören auf die Situation des Menschen in dieser Korrespondenz als unverzichtbar behauptet und psychologischen Kenntnissen eine auxiliare Bedeutung für die Seelsorge ausdrücklich zuerkannt, dennoch gerät die Seelsorge völlig in den Bann der Einseitigkeit theologischer Bestimmungen.

Thurneysen ist auch in der gegenwärtigen Poimenik wieder positiv aufgenommen worden.

Aufgabe 5

Lesen Sie: Dietrich Stollberg, Freiwillige Unfreiheit? Thurneysen, die Seelsorgebewegung und manche Vorurteile, in: WzM 60 (2008), 74–83. Welche Missverständnisse benennt Stollberg?

Die Seelsorgebewegung

Joachim Scharfenberg, einer der Protagonisten der psychoanalytisch orientierten Seelsorgelehre, kommentierte kurz vor seinem Tode im Jahr 1996 neuere Entwicklungen in der Poimenik mit den Worten: „Die Seelsorgebewegung ist nicht tot, aber sie wandelt sich."[154] Seine Bemerkung zielt auf diejenige Seelsorgebewegung seit den 60er Jahren, welche die Psychologie als wesentliche Bezugswissenschaft der Praktischen Theologie versteht und sich dementsprechend auf diese bezieht. In den Worten Scharfenbergs von der Wandlung der Seelsorgebewegung drückt sich sowohl die Behauptung aus, dass der Psychologie nach wie vor eine für die Praxis der Kirche wesentliche Bedeutung zukommen wird. Zugleich meldet sich hier aber auch die Besorgnis zu Wort, dass die Psychologie wie das sprichwörtliche Kind mit dem Bade ausgeschüttet zu werden drohe, wenn etwa die Notwendigkeit einer stärkeren Berücksichtigung der gesellschaftlichen Dimension seelsorgerlichen Handelns eingefordert wird. Anstelle von Absetzbewegungen für sorgsame Revisionen, mithin für eine Wandlung der Seelsorgebewegung zu plädieren, heißt, neue Forschungsperspektiven zu gewinnen und zugleich die Erträge der Pastoralpsychologie sichern zu wollen.

Seit Mitte der 90er Jahre ist dann auch zu beobachten, dass psychologische und soziologische Perspektiven verbunden werden zu integralen poimenischen Konzepten, die Individuum und Gesellschaft gleichermaßen und zwar in ihrer Bezogenheit aufeinander ins Verhältnis zu setzen suchen. Die Psychologie als diejenige humanwissenschaftliche Fachdisziplin, die Theorien zur Erklärung des menschlichen Seelenlebens bildet, ist gewiss ein notwendiger Gesprächspartner der Seelsorgelehre. Die Psychologie ist als Bezugswissenschaft der Poimenik demnach weder allererst zur Geltung zu bringen, noch zu verabschieden. Allerdings ist festzustellen, dass die Theologie sich mit der Seelsorgebewegung lediglich auf eine ganz bestimmte Psy-

---

154 Joachim Scharfenberg, Geleitwort, in: Isolde Karle, Seelsorge in der Moderne. Eine Kritik der psychoanalytisch orientierten Seelsorgelehre, Neukirchen-Vluyn 1996, VIIf: VIII.

chologie, nämlich vornehmlich die Tiefenpsychologie bezogen hat und bezieht, die sie im Konzept der Pastoralpsychologie ausgebildet hat.

Die Pastoralpsychologie ist eine Selbstbeschreibung der Poimenik soweit sie psychologische und zwar im Wesentlichen tiefenpsychologische Theorieelemente und Methoden der Gesprächsführung für das praktische Feld von Pfarrerinnen und Pfarrern fruchtbar zu machen sucht. Klaus Winkler, neben Dietrich Stollberg und Joachim Scharfenberg einer der Exponenten der Seelsorgebewegung, formulierte: Pastoralpsychologie ist als „die unserer Situation entsprechende anthropologische Wahrnehmungsfunktion einer praxisbezogenen Theologie aufzufassen".[155] Und Dietrich Stollberg sehr pointiert: „Seelsorge ist Psychotherapie im kirchlichen Kontext."

Der Rekurs auf psychotherapeutische Methoden und tiefenpsychologische Theoriebildungen insbesondere freudscher Prägung hat sich in der poimenischen Theoriebildung weitgehend durchgesetzt – und besonders wirkungsstark in der Ausbildungspraxis etabliert. Michael Klessmann hat in seiner 2004 vorgelegten umfänglichen Pastoralpsychologie das tiefenpsychologische Paradigma zwar um eine knappe Einführung in verhaltenstherapeutische, gestalttherapeutische, körpertherapeutische und systemische Konzepte im Sinne einer „Collage"[156] ergänzt, er plädiert aber nach wie vor für eine Dominanz[157] des psychoanalytischen Ansatzes. Im Folgenden werden wir uns mit einem klassischen pastoralpsychologischen Konzept exemplarisch beschäftigen, bevor wir auf neuere Seelsorgekonzepte eingehen.

⌐ Aufgabe 6 ───

Lesen Sie Joachim Scharfenberg: Einführung in die Pastoralpsychologie, Göttingen 1985 (²1990/unveränd. Nachdr. der 2. Aufl. 1994), darin §§ 7f (51–67). Welche Funktionen haben nach Scharfenberg Konflikte und Symbole für das seelsorgerliche Gespräch?
Lesen Sie weiter § 24 (221–232). Erläutern Sie das Schaubild (225): Welche Bedeutung hat das Kreuz als Symbol im Zentrum der Seelsorge?

Deutlich wird, dass die Pastoralpsychologie an die Tiefenpsychologie insbesondere mit dem Symbolverständnis und Freuds Seelenkunde anknüpft, aber auch eigene theologische Akzente setzt (das Kreuz als Symbol) und die seelsorgerlichen Gesprächskontexte von Pfarrerinnen und Pfarrern in Blick hat. Deutlich wird auch, dass die Pastoralpsychologie sich als ein Ausbildungskonzept versteht, dass die Selbstwahrnehmung des Pfarrers/der Pfarrerin stärken will. Dass der Person des Pfarrers/der Pfarrerin eine bedeutende Rolle zukommt, die man nicht einfach ausklammern kann, sondern mit der man wahrnehmungssensibel und selbst-bewusst umgehen muss, ist eine wichtige Einsicht der Pastoralpsychologie.

---

155 Klaus Winkler, Die Funktion der Pastoralpsychologie in der Theologie, 1974, zitiert nach Friedrich Wintzer, Seelsorge. Texte zum gewandelten Verständnis und zur Praxis der Seelsorge in der Neuzeit (ThB 61), München 1985, 209–219.

156 Michael Klessmann, Pastoralpsychologie. Ein Lehrbuch, Neukirchen-Vluyn 2004, 54.
157 „Trotzdem bleibt der psychoanalytische Ansatz dominant", a.a.O., 28.

Gegenwärtige Ansätze

Gegenwärtig haben wir es mit vielen verschiedenen Seelsorgekonzepten zu tun. Neben der Fortführung der Pastoralpsychologie durch Michael Klessmann und Jürgen Ziemer war bereits oben von einer Rückbesinnung auf die Religionspsychologie die Rede und von einer soziologisch motivierten Kritik an einer einseitigen Orientierung der Seelsorgelehre an der Psychologie. Hinzu treten noch die systemische Seelsorge, die Alltagsseelsorge und die seelsorgerliche Biographiearbeit, die hier skizziert werden sollen.

Alltagsseelsorge

Der Alltag ist der Ort gelebter Religion. Er wird damit zum Kriterium für die Relevanz des christlichen Glaubens. Die gelebte Religion greift immer schon auf den Referenzrahmen zurück, den der Alltag selbst bereitstellt. Sie entsteht im Alltag, in Situationen, Momenten, die die Bewältigung von Alltag erforderlich machen. An diesen Orten, an denen der „Dauerablauf des individuellen Alltags in seiner Fraglosigkeit fraglich wird",[158] sind religiöse Entwürfe, Deutungen oder Statements im Kontext der Lebensführung gefragt. Die Alltagskommunikation stellt ein autoregulatives Mittel des Alltagslebens dar, das eine religiöse Valenz hat. Wolf-Dieter Stempel hat das Alltagsgespräch definiert als ein „Stück sozialer Praxis", die „nicht praktisch-funktional orientiert" ist und darum einen Freiraum für die identitätskonstruktive Selbstdarstellung von Subjektivität im Gegenüber zum anderen bietet.[159] Die Alltagsreligion kann bezogen sein auf die Erfassung eines größeren Daseinszusammenhanges, auf komplexere Symbole, auf explizit religiöse Einstellungen, aber die Bezogenheit ist nicht einseitig vorzustellen, so als wäre der Alltag lediglich das Anwendungsgebiet von Sinneinstellungen, die andernorts, außeralltäglich, erworben würden. Die Theologie kommt nicht erst dann ins Spiel, wenn es um Katastrophen und das Extraordinäre geht, sondern immer auch schon dann, wenn in den Alltag die Fragen nach den letzten Dingen einbrechen. Der Alltag ist immer auch schon ein Alltag der Auslegung.[160] Kulturhermeneutik fordert eine Auslegung der Kultur als der sinnstiftenden Ordnung des Alltags, die diesen immer schon alteriert und durch Rituale und Symbole das Nichtalltägliche im Alltäglichen präsent hält. Wolfgang Steck hat die Alltagsdogmatik als die „Ausformung einer in der Alltagsreligion

158 Wolf-Dietrich Bukow, Zur Selbstrekonstruktion des Religiösen im systemischen, lebensweltlichen und kommunikativen Kontext, in: Wolf-Eckart Failing/Hans-Günter Heimbrock/Thomas A. Lotz (Hg.), Religion als Phänomen. Sozialwissenschaftliche, theologische und philosophische Erkundungen in der Lebenswelt, Berlin/New York 2001, 121–143: 137.

159 Wolf-Dieter Stempel, Bemerkungen zur

Kommunikation im Alltagsgespräch, in: Karlheinz Stierle/Rainer Warning (Hg.), Das Gespräch, Poetik und Hermeneutik XI, München 1984, 151–169.

160 Hans-Georg Soeffner, Auslegung des Alltags – Der Alltag der Auslegung. Zur wissenssoziologischen Konzeption einer sozialwissenschaftlichen Hermeneutik, Frankfurt am Main 1989.

verankerten Reflexionskultur" entfaltet.[161] Eberhard Hauschildt hat sich von den Überlegungen Stecks anregen lassen zu einer empirischen Studie über den Geburtstagsbesuch.[162] Die sozio-linguistische Analyse der Gesprächstranskripte zeigt, dass der Besuch des Pfarrers/der Pfarrerin mehr als oberflächlichen Small Talk veranlasst, sondern der Alltag gewichtige religiöse Gesprächsthemen generiert und eigene seelsorgliche Vergewisserungsstrategien bereitstellt.

Seelsorge und Lebensgeschichte
Die Aufmerksamkeit für die Lebensgeschichte als Kontext der Seelsorge ist ein breiter Forschungsansatz, der an dieser Stelle nur in einer Richtung verfolgt werden soll. Henning Luther hat die Bedeutung der Lebensgeschichte für die Seelsorgelehre mit dem Begriff des Fragments präzisiert. „Blickt man auf [...] menschliches Leben insgesamt, d. h. sowohl in seiner zeitlichen Erstreckung als auch in seiner inhaltlichen Breite, so scheint mir einzig der Begriff des Fragments als angemessene Beschreibung legitim."[163] Die Idee, die sich mit dem Begriff des Fragments verbindet, ist die, dass ein Mensch stets nur ein Bruchstück dessen verkörpert, was er sein könnte oder sein wird. Der Begriff reduziert den Menschen allerdings nicht auf das, was er ist, sondern sieht ihn auch im Zusammenhang eines größeren Ganzen. Darin liegt die theologische Dimension der Seelsorge, die sich an der Lebensgeschichte als Fragment orientiert. Das Bruchstückhafte muss nicht zugunsten einer falschen Ganzheitsvorstellung verleugnet werden, sondern kann gerade als das, was es ist, gewürdigt werden, ohne darauf reduziert zu werden. Im Bruchstück steckt schon der Verweis auf das Ganze.

Systemische Seelsorge
Die systemische Seelsorgelehre ist eine Fortführung von Konzepten der Seelsorge und Therapie, die nicht das Individuum in das Zentrum praktischer und theoretischer Bemühungen stellen und dann erst von dem Einzelnen her die Beziehungssysteme in den Blick nehmen. Der systemische Ansatz verfährt anders. „Nun rücken differenzierte, flexibel strukturierte und sich wandelnde Beziehungssysteme in den Mittelpunkt der seelsorgerlichen Bemühungen."[164] Nach wie vor steht der einzelne Mensch im Mittelpunkt, aber Probleme und Schwierigkeiten werden „auch als Symptome entgleisender Prozesse und nicht zweckdienlicher Strukturen in einem Beziehungssystem verstanden".[165] Seit den 50er Jahren sind Ansätze der systemischen Therapie rekonstruierbar. Diese haben sich zum Teil nebeneinander entwi-

161 Wolfgang Steck, Alltagsdogmatik. Ein unvollendetes Projekt, in: PTh 94 (2005), 287–307. Diesem Aufsatz geht ein Artikel voraus, der bereits in diese Richtung weist: Ders., Der Ursprung der Seelsorge in der Alltagswelt, in: ThZ 43 (1987), 175–183.
162 Alltagsseelsorge. Eine sozio-linguistische Analyse des pastoralen Geburtstagsbesuches, Göttingen 1996.

163 Henning Luther, Identität und Fragment. Praktisch-theologische Überlegungen zur Unabschließbarkeit von Bildungsprozessen, in: ThP 20 (1985), 317–338.
164 Christoph Morgenthaler, Systemische Seelsorge. Impulse der Familien- und Systemtherapie für die kirchliche Praxis, Stuttgart ⁴2005, 16.
165 Ebd.

ckelt. Eine herausragende Gründergestalt, wie dies in der Tiefenpsychologie der Fall ist, ließe sich hier nicht benennen. Erst in den letzten 10–15 Jahren ist im Zuge einer stärkeren soziologischen Perspektive auf die Seelsorge auch die systemische Seelsorge zur Geltung gekommen. Dieser Perspektivwechsel ist in dem Lehrbuch von Christoph Morgenthaler verdichtet nachzulesen.

Aufgabe 7

Lesen Sie Morgenthaler, Systemische Seelsorge (s. o. Anm. 163), 15–24. Inwiefern ist systemische Seelsorge eine „alte neue Perspektive" (15)? Lesen Sie weiter 253–269. Wie wird die systemische Seelsorge theologisch begründet? Inwiefern wird die religionspsychologische Perspektive überschritten?

Über die hier – nur in Ausschnitten – präsentierte Darstellung von Seelsorgeansätzen hinausgehend ist die Diversifizierung der Seelsorgelehre in Hinsicht auf einzelne Zielgruppen (Kinder, ältere Menschen, Kranke, Trauernde usw.) und Praxisfelder (Krankenhaus, Kasualie, Telefonseelsorge usw.) zumindest noch zu erwähnen. In den letzten Jahren hat insbesondere die Notfallseelsorge eine gewisse thematische Konjunktur gehabt. Noch offen ist, wie sich Seelsorgeangebote im Internet entwickeln werden. Insgesamt wird man aber sagen können, dass die Seelsorge ein Bereich kirchlicher Arbeit ist, der mit einer hohen Akzeptanz rechnen darf. Immerhin gaben 79% (ev. West) und 85% (ev. Ost) der Befragten im Rahmen der letzten Kirchenmitgliedschaftsuntersuchung[166] an, dass es zu den wichtigen und sehr wichtigen Aufgaben von Pfarrerinnen und Pfarrern gehöre, mit Menschen über ihre Nöte zu sprechen. Damit rangiert dieser Zustimmungswert noch vor dem der Verkündigung.

Arbeitsvorschläge für Gruppen

1. Stellen Sie einander durch Referate aus dem Handbuch Praktische Theologie (hg. von Wilhelm Gräb/Birgit Weyel), Gütersloh 2007, folgende Artikel vor: Christoph Morgenthaler, Art. Beratung (446ff); Jörg Herrmann, Art. Seniorenarbeit (687ff); Uta Pohl-Patalong, Art. Seelsorge (675ff).
2. Verschaffen Sie sich einen Überblick über Ansätze und Reflexionsperspektiven (Kap. 3) im Handbuch der Seelsorge. Grundlagen und Profile, Leipzig 2007, 7–9.

---

166 Kirche in der Vielfalt (s. o. Anm. 15), 452.

14. Die Bibel im Seelsorgegespräch

A. Problemskizze

Wer sich nach sorgfältigen exegetischen und systematischen Studien der Frage nach der Rolle der Bibel für die Seelsorge nähert, wird bald die damit verbundene Verunsicherung empfinden. Die Seelsorgesituation ist viel weniger greifbar als Predigt, Gottesdienst und Unterricht es sind. Für diese kann man sich durch das Theologiestudium zu Recht gut ausgebildet fühlen: Im Gottesdienst begegnet die Bibel in den Lektionen, in der Predigt ist sie homiletisch auszulegen, im Unterricht können Fragen gemeinsam beantwortet werden – der Informationsvorsprung der Studierten ist dabei hilfreich, gerade um die Eigentätigkeit der Unterrichteten anzuregen.

Ganz anders verhält es sich im Einzelgespräch. Dort wird von der Pfarrerin oder dem Pfarrer gerade nichts vorgegeben, kein Predigttext, kein Unterrichtsmaterial. Der Inhalt ist vielmehr die individuelle Lebensgeschichte, die aktuelle Situation des Gegenübers. Insofern liegt es nahe, der goldenen Regel zu vertrauen, die auch Gemeindeglieder gut kennen: Zuhören geht vor Reden. Die Lebensprobleme der Gemeindeglieder stehen dann im Vordergrund, diese fühlen sich verstanden und schöpfen daraus neue Kraft. Ist nicht eine derartige Seelsorge hilfreicher als das Zitieren von Bibelstellen? Diese Frage zu bejahen hat eine große Erleichterung zur Folge. Man kann – ohne unbedingt auf die Bibel kommen zu müssen – sich ganz auf den anderen einlassen.

Da erhebt sich jedoch die Gegenfrage: Ist das überhaupt noch professionelle Seelsorge – oder handelt es sich um ein Gespräch, das besser die Nachbarin führen könnte (weil sie ohne kirchliches Amt weniger Distanz empfinden lässt) oder der Gesprächspsychotherapeut, der sein Handwerk gelernt hat? Weil die Bibel im Mittelpunkt des Selbstverständnisses von Theologinnen und Theologen steht, kann die Frage nach der Rolle der Bibel in der Seelsorge nicht beiseite gelassen werden. Die ganz praktischen Probleme des Pfarramtsalltags finden sich dementsprechend auch als Leitfragen der wissenschaftlichen Poimenik wieder.

B. Positionen und Argumentationen

Auch die Frage des Bibelgebrauchs in der Seelsorge hängt mit dem pfarramtlichen Selbstverständnis zusammen – als Prediger(in), als Helfer(in), als Lehrer(in) oder als Visitator(in) der Gemeindeglieder. Letzteres hat Tradition vor allem in der reformierten Kirche,[167] während die lutherische Kirche lange diskutierte, ob überhaupt individuelle Seelsorge („cura animarum specialis") sein müsse – dienten doch Gottesdienst und Unterricht ebenfalls der allgemeinen Sorge um die Seelen der Gemeindeglieder (darum auch „cura animarum generalis" genannt).

Fraglich wurde die Rolle der Bibel erst, als der Pfarrer-*Beruf* sich aus dem Pfarr-*Amt* heraus entwickelte.[168] In der zweiten Hälfte des 19. Jahrhunderts entstehen die wissenschaftliche Praktische Theologie und die wissenschaftliche Poimenik. Diese beschäftigen sich mit den professionellen Aufgaben des Pfarrberufes und geben nicht mehr nur Erfahrungswerte weiter (wie die vorherige „Pastoraltheologie"). Kennzeichen ist im Hinblick auf die Seelsorge die Differenzierung. Das Bibelwort ist auf dem Hintergrund der unterschiedlichen Lebenssituationen und Personen auszuwählen und zuzuspitzen. Seit Carl Immanuel Nitzsch (1787–1868) hat sich die Einteilung in die drei Grundsituationen des leidenden, des sündigenden und des irrenden Menschen eingebürgert, und die professionelle Differenzierungsleistung hat den Namen „Orthotomie" erhalten.[169] Ernst Christian Achelis definiert die Orthotomie als „die *richtige Scheidung, Einteilung, Austeilung, Anwendung* des *göttlichen Wortes* für die verschiedenen Zustände und Bedürfnisse des einzelnen."[170] Es müsse ermittelt werden, welches das passende Wort in der konkreten Situation sei, „ob Abrahams Gehorsam, ob Davids Sünde, Buße, Gebet, ob Assaphs Missmut und Demut, ob Salomos Gebet oder Salomos Versuchung und Fall usw."[171]

Wie die PT um 1900 überhaupt differenzierte (zwischen regionalen Gegebenheiten sowie verschiedenen Ständen und Lebensaltern, vgl. dazu Einheit 4), so differenzierte sie im Anschluss an Nitzsch also auch hinsichtlich des Bibelgebrauches in der Seelsorge. Die Konzentration auf die Rechtfertigungslehre in der Seelsorgetheorie der dialektischen Theologie wird man demgegenüber zunächst als einen Verlust an Differenzierung einordnen müssen. Beim frühen Eduard Thurneysen (1888–1974) ist die Seelsorge allein auf den sündigen Menschen (im Licht der Gnade Gottes) konzentriert. Der leidende und der irrende Mensch sind nach dieser Vorstellung bereits durch die grundlegende rechtfertigungstheologische Bestimmung des Menschen erfasst. Seelsorge wird definiert als „Verkündigung des Wortes Gottes".[172] Da-

---

167 Von Johannes Calvin wurde 1550 in Genf die regelmäßige Hausvisitation eingeführt. Über die Praxis der reformierten „Hausbesuchung" noch in diesem Jahrhundert (in Ostfriesland) lese man die Schilderung bei Ernst Chr. Achelis, Lehrbuch der praktischen Theologie, Bd. 3, Leipzig ³1911, 18.

168 Dazu Genaueres bei Reinhard Schmidt-Rost: Seelsorge zwischen Amt und Beruf. Studien zur Entwicklung einer modernen evangelischen Seelsorgelehre seit dem 19. Jahrhundert, Göttingen 1988, bes. 31–76. Daneben hält sich aber auch ein weniger professionelles, eher bürgerliches Verständnis. Bei Alfred Krauss, Lehrbuch der Praktischen Theologie, Bd. 2, Freiburg 1893 ist ein Ka-

pitel der Poimenik (403–425) überschrieben: „Der Geistliche als christlicher Hausfreund".

169 Carl I. Nitzsch, Praktische Theologie III, 1, Bonn 1857, 168–181, dort 169f: „es kommt nur eben auf das Maaß von Schriftgedächtniß und Schrifterfahrung und auf das *divinatorische Mitgefühl* mit dem vorliegenden Bedürfnisse, welches dem Seelsorger beiwohnt, an, um den *Incidenzpunct* zu treffen, auf welchem jedesmal das Wort Gottes auf seinen Empfänger und dieser auf jenes wartet." (Hervorhebungen im Original).

170 Achelis, Lehrbuch (s. o. Anm. 166), 86, Hervorhebungen dort.

171 A. a. O., 87.

172 Eduard Thurneysen, Rechtfertigung und

raus folgt: „Wir haben im seelsorgerlichen Gespräch in spezieller Weise zu verkündigen, was wir auf der Kanzel der ganzen Gemeinde verkündigen: die Botschaft von der in Christus ergehenden Anrede Gottes an den Sünder."[173]

Einen anderen Akzent setzt Thurneysen dann in seiner erstmals 1948 erschienenen „Lehre von der Seelsorge". Im Seelsorgegespräch habe es darum zu gehen, alle Probleme unter der Gnade Gottes zu betrachten, so dass „das göttliche Vorurteil über allem menschlichen Geschehen"[174] deutlich werde. Das göttliche Vorurteil soll die menschlichen Vorurteile durchbrechen. In diesem Zusammenhang schreibt Thurneysen das später immer wieder diskutierte Kapitel mit der Überschrift „Der Bruch im seelsorgerlichen Gespräch". Das Gespräch wird geführt, damit es „im Gespräch selber zu der großen, seelsorgerlichen Wendung, der Störung und Brechung des Gespräches durch das Hören auf das Wort Gottes komme."[175] Der Inhalt des so verstandenen Seelsorgegesprächs ist die Vergebung der Sünden (§8, „Der Inhalt des seelsorgerlichen Gesprächs"). Eine konkrete Anweisung zur Verwendung bestimmter biblischer Texte gibt Thurneysen jedoch nicht. Lapidar bemerkt er: „Über den konkreten Vollzug des so zu führenden seelsorgerlichen Gespräches lassen sich keine ins Einzelne gehenden Regeln aufstellen [...]",[176] es habe die „Lindigkeit" (Phil 4,5), etwas Freudiges über dem Gespräch zu liegen.[177] Der Inhalt der Bibel ist demgemäß in der Rechtfertigungslehre zusammengefasst, die „Orthotomie" ist für alle die gleiche: die Ausrichtung der Sündenvergebung. Explizit erwähnt Thurneysen in diesem Kontext etwa Jugendliche mit Sexualproblemen.[178]

Noch einmal 20 Jahre später veröffentlicht Thurneysen den Ertrag seiner Erfahrungen als Seelsorger in dem Buch „Seelsorge im Vollzug"[179] (er war ein häufig aufgesuchter Seelsorger in Basel). Auch hier macht Thurneysen weniger biblische Einzeltexte zu Gesprächsinhalten, sondern vielmehr das biblische Evangelium als ganzes bestimmt die Grundhaltung in Ehefragen, am Kranken- und Sterbebett sowie in der Begleitung Trauernder. Scheint die Metapher vom „Bruch" im Gespräch etwas Gewaltsames zu haben, so war Thurneysen selbst als Seelsorger offensichtlich verständnisvoll und zugewandt.

Aufgabe 1

Die Frage beim Studium der drei gewichtigen Äußerungen Thurneysens (1928–1948–1968) lautet: Liegt eine Entwicklung vor, oder steht das Grundkonzept über die Jahrzehnte hinweg fest, und welche Rolle spielen jeweils die konkreten biblischen Texte? Vergleichen Sie E. Thurneysen, Rechtfertigung und Seelsorge von 1928 (s. o. Anm. 171) und ders., Die Lehre von der Seelsorge von 1948 (s. o. Anm. 173), 114–128 (§ 7 zum „Bruch" im seelsorgerlichen Gespräch). Inwiefern hat sich Thurneysens Konzept in den 20 Jahren verändert?

Seelsorge, in: Zwischen den Zeiten 6 (1928), 197–218, zit. nach Friedrich Wintzer (Hg.), Seelsorge. Texte zum gewandelten Verständnis und zur Praxis der Seelsorge in der Neuzeit, München ³1988, 73–94, Zitat 86.
173 A. a. O. 88.
174 Eduard Thurneysen, Die Lehre von der Seel-

sorge, Zürich ³1965 [1948], 115. Das Buch wurde 1994 neu aufgelegt (⁷1994).
175 A. a. O., 121.
176 A. a. O., 139.
177 A. a. O., 141.
178 A. a. O., 146f.
179 Ders., Seelsorge im Vollzug, Zürich 1968.

Vor der Kritik an Thurneysen muss der andere große Name kurz erwähnt werden, der mit ihm zusammen die „kerygmatische" oder „verkündigende" Seelsorge ausmacht: Hans Asmussen (1898–1968). Sein Buch „Die Seelsorge" von 1933[180] gewinnt (trotz der uns heute eher martialisch anmutenden Sprache) im Grunde die Differenzierung von Nitzsch und Achelis zurück. Zwar ist die Seelsorge „die Verkündigung des Wortes Gottes an den einzelnen" und „geschieht von Mann zu Mann".[181] Aber von dieser letztlich in die Beichte mündenden Seel*sorge* unterscheidet Asmussen die Seelen*führung*. Diese ist *nicht* die Vorstufe der Seelsorge,[182] sondern ein ihr zugeordnetes, eigenes Genus. Die „Seelenpflege" verkündigt nicht das Wort, sondern macht mit ihm bekannt. Es handelt sich demnach um den katechetischen (religionspädagogischen) Aspekt der Seelsorge. Von „Belehrung" ist in den folgenden Kapiteln bei Asmussen denn auch viel die Rede: „Vermittlung der Lehre von der Taufe", „Belehrung" in der Trauung, für die Beerdigung gilt: „Die Belehrung erstreckt sich in besonderer Weise auf das Leben nach dem Tode." (Bei den Seiten XVIII–XX, dem Inhaltsverzeichnis, handelt es sich um ein 8-seitiges Exzerpt des Buches, das einen guten Überblick verschafft und zeigt: Fast die Hälfte des Buches, 80–183, handelt von der Kasualseelsorge. Das interessanteste Kapitel ist übrigens das letzte mit der geheimnisvollen Überschrift „Das Andere", 212–229.).

Aufgabe 2

Vergleichen Sie die Seelsorgetheorien des Lutheraners Asmussen und des reformierten Theologen Thurneysen im Hinblick auf die im „3. Reich" umstrittene Reihenfolge „Gesetz und Evangelium" oder „Evangelium und Gesetz"[183] anhand von H. Asmussen, Die Seelsorge (s. Anm. 179), 43f und E. Thurneysen, Die Lehre von der Seelsorge (s. Anm. 173), 225 (die These zum Kapitel über Evangelium und Gesetz in der Seelsorge).

Asmussen wie Thurneysen wurden von der therapeutisch orientierten Seelsorgebewegung scharf kritisiert. Der klassische Text hierzu ist Joachim Scharfenbergs Abschnitt „Der Missbrauch des Gesprächs in der evangelischen Seelsorge" in seinem Buch „Seelsorge als Gespräch". Das Gespräch werde nur geführt, damit das Gemeindeglied „Angriffsflächen bietet und so in seinen Worten verhaftet werden kann. Eigentlich befindet sich der Gesprächspartner in der Rolle des Hörers, aber er soll auch reden, damit er sich verrät."[184] Interessant dürfte es für das Studium dieses

---

180 Hans Asmussen, Die Seelsorge. Ein praktisches Handbuch über Seelsorge und Seelenführung, München 1933, [4]1946. Zitiert wird im Folgenden aus der zweiten Auflage (1934).
181 A. a. O., Leitsätze zum 2. Kapitel „Das Wesen der Seelsorge".
182 A. a. O., „*Seelenführung* [...] ist damit sowenig die Vorstufe der Seelsorge, wie das Gesetz die Vorstufe des Evangeliums ist." (Hervorhebung im Original) Dass die Seelsorge auch weiterhin eine katechetische Dimension hat, zeigt Wilfried Engemann, Das Lebenswissen des Evangeliums in

seinem Bezug zur Seelsorge, in: Ders. (Hg.), Handbuch der Seelsorge, Leipzig 2007, 467–473.
183 Karl Barth, Evangelium und Gesetz, München 1935 (= TEH 32). Dazu s. jetzt auch Michael Meyer-Blanck, Theologische Implikationen der Seelsorge, in: Engemann, Handbuch (s. Anm. 182), 19–33: 23–26.
184 Joachim Scharfenberg, Seelsorge als Gespräch, Göttingen 1972, 14–19, Zitat 14. Das Buch wurde zuletzt 1991 (in 5. Auflage!) gedruckt.

Abschnitts sein, Thurneysens Kapitel zum „Bruch", Asmussens Äußerungen dazu sowie die Kritik Scharfenbergs daran miteinander zu vergleichen.

Aus Scharfenbergs Gesprächskonzeption ist die Bibel dann so gut wie verschwunden. Auch bei Scharfenbergs Buch lohnt schon die Lektüre der Kapitelüberschriften und der zugehörigen ausführlichen Thesen: Die Suche nach den darin begegnenden theologischen Bezugspunkten ist sehr aufschlussreich. Eindeutig dominieren die therapeutischen Kategorien. Scharfenbergs Thurneysen-Kritik wurde 1985 ihrerseits kritisiert von Wolfram Kurz. Seine These: *Jedes* Gespräch hat eine „Bruchlinie", nicht nur das seelsorgerliche, sondern auch das therapeutische Gespräch. Zu streiten ist nach Kurz lediglich „über die theologische bzw. weltanschauliche Grundorientierung, welche den jeweiligen Bruch erzeugt".[185]

Die Diskussion zum Thema war im Hinblick auf die biblischen Texte in der Regel sehr allgemein: Keiner der immer wieder genannten Autoren hat den Gedanken von C.I. Nitzsch über die Verwendung einzelner Bibeltexte weiter spezifiziert („Orthotomie"). Eine Ausnahme stellte in den siebziger Jahren die Konzeption von Helmut Tacke dar, die unter dem Titel „Glaubenshilfe als Lebenshilfe" als dezidierter Kontrapunkt zu der damals breit rezipierten therapeutischen Seelsorge formuliert worden war. Tacke war davon ausgegangen, dass die biblischen Texte selbst ein therapeutisches Potential enthalten. So galten ihm die Psalmen als Sprachhilfe in Depressionen: „In der Sprachschule der *Bibel* ist eine Sprache zu lernen, die auch am Abgrund depressiver Versunkenheit nicht zu verstummen braucht."[186]

In den neunziger Jahren hat Tackes Schüler Peter Bukowski dessen Ansatz weiterentwickelt.[187] Er nennt erstmals Beispiele für die („therapeutische") Verwendung einzelner biblischer Texte im Seelsorgegespräch. Bei Bukowski besteht der entscheidende neue Schritt gegenüber der kerygmatischen Seelsorge darin, dass die biblischen Texte das Gespräch nicht *abschließen* („zubinden", „kerygmatisch abrunden"), sondern neu *eröffnen*. Der biblische Text soll ein neues Spiel ermöglichen, oder um das Bild weiterzuführen: Die Karten des vorliegenden Settings sollen neu gemischt werden. „Wir können mit einer Geschichte eine neue Sichtweise ins Gespräch bringen, aber wir dürfen nicht das Thema wechseln!"[188] Dabei soll der Text eher beiläufigen (also nicht pastoral-schwergewichtigen) Charakter haben. Kurz soll er vor allem sein und nicht predigend, sondern eher experimentell eingebracht werden – „desto mehr wird er die ihm eigene Dynamik entfalten können."[189]

---

185 Wolfram Kurz, Der Bruch im seelsorgerlichen Gespräch. Zum Sinn einer verfemten poimenischen Kategorie, in: PTh 74 (1985), 436–451: 444, dort kursiv. Als Pendant dazu studiere man die therapeutische Gegenlektüre von Thurneysens Poimenik durch Wilhelm Gräb, Deutungsarbeit. Überlegungen zu einer Theologie therapeutischer Seelsorge, in: PTh 86 (1997), 325–340.
186 Helmut Tacke, Glaubenshilfe als Lebenshilfe. Probleme und Chancen heutiger Seelsorge, Neu-

kirchen-Vluyn ²1979 [1975], 126 (kursiv im Original). Genannt sind dort Verse aus vier Klagepsalmen. Zu vergleichen ist auch 97, wo die von Thurneysen genannte Stelle Phil 4,4f auf Eheprobleme zu beziehen gesucht wird.
187 Peter Bukowski, Die Bibel ins Gespräch bringen. Erwägungen zu einer Grundfrage der Seelsorge, Neukirchen-Vluyn ⁵2004 [1994].
188 A.a.O., 62.
189 A.a.O., 63.

Will man von diesem Ansatz her weiterarbeiten, müssten Kriterien zusammengestellt werden, unter welchen Bedingungen und in welcher Form (Geschichte, Satz, Frage) bestimmte biblische Texte seelsorgerliche Gespräche neu qualifizieren könnten.[190] Dabei ist zu beachten, dass die Texte nicht als solche ihre Kraft entfalten, sondern nur als Kommunikationsmittel zwischen bestimmten Menschen. Von daher wäre es völlig abwegig, Listen mit Bibelworten für Seelsorgesituationen zu formulieren. Eine sinnvolle Übertragbarkeit ergibt sich allerdings, wenn auf bestimmte Grundgefühle wie Freude, Angst, Trauer, Scham, Schuld oder Wut geachtet wird. Diesen Weg beschreitet das von der „Liturgischen Konferenz" herausgegebene „Neue Evangelische Pastorale". Es ist nach den genannten Gefühlen gegliedert und enthält darüber hinaus kleine liturgische Formen für die Seelsorge.[191]

Aufgabe 3

Lesen Sie Bukowski, Bibel (s. o. Anm. 186), 55–58. Überlegen Sie weitere mögliche Beispiele zur analogen Verwendung biblischer Texte. Stellen Sie sich eine kleine individuelle Sammlung mit biblischen Texten zusammen, die Sie sich für eine eigene „orthotomische" Verwendung vorstellen können.

In ähnlicher Weise wie Bukowski hat auch Isolde Karle[192] das semantische „Störungspotential" biblischer Texte betont.[193] Sie greift auf zeichentheoretische Überlegungen zurück, insbesondere aber auf den systemischen Therapieansatz.[194] In Bezug auf die Bibel heißt es: „Die biblischen Metaphern und Geschichten [...] konfrontieren demnach mit einem Wirklichkeitsverständnis, das die alltäglichen Wahrnehmungsmuster, Zuordnungen und ‚Spiele ohne Ende' stört [...] – und darin liegt ihre kreative Kraft."[195] Abschließend bemerkt Karle, unter dieser Perspektive könne auch Thurneysens Vorstellung vom „Bruch" im Seelsorgegespräch wieder in die gegenwärtige Seelsorgelehre integriert werden.[196]

---

190 Damit liegt eine Parallele zur semiotisch verstandenen Homiletik vor, die ebenfalls nicht Aussagen über einen biblischen Text vermitteln will, sondern die Auslegung durch die Hörer selbst provozieren will (vgl. die beiden homiletischen Einheiten in diesem Buch sowie M. Meyer-Blanck: Der Ertrag semiotischer Theorien für die Praktische Theologie, in: BThZ 14 (1997), 190–219, bes. 201f).
191 Neues Evangelisches Pastorale. Texte, Gebete und kleine liturgische Formen für die Seelsorge, Gütersloh 2005; dazu ist erschienen: Gott ins Spiel bringen. Handbuch zum Neuen Evangelischen Pastorale, hg. im Auftrag der Liturgischen Konferenz von Klaus Eulenberger, Lutz Friedrichs und Ulrike Wagner-Rau, Gütersloh 2007.
192 Isolde Karle, Seelsorge in der Moderne. Eine Kritik der psychoanalytisch orientierten Seelsorgelehre, Neukirchen-Vluyn 1996. Exemplarisch

wird das Werk von Joachim Scharfenberg (1927–1996) kritisiert, wobei der Kritisierte wenige Monate vor seinem Tode ein nobles Vorwort beisteuerte.
193 A. a. O., 214–218.
194 Dazu sei das höchst informative und – man lese und staune – teilweise sogar vergnüglich zu lesende Buch empfohlen: Arist von Schlippe/Jochen Schweitzer, Lehrbuch der Systemischen Therapie und Beratung, Göttingen ²1996 [1996]. In der Seelsorge wurde in letzter Zeit viel der Ansatz von Christoph Morgenthaler diskutiert: Systemische Seelsorge. Impulse aus der Familien- und Systemtherapie für die kirchliche Praxis, Stuttgart ⁴2005 [1999]. Kurz zusammengefasst hat Morgenthaler seinen Ansatz in: Engemann, Handbuch (s. o. Anm. 181), 292–307.
195 Karle, Seelsorge (s. o. Anm. 191), 215.
196 A. a. O. 216f.

Lesen Sie Karle, Seelsorge in der Moderne (s. o. Anm. 191), 214–218 und vergleichen Sie ihre Definition des Bruchs im seelsorgerlichen Gespräch mit derjenigen von E. Thurneysen unter der Leitfrage: Welche unterschiedlichen Funktionen haben die biblischen Texte in diesen Konzeptionen?

C. Die Wiederentdeckung der Bibel für das Seelsorgegespräch als Aufgabe der Gegenwart

Gerade unser Thema zeigt, wie die Kenntnis der historischen Entwicklung helfen kann, die Einseitigkeiten bisheriger Positionen zu vermeiden. Der verkündigenden Seelsorge mangelte es an Differenzierung und an kritischer Selbstreflexion. Die *theologische* Autorität des Wortes Gottes wurde zu kurzschlüssig *methodisch* umgesetzt und das Konkrete unter die Kategorie der absolvierenden Verkündigung subsummiert. Die Seelsorgebewegung befreite sich von den überhöhten theologischen Ansprüchen – aber sie befreite sich de facto auch von der Bibel in der Seelsorgepraxis.

Die jüngste Diskussion zeigt aber, dass die Bibel wiedergewonnen werden kann, wenn sie nicht als *Verkündigungs-*, sondern als *Entdeckungspotential* für das seelsorgerliche Gespräch verstanden wird.[197] Dies entspricht im übrigen einer veränderten Sicht auch der Predigtaufgabe selbst (vgl. dazu auch die Einheiten 10 und 11 in diesem Buch). Die dogmatische Sicht der Predigt als Gotteswort und die methodische Sicht des tatsächlichen Predigtvorganges müssen sorgfältig unterschieden und dann wieder aufeinander bezogen werden. In der Homiletik kann es sich methodisch gesehen nicht darum handeln, den Hörenden das Wort Gottes gewissermaßen fertig und abgeschlossen zu servieren. Mit der rezeptionsästhetischen bzw. semiotischen Wende in der Homiletik wird die Eigentätigkeit beim Zuhören stärker betont. Die Predigt soll in das Spiel mit dem biblischen Text verwickeln.

Eduard Thurneysens Rede vom „Bruch" im seelsorgerlichen Gespräch lässt sich von daher neu interpretieren: Wenn man statt vom *Bruch* vom *Perspektivenwechsel* spricht, kann sich eine andere Funktion der Bibel ergeben: eröffnend, nicht abschließend, helfend, nicht autoritär. In diesem Sinne kann in einer Verbindung von Thurneysen und neueren homiletischen Einsichten formuliert werden: *Der „Bruch" kann nur vom Rezipienten selbst herbeigeführt werden, aber es ist die Aufgabe des/der Seelsorgers/in, solche biblischen Texte anzubieten, die die Wahrnehmung zu verändern helfen.* Die biblischen Inhalte sind damit weder überhöht noch suspendiert. Sie erhalten eine neue Funktion.

Der oftmals beklagte Traditionsabbruch kann in diesem Zusammenhang auch positive Seiten haben: Die biblischen Texte gewinnen an Neuigkeits- und Überraschungswert. Die Fähigkeit von biblischen Texten, die Wahrnehmung zu verändern (zu „brechen") steigt mit der Abnahme ihrer Bekanntheit. Dies ist eine besondere

---

197 Dazu vgl. ausführlich Michael Meyer-Blanck, Entdecken statt Verkündigen. Neue Chancen für die Bibel im Seelsorgegespräch, in: Lernort Gemeinde 16 (1998) Heft 1, 29–33 sowie ders., Die Bibel im Mittelpunkt des Seelsorgegesprächs, in: PThI 26 (2007), 175–185.

Chance, die biblisch-theologische Kompetenz einzuspielen. Das Gespräch mit dem Pfarrer/der Pfarrerin hat über psychologische Dimensionen hinaus etwas Spezifisches zu bieten, was es sonst (in der therapeutischen Szene) nicht gibt. Es muss sich allerdings wirklich um ein *Einspielen* biblischer Texte handeln. Weder wird dabei die Verkündigung die Kommunikation beenden dürfen, noch wird die Kommunikation den Klienten mit seiner (vertieften) Selbstwahrnehmung allein lassen dürfen (um die Extreme kerygmatischer und therapeutischer Seelsorge zu benennen).

Auf jeden Fall wird man sagen können, dass die Bibel sowieso immer im Hintergrund (wenn nicht im Mittelpunkt) des seelsorgerlichen Gespräches steht, weil kirchliche Seelsorger immer auch Repräsentanten der Überlieferung sind. Erst recht gilt das für evangelische Pfarrerinnen und Pfarrer. Denn jeder weiß, dass nicht das Amt oder die Institution, sondern das gepredigte Wort im Mittelpunkt des evangelischen Kircheseins steht. Nicht das „Ob" ist also die Frage für die Bibel in der Seelsorge, sondern das „Wie". Welche Funktion hat die Bibel? Praktisch kann die Verwendung der Bibel damit überraschender sein als in traditionsbewussten Zeiten. Die Geschichten des ermüdeten Elia, des verärgerten Jona, des ungläubigen Thomas oder des um seine Gemeinden kämpfenden Paulus sind von höherem Neuigkeitswert als in den Zeiten großer Bibelkenntnis. Während man früher die „fromme Wende" im Gespräch erwartete, wenn die Bibel zur Sprache kam, so wird man sich heute eher wundern, dass der Seelsorger auch noch etwas anderes kann als zuhören und sich zuwenden, nämlich Impulse setzen. Die veränderte Erwartungshaltung kann zu neuer Aufmerksamkeit führen.

Vorstellbar sind dabei nach den bisher angestellten Überlegungen folgende Möglichkeiten, die hier idealtypisch in fünf verschiedenen Kategorien benannt seien:

– *Kerygmatisch:* Ein biblischer Text wird als Trost oder als Vergebung zugesprochen (verkündigend, als Sündenvergebung). Selbstverständlich ist diese Verwendung nicht auszuschließen, sie darf aber nicht als einzige Möglichkeit missverstanden werden.

– *Empathisch:* Ein biblischer Text dient dazu, die Gefühle des anderen zur Sprache zu bringen. Dabei haben sich etwa die Klagepsalmen bewährt: Ein Gespräch wird mit den biblischen Worten nicht beendet, sondern vertieft. Das Leiden des Psalmisten gibt dem eigenen Leiden Sprache und hilft, dieses zu thematisieren.

– *Auffordernd:* Ein biblischer Satz dient als Impuls, um eine andere Sichtweise ins Gespräch zu bringen, ohne das Empfinden des Gegenübers zu ignorieren oder zu überspielen. Das gilt gerade auch dann, wenn der Satz provokativ wirkt. Die Auseinandersetzung mit einem solchen Satz kann auch als Hausaufgabe gegeben werden.

– *Alternativ:* Zwei einander widersprechender Sätze (s.o. mein Beispiel zu Lk 17,10 und Gal 5,1) werden als alternative Deutungspotentiale angeboten, ebenfalls ist dieses sinnvoll als Hausaufgabe. Dadurch wird gleichzeitig die Eigenverantwortung des Gegenübers herausgefordert und gestärkt.

– *Diskursiv:* Es ist schließlich daran zu erinnern, dass es auch im Seelsorgegespräch so etwas wie eine sachliche Auseinandersetzung um die kirchliche Lehre geben muss, etwa im Zusammenhang sich immer mehr verbreitender Reinkarnationsvorstellungen. Viele Pfarrerinnen und Pfarrer haben diese dogmatische Alltagskompetenz nicht erworben, sie streiten nicht, sondern verstehen alles oder setzen nur die biblische Sicht trotzig dagegen. Es kommt aber zunehmend darauf an, die evangelische Lehre auf dem Hintergrund gegenwärtiger Erfahrungen verständlich und plausibel zu machen. Im Seelsorgegespräch muss von daher auch gestritten werden – auch dies ist eine dritte Möglichkeit neben dem Verstehen und Verkündigen.[198]

Mit solchen Verwendungen biblischer Texte verlieren diese ihren autoritär-verkündigenden Beigeschmack, der die Bibel in der Poimenik so in Verruf gebracht hat. Sie werden so den Gemeindegliedern nicht „zugesprochen", sondern sie werden diesen selbst in die Hand gegeben. Für das professionelle Handeln ist dabei mehr gefordert als das bloße Zuhören, mehr aber auch als das bloße Zitieren von Bibelworten. Die biblischen Impulse müssen für die Person passend gesetzt werden, und zwar immer in der Haltung der spielerischen Hypothese, welche mehr Freiheiten und Handlungsmöglichkeiten eröffnet. Damit könnte die „Orthotomie" von C.I. Nitzsch und E.Chr. Achelis zurückgewonnen werden, ohne die Einsichten der Seelsorgebewegung zu verspielen.

Arbeitsvorschläge für Gruppen

1. Ein befreundetes Ehepaar in der Gemeinde (etwa aus einem Gesprächskreis) will sich trennen. Überlegen Sie eine Gesprächssituation und einen biblischen Text, der die Situation zu klären helfen könnte. Formulieren Sie in diesem Zusammenhang Kriterien für einen angemessenen Umgang mit der Tradition im Unterschied zu einem „verschweigenden" und einem „überstülpenden" Umgang mit Tradition.[199]
2. Bei einem Geburtstagsbesuch werden Sie gefragt: „Meine Großmutter sagte immer: ‚Wenn wir sterben, sind wir alle Engel und schweben um den Thron des Christkinds.' Ich weiß ja, dass das so nicht stimmt – aber wie ist es denn eigentlich im Himmel?" Überlegen Sie biblisch-theologische Aussagen und erproben Sie diese in einem Rollenspiel.
3. Spielen Sie die bei Hauschildt, Alltagsseelsorge (s. o. Anm. 161), 345 geschilderte Situation („Reinkarnation" beim Geburtstagsbesuch, besonders die Äußerung von Frau Fink, 345) durch und entwickeln Sie Gesprächsalternativen zu dem dort wiedergegebenen Verhalten des Pfarrers.
4. Bereiten Sie ein 10-minütiges Statement vor zu einem der beiden Themen:
   – Der „Bruch" im seelsorgerlichen Gespräch: Geschichte und gegenwärtige Bedeutung einer umstrittenen poimenischen Kategorie.[200]
   – Die Bibel im Seelsorgegespräch. Möglichkeiten und Gefahren im Gespräch mit einschlägiger Literatur.

---

198 Dazu vgl. ausführlicher Hauschildt, Alltagsseelsorge. (s. o. Anm. 161), 345–356.
199 Dazu vgl. Peter Bukowski, Die christliche Tradition im Blickpunkt der Seelsorge, in: Engemann, Handbuch (s. o. Anm. 181), 187–201. Bukowski weist zu Recht darauf hin, dass „Tradition" das überlieferte Gut und zugleich den Vorgang seiner Weitergabe bezeichnet (187, Anm. 1).
200 Es müsste nach dem oben Ausgeführten also unterschieden werden der „Bruch" als fundamentalpoimenische und als gesprächsmethodische Kategorie.

15. Religiöse Entwicklung

A. Problemskizze

Wenn ich das Wort Gott höre dann denke ich an einen Geist der einen ständig bewacht und lenkt, der einen führt, der einen vernichten kann wenn man Böses tut oder belohnt wenn man Gutes tut.
Maler, 3. Klasse Berufsschule

Gott stelle ich mir in der Natur vor. Er ist um die ganze Welt und schaut auf uns runter. *Als Kind war Gott für mich* auf einer Wolke, er hatte einen langen grauen Bart und war sehr alt, um ihn rum schwebten lauter Engel.
Friseuse, 3. Lehrjahr[201]

Die beiden Zitate zweier Berufsschüler illustrieren, wie unterschiedlich die Bilder und Vorstellungen sind, die sich Menschen von Gott machen. Das zweite Votum bezieht sich zurück auf eine inzwischen überholte Vorstellung, welche die Betreffende „als Kind" hatte. Gottesbilder und Glaubensvorstellungen variieren nicht nur von Mensch zu Mensch, sie entwickeln sich auch im Laufe eines Lebens.

Religion kommt eine grundlegende Funktion bei der Bewältigung des Lebens und der Konstruktion und Interpretation der individuellen Lebensgeschichte zu. Religion und Lebensgeschichte sind untrennbar miteinander verbunden. Diese enge Verbindung beinhaltet schon eine innere Dynamik. Denn der Lebens*lauf* bringt Veränderungen mit sich. Die auf den Lebenslauf bezogenen religiösen Deutungen und Bewältigungsstrategien müssen daher flexibel und elastisch genug sein, um den Veränderungen Rechnung zu tragen und den dadurch gegebenen Erfordernissen gerecht zu werden. Wenn einschneidende Erlebnisse, wie z. B. der Tod der Eltern oder der Verlust des Partners, und auch positive Ereignisse, wie die Geburt eines Kindes oder plötzlicher beruflicher Erfolg, eintreten, rufen diese in aller Regel krisenhafte Unsicherheiten hervor, die dann bewältigt und integriert werden müssen. Da die Religiosität des Menschen mit seinem Leben verflochten ist, ist sie einem steten Entwicklungsprozess unterworfen. Diese Entwicklung geschieht lebenslang. Sie ist nicht etwa, wie manche Entwicklungsmodelle nahe legen, mit dem Erreichen des Erwachsenenalters abgeschlossen.

Den Zusammenhang von Lebensgeschichte und Religion fasst Friedrich Schweitzer einprägsam zusammen: Die Lebensgeschichte ist der „Ort von Religion", in dem Religion und Glaube auf lebensgeschichtlich aufbrechende Fragen bezogen sind. Die

---

201 Beide Zitate sind Robert Schuster (Hg.), Was sie glauben. Texte von Jugendlichen, Stuttgart 1984, den Texten 25/0459 (S. 133) und 14/0236 (S. 76), entnommen.

Lebensgeschichte ist der „Weg der Bildung religiösen Verstehens", weil sich religiöses Verstehen in spezifischen Krisen und beschreibbaren Phasen lebenslang entwickelt. Schließlich ist die Lebensgeschichte der „Horizont der Plausibilität von Religion", indem der Glaube seine Bedeutung für die Konstruktion der individuellen Lebensgeschichte erweist.[202] In religionssoziologischer bzw. in religionspsychologischer Perspektive lassen sich die wesentlichen Leistungen der Religion mit den Stichworten Identitätskonstruktion und Kontingenzbewältigung schlagwortartig und zusammenfassend benennen.[203] Identität und Kontingenz lassen sich nicht trennscharf voneinander unterscheiden. Es geht zum einen darum, sich eine Identität zu bilden, indem man sich über die Frage Rechenschaft ablegt, wer man ist und hier besonders das Unverwechselbare des eigenen Selbst herausstreicht. Zum anderen geht es darum, die eigene Lebensgeschichte zu interpretieren, sich zu dieser interpretierend, fragend und verstehend zu verhalten, einen roten Faden in diese hineinzuweben. Das Chaotische, Unsteuerbare und Zufällige der eigenen Lebensgeschichte und das Selbst als Subjekt dieser Lebensgeschichte werden in einen übergreifenden Sinnzusammenhang integriert. Diese Integration ist eine konstruktive, interpretative Leistung, die im Prinzip unabschließbar ist. Mit der Zeit bilden sich allerdings bestimmte Muster heraus, etwa in der Gestalt eines Lebensmottos oder eines festumrissenen Kanons an Erzählungen, denen eine besondere Erschließungskraft zugewiesen wird. Solche Muster werden erst dann variiert, wenn eine Situation eintritt, die völlig quer zu diesen steht. Die mangelnde Kompatibilität macht dann einen Umbau der Vorstellungen nötig. Das Subjekt als Autor der eigenen Lebensgeschichte ist dazu herausgefordert, eine erneute Interpretationsleistung zu erbringen, die eine Anpassung an das herausfordernde Ereignis darstellt.

Das Religiöse an dieser Interpretationsleistung ist der Rekurs auf übergeordnete Sinnzusammenhänge. Allein die Tatsache, dass der Versuch gemacht wird, das eigene Leben und das eigene Selbst als ein in sich zusammenhängendes, mehr oder weniger geordnetes Ganzes zu integrieren, trägt religiöse Züge, weil dazu eine transzendente Perspektive eingenommen werden muss. Man könnte von einem das eigene Leben überwölbenden Himmel sprechen.

Dass diese religionskonstruktive Interpretation der eigenen Lebensgeschichte auch vielfach unspektakuläre Züge trägt, mag ein Beispiel demonstrieren. Ein Mann kommt, auf das Thema Engel angesprochen, auf eine Lebenssituation zu sprechen, in der er von Berlin an seinen jetzigen Wohnort umgezogen ist. Der Ortswechsel als biographische Zäsur fordert eine Zuschreibung heraus, dass dieser Umzug in irgendeiner Weise sinnvoll war. Zögerlich, aber stringent entwickelt er eine Theorie, in der er die Entscheidung als Konsequenz aus dem „Außendruck" einer höheren Macht entwickelt.

---

202 Die Zitate sind Überschriften von Friedrich Schweitzer: Lebensgeschichte als Thema von Religionspädagogik und Praktischer Theologie, in: PTh 83 (1994) 402–414. Zum Thema Lebensge-schichte in poimenischer Perspektive vgl. Einheit 13.

203 Vgl. dazu ausführlich die Einheit 3 zur Religionstheorie.

Jedenfalls waren mehrere Dinge plötzlich gleichzeitig passiert. [...] Und da waren also mehrere Aspekte, wo ich gesagt habe, jetzt ist der Kanal voll, jetzt füge ich mich eigentlich diesem Außendruck, und bin dann gewechselt hier nach P. Und jetzt hock' ich hier schon dreißig Jahre. Das kann ein Engel sein, aber es wäre glaube ich fatal – oder banal – daran zu glauben. Aber wenn eine Sache passiert und eine andere, und die dich dann dazu bringt, zu sagen: ‚Eigentlich könntest du ja auch, so abwegig ist das nicht'. Und du tust es dann, dann könnte es auch etwas anderes gewesen sein. Und da musst du halt glauben oder lassen.[204]

Die Engeltheorie wird sukzessive entwickelt. Der Erzählvorgang stellt eine Suchbewegung dar, mit der die lebensgeschichtliche Weichenstellung („jetzt hock' ich hier schon 30 Jahre") einer höheren Macht zugeschrieben wird. Zunächst distanzierend („aber es wäre glaube ich fatal – oder banal – daran zu glauben"), dann reflexiv („da musst du halt glauben oder lassen"), und schließlich setzt er bekennend hinzu: „Ich habe es geglaubt. Ich hab gesagt: ‚Wenn dich einer hierher schubst und dahin schubst, das muss schon einen Sinn haben.'"

Der enge Zusammenhang von Lebensgeschichte und Religion legt nahe, dass auch Religiosität als „besondere subjektive Form von Lebensbewältigung"[205] ebenso wie die Lebensgeschichte jedes einzelnen Menschen immer etwas höchst Individuelles ist. Dennoch deutete sich bereits mit dem Hinweis auf die Lebensgeschichte als „Ort der Bildung religiösen Verstehens" an, dass sich allgemeine, typische Entwicklungstendenzen benennen lassen. Denn auch unterschiedliche Lebensgeschichten lassen sich in Epochen gliedern, so dass eine ihnen gemeinsame Struktur entsteht. Wenn im Folgenden die allgemeinen Tendenzen und Strukturen der Entwicklung von Religiosität thematisiert werden, wird damit das sich aus unterschiedlichen soziologischen Bestimmtheiten sowie Individualisierung und Pluralisierung resultierende Individuelle und Subjektive der Religiosität nicht negiert.

B. Positionen und Argumentationen

Die eine Entwicklung von Religiosität gibt es nicht. Mit einem Ensemble an Entwicklungsmodellen haben wir es zu tun, wenn wir uns mit dem Thema befassen. Die Entwicklungsmodelle treten jedoch nicht einfach in Konkurrenz zueinander. Die (Mehr-)zahl kommt dadurch zustande, dass unterschiedliche theoretische Ansatzpunkte gewählt und die Aufmerksamkeit auf zu unterscheidende Aspekte der Entwicklung gerichtet werden. Zwei Grundansätze können im Wesentlichen unterschieden werden: ein tiefenpsychologischer (Sigmund Freud, Erik Erikson) und ein kognitiver (Jean Piaget, Lawrence Kohlberg, Fritz Oser/Paul Gmünder).

---

204 Aus einem Interview, das im Rahmen des Seminars „Zeitgenössischer Engelglaube" (Tübingen WiSe 2007/08) geführt wurde. Ich danke Herrn stud. theol. Maysenhölder.

205 Fritz Oser/Paul Gmünder, Der Mensch – Stufen seiner religiösen Entwicklung. Ein strukturgenetischer Ansatz, Gütersloh [3]1992, 9.

Erik H. Erikson: Identität und Lebenszyklus

Eriksons Entwicklungsmodell zählt zu den psychoanalytisch orientierten Ansätzen. Er hat die Religionspädagogik der letzten 40–50 Jahre maßgeblich geprägt. Da Erikson sich auf Sigmund Freud rückbezieht, ihn voraussetzt und modifiziert, ist es sinnvoll, zugleich einen Blick auf Freuds Entwicklungspsychologie zu werfen. Friedrich Schweitzer fasst die psychoanalytischen Entwicklungsmodelle, Freud und Erikson, zusammen.

Aufgabe 1

1. Lesen Sie Kapitel 3: Grundvertrauen, Gewissensbildung und Sinnfrage, in: Friedrich Schweitzer, Lebensgeschichte und Religion. Religiöse Entwicklung und Erziehung im Kindes- und Jugendalter, München [6]2007, 60–105.
2. Prägen Sie sich die Tabelle (Abb. 3) ein.

Es bleibt zu beachten, dass den Identitäts-Modellen die Vorstellung von einer Normalbiographie zugrunde liegt, die im Blick auf einen ganz bestimmten kulturellen Kontext hin gebildet wurde. Identität ist – wie empirische Untersuchungen zeigen – keineswegs ein so verhältnismäßig homogenes Phänomen, sondern wechselhafter und uneinheitlicher.

Lawrence Kohlberg: Die Entwicklung des moralischen Urteils

Der amerikanische Entwicklungspsychologe Kohlberg (1927–1987) legte 1969 eine Theorie der Entwicklung der Moral vor: „Stage and Sequence. The Cognitive-Developmental Approach to Socialization". Er greift auf Arbeiten zur kognitiven Entwicklung Jean Piagets[206] zurück und geht davon aus, dass die moralische Entwicklung parallel zur geistig-strukturellen Entwicklung verläuft. Das von Piaget entwickelte Programm des genetischen Strukturalismus bezog seine Anregungen aus den Naturwissenschaften, aus der Logik und der Mathematik. Piaget definiert Struktur als eine Eigenstruktur, die entelechetisch die kognitive und moralische Entwicklung bestimmt. Kulturelle und sonstige, etwa genetische, Einflüsse können diese Entwicklung beschleunigen oder verzögern, nicht aber strukturieren. „Die Strukturen sind nicht in dem Sinne ‚natürlich‘, dass sie angeboren (innate) sind, sondern in dem Sinne, dass sie die sequentiellen Resultate der Verarbeitung (processing) moralischer Erfahrung sind; diese Verarbeitung ist weder abhängig noch abgeleitet von besonderen Unterweisungen oder besonderen moralischen Vorstellungen oder Theorien."[207] Vielmehr stellen die moralischen Theorien Ableitungen aus einzelnen Stufen dieser Entwicklung dar.

---

206 Jean Piaget, Das moralische Urteil beim Kinde, Frankfurt a. M. 1973.
207 Moral theories and natural structures, 1973.

Vgl. dazu ausführlich: Detlef Garz, Lawrence Kohlberg zur Einführung, Hamburg 1996, 28.

Was hat man sich unter einem „moralischen Urteil" vorzustellen? Wenn man unterschiedlichen Menschen, Kindern, Jugendlichen und Erwachsenen, eine Geschichte vorträgt, in der eine Person in einer zwiespältigen Situation handeln muss, und die Zuhörer darum bittet, die Entscheidung des Protagonisten in diesem Dilemma zu bewerten, so ergeben sich charakteristische Unterschiede. Diese Unterschiede sind nicht in erster Linie auf Normen und Werte bezogen. Unterschiedlich ist die Form der moralischen Begründung. Wenn beispielsweise alle befragten Personen das Diebstahl-Verbot als normativ anerkennen, so werden sie dennoch sehr unterschiedlich begründen, warum man nicht stehlen soll. „Jemand könnte dich sehen und die Polizei holen". – „Das ist eine Rechtsfrage. Es gehört zu unseren Regeln, daß wir uns bemühen, jedermann vor Schaden zu bewahren und das Eigentum zu beschützen, nicht nur ein Geschäft." – „Man verletzt damit die Rechte einer anderen Person, in diesem Fall das Recht auf Eigentum."[208]

Die bloße Angst vor Bestrafung, die Konformität gegenüber geltender Ordnung und die Orientierung an allgemeingültigen Prinzipien stellen unterschiedliche moralische Urteile dar. Kohlberg unterscheidet grundlegend zwischen diesen drei Niveaus der Urteilsbildung: 1. Auf dem vorkonventionellen Niveau bewegt sich ein Mensch, der sich an dem orientiert, was Autoritätspersonen für gut und böse, richtig und falsch halten. Maßgeblich ist für eine Handlung, ob sie mit physischen und lustbetonten Konsequenzen (Bestrafung, Belohnung) verbunden ist. 2. Auf dem konventionellen Niveau übernimmt ein Mensch die konventionellen Ordnungsschemata der Gruppe oder Gesellschaft, der er angehört, um die bestehende soziale Ordnung und die geltenden Normen zu bewahren. Seine Einstellung ist nicht nur bestimmt durch Anpassung gegenüber persönlichen Erwartungen und gesellschaftlicher Ordnung, sondern durch Loyalität, Unterstützung und Rechtfertigung der Ordnung und Identifikation mit den Personen oder der Gruppe, die als Träger der Ordnung auftreten. 3. Erst auf dem nachkonventionellen Niveau eignet sich der Mensch moralische Normen, Werte und Prinzipien an, die über seine eigene Gruppe und Gesellschaft hinaus gültig sind, und handelt in autonomer Verantwortung danach.

Innerhalb eines jeden Niveaus differenziert Kohlberg zwischen zwei Stufen, so dass sich ein aus insgesamt sechs Stufen bestehendes Stufenmodell ergibt. Jede Stufe kennzeichnet keinen quantitativen, sondern einen qualitativen Zuwachs an kognitiver und moralischer Kompetenz. Die Abfolge der Stufen ist unumkehrbar. Jede Stufe stellt ein strukturiertes Ganzes dar, d. h. sie kennzeichnet ein abgeschlossenes moralisches Urteilssystem. Das Modell einer pyramidenhaften Stufenabfolge beinhaltet den Gedanken des Fortschreitens. Es bleibt jedoch zu beachten, dass ein Mensch mit dem einen oder anderen moralischen Urteil auf eine bereits überholte Stufe zurückfallen kann.

---

208 Die Beispiele stammen von Kohlberg selbst und werden zitiert bei Friedrich Schweitzer, Lebensgeschichte und Religion, München 1987, 14 und 18.

┌─ **Aufgabe 2** ─────────────────────────────────

Lesen Sie die ausführliche Charakterisierung der einzelnen Stufen anhand der Tabelle bei Schweitzer, Lebensgeschichte (s. Aufgabe 1), 115–117, nach. Merken Sie sich in jedem Fall die Charakterisierung der drei Niveaus.

Das Kohlbergsche Stufenmodell, das auch in der Allgemeinen Pädagogik, in der Psychologie und in der Jurisprudenz eine wichtige Rolle spielt, hat in mehreren Punkten Kritik auf sich gezogen. Zum einen wird grundsätzlich die Frage gestellt, ob die moralische Stufenentwicklung tatsächlich so verläuft, wie sie modellhaft von Kohlberg dargestellt wird. Den Erweis könnte nur eine empirische Längsschnittstudie erbringen. Die Untersuchungen Kohlbergs sind in einem bestimmten, verhältnismäßig einheitlich geprägten Kulturraum durchgeführt worden. Inwieweit sind diese Untersuchungen verallgemeinerbar? Wenn man davon ausgeht, dass die Moral und ihre Begründung in hohem Maße kulturell vermittelt ist, dann kann man fragen, ob die in Nordamerika in den 50er Jahren von Kohlberg Befragten nicht eine zu homogene Gruppe waren, um die gewonnenen Daten zu verallgemeinern. Eine solche Untersuchung ist allerdings auch nicht einfach zu ergänzen, weil sich die Schwierigkeit der sprachlichen und inhaltlichen Übertragung stellt.[209]

In eine ähnliche Richtung zielt die Kritik von Carol Gilligan[210], die behauptet, dass es geschlechtsspezifische Unterschiede im Blick auf die Wertmaßstäbe moralischen Handelns gebe. Während Männer sich an einer „Gerechtigkeitsmathematik" (Prinzipien-Moral) orientierten, würden Frauen eher aus Verantwortung und Fürsorge heraus handeln. Wenn dieser Einwand auch wiederum eher schablonenhaft wirkt, so weist er doch noch einmal auf das grundsätzliche Problem hin, dass die Entwicklungspsychologie von Menschen ganz allgemein spricht und die kulturellen Rahmenbedingungen ausklammert.

Fritz Oser und Paul Gmünder: Die Entwicklung des religiösen Urteils

„Wenn eine Person a) Erfahrungen ihres Lebens religiös erschließt (Interpretation, Gespräch, Gebet), b) religiös-narrative Texte verarbeitet (Lehre, Botschaft, Bibel) oder c) in Gemeinschaften am religiösen Leben teilnimmt (Kult), so bringt sie dadurch jenes Regelsystem zur Aktualisierung, das ihr Verhältnis zu einem Letztgültigen ausmacht. Dieses Regelsystem [...] ist das je neu zur Geltung gebrachte religiöse Bewußtsein des Menschen. In seiner sprachlichen Form bezeichnen wir es als religiöses Urteil."[211]

Das religiöse Urteil ist ein „subjektives Muster"[212] (Regelsystem), das die Beziehung zu Gott zum Ausdruck bringt und Entwicklungsprozessen unterworfen ist.

---

209 Vgl. dazu ausführlich das Kapitel „Problembereiche", in: Garz, Kohlberg (s.o. Anm. 206), 91ff.

210 Carol Gilligan, Die andere Stimme. Lebenskonflikte und Moral der Frau, München 1996 (1982: In a different voice).

211 Oser/Gmünder, Mensch (s.o. Anm. 204), 26.

212 A.a.O., 15.

Die Entwicklung des moralischen Urteils bei Kohlberg ist eng mit der kognitiven Entwicklung des Menschen verbunden. Deutlich umfassender ist dagegen der religiöse Urteilsbegriff von Oser/Gmünder, denn er schließt „Denken, Sprechen, Fühlen, Handeln"[213] ein. Dem Akt des religiösen Urteilens kommt stets eine ganz bestimmte Funktion zu. Das religiöse Urteil wird herausgefordert durch eine schwere, kritische Situation, in der es der Kontingenzbewältigung dient. Hier werden nicht nur Wissensstrukturen aktiviert, sondern der Mensch wendet „Tiefenstrukturen der Wirklichkeitsbewältigung"[214] an. Wenn wir sehr viel theologisches Wissen erworben haben, heißt das noch lange nicht, dass dieses Wissen in einer Krise auch tatsächlich zur Anwendung kommt. Möglicherweise sind wir profunde Kenner der paulinischen Rechtfertigungslehre und definieren uns dann doch im Verhältnis zu Gott über unsere Leistung.

Wie kann man religiöses Urteilen erforschen? Wie auch bei Kohlberg wird das Urteil anhand einer Dilemma-Geschichte untersucht. Den Probanden wird eine Geschichte vorgestellt. Anschließend werden sie über ihr Verständnis von Gott, Mensch und Wirklichkeit auf der Grundlage der Dilemma-Geschichte befragt. Die Zuordnung der Antworten zu einer der fünf Stufen, die das Modell von Oser/ Gmünder bilden, geschieht auf der Grundlage der Gegensatzpaare: Heiligkeit – Profanes, Transzendenz – Immanenz, Freiheit – Abhängigkeit, Sinn – Absurdität, Vertrauen – Angst, Dauer – Vergänglichkeit, Unerklärliches – funktional Durchschaubares. Entscheidend für die Stufenzugehörigkeit eines Urteils ist, inwieweit es sowohl die Autonomie des Menschen als auch die Autonomie Gottes berücksichtigt, d.h. also *ausgeglichen* ist.

⌐ Aufgabe 3 ⎯⎯⎯⎯⎯⎯⎯⎯⎯⎯⎯⎯⎯⎯⎯⎯⎯⎯⎯⎯⎯⎯⎯⎯⎯⎯⎯⎯⎯⎯⎯⎯⎯

1. Machen Sie sich mit der bekanntesten Geschichte und ihrer Auswertung bekannt: mit dem Paul-Dilemma! Lesen Sie den Beitrag von Elisabeth Naurath, in: Godwin Lämmermann/Elisabeth Naurath/Uta Pohl-Patalong; Arbeitsbuch Religionspädagogik. Ein Begleitbuch für Studium und Examen, Gütersloh 2005, darin: Fritz Oser und Paul Gmünder, Stufen des religiösen Urteils (86–89).
2. Lesen Sie sich detailliert die Charakterisierung der einzelnen Stufen durch. Notieren Sie sich ein bis zwei Stichworte für jede Stufe. Prägen Sie sich die Abfolge ein und versuchen Sie abschließend, anhand Ihrer Stichworte die Stufen ausführlich zu beschreiben. Achten Sie auf den Fort-Schritt von einer Stufe zur nächsten!

James W. Fowler: Stufen des Glaubens

James W. Fowler (geboren 1940) leitete bis zum Jahr 2005 das *Center for Research on Faith and Moral Development* in Atlanta. Er versucht, die beiden kognitiven und psychoanalytischen Grundansätze miteinander zu verbinden. Mit dem Begriff des Glaubens („faith") wird hier ein deutlich umfassenderes Entwicklungsmodell vorge-

---

213 Ebd. 214 A.a.O., 42.

legt, als dies bei Kohlberg (Moralität) und Oser/Gmünder (abgrenzbarer religiöser Bereich) der Fall ist. Glaube ist, so Fowler, „eine Orientierung der ganzen Person, die ihren Hoffnungen und Bestrebungen, Gedanken und Handlungen Sinn und Ziel gibt."[215] Man würde darum zutreffender stets die Verbform anstelle des Substantivs Glaube benutzen, denn Glauben bedeutet ein aktives Sinn-Schaffen: „Glaube als Einbildungskraft begreift die letzten Bedingungen unserer Existenz, indem er sie zu einem umfassenden Bild zusammenschließt, in dessen Licht wir unsere Antworten und Initiativen, unsere Handlungen gestalten."[216] Wenn Glaube so weit gefasst wird, dann ist es auch konsequent zu sagen, dass jeder Mensch glaubt. Glaube ist „ein universales Merkmal des menschlichen Lebens, überall erkennbar ähnlich, trotz der bemerkenswerten Vielfalt der Formen und Inhalte der religiösen Praxis und der Glaubensinhalte."[217] Fowler spannt hier einen denkbar weiten Bogen auf. Indem er die Erfahrung von Sinn vor allem als Vertrauen und Loyalität versteht, zeigt sich ein deutlicher Einfluss durch Erikson. Gegenüber den rein kognitiv orientierten Entwicklungsmodellen erweist sich seine Theorie als eng verbunden mit der psychoanalytischen Forschung und der Frage nach der Entstehung von Identität.

Aufgabe 4

1. Machen Sie sich mit dem Stufenmodell Fowlers vertraut. Wenn Sie sich für dieses Thema besonders interessieren, lesen Sie Fowlers eigene ausführliche Darstellung (a.a.O., 136–231).
2. Nehmen Sie sich 15 Minuten Zeit und notieren Sie mit wenigen Stichworten: Was erscheint Ihnen plausibel an Fowlers Modell, wo würden Sie mit kritischen Nachfragen ansetzen?

Life-span-development

Die Kritik an den religiösen Entwicklungsmodellen richtet sich besonders auf die Frage nach einer religiösen Entwicklung im Erwachsenenalter. Während das Jugendalter intensiv erforscht wurde, rücken in den letzten Jahren zunehmend das Erwachsenenalter und hier besonders die älteren Menschen in das Blickfeld sozialwissenschaftlicher Forschung. Kann man tatsächlich davon ausgehen, dass das fortgeschrittene Erwachsenenalter keine Entwicklungsmöglichkeiten mehr bietet? Es spricht manches dafür, dass gerade das Alter mit seinen besonderen Herausforderungen eine besonders entwicklungsintensive Lebensphase auch im Blick auf die Religion darstellt. Dabei stellen sich gerade hier besondere Herausforderungen. Was das im Einzelnen sein kann, ist nur individuell zu beantworten. Aber dazu können

---

215 James W. Fowler, Stufen des Glaubens. Die Psychologie der menschlichen Entwicklung und die Suche nach Sinn, Gütersloh 1991, 36. Die amerikanische Originalausgabe erschien schon 1981.

216 A.a.O., 46.
217 A.a.O., 35f.

zählen: der Tod des Partners, die Bewältigung von Krankheit und Gebrechlichkeit, der oftmals abrupte Eintritt in den beruflichen Ruhestand, der Lebensrückblick und die Auseinandersetzung mit dem eigenen Sterben.

Diese Herausforderungen können grundsätzlich alle Menschen, auch jüngere, betreffen. Der Philosoph Thomas Rentsch hat daher auch davon gesprochen, dass Altern eine Radikalisierung der menschlichen Grundsituation bedeutet.[218] Aber gerade dies spricht ja dafür, dass in den letzten Lebensjahrzehnten die Herausforderung der aktiven Lebensbewältigung auch dazu führt, die religiösen Kognitionen zu verändern. Die vorgestellten Modelle stellen die religiöse Entwicklung als einen Reifungsprozess dar, der gewissermaßen automatisch abläuft. Dabei wird aber zu wenig beachtet, dass religiöse Entwicklungen durch äußere Faktoren herausgefordert und angeregt werden.

Der Forschungsansatz des *life-span-developmental approach* setzt darauf, sich von einem Stufenmodell abzusetzen und danach zu fragen, welche Formen von Religiosität bei Menschen in den einzelnen Lebensphasen und damit besonders in der zweiten Lebenshälfte anzutreffen sind und welche Entwicklungstendenzen im individuellen Lebenslauf möglicherweise auftreten. Dabei geht es vor allem darum, Entwicklungsvorgänge über die gesamte Lebensspanne zu beschreiben und zu erklären. Die Notwendigkeit einer Vorstellung von religiöser Entwicklung, die sich aus der Wechselwirkung von persönlicher Struktur und (historisch sich wandelnder) soziokultureller Umwelt speist, wird vertreten. Eine empirische Studie aus dem Jahre 2003 knüpft an diese Sichtweise an und unternimmt den Versuch, die religiöse Entwicklung im Lebenslauf, insbesondere in der zweiten Lebenshälfte, im Kontext des *life-span-developmental approach* darzustellen.

Das Ergebnis dieser Studie zeigt, dass sich Religiosität im Alter außerordentlich vielgestaltig darstellt und von einer wachsenden Pluralisierung der Lebensgestalten der Religiosität gerade in dieser Lebensphase auszugehen ist. Die Gestalt der Religiosität wird in fünf Dimensionen zum Gegenstand der Untersuchung gemacht: „Gottesbild", „Subjektives Religionsverständnis", „Bindung an eine Religionsgemeinschaft", „Religiöse Praxis" und „Religiöse[s] Wissen" (245). Damit ist ein mehrdimensionales Religiositätsverständnis zugrunde gelegt, daß Einseitigkeiten vermeidet. Ein wesentliches Ergebnis der Studie liegt darin, dass in allen Lebenphasen Wachstum und Abbau zugleich geschehen, auch im Alter. Deshalb spricht man am besten von einem Umbau der Religiosität. Umbruchzeiten, sog. major-life-events, sind besonders häufig religiös produktive Zeiten, in denen es zum Gestaltwandel kommen kann. Wenn es zu einem Umbau kommt, dann zeigt sich der Gestaltwandel insbesondere an einem veränderten Gottesbild. Der Wandel vollzieht sich häufig von einem autoritär-patriarchalischen Gottesbild hin zu einem gütigen und partnerschaftlichen Gott.

---

218 Thomas Rentsch, Altern als Werden zu sich selbst. Philosophische Ethik der späten Lebens- zeit, in: Peter Borscheid (Hg.), Alter und Gesellschaft, Stuttgart 1995, 57f.

Aufgabe 5

Lesen Sie dazu den Ergebnisbericht: Walter Fürst u. a. (Hg.): „Selbst die Senioren sind nicht mehr die Alten . . ." Praktisch-theologische Beiträge zu einer Kultur des Alterns, Münster 2003, 217–257.

C. Religiöse Entwicklung und ihre Bedeutung

Die Entwicklungstheorien vermitteln wesentliche Einsichten für viele Praxisfelder und deren Theoriebildung. Es liegt auf der Hand, dass beispielsweise die Kenntnis der Strukturmodelle im seelsorgerlichen Gespräch dazu verhelfen können, Vorstellungen, Wertungen und Argumentationsmuster besser verstehen zu lernen. Die praktisch-theologische Teildisziplin, die sich am ausgiebigsten mit der Entwicklung von Religiosität auseinandersetzt, ist die Religionspädagogik. Zu den Voraussetzungen für religiöses Lernen in Schule und Gemeinde gehört der jeweilige Entwicklungsstand, mit dem sich der Unterrichtende vertraut machen muss. Bei der Unterrichtsplanung sind die jeweiligen Strukturstufen zu berücksichtigen. Beim Unterrichtsentwurf werden die entwicklungspsychologischen Voraussetzungen im Rahmen der Analyse des didaktischen Bedingungsfeldes bedacht.[219] Hier bezieht man sich zum einen auf für die jeweilige Altersgruppe typische, allgemeine Voraussetzungen, die man durch persönliche Kenntnis der Gruppe ergänzt und überprüft. Der Unterricht muss stets offen sein für mehr als eine Entwicklungsstufe. Ein bereits erreichtes Niveau sollte einerseits durch den Unterricht bestätigt und verstärkt werden, andererseits gilt das Lernprinzip +1. „Die Entwicklung der Schüler soll dabei durch Anregungen, die *eine* Stufe über dem Entwicklungsstand der Schüler liegen, gezielt stimuliert werden."[220]

Aufgabe 6

1. Lesen Sie von Anton Bucher/Fritz Oser, „Wenn zwei das gleiche Gleichnis hören . . .", in: ZfP 33 (1987), 167–183. Was folgt aus dem strukturgenetischen Ansatz für die Unterrichtsgestaltung?
2. Überlegen Sie, wie Sie diese Voraussetzungen für ihren Unterricht berücksichtigen werden.

Es liegt auf der Hand, dass die religiöse Entwicklung und der Zusammenhang von Biographie und Religiosität auch für die Seelsorge und die Predigt von Bedeutung sind. In der Seelsorge würde es also immer darum gehen, das seelsorgerliche Gespräch auf die jeweiligen religiösen Kognitionen abzustimmen sowie den Umbau von religiösen Kognitionen und die Bearbeitung krisenhafter Herausforderungen gesprächsweise zu begleiten. Versteht man das seelsorgerliche Gespräch als einen Ort der Bewältigung, dann ist deutlicher der Biographiebezug herauszuarbeiten.

---

219 Vgl. zum Unterrichtsentwurf das Kapitel 22.
220 Friedrich Schweitzer, Lebensgeschichte und religiöse Entwicklung als Horizont der Unterrichtsplanung, in: Hartmut Lenhard (Hg.): Arbeitsbuch Religionsunterricht, Gütersloh [3]1996, 90–99.

Und in der Predigt wären unterschiedliche Gottesbilder in der Predigtvorbereitung zu durchdenken, um tatsächlich in einen Dialog mit den Hörerinnen und Hörern eintreten zu können. Was Bucher und Oser (Aufgabe 6) abschließend im Sinne einer subjektorientierten Religionspädagogik formulieren, dass man nämlich „das Kind und sein religiöses Handeln und Deuten in den Mittelpunkt rückt und ihm unterstellt, *selber* interpretierend und ,exegetisch' tätig sein zu können" (a. a. O., 181), ist auch für Jugendliche und Erwachsene in allen Praxisvollzügen ernst zu nehmen. Nur wenn Menschen, die Möglichkeit haben, ihre eigenen Vorstellungen und Gottesbilder konstruktiv mit einzubringen, wird man tatsächlich ein Gespräch über den Glauben führen können.

Aufgabe 7

Lesen Sie: Friedrich Schweitzer, Postmoderner Lebenszyklus und Religion. Eine Herausforderung für Kirche und Theologie, Gütersloh 2003, 177–195. Was ist eine Theologie des Lebenszyklus?

Arbeitsvorschlag für Gruppen

Überlegen Sie gemeinsam, wie folgendes Votum einer Schülerin (5. Klasse) entwicklungspsychologisch ausgewertet werden kann:
„Gott ist wie Mut, Tat und Kraft. Er soll alles gut machen. Er ist der, den viele Menschen anbeten. Viele glauben nicht an ihn. Viele tun es und gehen sonntags in die Kirche und sie beten jeden Tag regelmäßig und es wundert sie, wie Gott es macht, daß er allen Menschen, die beten gleichzeitig lauschen kann. Gott ist für sie etwas wunderbares, aber wenn zum Beispiel eine Naturkatastrophe ist, beten sie zu ihm, auf daß er es wieder gut machen soll. Aber es passiert nichts. Selber wollen sie auch was tun. Ich stelle mir Gott wie einen Menschen vor."[221]

---

221 Zitat aus F. Schweitzer/K.E. Nipkow/Gabriele Faust-Siehl/Bernd Krupka, Religionsunterricht und Entwicklungspsychologie. Elementarisierung in der Praxis (Kaiser Taschenbücher 138), Gütersloh 1995, 74. Dort findet sich auch eine Auswertung (73–79)!

16. Wie und wo wird Religion gelernt?

Der Mensch wird mit der religiösen Anlage geboren wie mit jeder andern, und wenn nur sein Sinn nicht gewaltsam [...] verrammelt wird – [...] so müsste sie sich auch in jedem unfehlbar auf seine eigne Art entwickeln [...] Mit Schmerzen sehe ich es täglich, wie die Wut des Verstehens den Sinn gar nicht aufkommen lässt [...]. Wer hindert das Gedeihen der Religion? Nicht die Zweifler und Spötter; [...] sondern die verständigen und praktischen Menschen.
Friedrich Schleiermacher[222]

Die traditionelle Mittelpunktstellung der Bibel als Gegenstand und Stoff des Religionsunterrichts ist ein Selbstmissverständnis und weder theologisch noch didaktisch gerechtfertigt. Die konstitutive Bedeutung *der Bibel für die Kirche und den Glauben soll damit keineswegs in Frage, sondern im Gegenteil neu hervorgehoben werden.*
Hans Bernhard Kaufmann[223]

A. Problemskizze

Schon die Überschrift dieses Kapitels mit dem Fragepronomen „Wie" führt in die schwierigsten Problemstellungen der Religionspädagogik (und darüber hinaus der PT insgesamt). Was ist „Religion" und wie verhält sie sich zum Glauben, der nach Paulus den Menschen gerecht macht (Röm 3,28)? Wenn aber dieser Glaube überhaupt kein menschliches Werk ist, sondern eine Gabe des Heiligen Geistes, wie wir das mit der Confessio Augustana bekennen,[224] was kann dann am Glauben gelernt werden? Oder kann nur die Religion als menschlicher Habitus gelernt werden, nicht

222 Friedrich Schleiermacher, Über die Religion. Reden an die Gebildeten unter ihren Verächtern, hg. von Rudolf Otto, Göttingen [7]1991, 3. Rede 1799, Original-Paginierung [O.P.] 144. Die einschlägige Arbeit zu Schleiermachers Religionspädagogik ist: Martina Kumlehn, Symbolisierendes Handeln. Schleiermachers Theorie religiöser Kommunikation und ihre Bedeutung für die gegenwärtige Religionspädagogik, Gütersloh 1999.
223 Hans B. Kaufmann, Muss die Bibel im Mittelpunkt des Religionsunterrichts stehen? Thesen zur Diskussion um eine zeitgemäße Didaktik des Religionsunterrichts (Loccum 1966), These 1; in: Hartmut Lenhard (Hg.), Arbeitsbuch Religionsunterricht, Gütersloh [3]1996 [1986], 232–234: 232.

224 Um den Glauben zu erlangen, hat Gott das Predigtamt eingesetzt, wodurch er den heiligen Geist gibt, „welcher den Glauben, wo und wenn er will, in denen, so das Evangelium hören, wirket" (CA V, Bekenntnisschriften der Ev.-luth. Kirche [BSLK], 58). Von daher ist die allein kerygmatische Herleitung der religionspädagogischen Aufgaben nicht verwunderlich, aber selbstverständlich ein Kurzschluss des systematisch-theologischen und des praktisch-theologischen Diskurses. Zu dieser Diskussion ausführlicher vgl. Michael Meyer-Blanck, Kleine Geschichte der evangelischen Religionspädagogik. Dargestellt anhand ihrer Klassiker, Gütersloh 2003.

der rechtfertigende Glaube? Wie soll man aber in der Realität unserer alltäglichen Erfahrung beides unterscheiden? Der *Glaube* kann nur in den Gefäßen menschlicher Zeichensysteme kommuniziert werden, mithin in der Gestalt von *Religion*. Die Frage nach *Glaube und Lernen* ist das nie abschließend zu lösende Grundproblem der Religionspädagogik.

Nicht ganz so kompliziert, aber zunehmend komplizierter verhält es sich mit dem Fragewort „Wo?". Die professionelle Religionspädagogik erweckt durch ihre Veröffentlichungen oftmals den Eindruck, als würden Religion und Glaube nur im Religions- und Konfirmandenunterricht gelernt. Eine solche Sicht wäre aber eine Form von „déformation professionelle", welche das Lernen außerhalb von Schule und Gemeinde gar nicht in den Blick bekommt. Gerade wenn man religiöses Lernen nicht auf religiöses Wissen begrenzt, sondern grundlegende Einstellungen der Selbst- und Weltvergewisserung sowie Werthaltungen und Handlungen in das religiöse Lernen einbezieht, also zu einem weiten Begriff von „Glauben"[225] und „Religion"[226] greift, dann wird der begrenzte Stellenwert von intentionaler religiöser Erziehung im Unterricht erkennbar. Die Berücksichtigung dieses Umstandes soll nicht entmutigen bei der Arbeit in Schule und Gemeinde, aber zu einer realistischen Einschätzung der gegebenen Möglichkeiten beitragen. Der Mensch lernt nicht nur in absichtlichen Lernprozessen, sondern vor allem durch sein Alltagsleben in Familie, Freundeskreis und Milieu. Da alle Religionen für sich in Anspruch nehmen, nicht nur ein abgeteilter Sektor des Lebens zu sein, sondern Ferment des Lebens in allen Bereichen, darum ist die Aufmerksamkeit für den Unterricht eine notwendige Zuspitzung, aber pädagogisch gesehen zugleich eine Verengung.

Die Aufgabe religionspädagogischer Wissenschaft ist es, auch die weiteren tatsächlichen religiösen Lernorte in den Blick zu nehmen: die Familie (bzw. den Ort der primären Sozialisation), die Gruppe der Gleichaltrigen außerhalb von Schule und Unterricht („Peergroup"), die gesellschaftliche Öffentlichkeit und – nicht zuletzt – die (audiovisuellen) Medien. Jugendliche aller Zeiten haben nach Möglichkeiten der Selbstvergewisserung unabhängig von den Erwachsenen gesucht. Dass sie dabei heutzutage auf ein äußerst vielfältiges mediales Angebot zurückgreifen können und dies auch tun, ist kein Anlass zur Verwunderung und zum Kulturpessimismus, sondern zu genauem pädagogischen Verstehen und Handeln.

B.   Positionen und Argumentationen

Die beiden angesprochenen Fragenkreise verlangen eine eigenständige Betrachtung, so dass der Hauptabschnitt dieses Kapitels aufgeteilt wird, bevor beide Aspekte in der Beschreibung des gegenwärtigen Diskussionsstandes (Abschnitt C.) wieder zusammenfließen.

---

225 Vgl. dazu James Fowlers sehr weiten Begriff von „faith" in der letzten Einheit zur religiösen Entwicklung.

226 Erinnern Sie sich dazu an das in der 3. Einheit Erarbeitete!

Religion, Glaube und Lernen

„Alles was, wie sie [sc.: die Religion], ein Kontinuum sein soll im menschlichen Gemüt, liegt weit außer dem Gebiet des Lehrens und Anbildens. Darum ist jedem, der die Religion so ansieht, Unterricht in ihr ein sinnleeres und abgeschmacktes Wort." (F. Schleiermacher).[227] Schleiermachers Spitzensatz kann auch heute noch einschärfen, dass religiöses Lernen nicht einfach mit dem Lernen von Wissen oder Verhalten zu erreichen ist, also nicht mit dem Katechismus oder der Moral verwechselt werden darf. Religiöses Lernen bezieht sich auf die grundlegende Lebensorientierung des Individuums, die ihm niemand abnehmen kann.

Historisch hat sich darum die Religionspädagogik gegen die kirchliche Glaubensunterweisung, die Katechetik profiliert und von dieser abgesetzt. Der *Begriff* der „Religionspädagogik" ist erstmals bei dem Systematiker Max Reischle belegt in seiner Abhandlung aus dem Jahre 1889: „Die Frage nach dem Wesen der Religion. Grundlegung zu einer Methodologie der Religionsphilosophie".[228] Darin hat Reischle allerdings gegen den Trend der Zeit die neue Disziplin nicht der Religionswissenschaft zugeordnet. Reischle hat die Religionspädagogik vielmehr an „eine einzelne bestimmte Religionsform" gebunden und damit an die konfessionelle (Praktische) Theologie – während ein großer Teil der Lehrer damals schon für einen bekenntnisfreien, religionswissenschaftlichen Religionsunterricht plädierte.

Nach 1900 ist der Begriff „Religionspädagogik" allgemein eingebürgert. Jetzt wird unterschieden: Katechetik meint den gemeindlichen (vor allem Konfirmanden-) Unterricht, Religionspädagogik meint den schulischen RU. Die Frühzeit der Religionspädagogik ist u. a. gekennzeichnet von einer operationalisierenden Psychologisierung des Glaubens, indem der „objektive Glaube" dazu dienen sollte, „subjektiven Glauben" zu „erzeugen" (so Richard Kabisch).[229] Häufig wurde diese Form von religiöser Pädagogik auf die Theologie Schleiermachers zurückgeführt; doch handelte es sich dabei um ein psychologisches Missverständnis der fundamentaltheologisch aufzufassenden Begrifflichkeit Schleiermachers (etwa des „Gefühls schlechthinniger Abhängigkeit").

Dennoch bleibt die Grundfrage: Was am Glauben ist lehr- und lernbar?[230] Vor allem darf die systematisch-theologische Einsicht vom Glauben als Geschenk des heiligen Geistes (CA V, s. o.) nicht didaktisch kurzgeschlossen werden. Aus dem „extra nos" des Evangeliums folgt nicht das „extra nos" der Kommunikationsform (dann könnte Glaube nur gepredigt werden). Von einer solchen Sicht des Glaubens und des Lernens her wäre Religionspädagogik unmöglich. Es gilt aber vielmehr: Glaube

---

227 Schleiermacher, Religion, Dritte Rede (s. o. Anm. 221), O.P. 139f; vgl. in diesem Zusammenhang auch die berühmte Formulierung aus der zweiten Rede, 52f: „Praxis ist Kunst, Spekulation ist Wissenschaft, Religion ist Sinn und Geschmack fürs Unendliche".

228 Dazu s. Meyer-Blanck, Kleine Geschichte (s. o. Anm. 223), 10–12.

229 Zu Kabisch s. das 4. Kapitel bei Michael Meyer-Blanck, Kleine Geschichte (s. o. Anm. 223), 83–107.

230 Dieser Fragestellung ist eine 1986 gegründete Zeitschrift gewidmet: Glaube und Lernen. Zeitschrift für theologische Urteilsbildung.

und Religion sind nicht lehrbar im Sinne einer planbaren und nachweisbaren didaktischen Schrittfolge. Dennoch werden sie gelernt „in, mit und unter" der Kommunikation subjektiver und objektiver Religion, persönlicher Sinnvergewisserung und kirchlicher Lehre. So sinnvoll es mithin ist, Glaubensinhalt und glaubende Subjektivität voneinander zu unterscheiden, so sehr muss andererseits betont werden, dass es das eine nicht ohne das andere gibt. Sobald der Glaube kommuniziert wird, gewinnt er eine subjektive Gestalt; sobald sich Subjekte in einer Gemeinschaft über den sie verbindenden Glauben verständigen, gewinnt dieser (auch) objektive Gestalt.[231]

Schon im Neuen Testament ist der Glaube, die πίστις, *beides*, sowohl Vertrauen als auch Für-wahr-Halten eines Glaubensinhalts, also das Glauben und der Glaube. Bei den Synoptikern und Jesus steht der Vertrauensglaube deutlich im Vordergrund. Bei Johannes hat darüber hinaus das Strukturmoment des Erkennens besondere Bedeutung; bei Paulus sind das Vertrauen auf Christus wie die genaue inhaltliche Durchdringung der Glaubensbotschaft von Christus gleichermaßen wichtig.

Ebenso muss das *Lernen* differenzierter beschrieben werden. Wenn es stimmt, dass der Glaube nicht nur ein Vertrauen als Gefühl, als Stimmung oder Gesinnung ist, sondern immer auch mit Wissen verbunden ist, dann hat er notwendig mit Lernen zu tun. Darüber hinaus ist *Lernen* nicht einfach (in schlechter katechetischer Tradition) mit der Kenntnis bestimmter verbal wiederzugebender Inhalte, Zusammenhänge und Formeln zu identifizieren. Lernen hat neben den kognitiven mindestens auch emotionale, psychomotorische und sozial-pragmatische Aspekte, ohne dass man diese wiederum voneinander isolieren dürfte. Lernen ist nicht nur das erzwungene oder notgedrungen gewählte Aneignen von Informationen, sondern umfasst alle Veränderungen des Wissens, seien sie beabsichtigt oder unbeabsichtigt; darüber hinaus lernt man nicht nur bezüglich des Wissens, sondern auch bezüglich des Denkens, Urteilens, Wertens, Verhaltens, Handelns und entsprechender Einstellungen und Haltungen in allen Lebensbereichen: „Lernen ist so etwas wie die Bezeichnung der Lebensdynamik eines Menschen, genauer seiner Fähigkeit zu neuen Erfahrungen mit sich selbst, der Welt und Gott."[232]

Zusammenfassend lässt sich also sagen, dass Glauben und Lernen keine Gegensätze sind, dass sich vielmehr Glauben auch als Lernprozess beschreiben lässt, ohne darin aufzugehen. Der Glaube von Menschen entwickelt sich in, mit und unter menschlichen Bemühungen, bei menschlichem Lernen und Lehren, – ohne einfach mit menschlichem Lehren und Lernen identisch zu sein. Die Beschreibung des Glaubens als eines Geschenkes des Heiligen Geistes (CA V) ist wiederum eine *Deutungsleistung*, mit der bestimmte Lernerfahrungen qualifiziert werden, ohne dabei

---

231 Die altprotestantische Orthodoxie hatte zwei Beschreibungen des Glaubens unterschieden, den Glauben als Glaubensvollzug und den Glauben als Inhalt, lateinisch: 1. die fides objectiva sive quae creditur, 2. die fides subjectiva sive qua creditur. Die Unterscheidung in „subjektiven" und

„objektiven" Glaubens ist leitend für die religionspädagogische Konzeption Kabischs.
232 Klaus Wegenast/Godwin Lämmermann, Gemeindepädagogik. Kirchliche Bildungsarbeit als Herausforderung, Stuttgart 1994, 80.

ihren Charakter als Lernerfahrungen zu verlieren. Deren objektive Fassung in der Confessio Augustana ist von daher wiederum auf subjektive Aneignung angewiesen, und neue subjektive Glaubenserfahrungen können vergemeinschaftet werden als neue Bekenntnisse (so etwa die Barmer Theologische Erklärung von 1934), indem sie deutend als Gestalt objektiven Glaubens qualifiziert werden. Das Kommunizieren von Glauben vollzieht sich also immer in diesen beiden Dimensionen, so dass sich eine Polemik gegen „den Subjektivismus" wie gegen „die Dogmatik der Kirche" gleichermaßen als unfruchtbare Zerstörung dieses lebendigen Lernprozesses im Christentum erweist.

Lernorte von Religion und Glauben

Schule und Religionsdidaktik

Es ist das Besondere der zum Grundgesetz führenden deutschen Rechtstradition, dass der Religionsunterricht unter die „gemeinsamen Angelegenheiten" (res mixtae) von Staat und Religionsgemeinschaften fällt. Entscheidend für die Diskussion der deutschen Religionsdidaktik[233] ist der Artikel 7,3 des Grundgesetzes: „Der Religionsunterricht ist in den öffentlichen Schulen mit Ausnahme der bekenntnisfreien Schulen ordentliches Lehrfach. Unbeschadet des staatlichen Aufsichtsrechtes wird der Religionsunterricht in Übereinstimmung mit den Grundsätzen der Religionsgemeinschaften erteilt. Kein Lehrer darf gegen seinen Willen verpflichtet werden, Religionsunterricht zu erteilen."

Aufgabe 1

Lernen Sie die zitierte Bestimmung des Religionsunterrichts in Art 7,3 des Grundgesetzes auswendig. Formulieren Sie eine kurze Erläuterung, in der Sie die Begriffe „Religionsgemeinschaften" (statt: „Kirchen") und „ordentliches Lehrfach" sowie die Freiheit bei der Unterrichtserteilung herausstellen.

Das Lernen von Religion ist in Deutschland in den Kontext anderer Schulfächer gestellt: Es ist kein Sonderfach, sondern ein ordentliches Lehrfach mit Versetzungsrelevanz. Hauptverantwortlich ist die staatliche Schulaufsicht, welche im Hinblick auf die Unterrichtsinhalte (Richtlinien, Unterrichtsbücher, Aus- und Fortbildung der Lehrerinnen und Lehrer) die Übereinstimmung mit den Kirchen herzustellen hat. Abweichende Regelungen gibt es in Bremen (keine Mitverantwortung der Kirchen) und in Berlin (alleinige Verantwortung der Kirchen) sowie in Brandenburg mit „Le-

---

233 Es ist sinnvoll, die Gemeindepädagogik und die Religionsdidaktik als lernortbezogene Teilgebiete der Religionspädagogik zu unterscheiden und den Begriff „Religionspädagogik" als Oberbegriff zu verwenden, der auch empirische Grundlagenforschung (Religionssoziologie und Religionspsychologie) sowie die fundamental-theologische Selbstvergewisserung im Rahmen der evangelischen Theologie umfasst. Die Religionsdidaktik ist der auf das Schulfach „Evangelische Religionslehre" bezogene Wissenschaftsbereich, analog zur Geschichts- oder Fremdsprachendidaktik.

bensgestaltung, Ethik, Religionskunde" („LER") als gemeinsames Fach für alle Schülerinnen und Schüler unabhängig von ihrem Bekenntnis. Die unterschiedlichen Regelungen in den einzelnen Bundesländern sind die folgenden:

RU-Modell	1. Kirchlicher RU in der Schule	2. Konfessioneller RU nach GG, Art 7,3	3. Konfessionell-kooperativer RU: Kooperation von evangelischem und katholischem RU	4. Nominell Evangelischer RU mit weiter interreligiöser Öffnung (aber ohne Beteiligung der röm.-kath. Kirche)	5. RU auf allgemein christlicher Grundlage	6. Religions- und Ethikunterricht in einem gemeinsamen Unterrichtsfach für alle
Bundesländer	Berlin (daneben seit 2006 verpflichtender Ethikunterricht für alle)	Alle Bundesländer außer Berlin, Brandenburg und Bremen	Kooperationsprojekte in verschiedenen Bundesländern, etwa in Baden-Württemberg und in Niedersachsen	Hamburg	Bremen („Biblische Geschichte")	Brandenburg („Lebensgestaltung – Ethik – Religionskunde", „LER")

Entscheidend für die Religionsdidaktik ist, dass sie von der schulischen Bildung her zu verstehen ist. Sie kann nicht von der Aufgabe der Evangeliumsverkündigung der Gemeinde und Kirche her definiert werden. Die Kategorie der Bildung ist darum ein Schlüsselbegriff der deutschen religionsdidaktischen Diskussion. Dies gilt etwa für die EKD-Denkschrift zum Religionsunterricht von 1994: *Identität und Verständigung. Standort und Perspektiven des Religionsunterrichts in der Pluralität. Eine Denkschrift der Evangelischen Kirche in Deutschland.*[234] Die (mit Ausnahme von Bremen und Brandenburg gegebene) Konfessionalität des schulischen Religionsunterrichtes ist damit grundlegend für die Didaktik des RU. Die Standpunktgebundenheit des Lehrers, der seinen subjektiven Glauben im Kontext des objektiven Glaubens seiner Kirche explizieren kann, hilft Schülerinnen und Schülern, den eigenen Standpunkt durch probeweise Identifikation und Abgrenzung zu finden. Andererseits geschieht dies auch durch den interkonfessionellen Dialog und die konfessionelle Kooperation im Unterricht, wofür sich die genannte EKD-Denkschrift besonders einsetzt (etwa durch Vorschläge zu gemeinsamen Unterrichtsphasen zwischen ev. und kath. RU).

---

234 Gütersloh 1994. Programmatisch wurde der Bildungsbegriff in letzter Zeit vor allem von Karl Ernst Nipkow breit entfaltet, vgl. ders., Bildung als Lebensbegleitung und Erneuerung. Kirchliche Bildungsverantwortung in Gemeinde, Schule und Gesellschaft, Gütersloh 1990 sowie ders., Bildung in einer pluralen Welt, 2 Bde., Gütersloh 1998.

Die Stärke des schulischen RU ist es, den Glauben im Rahmen des Schulalltags zu reflektieren und so mit anderen Themen zu verbinden. Dies gilt etwa in Bezug auf die Theorien der Weltentstehung und Menschheitsentwicklung oder auf die neuzeitliche Freiheitsgeschichte, die ohne die Reformation und die aus der Rechtfertigungslehre hervorgegangene Anthropologie kaum zureichend verständlich ist. Der christliche Glaube in seiner evangelischen Ausprägung kann geradezu als eine Unterscheidungslehre beschrieben werden, die von den religiösen Unterscheidungen auch auf andere lebensnotwendige Unterscheidungskompetenzen ausstrahlt.[235]

Aufgabe 2

Lesen Sie die drei bei Hartmut Lenhard (Hg.), Arbeitsbuch Religionsunterricht, Gütersloh [3]1996, 13–17 abgedruckten Erfahrungsberichte von zwei Religionslehrern und einem Referendar. Machen Sie sich eine zweispaltige Liste mit Beschreibungen, die a) nur auf den Lernort Schule zutreffen bzw. b) auch in der gemeindlichen Konfirmanden- und Jugendarbeit von Bedeutung sind.

Gemeinde und Konfirmandenunterricht

Die Stärke des Gemeindelebens ist es, dass der Glaube dort in Liturgie und Diakonie Gestalt gewinnt. Diese Tatsache ist für das Lernen von großer Bedeutung: Die pragmatische Dimension übersteigt die Grenzen des diskursiven und kognitiven Lernens, die in der Schule bis auf wenige Ausnahmen (Projektwochen, Schulgottesdienste, Begegnungen) gesetzt sind. Die Theorie der letzten Jahre hat darauf reagiert, indem sie nicht mehr vom Konfirmandenunterricht (KU), sondern von der *Konfirmandenarbeit* spricht und damit die Verbindung zur Jugendarbeit der Gemeinde deutlich macht.

In mancher Hinsicht ist der Konfirmandenunterricht jedoch schwieriger als der schulische Religionsunterricht. Die Gruppe ist gemischt von Hauptschülern und Sonderschülern bis hin zu Gymnasiasten. Anders als in der Schulklasse sind die sozialen Rollen unklar. Die Gruppe trifft sich nur für kurze Zeit. Und schließlich haben die Jugendlichen am Nachmittag bereits einen anstrengenden Schulvormittag hinter sich. Andererseits hat die Konfirmandenarbeit größere Chancen als der Schulunterricht. Konfirmandenarbeit kann die vielfältigen Chancen des Lernortes Kirchengemeinde nutzen. Begegnung, Aktion, Gottesdienst, Feste und andere Gemeindegruppen sind die sich anbietenden Kontexte. Zunächst wäre es gut, wenn Konfirmandenunterricht wenigstens die methodische Vielfalt des schulischen Religionsunterrichts erreichte. Der KU darf vor allem kein veralteter Schulunterricht sein (Auswendiglernen, Lückentexte, alleinige Methode/Sozialform das „fragend-entwickelnde Unterrichtsgespräch" im Plenum). Es muss vielmehr gefragt werden, in welcher der Freizeit angemessenen Form das jeweilige Thema zu erschließen ist. Meditation, Spiel, Begegnung und Gestaltung sind die besonderen Chancen der

---

235 Dazu s. ausführlich Bernhard Dressler, Unterscheidungen. Religion und Bildung, Leipzig 2006.

Konfirmandenarbeit. Dabei müssen und sollen die Inhalte allerdings nicht aus dem Blick geraten. Dies sei kurz an einem Beispiel erläutert.

Die Auseinandersetzung mit der Gottesfrage ist in der Gemeinde nicht auf Diskussionen begrenzt. Sie kann liturgisch vertieft werden. Eine schön gefeierte, jugendgemäße Liturgie und die Auseinandersetzung mit der Theodizee -Frage sind zwei aufeinander beziehbare Zugänge. Wenn Konfirmandinnen und Konfirmanden dabei lernen: Gott kann man zwar oft nicht verstehen, aber seine Zuwendung in Jesus lässt sich feiern, dann geht dies über die intellektuelle Auseinandersetzung hinaus. Ähnliches gilt für das gemeinsame Tun, in klassischer Sprache: für die Diakonie. In diesem Zusammenhang kann etwa gelernt werden: Gott lässt in der Welt und auch an unserem Ort traurige, ungerechte Dinge zu, aber als Gemeinde können wir auch etwas tun. Und wenn unser Tun nicht alles verändert, dann lässt es uns mindestens das Schreckliche eher ertragen. Im Konfirmandenunterricht kann die Auseinandersetzung mit der Gottesfrage demnach im Rahmen gelebter christlicher Religion erfolgen.

Die Chance des KU liegt in einer Erweiterung zur Kinder- und Jugendarbeit der Gemeinde. Darum kann als allgemeine Maxime formuliert werden: Alles ist besser als 45 Minuten in der Woche, alles ist besser, als die Begegnung nur mit einem Unterrichtenden, alles ist besser als erst im Alter von 12 Jahren zu beginnen. Die Konfirmandenarbeit einer Gemeinde ist abhängig von der Qualität ihrer Kinder- und Jugendarbeit überhaupt und von dem Bemühen, die Konfirmandinnen und Konfirmanden in ihrem Lebensumfeld wahrzunehmen.[236]

Familie und die primäre Sozialisation

Zum wichtigsten Lebensumfeld gehört auch für Jugendliche die eigene Herkunftsfamilie. Das eigene Verhältnis zur Kirche wird lebenslang von den Verhaltensmustern geprägt, die dort erlernt werden. Dies zeigen gerade die qualitativen Interviews der neuen EKD-Studie „Fremde Heimat Kirche".[237] Sinnvoll sind darum Arbeitsweisen im Überschneidungsbereich von Gemeinde und Familie wie das Projekt der Konfirmandenarbeit mit Kindern im 4. Schuljahr. Besonders in der hannoverschen Landeskirche hat man damit gute Erfahrungen gemacht.

Aufgabe 3

Lesen Sie bei Michael Meyer-Blanck/Lena Kuhl, Konfirmandenarbeit mit 9/10jährigen, Göttingen 1994, 13–37. Wo liegen die Chancen für die Verbindung religiösen Lernens in Gemeinde und Familie? Wo liegen die Grenzen, bzw.: Welche weiteren Möglichkeiten sind denkbar, um Familien auf dem Weg zur Konfirmation ihrer Kinder zu unterstützen?

---

236 Konfirmandenarbeit und Konfirmation werden als zentrales pastorales Arbeitsfeld ausführlich in der 17. Einheit behandelt.
237 Fremde Heimat Kirche. Die dritte EKD-Erhebung über Kirchenmitgliedschaft, hg. von Klaus Engelhardt/Hermann von Loewenich/Peter Steinacker, Gütersloh 1997.

Soziologisch ist die Familie heute so zu beschreiben:[238]
- Die Familienphase im Leben wird immer kürzer, während die Lebenszeit immer länger wird. Weniger Kinder werden geboren, die Lebenserwartung steigt. Damit wird die nachelterliche Phase im Leben immer länger. Vor 100 Jahren dauerte die Familienphase die Hälfte des Lebens einer Frau, inzwischen ist es statistisch ein Viertel.
- Kinderlose Ehen nehmen zu, Familien mit Kindern werden emotionalisiert und standardisiert. Die Kinder erfüllen keine materielle (Alterssicherung) und keine sozial-normative Funktion mehr („Stammhalter"). Kinder dienen der Emotionalität, dem individuell gewählten Lebenssinn. Dafür reichen wenige Kinder, die Familienform standardisiert sich auf die Ein-Kind- bzw. Zwei-Kind-Familie.
- Die Erwerbstätigkeit von Müttern nimmt zu: 1991 waren in Gesamtdeutschland 59,1% der Mütter erwerbstätig, 1950 war es nur jede vierte Mutter gewesen (24,3%). In den neuen Bundesländern ist die Quote immer noch höher als in den alten, dort war die Erwerbsquote in den letzten Jahrzehnten eine der niedrigsten in ganz Europa (das dürfte mit den Halbtagsschulen zusammenhängen).
- Die gestiegenen Ansprüche an die emotionale Qualität von Beziehungen sind der Hauptgrund für die gestiegene Scheidungsquote.

Soziologisch könne man also von einem Wandel der Pflichtenfamilie zur Beziehungsfamilie sprechen. In diesem Zusammenhang ist auch die Religion zu sehen. Sie dient nicht mehr der Stabilisierung der Familie, da diese ja gar nicht mehr stabilisiert werden soll, sondern selbst zunehmend als Emotionalitätslieferantin gesehen wird und dafür flexibel sein soll. Religion soll nicht mehr die Institution Familie legitimieren, sondern die individuelle Biographiekonstruktion unterstützen. Das ist etwa bei der Feier der Kasualien als Lebensbegleitung von Bedeutung (s. dazu die 8. Einheit dieses Buches).

C. Gegenwärtige Herausforderungen

Die von den Soziologen beschriebene und alltäglich zu beobachtende Individualisierung von Lebensläufen, sozialen Beziehungen und Wertorientierungen bleibt nicht ohne Einfluss auf das Lernen von Religion und Glauben. Man kann sagen, dass die subjektive Religion durch die Individualisierung an Gewicht gegenüber der objektiven Religion sozialer Gemeinschaften gewinnt. Sozial verfasste Religion (wie das evangelische Christentum) ist damit aber nicht bedeutungslos. Sie verliert ihren autoritativen Charakter und kann stattdessen Plausibilität als Material eigener Sinnkonstruktion gewinnen. Mindestens für Jugendliche und ihr Autonomiebestreben ist diese Gewichtsverlagerung unhintergehbar. Die Institution Kirche begegnet bei ihnen einem prinzipiellen Misstrauen, nicht aber einzelne Christen, die sich für sie als überzeugende Vertreter des Glaubens (und auch der Institution Kirche) erweisen. Der Gedanke jedoch, dass subjektive Religion sich in einem zweiten Schritt ob-

---

238 Nach: Rosemarie Nave-Herz, Familie heute, Darmstadt 1994.

jektiviert in beheimatenden Deutungstraditionen, ist ihnen eher fremd, weil das Autonomiestreben stärker ist. Andererseits können sie sich nur in den Sprachen überlieferter Religionen ausdrücken, voneinander lernen und sich voneinander abgrenzen. Das etwa zeigt sich in der von 2005 bis 2007 laufenden ARD-Vorabendserie „Türkisch für Anfänger", in der die jugendliche Identitätsfindung in den Kontext der verschiedenen begegnenden Religionen (u. a., aber nicht nur Islam und Christentum) gestellt ist. Man kann in dieser Serie auch beobachten, dass in den Zeiten der Individualisierung die „jugendlichen" Lebensformen für immer mehr Menschen attraktiv sind. Die ständigen Flexibilitätsanforderungen machen autonomiebetonte Sinnkonstruktionen auch für Erwachsene typisch. Die Mutter in der Serie, die Psychotherapeutin Doris, wirkt geradezu wie eine fiktionale Umsetzung (und Karikatur) des auf die Lebenspraxis allgemein und auf die Religionen speziell bezogenen Individualisierungstheorems.[239]

Die selbständige Mediennutzung durch Kinder und Jugendliche ist ein wichtiger Lernfaktor auch in Sachen Religion. Die mit audiovisuellen Medien verbrachte Zeit macht diese zu einem wichtigen Sozialisationsfaktor, dessen Gewicht für die Sinnkonstruktion kaum überschätzt werden kann. Auch das Vorbildlernen bei ethischen Entscheidungen muss von der künftigen religionspädagogischen und moralpädagogischen Forschung in den Blick genommen werden. Es ist zu vermuten, dass Fernsehserien entscheidende Orientierungen für die Vorstellungen von Glück, Lebenssinn, Individualität und gestalteter Sozialität bereitstellen.

Aufgabe 4

Arbeiten Sie den Abschnitt „Empirische Perspektiven – die Mediengesellschaft" durch bei Christian Grethlein, Kommunikation des Evangeliums in der Mediengesellschaft, Leipzig 2003, 33–40. Prägen Sie sich einige markante statistische Daten ein sowie grundlegende Veränderungen im Welterleben der von den Medien geprägten Menschen. Was ist nach Grethleins Darstellung (40–43) zu der viel diskutierten Wirkung der Medien zu sagen?

Man kann die Medien als einen eigenen, Autonomie verheißenden Lernort bezeichnen. Denn in Schule, Gemeinde und Familie machen Jugendliche oft die Erfahrung, dass Autonomie zwar prinzipiell begrüßt bzw. sogar eingefordert wird, dass ihnen aber häufig von Erziehern der Vorwurf gemacht wird, ihre eigene Autonomie sei nicht die richtige (diese sei „zu wenig engagiert", „zu unpolitisch" o. ä.). Dieser Vorwurf ist auch der Hintergrund der letzten Shell-Jugend-Studien. Die Studie 2006 beschreibt die heutige Jugend unter der Überschrift „Die pragmatische Generation". Damit ist ein Trend bestätigt, der sich schon in der Studie aus dem Jahre 2002 fand: Leistungsbereitschaft, Engagement und eine Orientierung an den konkreten und naheliegenden Problemen prägen die Grundhaltung der gegenwärtigen Jugend. Dabei nimmt der Wunsch nach befriedigenden persönlichen Beziehungen in der Familie und im privaten Freundeskreis deutlich zu.[240]

---

239 http://www.daserste.de/tuerkischfueranfaenger, abgerufen am 1.2. 2008.

240 Jugend 2006 (15. Shell Jugendstudie), Frankfurt a. M. 2006, 15.

Arbeitsvorschläge für Gruppen

1. Eine(r) aus der Gruppe erstellt eigene Definitionen zu den Begriffen „Glaube", „Religion" und „Lernen" und bezieht diese in wenigen Thesen aufeinander. Die anderen fungieren als „Prüfungskommission" und befragen die Thesen im Hinblick auf ihre theologischen und pädagogischen Schwachstellen.

2. Übernehmen Sie nach dem Losverfahren eine der hinter den verschiedenen RU-Modellen (s. o. die Tabelle zu den verschiedenen Bundesländern) stehende Position und begründen Sie in der Form eines Streitgesprächs, dass gerade diese Art des RU den gegenwärtigen Herausforderungen für die religiöse Bildung entspricht und den anderen Formen überlegen ist.

17. Konfirmandenarbeit und Konfirmation

Unser Pastor war in Ordnung. Er musste viel mit uns durchmachen. Dass er keinen Herzinfarkt oder einen Nervenzusammenbruch erlitt, war ein wahres Wunder. Er wurde nur manchmal böse.
Ein Konfirmand[241]

Ich kenne keine Kollegin oder keinen Kollegen, die oder der nicht über den Unterricht klagt. – Der KU hat sich in der gegenwärtigen Form überlebt. – KU wie bisher, das macht keinen Sinn mehr. – Die ganze Woche denke ich mit Grausen an den Dienstag.[242]
Westfälische Pfarrer

Im Jahre 1995 wurde die bisher ausführlichste empirische Befragung von Unterrichtenden im KU veröffentlicht. Mit einer großen Fragebogenaktion hatte man westfälische Pfarrerinnen und Pfarrer über den Konfirmandenunterricht interviewt. Der Titel: „Engagement und Ratlosigkeit" benennt die vielfach beobachteten Spannungen zwischen pädagogischen Einsichten und den Grenzen bei deren praktischer Umsetzung. Zunächst war Konfirmandenunterricht immer eine besondere Herausforderung, weil sich die Jugendlichen an den Unterrichtenden abarbeiten. Doch die Konfirmandenarbeit ist im Zuge der Ablösung traditionell gesellschaftlicher Muster noch schwieriger geworden. Die Ausdifferenzierung von Glaubens- und Wertorientierungen hat das Selbstverständliche der Weitergabe des Glaubens an die nächste Generation in Frage gestellt. Immer mehr gilt es, die Jugendlichen mit ihren Versuchen, zu glauben und zu verstehen, wahrzunehmen und ernst zu nehmen. Darum ist im Bereich der KU-Konzeptionen in den letzten Jahrzehnten sehr viel erarbeitet und auch erreicht worden.

In dieser Einheit geht es um zwei umfassende Themen, um den Unterricht und um die Konfirmation selbst. Denn bei allem Nachdenken über den Konfirmandenunterricht muss man sich vor Augen halten: Ohne den gut in der Gesellschaft verankerten feierlichen Ritus der Konfirmation wäre die Bereitschaft, am Unterricht teilzunehmen, wesentlich geringer. Wer zum Unterricht geht bzw. geschickt wird, für den hat die Konfirmation hohe Attraktivität.

---

241 Zitiert nach: Engagement und Ratlosigkeit. Konfirmandenunterricht heute – Ergebnisse einer empirischen Untersuchung, hg. von Thomas

Böhme-Lischewski/Hans-Martin Lübking, Bielefeld 1995, 154.
242 A.a.O., 149.

A. Problemskizze: Der Zusammenhang von Konfirmation und Konfirmandenunterricht und die soziokulturellen Bedingungen

Wie hängen Konfirmandenunterricht und Konfirmation theologisch, systematisch und geschichtlich zusammen? Die wichtigsten Hintergründe sind die folgenden: Der KU ist dem kirchlichen Selbstverständnis zufolge nachgeholter Taufunterricht, weil bei der Kindertaufe kein Unterricht im Umfeld der Taufe erfolgt bzw. erfolgen kann. Nach evangelischem Verständnis ist die Taufe jedoch andererseits vollständig und verträgt keine wie auch immer verstandene Ergänzung. Das bedeutet: Soteriologisch gesehen ist die Konfirmation unnötig. Die Konfirmation dient nicht der Ergänzung der Taufe, sondern (religionspädagogisch) der Entfaltung der Taufe.

Historisch entstand eine Vorform der Firmung schon in der Alten Kirche, indem sich die Salbung und Handauflegung bei der Taufe von dieser ablösten und zu einem eigenständigen Akt wurden. Hinweise für eine solche Praxis finden sich im Neuen Testament lediglich in Apg 8,14ff (Petrus und Johannes legen Gemeindegliedern in Samarien die Hände auf, damit sie den Heiligen Geist empfangen). Im Mittelalter kam der Firmung teilweise eine höhere Wertschätzung zu als der Taufe. Luther bekämpfte die Firmung, die er als „Affenspiel" bezeichnete: „sonderlich aber meide das Affenspiel der Fermelung, welches ein rechter Lügentand ist".[243] Luther hatte jedoch ein starkes katechetisches Interesse. An die Stelle des Ritus der Firmung setzte er so das Katechismusverhör vor dem ersten Abendmahlsgang. Darum ist die evangelische Konfirmation tendenziell katechetisch, nicht rituell verstanden und wesentlich auf das Abendmahl bezogen.

Seit dem 19. Jahrhundert bis etwa 1965 stand aufgrund der gesellschaftlichen Entwicklungen die Frage im Vordergrund: Wie können wir als Kirche überhaupt noch Jugendliche zum Abendmahl zulassen, konfirmieren, ihren Glauben bekennen lassen, wenn wir wissen, dass die meisten von ihnen sich nach der Konfirmation nicht regelmäßig am Gemeindeleben beteiligen werden? Diese Frage wurde unter dem Stichwort „Konfirmationsnot" immer wieder thematisiert. Bis heute werden die Fragen diskutiert: Gehört das Bekenntnis notwendig zur Konfirmation? Darf man überhaupt von Jugendlichen in der Entwicklung ein Bekenntnis und Versprechen verlangen? Sind nicht die Pastoren, die konfirmieren, unehrlicher als die Jugendlichen, die konfirmiert werden? Die Geschichte der Konfirmation ist die Geschichte der Reformversuche und der Suche nach Auswegen aus diesem Dilemma.[244]

Die Frage nach der Theologie und der Gestaltung der Konfirmation war das beherrschende Thema bis etwa 1970. In den 70er Jahren wurde dann im Zuge der „empirischen Wende" das Thema nach der theologischen Verantwortbarkeit der

---

243 WA 10 II, 282, Orthographie modernisiert; ausführlich dazu s. Michael Meyer-Blanck, Art.: Die Konfirmation. Geschichte und Theologie, in: Handbuch der Liturgik, hg. von Hans-Christoph Schmidt-Lauber u. a., Göttingen 2003, 481–494: 484f.

244 Dazu s. ausführlich Michael Meyer-Blanck, Wort und Antwort. Geschichte und Gestaltung der Konfirmation am Beispiel der ev.-luth. Landeskirche Hannovers, Berlin/New York 1992, 120–225.

Konfirmation abgelöst durch die didaktische Frage nach der Verortung von KU-Themen im Lebenszusammenhang der Jugendlichen. Inzwischen hat man die ästhetische Dimension des kirchlichen Handelns neu entdeckt und ist gegenüber Riten viel weniger skeptisch als vor einer Generation; entsprechend ist auch die Skepsis gegenüber der Konfirmation einem neuen Interesse gewichen.

Insgesamt sind die Konfirmation und der auf sie hinführende Unterricht seit Beginn der Industrialisierung ein wichtiger Seismograph für Veränderungen im Verhältnis von Kirche und Gesellschaft. Das gilt nicht erst für die Zeit des „3. Reiches" und der DDR, sondern schon für die erste entscheidende Enttraditionalisierung von Religion durch die Industrialisierung und Verstädterung im 19. und an der Wende zum 20. Jahrhundert. Was sich in den letzten Jahrzehnten des 20. Jahrhunderts zunächst langsam, dann deutlich spürbar verändert hat, ist neben der Vervielfältigung der Angebote auf dem Freizeitmarkt der Rückgang der gesellschaftlichen Bedeutung der Kirchen. Zusätzlich enger wird das „Zeitfenster" für die Konfirmandenarbeit durch die Entwicklung zur Ganztagsschule.

Dennoch sind und bleiben Konfirmation und KU mit die erfolgreichsten Veranstaltungen der Kirche – weil sie zum Kasualhandeln gehören (vgl. dazu die 8. Einheit in diesem Buch). Dabei ist an die folgenden Punkte zu erinnern:

a) Für die Mehrzahl der Kirchenmitglieder ist ihre ev. Kirche vor allem Kasualkirche, zu der man im Jahreslauf an Heiligabend, im Lebenslauf an den geprägten Lebenswenden geht. Wer getauft wird, wird in der Regel auch konfirmiert;[245] die Taufbereitschaft hat in den letzten Jahren (den EKD-Mitgliedschaftsuntersuchungen zufolge) zugenommen.[246]

b) Die Konfirmation als die einzige „Gruppenkasualie" hat für die Kirchenmitglieder einen besonderen Stellenwert. Sie kommt wie die Jahreszeiten und wie Weihnachten automatisch. Sie verbindet mit den anderen Konfirmanden (und Familien) wie mit der Institution Kirche. Für 87% der Kirchenmitglieder in den alten Bundesländern (in Ostdeutschland 81%) gehört die Konfirmation zum Evangelischsein (1982: 80%, 1992: 84%).[247]

c) Die Motivation für die Teilnahme an Konfirmandenunterricht und Konfirmation ist für die große Mehrheit sowohl individuelle Entscheidung als auch das Mittun bei einer gut verwurzelten Sitte. Dies liegt entwicklungspsychologisch nahe, denn die Alternative zwischen Mittun und Entscheidung gehört erst in das dritte Lebensjahrzehnt. Entscheidungen sind im Konfirmandenalter immer sozial eingebunden und begründet, auch wenn sie als individuell vollzogen erlebt und geltend gemacht werden. Das sozial Vermittelte ist geradezu die Gestalt individueller Authentizität. Dies gilt für Kleidung und Musik wie für die Zugehörigkeit zu Gruppen.

Das bedeutet: Konfirmandenunterricht und Konfirmation sind ein Brennpunkt des Christseins, besonders des kirchlichen Christseins in seiner Mehrdeutigkeit. Die

---

245 Im Jahre 2005 wurden im Bereich der EKD 275.147 Jugendliche konfirmiert. Getauft wurden in demselben Jahr 199.665 Kinder (d. h.: bis zum Alter von 14 Jahren) und 23.358 Erwachsene ab 14 Jahren (http://www.ekd.de/statistik/amtshandlungen.html, abgerufen am 4.2. 2008).
246 Kirche in der Vielfalt (s. o. Anm. 15), 442.
247 A. a. O., 440.

Mehrheit der Kirchenmitglieder versteht ihr Christsein kasuell, lebensgeschichtlich, bezogen auf die Kirche und auf ein zuverlässiges Menschsein im Alltag. Zum Scheitern verurteilt wäre darum der Versuch, das Teilnahmeverhalten der Mehrheit im Sinne der Minderheit (bzw. der Mitarbeiter) grundlegend zu verändern. Konfirmandenunterricht und Konfirmation sind darum nicht primär als etwas Defizitäres zu beschreiben. Sie sind vielmehr ein erstaunlich gut gelingender Teil kirchlicher Arbeit. Wenn wir noch einmal an die verschiedenen Lernorte denken (s. die 16. Einheit), dann liegt es nahe, auch Konfirmation und KU unter dem Gesichtspunkt der Bildung zu beschreiben: Konfirmandenarbeit ist ein Bildungsvorgang und die Konfirmation bringt das kirchliche Verständnis von Bildung und Glaube zur Darstellung.

B. Positionen und Argumentationen

Bildungssubjekt und Bildungsgegenstand: KU-Konzeptionen der letzten Jahrzehnte

Vergleicht man die Konzeptionen des schulischen Religionsunterrichts und des Konfirmandenunterrichts nach 1945, so lassen sich einige deutliche Parallelen ausmachen. Diese Parallelen zeigen immerhin, dass die Religionspädagogik nicht völlig auseinanderfällt in Religionsdidaktik und Gemeindepädagogik, sondern dass Gesprächsmöglichkeiten bestehen, die es zu nutzen gilt. Institutionalisierte Kontakte zwischen Pfarrkonferenzen und Lehrerkollegien sind von daher von großer Bedeutung.

Die religionspädagogischen Konzepte der letzten Jahrzehnte – Evangelische Unterweisung von 1945 bis 1960, Hermeneutischer RU von 1960 bis 1970, Problemorientierter Unterricht von 1970 bis 1985, Symboldidaktik und Mischformen ab 1985[248] lassen sich auch in der Didaktik des KU wiederfinden.

Grob zusammenfassend kann man die Schwerpunkte des Konfirmandenunterrichts in den letzten Jahrzehnten wie folgt zusammenfassen:
– 50er Jahre: Katechismus
– 60er Jahre: Bibel
– 70er Jahre: Jugendliche
– 80/90er Jahre: Gemeinde.

In den 50er Jahren bestimmte wie schon in der Vorkriegszeit der Katechismus die Ziele, Inhalte und Gliederung des Konfirmandenunterrichts. Das Memorieren einer Unmenge von Bibelsprüchen und Liedern neben dem Memorieren des Katechismus bestimmte die Einzellektionen. Diese bestanden wesentlich aus dem Abfragen des Gelernten. Die Methode bei thematischen Abschnitten war die genau vorher geplante Katechese, bei der nur eine Antwort auf eine ganz bestimmte präzise Frage mög-

---

248 Dazu vgl. ausführlich Michael Meyer-Blanck, Kleine Geschichte (s. o. Anm. 223).

lich war. In der Methodik wurde dazu die Bedeutung der so genannten „W-Fragen" herausgestellt, die einen kleinen geistigen Beitrag der Konfirmanden ermöglichen, aber ja nicht vom Zielgedanken wegführen sollten – so wie dies die alte Katechetik erarbeitet hatte. Der Unterrichtsentwurf bestand aus einer Folge von genau geplanten W-Fragen und Antworten. Vor allem aber der Lernplan war immens.[249]

Eine etwas andere Tendenz wurde ohne Aufgabe dieser grundlegenden Orientierung schon in den 60er Jahren formuliert. Der Rektor des Religionspädagogischen Instituts Loccum, Karl Witt, beklagte schon 1959, dass der KU wesentlich Paukunterricht mit dem Auswendiglernen von Sprüchen war. Stattdessen formulierte Witt: Es gehe darum, „das Bewusstsein einer jungen ‚Bruderschaft'" anzustreben.[250] An die Stelle der Katechese mit W-Fragen sollte das gemeinsame Gespräch treten, in dem auch die Beiträge der Kinder wichtig zu nehmen sind. Inhalt sollten im Wesentlichen biblische Geschichten sein. Der Katechismus sei dazu heranzuziehen, aber als Gebetbuch, nicht als „Paukbuch". Dennoch blieb Witt wesentlich bei der Orientierung an der Tradition.

Die Ziele und Inhalte des Konfirmandenunterrichts wurden erst im Zuge der so genannten „empirischen Wendung" in der Religionspädagogik um 1970 grundlegend revidiert. Nun stellte man fest, dass theologische und in der Tradition begründete Ziele auch für den Konfirmandenunterricht nicht mehr ausreichten. Es bildete sich eine KU-Konzeption heraus, die mit der problemorientierten Konzeption des Religionsunterrichts parallel ging. Kennzeichnend für die neue Konzeption wurde die ab 1973 erscheinende Schriftenreihe „KU-Praxis". Deren erstes Heft trug programmatisch den Titel: „Lernen, was es heißt, als Christ in unserer Zeit zu leben." Zielhorizont und Inhalt sind nun nicht mehr wesentlich Texte, sondern die Lebensfragen der jungen Menschen. Die Orientierung gibt die Gegenwart, „diese Zeit", nicht die kirchliche Vergangenheit. Dabei ist die Formel „Lernen, was es heißt, als Christ in unserer Zeit zu leben" theologisch gedacht, denn es geht darum, wie man Lebensfragen als Christ bewältigt. Vermieden ist auch eine moralisierende Engführung: Es heißt nicht „in dieser Zeit christlich zu leben".

Für die siebziger Jahre entscheidend sind demnach die Problemorientierung und eine elementare Theologie, während sich der Konfirmandenunterricht in den 80er Jahren vor allen Dingen an der Gemeinde orientierte. In den 80er Jahren wurde die Leitvorstellung: Gemeinsam leben und glauben lernen in der Gemeinde. Man spricht seitdem nicht mehr vom Konfirmandenunterricht, sondern von der Konfirmanden*arbeit*. In der theoretischen Diskussion wurden damals die Konzepte der Gemeindepädagogik erarbeitet, und der gemeindepädagogische Ansatz bestimmte die Konzeptionen des Konfirmandenunterrichts in den 80er Jahren.

---

249 So wurde 1955 ein Lernplan mit an die 100 Liedern, Bibelsprüchen und Katechismustexten angegeben: Karl Hauschild/Johannes Schröder, Arbeitshilfe für die Unterweisung der Konfirmanden, Neumünster 1955.

250 Karl Witt, Konfirmandenunterricht. Neue Wege der Katechetik in Kirche und Schule, Göttingen 1959, 14.

Aufgabe 1

Sehen Sie die inzwischen über 50 Hefte der Schriftenreihe „KU-Praxis" durch. Wie verändern sich die Unterrichtsthemen und die theoretischen Fragestellungen in der KU-Diskussion im Laufe der Jahre? Vergleichen Sie etwa das erste Heft aus dem Jahre 1973 mit dem Jubiläumsheft Nr. 50 aus dem Jahre 2006.

Nötig ist an dieser Stelle noch ein Seitenblick auf die Theorie des Konfirmandenunterrichts in der DDR. Didaktisch prägend für die Konfirmandenarbeit in der DDR war der – zumindest theoretische – Anspruch des Gesamtkatechumenates, wie ihn Martin Doerne und Oskar Hammelsbeck schon vor 1945 entwickelt hatten. Konfirmandenarbeit samt Konfirmation wurden in den Kontext der übrigen Unterweisung der Gemeinde gestellt. Das katechetische Handeln der Gemeinde hieß insgesamt „konfirmierendes Handeln" und die Konfirmation wurde dabei als ein – nicht übermäßig wichtiger – Teil des konfirmierenden Handelns gewertet. Inwiefern dieser Gedanke dann allerdings Allgemeingut in der Praxis wurde und nicht nur eine schöne konzeptionelle Idee des Kirchenbundes und der dort tätigen Protagonisten – dies ist eine andere Frage.

Aufgabe 2

Lesen Sie den Artikel von Raimund Hoenen, Konfirmandenunterricht und Konfirmation in den ostdeutschen Landeskirchen, in: Handbuch für die Arbeit mit Konfirmandinnen und Konfirmanden, hg. vom Comenius-Institut in Verbindung mit dem Verein KU-Praxis, Gütersloh 1998, 429–445 und vergleichen Sie damit die großen Linien der Entwicklung in Westdeutschland (ebd., 414–428). Welche Entwicklungen verlaufen parallel, welche zeitlich versetzt und welche unabhängig voneinander?

Der KU als Bildungsaufgabe heute

Bildung meint die gegenseitige Erschließung von Personen und Sachen. Gelingende Bildung hat etwas von beiden Aspekten und je weniger die beiden, der formale und der materiale Aspekt, unterschieden werden können, desto eher kann man von Bildung im gefüllten Sinne sprechen. Gebildet ist jemand, der niemanden anderen als Mittel zum Zweck betrachtet und der über seine Zwecke Auskunft geben kann. Gebildet ist jemand, der immer mehr wissen will, aber Wissen zur Verständigung und nicht zur Ausübung von Macht verwendet. Ein Mensch lernt zuerst nicht darum, damit er über viel Wissen verfügt oder damit er sozial sinnvolle Aufgaben erfüllt. Sondern er lernt, um sich seine Welt zu erschließen. Es handelt sich um eine analoge Struktur wie bei dem Verhältnis von Rechtfertigung und guten Werken: Wissen und soziale Nützlichkeit folgen aus der Bildung, aber Bildung ist etwas anderes als Wissen und Qualifikation. Gebildet ist, wem es wichtig ist, selbst und mit anderen die Welt und das menschliche Leben besser zu verstehen. Wissen ist wichtig – wenn und indem es Menschen zum Verstehen dient. Umgekehrt: Die Subjektivität wird nicht als solche, nicht als isolierte zum Prinzip erhoben. Sie wird vielmehr als eine an äußeren Gegenständen sich bildende verstanden. Unser Begriff von Allgemeinbildung, der vor etwa 200 Jahren zum Durchbruch kam, lässt sich so umschreiben. Aus dem Grundgedanken der Bildsamkeit und Selbständigkeit im Glauben ergeben sich verschiedene Orientierungen für die Konfirmandenarbeit.

These 1: Der KU als Bildungsvorgang fördert die religiöse Subjektivität von Jugendlichen.

KU ist mehr als Ausbildung für Kirchenmitglieder; KU ist etwas anderes als kirchliche Einwirkung auf das Sozialverhalten; KU ist nicht die Formung von Jugendlichen durch konservative oder progressive gemeindepädagogische Leitbilder. Der KU ist wie der schulische RU eine Bildungsbemühung. Es geht um den Glauben der Jugendlichen. Es geht nicht primär um den Nachwuchs von Gemeinde und Kirche – ebenso wenig wie im schulischen RU. Bildungstheoretisch ist eher umgekehrt zu formulieren: Die Kirche hat für die Religion der Jugendlichen da zu sein, nicht die Jugendlichen für die Kirche. Aber die Kirche hat sich auch tatsächlich um die Religion der Jugendlichen zu kümmern. Verfehlt ist darum die Meinung: Hauptsache, die Jugendlichen fühlen sich wohl, damit sie die Kirche wenigstens in positiver Erinnerung behalten. Richtiger müsste es heißen: Hauptsache, die Jugendlichen verstehen, dass ihr eigener Glaube wichtig ist. Eine gute Atmosphäre wird das Lernen erleichtern. Aber sie ist noch nicht der Inhalt. Denn zur Bildung helfen bedeutet auch immer, die realen Widerstände der Bildungsgegenstände spüren lassen.

These 2: KU als Bildungsvorgang erschließt das Verhältnis von subjektiver und objektiver Religion.

Wenn KU auch nicht primär Ausbildung für Kirchenmitglieder ist, so konfrontiert er doch mit der Realität von Kirche einschließlich der Mitgliedschaft. Auch diese Realität soll der Bildung von Jugendlichen dienen. Bildung meint nicht Gleichgültigkeit, sondern das bewusste Verhältnis zum Gegenstand, in diesem Fall zum Glauben. Religion begegnet uns immer nur in ihrer subjektiven und objektiven Gestalt zugleich. Es gibt keine objektive Religion ohne subjektive Aneignung. Ungelesene und ungesagte Wörter sind bedeutungslos. Umgekehrt gibt es keine religiöse Subjektivität ohne objektivierte Zeichen, in denen allein Subjektivität real wird. Glauben gibt es nur in Zeichen, die von Menschen gebraucht werden: Es gibt ihn nur in Texten, Liedern, Symbolen, Bekenntnissen, Kirchenräumen, Bildern und Liturgien. Die Bildungschance des KU ist es, dass es hier mit der objektiven Religion ernst wird. Die Realität, ja die Unübersehbarkeit der Institution Kirche ist im Gegenüber zur Schule das Besondere im KU. Man muss sich zur Kirche so oder so verhalten, spätestens bei der Konfirmation. Das Bildende und Fördernde kann gerade darin liegen zu erfahren, dass es etwas anderes gibt als die Alternative von Anpassung oder Desinteresse. Denn Kirche besteht im Handeln von Menschen, die aber gerade über ihr eigenes Handeln hinaus denken, indem sie glauben. Die evangelische Kirche ist nicht primär eine Institution oder Organisation. Kirche ist ein Vorgang des Verstehens, oder traditionell gesagt: Kirche ist da, wo das Evangelium ist (CA 7).

These 3: Der KU ist ein jahrgangsbezogener Bildungsvorgang.
KU ist keine „Elitenbildung". Der KU vereint Jugendliche aus vielen Schulen. Didaktisch ist das bekanntlich eine große Schwierigkeit; bildungstheoretisch kann es ein großer Vorteil sein. Es kann im besten Fall deutlich werden, dass Gemeinschaften nicht nur aufgrund von intellektuellen Leistungen entstehen. Das hat heutzutage, in Zeiten immer weiter differenzierter Qualifikationen, etwas im besten Sinne Altmodisches. Die frühzeitige Differenzierung im deutschen Schulsystem wirkt sich wahrscheinlich noch verstärkend aus. Je älter die Kinder werden, desto fremder werden ihnen andere mit anderem Bildungsstand. Je mehr der KU jedoch durch diakonische und liturgische Praxis bildet, desto eher könnten die Chancen die Schwierigkeiten übertreffen.

These 4: Der KU ist ein zeitlich begrenzter Bildungsvorgang auf dem Freizeitmarkt.
Am Ende des KU steht in der Regel keine Prüfung mehr. Und dennoch hat der KU auch immer etwas von einem Lehrgang: Er führt auf einen Abschluss hin, der mehr ist als eine Zusammenfassung; bekanntlich ist es eher umgekehrt: Die Konfirmation ist weniger Nachklang des KU; viel stärker ist der KU das Vorspiel der Konfirmation. KU ist also projektorientierte Bildung, ähnlich wie freie Bildungsangebote auf dem Markt in Sport-, Computer- oder Sprachkursen. Mehr und mehr wird KU danach beurteilt werden, was er „bringt" – wie die anderen begrenzten Bildungsangebote auch. Man muss ja dafür zahlen, nämlich die Jugendlichen mit dem Einsatz von Freizeit, die Familien mit der Ausrichtung der Konfirmation. Im KU muss sich demnach das Spezifische des kirchlichen Bildungsangebotes als wertvoll erweisen.

These 5: Der KU ist „originale Begegnung" mit dem Glauben.
Zunächst macht der KU kompetent für das gesellschaftliche Teilsystem Kirche. Aber diese durchaus wichtige Begründung verliert mit dem Bedeutungsverlust gesellschaftlicher Institutionen immer mehr an Kraft und reicht auf Dauer nicht weit. Es muss stattdessen um das gehen, was in der Pädagogik die „originale Begegnung" heißt.[251] Das meint, dass der jeweilige Lerngegenstand wieder in seinen „Werdensprozess" aufgelöst werden muss – nur die „Werdensnähe" erschließt den Gegenstand für die Lernenden. KU wird nur dann als Bildungsangebot überzeugen, wenn das Werden von Glauben, von glaubender Weltsicht deutlich wird.

Als Beispiel wähle ich eine zentrale Frage aus dem Katechismus: die Lehre von der Sünde. Die Gotteserfahrung und die Sündenerfahrung hängen sehr eng miteinander zusammen. Die Erfahrung des Glaubens stellt vor Augen, dass das Leben ohne Gott zwar nicht unvollständig ist, aber ohne Glanz in den Beziehungen zu sich selbst, zu anderen und zu den Dingen.[252] Die Gotteserfahrung wertet Beziehungen

---

251 Heinrich Roth, Pädagogische Psychologie des Lehrens und Lernens, Hannover [8]1965 [1957], 109–118.
252 Dazu vgl. Christof Gestrich, Die Wiederkehr

des Glanzes in der Welt. Die christliche Lehre von der Sünde und ihrer Vergebung in gegenwärtiger Verantwortung, Tübingen [2]1996 [1989].

um. In klassischer Terminologie: Die Gotteserfahrung ist beschreibbar als die Erlösung von der Sünde und von den Sünden. Wodurch aber werde ich zum Sünder? Was ist es, das den Beziehungen ihren Glanz nimmt? Die klassische und weiterhin gültige theologische Antwort lautet: Durch das Überteten der von Gott zum Erhalt seiner Schöpfung gegebenen Gebote.

Neben dieses Verständnis von Sünde tritt aber heute ein ganz anderes Grundgefühl. Nicht das Übertreten, sondern das Versäumen, das Verpassen von Chancen ist es, welches mein Glück bedroht. Mein Leben wird nicht vor allem durch Ordnungen gehalten, sondern durch meine Aktivitäten konstituiert. Ich muss alles planen und organisieren. Vom Glück, vom Glanz des Lebens, ja damit auch von der Herrlichkeit Gottes sondere ich mich ab, wenn ich die entscheidenden Chancen verpasse. Kurz: Sünde ist im gegenwärtigen Verständnis weniger das Übertreten von Geboten, sondern das Versäumen einer Chance zum Finden des Glücks.

Dieses Grundverständnis ist nicht etwa abzuwerten, sondern positiv zu vertiefen. Das Beschriebene ist als Sehnsucht nach Gotteserfahrungen aufzufassen. Der Glaube an Gott ist von daher nicht als ethische Einschränkung, nicht als Begrenzung von jugendlichen Handlungsmöglichkeiten zu erschließen, sondern als Erweiterung von Denk- und Erlebensmöglichkeiten. Auf die Liebe, auf das Glück, auf die eigene Arbeit fällt ein Glanz des Wunderbaren, des Unbeschreiblichen, des Besonderen. Das Unberechenbare, das unvermutet Beglückende, das Zufällige als Erweiterung, nicht als Begrenzung des eigenen Lebens, das ist Glaube. Dieser ist nicht gegen die natürliche Existenz, sondern für sie. Sündenvergebung führt nicht in eine Sonderexistenz, sondern in den Glanz der eigenen Existenz.

Die Konfirmation – Station auf dem evangelischen Bildungsweg

Die Konfirmation bringt den beschriebenen Bildungsvorgang in verdichteter Weise zur Darstellung. Auch in der Konfirmation soll die „originale Begegnung" mit Glauben deutlich werden. Das Bildungsangebot der Kirche soll dadurch plausibel werden, dass der evangelische Glaube und die Kirche als sich jeweils neu bildende deutlich werden. Das gilt für die liturgischen Bausteine wie für die Predigt. Jeweils sich neu bildender Glaube im Hinblick auf die konkret versammelten Menschen ist etwas anderes als die Wiederholung von religiösen und psychologischen Formeln („Verantwortung für den Glauben", „Einladung zur Mitarbeit in der Gemeinde", „ins Leben treten", „Selbstfindung", „Erwachsenwerden"). Das alles stimmt. Aber zum Thema werden muss nicht dies als solches, sondern als der spezifische Inhalt des Glaubens. Darzulegen ist, wie jetzt z. B. von Gott und Sünde geredet werden kann, im Hinblick auf diese Gemeinde und das Lebensglück dieser Jugendlichen.

Die Konfirmationspredigt verdichtet dabei die zentrale Aufgabe der Bildungsarbeit KU. Sie steht als Qualitätsmerkmal des Protestantismus für die religiöse Unvertretbarkeit des Einzelnen, die sich in der kirchlichen Gemeinschaft bildet. Der Verkündigungsteil (Lesung und Auslegung) hat insgesamt die Spannung von kirchlichem und persönlichem Christsein darzustellen.[253] Die Predigt ist eine exemplarisch mitteilende religiöse Rede. Bei der Konfirmation handelt es sich um eine Kasualrede, die auf den Glauben der Jugendlichen bezogen ist.

Das Besondere der Konfirmation liegt darin, dass durch das Glaubensbekenntnis der Jugendlichen die Ambivalenz des Bekennens überhaupt dargestellt wird, in der genannten Spannung von individuellem und kirchlichem Christsein. Wird diese Spannung gesehen und bewusst aufgenommen, dann kann es mit dem Bekenntnisteil kein grundsätzliches Problem geben, weil die Problematik evangelischen Bekennens ja gerade das Thema dieses Gottesdienstteiles ist. Die Konfirmation hat die Chance, die Eigenart des evangelischen Bekennens zwischen den Extremen von doktrinärem oder individuell-beliebigem Glaubensverständnis darzustellen. Darum dürfen die Jugendlichen weder zur Anpassung gezwungen noch von der Zumutung der Ambivalenz des evangelischen Bekennens ausgeschlossen werden. Die neue VELKD/EKU-Agende „Konfirmation" bietet darum mehrere angemessene Möglichkeiten, diese Spannung evangelischen Glaubens für die Gemeinde erfahrbar zu machen.[254]

⌐ Aufgabe 3 ⎯⎯⎯⎯⎯⎯⎯⎯⎯⎯⎯⎯⎯⎯⎯⎯⎯⎯⎯⎯⎯⎯⎯⎯⎯⎯⎯⎯⎯⎯⎯⎯⎯⎯⎯⎯⎯⎯

Nehmen Sie die neue Konfirmationsagende aus dem Jahre 2001 zur Hand. Inwiefern ist diese eine neue Form von Agende? Welche Bedeutung hat die Verbindung von Gottesdienst und Unterricht? Welche Parallelen gibt es zum Konzept des neuen „Ev. Gottesdienstbuches" (vgl. dazu die 12. Einheit in diesem Band)?

Insofern kann man sagen: Im Idealfall ist die Konfirmation die Darstellung der realen, realistisch eingeschätzten, damit aber auch der gelingenden Konfirmandenarbeit. Die Konfirmation ist darüber hinaus Selbstdarstellung der evangelischen Kirche im besten Sinne – nämlich Darstellung des sich bildenden Glaubens und so des gebildeten Glaubens. Die Konfirmation umgreift das individuelle, das gesellschaftliche und das kirchliche Christsein, ohne dass für eine der drei Ebenen einseitig optiert würde.

C. Gegenwärtige Herausforderungen

Der KU steht vor Herausforderungen, die durch die gesellschaftlichen Veränderungen bedingt sind: Verlängerung der Schulzeit, Ausweitung des Freizeitangebotes, Pluralisierung von Religion. Der KU als ein kirchliches Bildungsangebot steht au-

---

253 Ausführlich dazu s. Michael Meyer-Blanck, Konfirmation als öffentliche Darstellung mündigen Christseins. Zur Theologie der Konfirmation im Anschluss an die neue VELKD/EKU-Konfirmationsagende, in: Carsten Mork (Hg.), Konfirmandenzeit als Biographiebegleitung, Loccum 2003 (ArKU 22), 39–44.

254 Konfirmation. Agende für evangelisch-lutherische Kirchen und Gemeinden und für die Evangelische Kirche der Union, Band III, neu bearbeitete Ausgabe, Berlin 2001.

ßerdem im Kontext von glaubenden jungen Muslimen, die ihre Überzeugung – aus verschiedenen Gründen – sehr viel deutlicher äußern als dies christliche Jugendliche tun. Das zeigte schon eine Jugendstudie aus dem Jahre 2000: Die Muslime kommen von sich aus auf das Thema Religion zu sprechen, die christlichen Jugendlichen nicht. Außerdem bildet die islamische Religion ein Milieu: Die Ansichten ihrer Mitglieder strahlen auf andere als die im strengen Sinne religiösen Fragen aus, also auf Politik, Ethik, Werte. Bei evangelischen und katholischen Jugendlichen ist das nicht der Fall, anders noch als in den 50er Jahren.[255] Umso wichtiger ist es, dass die christliche Bildung in Schule und Gemeinde sprachfähig macht für qualifizierte Gespräche über Gott, über Christus, die Sünde und Rechtfertigung und nicht zuletzt über die so viel Anstoß bereitende Trinitätslehre. Den Themen des Katechismus kommt damit eine ganz neue Bedeutung zu; und vielleicht benötigt die Konfirmandenarbeit in Zukunft so etwas wie einen für Jugendliche verständlichen evangelischen Katechismus im christlich-islamischen und interreligiösen Kontext.

⌐ **Arbeitsvorschlag für Gruppen** ─────────────────────────────

Führen Sie ein Streitgespräch zum Sprechen des Glaubensbekenntnisses im Konfirmationsgottesdienst durch die Konfirmandinnen und Konfirmanden. Sammeln Sie historische, psychologische und gemeindepädagogische Argumente, die dafür und die dagegen sprechen. Informieren Sie sich über die agendarischen Bestimmungen in der neuen Konfirmationsagende (s. o. Anm. 252), 141f.

---

255 Jugend 2000 (13. Shell Jugendstudie), 2
Bde., Opladen 2000, Bd. 1, 161.

18. Kunst als Thema der Praktischen Theologie

A. Problemskizze

Ob im Religionsunterricht ein Bild von Marc Chagall verwendet wird, das Wort zum Sonntag sich auf eine Skulptur von Barlach bezieht oder ein Kantatengottesdienst veranstaltet wird, ob bei der Restaurierung der Kirche ein kunsthistorisches Gutachten eingeholt werden muss, eine Kirchengemeinde einen Schriftsteller zur Dichterlesung einlädt oder eine moderne Klanginstallation in ihrem Glockenturm ermöglicht – die Berührungspunkte zwischen Kunst und Kirche sind vielfältig. Das Verhältnis zwischen Kunst und Religion bzw. auf der Theorieebene zwischen Ästhetik und Theologie ist spannungsreicher als diese oberflächliche Aufzählung auf den ersten Blick vermuten lässt. Welche Funktion etwa hat das Bild von Chagall im Unterricht? Dient es der Illustrierung der ansonsten spröden Lehrinhalte oder steht ein selbständiger Beitrag des Künstlers zur Wirklichkeitsdeutung zur Diskussion? – Warum bezieht man sich im kirchlichen Kontext in der Regel auf eine relativ überschaubare Auswahl von Künstlern? – Die Installation eines modernen Klangkunstwerkes im Glockenturm löst möglicherweise Unverständnis oder sogar Empörung in der Gemeinde hervor. Und bei der Kirchenrenovierung wirft die Entdeckung einer Wandmalerei im Chorraum nicht nur Zeit- und Finanzierungspläne durcheinander, sondern führt – nicht zuletzt aus denkmalschützerischer Notwendigkeit – zu der Diskussion nach angemessener Bewahrung und Integration des unerwarteten Erbes.

Darüber hinaus ist die Frage nach dem Verhältnis von Kunst und Religion grundlegender zu stellen. Ein zentrales Thema ist die Frage nach der Verhältnisbestimmung von ästhetischer und religiöser Erfahrung. „Ästhetische Erfahrung ist [...] gesteigerte, sinnbewusste intensivierte, sinnliche Erfahrung. Sie wird mit den Sinnen gemacht, im Sehen, Hören, Tasten, Riechen, erschließt sich immer auch ein Sinn. [...] Ästhetische Erfahrung ist Transformationserfahrung. Genau darin aber liegt die Möglichkeit ihres Übergangs in religiöse Erfahrung."[256]

Die gegenwärtige Diskussion überschreitet die bloße Frage nach der Funktion von Religion für die Kunst bzw. der Rezeption von Kunst im kirchlichen Raum.

---

256 Wilhelm Gräb, Einige vorläufige Bemerkungen zum Verhältnis von ästhetischer und religiöser Erfahrung, in: Ders. u. a. (Hg.), Ästhetik und Religion. Interdisziplinäre Beiträge zu Identität und Differenz von ästhetischer und religiöser Erfahrung, Frankfurt a. M. u. a. 2007, 17–22: 20f.

B.   Positionen und Argumentationen

Autonomie

Aufgabe 1

Lesen Sie: Ernst Müller, Religion und Ästhetik, in: Birgit Weyel/Wilhelm Gräb, Religion in der modernen Lebenswelt. Erscheinungsformen und Reflexionsperspektiven, Göttingen 2006, 256–276.
1. Skizzieren Sie Weisen der Verhältnisbestimmung seit der Mitte des 18. Jahrhunderts. 2. Was ist Ästhetik?

Mit dem Datum Moderne ist ein grundlegend neuer Ansatz im Verhältnis von Kunst und Religion markiert. Kunst stellt ein eigenständiges Sinnmedium dar. Nicht nur die traditionelle Formsprache wird durch avantgardistische Entwürfe stets aufs Neue überholt. Mit der Auflösung tradierter Formen geht auch die Emanzipation von traditionell vorgegebenen Inhalten und Motiven einher. Kunst ist nicht länger ein Instrument zur Veranschaulichung christlicher Inhalte, sondern trägt ihre eigenen Wirklichkeitsdeutungen vor.

Der Begriff der Kunstreligion bezeichnet eine religiöse Aufwertung der Kunst, die der Kunst religiöse Qualität zuschreibt. Eindrücklich sind die „Herzensergießungen eines kunstliebenden Klosterbruders" (1797) von Wilhelm Heinrich Wackenroders (1773–1798), die das kunstreligiöse Credo der Romantik formulieren:

Ich vergleiche den Genuß der edleren Kunstwerke dem *Gebet.* Der ist dem Himmel nicht wohlgefällig, welcher zu ihm redet, um nur der täglichen Pflicht entledigt zu werden, Worte ohne Gedanken herzählt, und seine Frömmigkeit prahlend nach den Kugeln seines Rosenkranzes abmißt. Der aber ist ein Liebling des Himmels, welcher mit demüthiger Sehnsucht auf die auserwählten Stunden harrt, da der milde himmlische Strahl freywillig zu ihm herabfährt, die Hülle irdischer Unbedeutenheit, mit welcher gemeiniglich der sterbliche Geist überzogen ist, spaltet, und sein edleres Innere auflöst und auseinanderlegt; dann knieet er nieder, wendet die offene Brust in stiller Entzückung gegen den Himmelsglanz, und sättiget sie mit dem ätherischen Licht; dann steht er auf, froher und wehmüthiger, volleren und leichteren Herzens, und legt seine Hand an ein großes gutes Werk. – Das ist die wahre Meynung, die ich vom Gebet hege.[257]

Religion unter den Bedingungen der Moderne

Aufgabe 2

Lesen Sie: Wilhelm Gräb, Sinnfragen, Transformationen des Religiösen in der modernen Kultur, Gütersloh 2006, 108–134. 1. Was ist mit Ästhetisierung der Lebenswelt gemeint? 2. Wie interpretiert Gräb das alttestamentliche Bilderverbot? 3. Entfalten Sie die These von der Religion als Deutung ästhetischer Erfahrung!

---

257 Wilhelm Heinrich Wackenroders, Herzensergießungen eines kunstliebenden Klosterbruders, Leipzig 1904, 100f.

Die Religion ist durch die Moderne berührt. Sie ist unter ihren Bedingungen umgeformt zur existentiellen Sinndeutung des einzelnen Menschen. Nicht nur die Kunst, sondern auch die Religion hat sich in mehrfacher Hinsicht emanzipiert. Der Einzelne ist nicht länger bloß Empfänger, dem traditionelle Überlieferungen vermittelt werden, sondern er prüft Sinnangebote auf ihre Plausibilität hin, er wählt aus und eignet sie sich selbständig an. Aneignung bedeutet immer auch Modifikation, Veränderung, Verwandlung des angeeigneten Gegenstandes. Religion unter den Bedingungen der Moderne verselbständigt sich zunehmend gegenüber traditioneller Dogmatik. Auch darin liegt eine Parallele: Sowohl bei der Betrachtung des modernen Kunstwerks als auch bei der Aneignung religiöser Überlieferung ist der Einzelne aktiv an der Rezeption beteiligt. Das moderne Kunstwerk ist in dem Sinne ein offenes Kunstwerk[258] als es nicht seinen Sinn quasi in sich hat, der sich dem Betrachter ohne weiteres erschließt. Es ist offen für Aneignung und Interpretation. Der Betrachter ist somit an der Konstitution von Sinn und Bedeutung aktiv beteiligt. Kunst ereignet sich so gesehen zwischen Kunstwerk und Betrachter.

Umberto Eco: Offenheit als ästhetische Kategorie[259]

Die zentrale Fragestellung, auf die Umberto Ecos literarisches und theoretisches Werk eine Antwort zu geben versucht, ist die nach dem Wesen und Verfahren ästhetischer Kommunikation. Wie lässt sich der Vermittlungs- und Aneignungsprozess von Kunstwerken durch den Rezipienten sachgemäß erfassen? Er lehnt eine ausschließlich werkbezogene Analyse ab, die Objektivität suggeriert und den Rezipienten nur als Empfänger einer Botschaft versteht. Diese erfasse die interpretative Beteiligung des Rezipienten nicht mit. Auf der anderen Seite will Eco das Missverständnis abgewiesen wissen, das Verstehen von Kunst sei voll und ganz in das subjektive Belieben des Rezipienten gestellt, als wenn „ein Kunstwerk alles das enthalte, was – wer auch immer – dort hineinlegen könne".[260] Eco will vielmehr eine sorgfältige, am Werk orientierte Analyse verbinden mit der Aufmerksamkeit für die Erfahrungshintergründe und individuellen Anteile, die der Rezipient bei der Rezeption mit ins Spiel bringt. Mehr noch: Beide Pole des Interpretationsprozesses, so Eco, sind miteinander verknüpft, indem etwa die Mitarbeit des Lesers bei der Interpretation einer Erzählung durch den Text beabsichtigt und gezielt gesteuert wird. „Der Leser – als aktives Prinzip der Interpretation – gehört zum generativen Rahmen ein und desselben Textes."[261] Der Ort des Lesers ist somit nicht außertextuell zu erfassen, sondern sachgemäß als *in fabula*, als ein sich zwischen Text und Interpret entspinnendes In-

---

258 Umberto Eco, Das offene Kunstwerk, Frankfurt a. M. ⁵1990.
259 Vgl. ausführlich: Birgit Weyel, Religion als poetisches Konzept der Weltdeutung, in: Volker Drehsen/Wilhelm Gräb/Birgit Weyel, Kompendium Religionstheorie, Göttingen 2005, 317–328.

260 Umberto Eco, Lector in fabula. Die Mitarbeit der Interpretation in erzählenden Texten, München 1987 (original 1979), 6.
261 A. a. O., 8.

terpretationsgewebe zu beschreiben, freilich so, dass die Mitarbeit des Interpreten durch den Text selbst provoziert wird. Es handelt sich dabei um „das Moment einer Dialektik zwischen der Struktur des Objekts, als einem festen System von Relationen, und der Antwort des Konsumenten als einem freien Sicheinfügen und aktiven Rekapitulieren dieses nämlichen Systems".[262]

Um diesen Dialog zwischen Kunstwerk und Interpret näher zu kennzeichnen, hat Eco den Begriff der Offenheit verwendet. Offenheit wird dabei dem Kunstwerk selbst zugeschrieben. Die Offenheit stellt sicher, dass erst durch eine Interpretation, eine Lektüre, eine Aufführung, eine ästhetische Erfahrung das Kunstwerk zum Kunstwerk wird. In dieser ersten, prinzipiellen Bedeutung ist Offenheit ein Strukturmerkmal, das jedem Kunstwerk zuzuordnen ist. In einer zweiten, differenzierteren Bedeutung ist Offenheit eine Kategorie, die einem Kunstwerk mehr oder weniger, also graduell abgestuft, zuzuerkennen ist. Offenheit oder auch Ambiguität in diesem Sinne bezeichnet den intendierten Grad der Beteiligung an der Interpretation durch den Rezipienten. Zwar ist jedes Kunstwerk „eine grundsätzlich mehrdeutige Botschaft". Darüber hinaus aber ist es so, „daß diese Mehrdeutigkeit in den modernen Poetiken eines der ausdrücklichen Ziele des Werkes wird, ein vor anderen zu realisierender Wert".[263] Offenheit ist damit das in der modernen Kunst realisierte und für diese charakteristische ästhetische Konzept. Es handelt sich somit um das erklärte Kunstwollen des Künstlers selbst und stellt somit keinen Akt der Beliebigkeit des Rezipienten dar. „Das Kunstwerk in Bewegung [...] bietet die Möglichkeit für eine Vielzahl persönlicher Eingriffe, ist aber keine amorphe Aufforderung zu einem beliebigen Eingreifen: es ist [...] die Einladung, sich frei in eine Welt einzufügen, die gleichwohl noch immer die vom Künstler gewollte ist".[264]

Die Stärke von Ecos Theorie der ästhetischen Kommunikation liegt darin, dass er diese kulturtheoretisch fundiert. Die Rezeption eines Kunstwerks findet nicht in einem separaten Raum statt, sondern in einer umfassenden und in der Moderne prinzipiell pluralistisch verfassten Kulturumgebung, auf die sie stets bezogen bleibt.

Ecos kulturphilosophische Orientierung, die alle kommunikativen Phänomene einschließt, umfasst auch die Religion. Religion ist nicht phänomenal da aufzuspüren, wo explizite religiöse Bilder und Symbole auszumachen sind, sondern es ist stets nach der Funktion von Zeichen zu fragen. Religion ist primär da namhaft zu machen, wo Zeichen eine religiöse Funktion übernehmen.

Kunst und Krisenerfahrung

Am Beispiel von Ludwig Meidner, Max Beckmann und Otto Dix zeigt Jörg Schneider, wie diese bildenden Künstler die eigenen Erfahrungen des Ersten Weltkriegs – so der Untertitel: „meistern".[265] Schneider stellt dar, wie im Rückgriff auf christliche

---

262 Ders., Das offene Kunstwerk, 13.
263 A.a.O., 8.
264 A.a.O., 54f.
265 Jörg Schneider, Religion in der Krise. Die
bildenden Künstler Ludwig Meidner, Max Beckmann und Otto Dix meistern ihre Erfahrungen des Ersten Weltkriegs, Gütersloh 2005.

Symbole und Ikonographie die individuelle Krisenerfahrung des Krieges künstlerisch verarbeitet wird und im Prozess der Aneignung zugleich verändert, variiert, transformiert wird. Die bildende Kunst ist ein Ausdruck für die biographische Sinnfindung der Künstler und zeigt damit exemplarisch, wie Krisenerfahrung durch den Rekurs auf traditionelle religiöse Symbolsprache einerseits und ihre Umformung andererseits religiös bearbeitet werden.

Spannungsfeld Kunst und Kirche

Tatsächlich lassen sich religiöse und profane Kunst kaum sinnvoll unterscheiden. Auch ein monochromes Bild lässt sich nicht eindeutig als profan kategorisieren, denn das Kunstwerk selbst ist unauflöslich mit seiner Rezeption durch den Betrachter verbunden. Die Kunst kann zum Ort religiöser Erfahrung werden, sofern sie durch ihre Werke die Auseinandersetzung mit grundlegenden Fragen menschlicher Existenz hervorruft und befördert. Gerade die Irritation also, der Bruch mit dem Gewohnten, der die Auseinandersetzung mit dem scheinbar Selbstverständlichen herausfordert und die vorfindliche Wirklichkeit kontrastiert, wie dies für die moderne Kunst typisch ist, provoziert religiöse Erfahrung. Kunst und Religion rücken denkbar eng zusammen, wenn man sich klar macht, dass Religion, um dargestellt zu werden, stets Ausdrucksformen und -sprachen bedarf, also immer schon ästhetisch ist. Beide, Kunst und Religion, sind demnach im Bereich des „individuellen Symbolisierens" zu verorten.[266]

Unter der Überschrift „Problemfeld: Moderne" hat Inken Mädler Spannungen im Feld von Kunst und Kirche benannt.

┌─ Aufgabe 3 ───

Lesen Sie von Inken Mädler, Kirche und bildende Kunst in der Moderne. Ein an F.D.E. Schleiermacher orientierter Beitrag zur theologischen Urteilsbildung, BHTh 100, Tübingen 1997, 12–38. Auf welche Fragestellung lässt sich die hier angesprochene Spannung zurückführen?

Wenn Schönheit formal als Konstitutionsprinzip ästhetischer Erfahrung bestimmt wird, steht dieses Verständnis einem bereits materialiter gefüllten Geschmacksurteil entgegen: „Die Kunst soll Schönes darstellen, so lautete die ästhetische Vorgabe des traditionellen Idealismus, und dass das dargestellte Schöne darüber zum religiösen Kitsch verkommen ist, verdankt sich nicht zuletzt den konkreten Vorgaben, wie denn ‚das Schöne' auszusehen habe." (27)

---

266 Im Anschluss an die in diesem Zusammenhang grundlegende Ästhetik von Schleiermacher: Friedrich Schleiermacher, Ästhetik. Über den Begriff der Kunst, hg. v. Thomas Lehnerer, Hamburg 1984. Eine kurze Einführung bietet Inken Mädler, Direktiven – Perspektiven. Die Kunst der Moderne im Horizont theologischer Bestimmungen, in: Wolfgang Erich Müller/Jürgen Heumann, Kunst-Positionen. Kunst als Thema gegenwärtiger evangelischer und katholischer Theologie, Stuttgart 1998, 18–34: 30–32.

Kulturreligiosität?

Die praktisch-theologische Aufmerksamkeit für die moderne Kunst konzentriert sich in jüngster Zeit auf die Wahrnehmung von Parallelen zwischen Religion und Kunst. Die Kunst wird als Ort außerkirchlicher Religionspraxis entdeckt.

Aufgabe 4

Lesen Sie: Susanne Natrup, Ästhetische Andacht. Das postmoderne Kunstmuseum als Ort individualisierter und impliziter Religion, in: Jörg Herrmann/Andreas Mertin/Eveline Valtink (Hg.), Die Gegenwart der Kunst. Ästhetische und religiöse Erfahrung heute, München 1997, 73–83. Leuchtet Ihnen die These ein?

Susanne Natrup vertritt die These, dass die zeitgenössische Kunst, insbesondere wenn sie in einem postmodernen Kunstmuseum inszeniert wird, „als Äquivalent oder Substitut kirchlich gebundener Religiosität in Anspruch genommen werden" kann (74). Die Ästhetisierung des Lebens kann an die Stelle einer sich enttraditionalisierten Religion treten. Natrup zeigt Äquivalenzen zwischen einem Gottesdienstbesuch und dem Museumsbesuch auf: die Annäherung als Überwindung einer Schwelle, die kontemplative Stille und Konzentration, die Aura des Außerordentlichen, die einen Abstand zum Exponat fordert, der Erwerb von Kunstkarten als Reliquie oder Devotionalie, der Aufenthalt im Museumscafé als rituelle Selbstinszenierung, die bevorzugt schwarze Kleidung, die Distanz zum Alltag, Askese und Purismus symbolisiert und den Träger als Teil der urbanisierten und akademisch gebildeten Kunstszene ausweist. Über die genannten Parallelen hinaus, über die man im Einzelnen sicher streiten kann, lässt sich das Museum als moderner Kultort bezeichnen, denn hier „findet eine Auseinandersetzung mit Kontingenz und Sinnfragen, mit Scheitern, Gewalt und Vergeblichkeit, aber auch mit dem Tod statt" (83).

Praktische Theologie als Ästhetik

Albrecht Grözinger versteht die Praktische Theologie als Ästhetik. Dennoch unterscheidet sich sein Verständnis von Wahrnehmungskunst von dem Konzept der Kulturreligiosität.

Aufgabe 5

Lesen Sie 1. Albrecht Grözinger, Praktische Theologie und Ästhetik, München 1987, 73–89. Beantworten Sie schriftlich die folgenden Fragen: 1.1. Was kritisiert Grözinger an Schleiermachers (und Tillichs) Kulturverständnis? 1.2. Er bezieht sich positiv auf mehrere Vordenker, insbesondere knüpft er an Rudolf Bohren an. Welche Impulse nimmt er auf? Lesen Sie jetzt 2. ders., Praktische Theologie als Kunst der Wahrnehmung, Gütersloh 1995, Kap. 11, 153–159. 2.1. Was ist mit dem „Nullpunkt" gemeint? 2.2. Erläutern Sie die These: Praktische Theologie „siedelt sich exakt an der Schnittstelle zwischen Kunst und Wissenschaft an. In diesem Zwischenreich hat sie ihren Ort." (158)

Um Grözingers Position verstehen zu lernen, ist es hilfreich, sich zunächst klarzumachen, wogegen er sich abgrenzen will, welche Kritik an gegenwärtiger praktisch-theologischer Theoriebildung er vorträgt. Er empfiehlt immerhin einen Paradigmenwechsel in der Praktischen Theologie. Seit der neuerlichen Hinwendung zur Empirie Ende der 60er Jahre herrscht das handlungstheoretische Paradigma vor.[267] Das handlungstheoretische Paradigma ist vor allem durch die Gewinnung methodisch kontrollierten Wissens aus dem Bereich der Humanwissenschaften geprägt. Das Verhältnis der PT zur Praxis ist dadurch bestimmt, dass die PT sich „als ein Vollzug kritischer Überprüfung von Praxis im Interesse neuer Praxis"[268] versteht. Grözinger kritisiert die Fokussierung auf das Handeln. Denn dem Handeln geht die Wahrnehmung voraus. Die Wahrnehmung aber trägt die daraus resultierenden Handlungsimpulse bereits in sich. „Die Entscheidung über den Gestaltungswillen des Menschen fällt nicht in einem der menschlichen Wahrnehmung folgenden Akt, sondern bereits in der Art und Weise menschlicher Wahrnehmung wird über die daraus resultierenden Handlungsvollzüge des Menschen entschieden."[269] Ein enger Zusammenhang von Ethik und Ästhetik wird unterstellt. In die Wahrnehmung aber ist immer schon die Normativität „eingraviert".[270] Der Handlungsaspekt wird also nicht einfach über Bord geworfen. Aber er bildet bei Grözinger nicht mehr den Fokus, sondern tritt gegenüber der primären Wahrnehmung zurück.

Grözinger will eine Praktische Theologie *als* Ästhetik entwerfen. Dennoch identifiziert er nicht einfach Kunst und Religion bzw. Ästhetik und Theologie. Er will eine theologische Ästhetik entwerfen und dies bedeutet zunächst, dass er starke Reserven gegenüber einer harmonischen Verbindung von Kultur und Religion in einer Kulturtheorie geltend macht, wie er sie bei Schleiermacher und Tillich vorfindet. Er kritisiert das Fehlen des kritischen Blicks auf die Kultur, mit dem in diesem Jahrhundert die Dialektische Theologie den Kulturprotestantismus in Augenschein nahm und mit dem die Kritische Theorie der Frankfurter Schule in den 60er Jahren die Kultur als Herrschaftsinstrument beargwöhnte. Es mag verwundern, dass es ausgerechnet das Bilderverbot ist, bei dem Grözinger theologisch ansetzt. Im Gedanken des Bilderverbots konvergieren jedoch gerade das theologische und ästhetische Interesse. Das alttestamentliche Bilderverbot bewahrt vor der Identifikation von Gott und Kultur. Aber auch moderne Kunst integriert Leer-Stellen, das „‚Weiße' im Bild" beispielsweise bei Cézannes Dächer von L'Estaque oder Mondriaans Composition 2.[271] Diese Leere lässt nicht einfach etwas aus, sondern drängt zur Besetzung und kann doch nie definitiv besetzt werden. Das Bilderverbot qualifiziert diese Bilder,

---

267 Vgl. dazu die informative und mit den notwendigen Differenzierungen versehene Darstellung von Karl-Fritz Daiber, Religion in Kirche und Gesellschaft, Stuttgart/Berlin/Köln 1997, darin: Konzeptionen gegenwärtiger Praktischer Theologie (13–21). Vgl. zur Charakterisierung von Handlungswissenschaft 14f. Zu Grözinger 21.

268 Daiber, a.a.O., 15.
269 Grözinger, Praktische Theologie und Ästhetik (s.o. Aufgabe 5), 310f.
270 A.a.O., 314.
271 A.a.O., 153–155.

weil sie „als Bilder fixieren, und zugleich das Wissen in sich tragen, dass das, was wir das Geheimnis der Welt genannt haben, gerade nicht fixiert werden kann."[272] Leerstellen[273] halten die Freiheit des Wortes Gottes offen, das als viva vox immer neu und überraschend den Menschen anspricht. Dieses Geschehen bleibt den Menschen entzogen, aber Praktischer Theologie als Kunst der Wahrnehmung kommt die Aufgabe zu, an diesen Punkt heranzuführen und somit die Freiheit der Offenbarung gegenüber jeder Methode zu sichern. Indem sie den Nullpunkt „methodisch behütet" und d. h. gerade der Methodisierung entzieht, siedelt sie sich selbst an der Schnittstelle zwischen Kunst und Wissenschaft an.

C. Wechselwirkungen

Das Thema Kunst hat Konjunktur in der Praktischen Theologie. Bei gegenseitiger Autonomie von Kunst und Religion liegen Konvergenzen zwischen ästhetischer und religiöser Erfahrung nahe. Die Wahrnehmung und Beschreibung solcher Parallelen, Substitutionen, Korrelationen und Konkurrenzen öffnet den Blick für die Vielfalt von Wirklichkeitsdeutungen und Selbstauslegungen.

Die Weite ästhetischer und religiöser Konzepte ist angezeigt, wenn diese auf eine Lebenskunst, einen Lebensstil zielen. Das religiöse Interesse in der Moderne ist ästhetisch formatiert. Die Nachfrage nach Religion ist weniger von einem Interesse an Inhalten geprägt, als vielmehr an der ästhetischen performance. Hans-Joachim Höhn analysiert diesen Trend treffend: „Wo man sich in Theologie und Kirche auf die ästhetische Formatierung des Interesses an Religion einlässt, wird man auch eine ‚Kunst der Bestreitung‘ entwickeln müssen. Eine Ästhetik des christlichen Glaubens wird auch ein Design der Alterität zu entwickeln haben und auf blinde Flecken achten. Sie wird gegenüber dem Schönen, Guten und Gefälligen Markierungen des Vermissten und Fehlenden anbringen und jene Anteile im menschlichen Leben auszeichnen, die nicht mehr ‚wieder-gut-gemacht‘ werden können. Aber ebenso wird sie die Hoffnung auf dasjenige im Leben zu stärken haben, das nicht mehr ‚wieder-schlecht-gemacht‘ werden kann. Eine solche Ästhetik muss weniger neu erfunden als in ihren bestehenden Ansätzen fortgeschrieben werden. Neben der Auseinandersetzung mit den verschiedenen Genres moderner Kunst steht dabei die Entwicklung eigener Kompetenz für Rituale, in denen die ‚dramatische‘ Verfassung des Daseins in Szene gesetzt wird. [...] Die Herausforderung, die ästhetische Kraft dieser Rituale zu bewahren und sie lebensdienlich einzusetzen, bleibt über die zeitgeistigen Wellenschläge einer Ästhetisierung des Religiösen hinaus bestehen."[274]

Das Gespräch zwischen Kunst und Religion bzw. Ästhetik und Theologie als zwischen zwei ausdifferenzierten und autonomen Diskursen schreitet voran. Gegensei-

---

272 A. a. O., 156.
273 Oder „Nullpunkt" im Anschluss an Roland Barthes. A. a. O., 157.

274 Hans-Joachim Höhn, Die Sinne und der Sinn. Religion – Ästhetik – Glaube, in: Communio 35 (2006), 433–443: 441f.

tige Ausgrenzungsstrategien haben sich zum Glück weitgehend überlebt. Der Praktischen Theologie bleibt die Wahrnehmung außerkirchlicher Religionspraxis weiterhin empfohlen. Das Studium der Praktischen Theologie sollte die Aufmerksamkeit für ästhetische Gestaltung und Stile schulen. Der Künstler Georg Baselitz käme am Ende einer solchen Entwicklung hoffentlich zu einem anderen Urteil angesichts des ästhetischen Zustands bundesdeutscher Kirchen: „Grauselig, zu erleben, was da an häßlicher Gemeinheit, Unbildung, Kunstgewerbe, Mißverstand und Kompromissen auf einen zukommt."[275]

___ **Arbeitsvorschläge für Gruppen** _____

1. Die Ansiedelung der Praktischen Theologie an der Grenze zwischen Kunst und Wissenschaft, wie Grözinger dies empfiehlt, hat Konsequenzen für ihre Methode. Praktische Theologie, so Grözinger, changiert „zwischen wissenschaftlicher Objektsprache und künstlerischer Performance" (Praktische Theologie als Kunst der Wahrnehmung, 158). Tauschen Sie sich über ihre eigenen Leseeindrücke aus, die Sie bei Grözinger gesammelt haben. Diskutieren Sie, was dies für das Wissenschaftsverständnis der PT bedeutet. Wo könnten Probleme liegen?
2. Besuchen Sie gemeinsam eine moderne Kunstausstellung. Jeder von Ihnen wählt sich nach einem Rundgang ein Exponat aus, zu dem er anschließend die anderen führt und anhand dessen er sich zum Verhältnis von ästhetischer und religiöser Erfahrung äußert. Beziehen Sie sich dabei – wenn möglich – auf Theoriebildungen, die Sie in diesem Kapitel kennengelernt haben.
3. Diskutieren Sie die These von der Ästhetik als Lebenskunst, wie Hans-Joachim Höhn sie entfaltet.

---

275 Zitiert nach Jörg Herrmann/Andreas Mertin/Eveline Valtink, Einleitung, in: Dies., Gegenwart (s. Aufgabe 4), 9–19: 9.

19. Kirche, Staat und Recht

A. Problemskizze

Das Kirchenrecht steht mit dem Wesen der Kirche im Widerspruch. [...] Das Wesen der Kirche ist geistlich, das Wesen des Rechts ist weltlich. [...] So ist die Geschichte des Kirchenrechts zugleich die Geschichte fortgesetzter Entstellung der kirchlichen Wahrheit gewesen. [...] Die Kirche des Kirchenrechts ist nicht die Kirche Christi. [...] Das Kirchenrecht bedeutet nach Luther nicht die Entfaltung der inneren Natur der Kirche ..., sondern lediglich ein Kreuz, welches die Kirche Christi trägt.
Rudolf Sohm[276]

Die Sätze des berühmten Leipziger Kirchenrechtlers Sohm (1841–1917) können für eine verbreitete evangelische Abneigung gegenüber juristischen Fragen stehen. Das Kirchenrecht kommt in der Wissenschaft Evangelische Theologie so gut wie nicht vor, weil es an den Fakultäten dafür keine Lehrstühle gibt. Dabei hat es die kirchliche Praxis in Gemeinde, Gesamtkirche und Gesellschaft ständig mit Rechtsfragen zu tun. Als Vorsitzende eines Presbyteriums/Kirchenvorstandes kann eine junge Pfarrerin sehr schnell Vorgesetzte von vielen Mitarbeitenden sein. Sie hat sich dann in das Dienstrecht, Tarifrecht und Haushaltsrecht einzuarbeiten. Jeder Pfarrer hat es mit dem Pfarrerdienstrecht, mit der Kirchengemeindeordnung, mit dem Mitgliedschaftrecht und mit dem Kasualrecht zu tun. Mindestens die Praktische Theologie muss sich also mit Rechtsfragen beschäftigen, wenn sie nicht die Praxis einem unreflektierten Befolgen von Vorschriften („Rechtspositivismus") oder gar der puren Unkenntnis und Ignoranz ausliefern will. Denn das Recht wehrt schlicht der Interessendurchsetzung der Durchsetzungsfähigeren. Nicht nur biblisch ist das Recht ein Schutz der Schwächeren.

Die meisten praktisch-theologischen Entwürfe lassen die Studierenden mit den Rechtsfragen allein – obwohl es keine Praxis im Zusammenleben von Menschen gibt, das sich in rechtsfreien Räumen abspielt.[277] Die rechtliche Perspektive bezieht

---

276 Zitiert nach Albert Stein, Evangelisches Kirchenrecht. Ein Lernbuch, Neuwied/Darmstadt ²1985, 14.
277 So richtig Gert Otto, Grundlegung der praktischen Theologie, München 1986, 163. Otto beschreibt das Recht als eine von sieben praktisch-theologischen „Reflexionsperspektiven" (160–179). Die Rede vom „Formalismus" des Rechts nennt Otto „lebensfremd" und „letztlich lebens-

feindlich" (166). Ausführlich zu Verfassung, Ordnung und Recht in der Kirche äußert sich Peter C. Bloth, Praktische Theologie (s. o. Anm. 53), 122–134 (mit einer umfassenden Bibliographie, 122f.), einen kurzen Abschnitt enthält Eberhard Winkler, Praktische Theologie elementar. Ein Lehr- und Arbeitsbuch, Neukirchen-Vluyn 1997, 29–38. Ansonsten trifft man eher auf Schweigen.

sich damit nicht nur auf Gemeindeleitung und Dienstrecht, sondern auch auf Verkündigung, Unterricht und Seelsorge (besonders auch auf die Kasualien) – mithin auf die gesamte Praxis, die die PT zu bedenken hat.

Das Ziel dieser Einheit kann nur ein erster Hinweis auf diesen im Alltag so wichtigen Aspekt kirchlichen Handelns sein. Neben der Kenntnis grundlegender Kategorien und Vorschriften soll dabei vor allem die Aufgabe deutlich werden, Recht und Theologie einander zuzuordnen anstatt diese gegeneinander auszuspielen. Denn oft beruft man sich auf die Maxime „wir entscheiden das nicht juristisch, sondern theologisch und menschlich". Das kann zwar gut gemeint sein, kann aber auch die eigene (Pfarramts-) Macht verschleiern, während das Recht immer auch die Perspektive der Abwesenden zu berücksichtigen sucht.

B. Grundlegendes: Zur Frage der „Rechtstheologie"

Die theologische Grundlagendiskussion zum Kirchenrecht nach 1945 ist besonders vom Kirchenkampf und seinen Erfahrungen bestimmt gewesen. Dabei spielte vor allem die Frage eine Rolle, ob das Kirchenrecht eine Rechtsform sui generis sei, also letztlich vom Evangelium her bestimmt werden müsse als „Liebesrecht" („lex charitatis"), oder ob das Recht in der Kirche von der Evangeliumsverkündigung zu trennen und von daher als weltliches Ordnungsrecht (für Menschen „nach Adams Fall") aufzufassen sei. Diese klare Gegenüberstellung (s.u. 1. und 2.) trifft man heute nicht mehr an; man sucht vielmehr den damit benannten rechtstheologischen Gegensatz zu überwinden.[278]

1. Evangeliumsrecht

Für dieses Konzept gibt es zwei Begründungsfiguren. Die eine entspricht Karl Barths Sicht der Einheit von Evangelium und Recht (vgl. dazu These III der Barmer theologischen Erklärung von 1934). Christus bestimmt nicht nur die Botschaft, sondern auch die Ordnung der Kirche. Das Kirchenrecht hat damit nicht dem weltlichen Recht zu entsprechen, sondern dem Gesetz Christi. Diesen Standpunkt hat vor allem der Kirchenrechtler Erik Wolf (1902–1977) vertreten.[279] Evangelisches Kirchenrecht sei „bekennendes" Recht und „Verkündigungsordnung". Als solches habe es zugleich Modellcharakter auch für außerkirchliches Recht: „Alles ev. K. [irchenrecht] ist dadurch missionarische Ordnung. Indem es vor der Welt Zeugnis gibt durch Üben von Nächstenrecht, Sichausrichten nach der lex Christi, glaubwürdiges

---

278 Sehr ausführlich zu dieser Diskussion vgl.: Gerhard Rau/Hans-Richard Reuter/Klaus Schlaich (Hg.), Das Recht der Kirche, Bd. 1, Zur Theorie des Kirchenrechts (Forschungen und Berichte der Evangelischen Studiengemeinschaft Band 49), Stuttgart 1997. Der Band bringt es auf ca. 1750 [!] Seiten Umfang.

279 Wolf war Professor für Rechtsphilosophie und Kirchenrecht in Freiburg und von 1946–1948 Vorsitzender des Verfassungsausschusses der EKD.

Sichverhalten im rechtlichen Verkehr mit der ‚Welt' (Verzicht auf Zwangsmittel), erweist es sich als ‚Beispielsordnung' (exemplarisch)."[280]

Das lutherische Pendant dazu ist das 1953 erschienene Buch „Lex charitatis" des Kirchenrechtlers Johannes Heckel (1889–1963).[281] Der Buchtitel ist Programm. Das „Liebesrecht" verbiete die Ausübung von Zwang gegenüber dem Mitbruder. Verhaltensaufforderungen innerhalb der Kirche müssten und dürften darum gerade nicht als Zwang aufgefasst werden. Sie seien vielmehr als brüderliche Hilfe zu verstehen. Das Erlassen von Ordnungen und das Inkraftsetzen des Rechtes hätte nichts mit weltlichem Zwang zu tun. Das Recht in der Kirche sei kein obrigkeitlicher Befehl, sondern es handle sich um einen „actus charitatis spiritualis". Das ist eine deutlich integrierende Position.

2. Ordnungsrecht

Im Gegensatz dazu bemerkte der ebenfalls lutherische Hans Philipp Meyer (1919–1996) im Streit um die hannoversche Kirchenverfassung: „Der faktische, wirkliche Zustand des Kirchenwesens ist für die Rechtsetzung der Zustand eines Gemeinwesens aus Menschen von der Art Adams."[282] Für ihn war das zu organisierende Kirchenwesen gerade *nicht* die geistliche, wahre Kirche der Gläubigen, *nicht* die ecclesia vere credentium. Die wahre Kirche sei nur da, wo innerhalb der verfassten Kirche das Evangelium rein verkündigt werde und wo dieses Glauben finde. Das rechtlich zu organisierende Kirchenwesen stelle lediglich das Gefäß für die wahre, unsichtbare Kirche dar. Daraus folgt eine Relativierung der organisierten Kirche mit Hilfe der Unterscheidung von ecclesia visibilis und ecclesia invisibilis: „Luther hat gerade aufgrund der Differenzierung im Kirchenbegriff an diesem Punkt viel ökumenischer gedacht, als wir es heute können, wenn die entsprechenden Unterscheidungen im unklaren bleiben oder ausdrücklich verneint werden."[283] Das ist eine deutlich unterscheidende Position.

Beide Positionen, die integrative wie die unterscheidende, haben ihre Stärken und Schwächen. Die Weite des (eher lutherischen) *Ordnungsrechtsverständnisses* wird erkauft durch einen *doppelten Kirchenbegriff* und die drohende Anpassung an staatliche Ordnungen und damit durch Beliebigkeit im kirchlichen Recht. Die biblische Konzentration des (eher reformierten) *Evangeliumsrechts* hat als Kehrseite einen *doppelten Rechtsbegriff*: Durch die Aufspaltung in weltliches und geistliches Recht droht eine Realitätsferne, da viele Rechtsfragen im Überschneidungsbereich von

---

280 Erik Wolf, Art.: Kirchenrecht, in: RGG³ 3, Sp. 1508f.
281 Heckel war seit 1934 Professor für Kirchenrecht in Bonn und München.
282 Zitiert nach Heinrich Hoppe, Kirchenbegriff und Verfassung. Hans Philipp Meyer und die hannoversche Kirchenverfassung, in: Glaube – Bekenntnis – Kirchenrecht (Festschrift für H.P. Meyer), hg. von Gerhard Besier/Eduard Lohse, Hannover 1989, 98–103: 101. Meyer war von 1967–1984 Geistlicher Vizepräsident im Landeskirchenamt Hannover.
283 A. a. O., 100.

Staat und Kirche zu verorten sind. Aufgrund dieser Stärken und Schwächen ist es verständlich, dass man in der Gegenwart nach einer vermittelnden Position sucht.

Aufgabe 1

Lesen Sie Klaus Schlaich, Die Grundlagendiskussion zum evangelischen Kirchenrecht. Ein Lagebericht, in: PTh 72 (1983), 240–255, besonders 248–252. Wie versucht der Autor die beiden Kirchenrechtsverständnisse aufzunehmen und zu überholen?

C. Staatskirchenrecht (Religionsverfassungsrecht)

Das Kirchenrecht regelt das Leben Kirche, während das Staatskirchenrecht die Beziehungen zwischen Staat und Kirche zum Gegenstand hat. Die Existenz des Staatskirchenrechts als solche unterstreicht die besondere Rechtsform des Staats-Kirche-Verhältnisses. Es handelt sich um keine Spielart des Vereinsrechts, sondern um eine Rechtsform sui generis, die durch das Grundgesetz garantiert ist. Wie es der Name sagt, hängt dieses Recht mit der jeweiligen Verfassung zusammen. Die in Deutschland – etwa im Gegenüber zu Frankreich mit dem dort seit 1905 geltenden Prinzip der laïcité – gewachsene Tradition einer geordneten Beziehung zwischen dem Staat und den großen Kirchen wird in den letzten Jahren durch die Diskussion um die europäische Einigung in Frage gestellt. So hat sich vielfach in der Literatur schon der neuere Begriff des „Religionsverfassungsrechtes" in Europa eingebürgert.

Mit der Weimarer Reichsverfassung (WRV) vom August 1919 ist die Staatskirche abgeschafft.[284] Aber es gilt auch: „Die Religionsgesellschaften bleiben Körperschaften des öffentlichen Rechtes, soweit sie solche bisher waren. Anderen Religionsgesellschaften sind auf ihren Antrag gleiche Rechte zu gewähren, wenn sie durch ihre Verfassung und die Zahl ihrer Mitglieder die Gewähr der Dauer bieten. [...] Die Religionsgesellschaften, welche Körperschaften des öffentlichen Rechtes sind, sind berechtigt, auf Grund der bürgerlichen Steuerlisten nach Maßgabe der rechtlichen Bestimmungen Steuern zu erheben. Den Religionsgesellschaften werden die Vereinigungen gleichgestellt, die sich die gemeinschaftliche Pflege einer Weltanschauung zur Aufgabe machen." (WRV Art. 137, 5–7)

Damit sind die Körperschaftsrechte der Religionsgesellschaften (also nicht nur die Rechte der beiden großen Kirchen) geregelt. Mit dieser Bestimmung, die den Satz „Es besteht keine Staatskirche" ergänzt, ist ein praktisches juristisches Problem gegeben. Denn die Unabhängigkeit von Staat und Kirche ist zwar festgeschrieben, gleichzeitig wird aber festgelegt, dass diese Unabhängigkeit keine radikale Trennung bedeuten soll. Es gibt die „gemeinsamen Angelegenheiten" (res mixtae) wie den Religionsunterricht und die Militär- und Gefängnisseelsorge.

---

284 WRV Art. 137,1: „Es besteht keine Staatskirche." Dieser Satz ist nach Art. 140 GG auch Bestandteil des Grundgesetzes, denn die Bestimmungen WRV 136–139 und 141 wurden unverändert ins Grundgesetz übernommen.

Die besondere Rechtsstellung der Institution Kirche wird erneut klargestellt. Diesen Sinn hat die Bestimmung des Körperschaftsstatus. Doch dieser Status ist wiederum nur eine Analogie und trifft nicht ganz zu. Denn juristisch sind „Körperschaften öffentlichen Rechts" eigentlich solche Personenverbände, die im staatlichen Auftrag Aufgaben wahrnehmen (wie etwa der öffentlich-rechtliche Rundfunk). Das aber trifft für die Kirche ja gerade nicht zu. Der Körperschaftsbegriff ist demnach ein Hilfsbegriff, um die Kirchen nicht dem privatrechtlichen Bereich zuzuordnen. So stellt ein Bundesverfassungsgerichtsurteil fest: „Durch die Zuerkennung dieses öffentlich-rechtlichen Status wird die Kirche anderen öffentlich-rechtlichen Körperschaften nicht gleichgestellt. Dieser Status soll die Eigenständigkeit und Unabhängigkeit der Kirche vom Staat sowie ihre originäre Kirchengewalt bekräftigen. Durch sie wird die Kirche weder in den Staat organisch eingegliedert noch einer besonderen staatlichen Kirchenhoheit unterworfen."[285]

Anders als die sonstigen Körperschaften öffentlichen Rechts unterliegen die Kirchen weder der Staatsaufsicht noch haben sie an den hoheitlichen, potentiell mit Zwangsrecht ausgestatteten Korporationsrechten Anteil. Zu den kirchlichen Korporationsrechten gehören keine abgeleiteten obrigkeitlichen Rechte. Diese Rechte beziehen sich vielmehr auf die Sicherung der rechtlichen Eigenstruktur der Kirche. Neben dem Kirchensteuerrecht handelt es sich um die folgenden Rechte: Dienstherrenfähigkeit, Disziplinargewalt, Vereidigungsrecht, Organisationsgewalt, Beglaubigungsrecht und vor allem die Autonomie in Sachen der Rechtsetzung (die Kirche kann Kirchengesetze beschließen und für ihren Geltungsbereich in Kraft setzen).

Die *Dienstherrenfähigkeit*[286] besteht darin, dass die Kirche öffentlich-rechtliche Dienstverhältnisse hat, welche nicht dem Arbeitsrecht unterliegen. Daraus resultiert ein besonderes Dienst- und Treueverhältnis (unter Ausschluss des Streikrechtes). Kirchlicher und staatlicher Dienst sind jedoch nicht einfach identisch. Bei jeder einzelnen Vorschrift können die Regelungen und Geltungen differieren. Dabei sind auch landeseigene Regelungen wichtig. So gilt etwa in den Ländern Schleswig-Holstein, Rheinland-Pfalz, Hessen und Niedersachsen der kirchliche Dienst von vornherein als öffentlicher Dienst; in den anderen Ländern hingegen ist der kirchliche Dienst bei der Berechnung der Versorgungsbezüge zunächst vom öffentlichen Dienst ausgeklammert. Dieser Zusammenhang ist für die Kirchen wichtig, um Nachwuchskräfte in der Verwaltung oder in kirchlichen Schulen gewinnen zu können.

Die *Disziplinargewalt* und das *Vereidigungsrecht* beziehen sich nicht nur auf den innerkirchlichen Bereich, sondern diese entfalten auch staatliche Außenwirkung. Kirchlich vorgenommene Vereidigungen und verhängte Disziplinarstrafen (wie Versetzung und Gehaltskürzung) gelten gleichzeitig beim Übergang in den staatlichen Bereich.

285 BVerfGE 30, 415 (428), zit. nach Axel Frhr. v. Campenhausen, Staatskirchenrecht. Ein Studienbuch, München ²1983, 96, Anm. 8.
286 Die Dienstherrenfähigkeit wurde den Kirchen nicht durch die Weimarer Reichsverfassung verliehen. Die Kirchen besaßen diese herkömmlich; Art. 137 WRV verbürgt lediglich die weitere Geltung dieser Rechtsfigur.

Unter der *Organisationsgewalt* versteht man das Recht der Kirchen zur Bildung von einzelnen Körperschaften öffentlichen Rechtes, mithin die Bildung von Gemeinden, Kirchenkreisen, Diözesen etc. (die vielfach vorgenommene Umstrukturierung von Kirchenkreisen und Landeskirchen unterliegt der kirchlichen Organisationsgewalt und ist unabhängig von Länderinteressen). Zur Organisationsgewalt gehört auch das Recht zur Errichtung öffentlich-rechtlicher Anstalten wie diakonischer Einrichtungen, kirchlicher Akademien, evangelischer und katholischer Schulen u. ä. Rechtsgrundlage ist auch hier wieder der zitierte Art. 137 Abs. 5 der WRV, welcher in Verbindung mit Art. 140 GG Bestandteil des Grundgesetzes ist: „Die Religionsgesellschaften bleiben Gesellschaften des öffentlichen Rechtes, [...]".

Ein alltägliches öffentlich-rechtliches Privileg ist schließlich das *Beglaubigungsrecht:* Jedes Pfarramt führt ein Dienstsiegel und ist berechtigt, Beglaubigungen von Zeugniskopien bei Bewerbungen vorzunehmen, was in manchem Pfarramt oder Kirchenbüro recht häufig vorkommt und besondere Sorgfalt und Einweisung der Mitarbeitenden erforderlich macht.

D. Gottesdienst und Seelsorge: Kirchenrecht im Pfarramtsalltag

Jeder *Gottesdienst* ist auch unter rechtlichen Aspekten zu betrachten. So ist dieser keine geschlossene Veranstaltung von Kirchenmitgliedern. Der Gottesdienst hat Öffentlichkeitscharakter. Zum Gottesdienst wird durch Glockengeläut öffentlich eingeladen. Das Läuterecht ist Bestandteil der positiven Religionsfreiheit der Staatsbürger nach Art. 4 des Grundgesetzes. Theologisch ist die Öffentlichkeit des Gottesdienstes die Folge seines Christusbezuges und des grundsätzlich ökumenischen Charakters des Evangeliums. Die Predigt richtet sich an „alle Völker" (Mt 28,18) und der Weltbezug des Christusgeschehens verlangt das Offenhalten der Verkündigung für alle Hörbereiten. In der Homiletik des 19. Jahrhunderts unterschied man die Gemeinde- („Kultus-") Predigt und die Missionspredigt. Rechtlich wird man beides nicht trennen dürfen, weil sonst die Öffentlichkeit des Gottesdienstes preisgegeben wird. Dazu gehören öffentliche Bekanntmachung (neben dem Gemeindebrief und den Abkündigungen sind die Gottesdienstzeiten in der Zeitung zu veröffentlichen). Zum öffentlichen Charakter gehören auch geöffnete Türen und eine solche Regelmäßigkeit, die auch für interessierte Nicht-Gemeindeglieder verlässlich ist.[287] Darüber hinaus kann im Gottesdienst der Bezugspunkt des Kirchenrechtes überhaupt gesehen werden. Auftrag, Gemeinschaft, Sendung, Aufsicht und Regeln werden von der Liturgie her ins rechte Licht gerückt.

---

287 Dazu ausführlich s. Stein, Kirchenrecht (s. o. Anm. 275), 40f.

In der *Seelsorge* ist das Beichtgeheimnis von großer Bedeutung. Pfarrerinnen und Pfarrer, aber auch andere Gemeindeglieder können sich auf die seelsorgerliche Verschwiegenheit berufen; Pfarrerinnen und Pfarrer werden bei der Ordination darauf verpflichtet. Wenn sie als Zeugen vor Gericht geladen werden, müssen sie erscheinen, dürfen sich aber auf ihr seelsorgerlich erworbenes Wissen berufen. Ihr Schweigen darf nicht als belastende Aussage gewertet werden.[288] Unterschieden werden dabei die allgemeine Dienstverschwiegenheit des öffentlichen Dienstes, die seelsorgerliche Verschwiegenheit und das Beichtgeheimnis. Das letztere ist nach dem Pfarrergesetz „gegenüber jedermann unverbrüchlich zu wahren".[289] Weiter heißt es dann: „Ebenso haben Pfarrerinnen und Pfarrer über alles, was ihnen in ihrer Eigenschaft als Seelsorger und Seelsorgerinnen anvertraut oder bekanntgeworden ist, zu schweigen. Werden sie in Fällen, die nicht zur Beichte und zum Begehren der Absolution führen, von der Schweigepflicht, durch den- oder diejenigen, der oder die sich ihnen anvertraut hat, entbunden, so sollen sie gleichwohl sorgfältig prüfen, ob und inwieweit sie Aussagen oder Mitteilungen verantworten können." (§ 41,2) Schließlich wird die Bereitschaft gefordert, für die Befolgung dieser Vorschriften Nachteile in Kauf zu nehmen (§ 41,3).

Auch *Taufe* und *Konfirmation* haben rechtliche Aspekte. Die Taufe begründet die Kirchenmitgliedschaft. Ein interessanter Fall war in diesem Zusammenhang der Streit um die Laienpredigten der Evangelischen Akademie Thüringen 1999: Die Kirchenleitung sagte die Reihe ab, weil auch Ungetaufte – z. T. prominente PDS-Politiker – unter den eingeladenen Predigern waren.[290] Die Konfirmation ist nicht nur Segen und Zuspruch für den weiteren Lebensweg, sondern als Abschluss des Unterrichts und Bekenntnis zum Glauben der Kirche zugleich der Erwerb der vollen mitgliedschaftlichen Rechtsstellung in der Kirche. In Taufe und Konfirmation sind das allgemeine Verkündigungsrecht sowie speziell das Patenrecht, das Abendmahlsrecht und das passive und aktive Wahlrecht begründet. Eine Reduktion der Konfirmation auf einen Segnungsakt ist letztlich eine Entmündigung der nachwachsenden Generation und läuft damit auf eine Klerikalisierung der Kirche hinaus.

Im Zusammenhang der Frage nach der Segnung unverheirateter (auch homosexueller) Paare umstritten ist das Recht der evangelischen *Trauung*. Denn die Trauung hat neben dem kerygmatischen auch einen rechtlichen und einen spezifisch kirchenrechtlichen Aspekt. Als öffentliche Wortverkündigung wie jeder Gottesdienst ist die Trauung auch ein öffentliche Realität setzender Akt. Kirchenrechtlich könnte man von einer „Weihehandlung" im Sinne der „Einweihung" in den Gebrauch des

---

288 A. a. O., 70–74.
289 Pfarrergesetz der VELKD vom 17.10.1995, (Abl. Bd. VI, 274 ff), § 41,1.

290 Dazu verfasste das Lutherische Kirchenamt der VELKD in Hannover im März 1999 ein entsprechendes Gutachten.

Wortes Gottes sprechen.[291] Wie die Ordination öffentliche Darstellung der Berechtigung wie Verpflichtung zur öffentlichen Wortverkündigung ist, kann die Trauung in diesem Zusammenhang als die Dedizierung der neu entstandenen Hausgemeinschaft für den Gottesdienst im Alltag der Welt verstanden werden und der Eintrag in die Kirchenbücher als „Inventarisierung" der Christus dedizierten Hausgemeinschaft. Bei der Diskussion ist zu bedenken, dass nicht der *Stand* der Ehe oder Partnerschaft („ab-") gesegnet wird, sondern dass die *Menschen in* dem jeweiligen Stand zum Gebrauch des Wortes Gottes gesegnet werden.[292]

E. Zur Frage der Kirchensteuer

Im kirchlichen und besonders im pfarramtlichen Alltag spielt die Diskussion um die Kirchensteuer eine zentrale Rolle. Sie gehört wie der Religionsunterricht an den öffentlichen Schulen, die Diakonie und die Seelsorge in staatlichen Einrichtungen zu den erwähnten gemeinsamen Angelegenheiten von Staat und Kirche. Da Geld und Evangelium einander nach dem landläufigen Verständnis noch mehr widersprechen als Recht und Evangelium, ist hier eine genaue Kenntnis vonnöten.

Historisch ging die Initiative zur Erhebung von Kirchensteuern vom Staat aus. Mit dem Reichsdeputationshauptschluss von 1806 waren die geistlichen Fürstentümer aufgelöst worden. Der Staat musste nun selbst für die Dotation der Geistlichen und die Unterhaltung der Gebäude sorgen. Zugleich wurden die Zehntrechte und die Stolgebühren für Amtshandlungen abgeschafft (der Name leitet sich von der „Stola" als Kleidung bei den Amtshandlungen ab; in Preußen wurden die Stolgebühren erst 1892 endgültig abgeschafft).

Hinzu kamen gesellschaftliche Veränderungen im 19. Jahrhundert. Durch die Industrialisierung und das Städtewachstum entstanden viele neue Kirchengemeinden, die über keinen Landbesitz verfügten und damit auch über keine Möglichkeit, die Geistlichen durch Pfarrland und Pachten zu versorgen, ganz zu schweigen von Ruheständlern und Witwen. Auch auf dem Lande ging die Naturaldotation zurück und wurde von Gehaltszahlungen abgelöst. Der Staat machte seine eigenen Zuschüsse davon abhängig, dass die Gemeindeglieder zu Eigenbeiträgen herangezogen

---

291 Kirchen und gottesdienstliche Gegenstände werden „dem Dienst Gottes geweiht/in den Dienst Gottes gestellt": Agende IV für evangelisch-lutherische Kirchen und Gemeinden (Ordination und Einsegnung, Einführungshandlungen, Einweihungshandlungen), neu bearbeitete Ausgabe, Hannover 1987, 140.

292 Eingehend dazu vgl. das Heft „Partnerschaften" (Heft 1/2003) der Gemeinsamen Arbeitsstelle Gottesdienst der EKD (GAGF) und darin besonders den Beitrag von Lutz Friedrichs, Kirchlich-rituelle Begleitung gleichgeschlechtlicher

Paare – Überblick über den Stand in der EKD und ihrer Gliedkirchen, 17–27; jetzt auch ders., Kasualpraxis in der Spätmoderne. Studien zu einer Praktischen Theologie der Übergänge, Leipzig 2008 (APrTh 37), 203–215. Die EKD hat auf ihrer Internetseite ein Portal eingerichtet, dort findet sich auch ein Papier aus dem Jahre 2002 zu den theologischen und rechtlichen Aspekten der Eintragung gleichgeschlechtlicher Lebenspartnerschaften: http://www.ekd.de/EKD-Texte/empfehlungen_gleichgeschlechtliche_partnerschaften_2002.html (abgerufen am 20. März 2008).

würden. So führten die deutschen Staaten eine Steuer ein, die sie zunächst „Kirchenbausteuer" nannten und dann auf die sachlichen Kosten des Gottesdienstes erweiterten.[293] Der Staat hoffte sich von seiner finanziellen Verantwortung zu befreien, indem er den Kirchen die Möglichkeit schuf, sich durch die Besteuerung der Mitglieder selbst zu finanzieren.

Nach dem 2. Weltkrieg sind alle Kirchen in den alten Bundesländern trotz teilweise starker Bedenken dazu übergegangen, die Kirchensteuer von der staatlichen Verwaltung einziehen zu lassen. Für dieses unpersönliche und ungeistliche Verfahren war ein einziger Grund entscheidend: Der Verwaltungsaufwand ist um Vieles geringer. Es können mehr Mittel direkt kirchlichen Zwecken zufließen und verschwinden nicht in der kircheninternen Steuereinzugsverwaltung. Die Religionsgemeinschaften zahlen zwischen 2 und 5 % der eingenommenen Mittel an den Staat als Verwaltungsabgabe (meistens sind es 4%).[294]

Die Steuer wird wie die Lohn- und Einkommenssteuer direkt vom Arbeitgeber an das Finanzamt und von dort an die Kirchen abgeführt. Dabei muss auch ein konfessionsloser Arbeitgeber in diesem Sinne tätig werden – er handelt dabei nicht für die Religionsgemeinschaften, sondern als Bevollmächtigter des Staates. Was mit den von ihm für den Staat abgeführten Steuern geschieht, ist Sache des Bürgers nur insoweit, als er von seinen verfassungsgemäßen Rechten als Bürger im Sinne der politischen Willensbildung Gebrauch macht. Abgesehen davon kann er sich nicht weigern, für den Staat Kirchensteuern einzuziehen.[295]

Die Kirchensteuer ist kein Vereinsbeitrag, sondern eine wirkliche Steuer. Der Staat garantiert, dass er die von den Kirchen festgesetzten Steuern notfalls auf dem Wege des Verwaltungszwangs beitreibt. Das Recht der Kirchensteuererhebung steht allen Religionsgemeinschaften zu. Der Staat ist jedoch nur zum Steuereinzug verpflichtet, wenn eine gewisse Größe gegeben ist. (In Bayern etwa ist festgelegt, dass mindestens 25.000 Angehörige einer Konfession in diesem Bundesland leben müssen.) Von den kleineren Religionsgemeinschaften haben die meisten davon keinen Gebrauch gemacht; Kirchensteuern werden aber für die Altkatholiken, für die Brüdergemeinde und für einige jüdische und freireligiöse Gemeinden erhoben. Für den Bürger als Steuerschuldner gilt wie bei der Lohn- und Einkommenssteuer der Rechtsgrundsatz von Art 19,4 GG: „Wird jemand durch die öffentliche Gewalt in seinen Rechten verletzt, so steht ihm der Rechtsweg offen." (Rechtsstreit beim Finanzgericht oder Verwaltungsgericht).

---

293 Zuerst wurde die Kirchensteuer in Lippe eingeführt (1827), in Oldenburg dann 1831 und im Königreich Sachsen 1838; Preußen folgte als letztes Land im Jahre 1905/06: v. Campenhausen, Staatskirchenrecht (s. o. Anm. 284), 161.
294 Es handelt sich um eine Amtshilfe zur Selbstfinanzierung, die dem Staat zudem sein Lohn- und Einkommensteueraufkommen um

0,36% erhöht (4% von 9% = 0,36%). Man schätzt, dass ein kircheneigener Finanzeinzug etwa 20% des Aufkommens verschlingen würde, also das Fünffache.
295 BVerfGE 19, 226/240, zitiert nach v. Campenhausen, Staatskirchenrecht (s. o. Anm. 284), 170, Anm. 45.

Der sachgemäße Vergleichspunkt ist damit also nicht das Vereinswesen, sondern die öffentliche Kulturförderung. Der Staat unterstützt auch Schulen, Theater, Rundfunkanstalten und die Denkmalpflege. Der Staat hat die Pflicht, um seiner selbst willen die Kultur nicht sich selbst – und damit den größten Geschäftemachern – zu überlassen. Die Hilfe des Staates beim Einzug der Kirchensteuer ist so gesehen eine kulturfördernde Maßnahme, die dem Eigenleben des Kulturfaktors dient, wie ihn die Religionsgemeinschaften garantieren.

Dennoch wird man in Zukunft nicht mehr allein auf dieses bewährte, bequeme (leider oft auch allzu bequeme) Verfahren setzen dürfen. Steuern als Abgaben an Großorganisationen werden immer weniger plausibel. Der Staat handelt dementsprechend, indem er immer mehr Steuern versteckt (durch angebliche Steuersenkungen und den Ausgleich bei indirekten Steuern). Die Kirche wird sich andere Finanzierungsquellen neben der Kirchensteuer neu erschließen müssen, nicht nur durch Spenden, sondern evtl. auch durch Gebühren für Dienstleistungen. Es dürfte die Aufgabe der nächsten Generation in der Kirche sein, die Finanzierung der Kirche unter marktwirtschaftlichen Gegebenheiten zu sichern, ohne sich diesen gänzlich auszuliefern.

Arbeitsvorschläge für Gruppen

1. Sammeln Sie Argumente für und wider die Reform des Kirchensteuerrechts. Berücksichtigen Sie dabei die Formulierung eines SPD-Abgeordneten bei der Sitzung des Verfassungsausschusses für die Weimarer Verfassung am 2.4.1919: „Für die Forderung steuerlicher Vorrechte habe ich praktisches Verständnis. Das amerikanische Vorbild der Unterhaltung der Kirchen durch einzelne Großkapitalisten mit entsprechendem Einfluss des Großkapitals auf das kirchliche Leben ist nicht nachahmenswert und auch nicht im Sinne des Sozialismus." (Zit. nach v. Campenhausen, Staatskirchenrecht (s. o. Anm. 284), 181)
2. Bedenken Sie Möglichkeiten der gottesdienstlichen Begleitung nicht verheirateter homosexueller Paare auf dem Hintergrund des Gottesdienstes als einer Form öffentlicher Wortverkündigung und der Rechte getaufter Gemeindeglieder.

F. Zur Frage der muslimischen Verbände

Für die Zukunft des Staatskirchenrechtes (bzw. des Religionsverfassungsrechtes) wird es auch von Bedeutung sein, ob sich die Muslime in Zukunft doch dafür entscheiden, sich auf dem Wege individueller Mitgliedschaft zu organisieren. Dies ist bisher nicht der Fall. Darum besteht das Problem der Zusammenarbeit von Staat und muslimischen Verbänden (besonders beim islamischen Religionsunterricht) auch nicht darin, dass die Muslime keinen gemeinsamen „Ansprechpartner" stellen könnten – denn das ist inzwischen mit dem im Jahre 2007 gegründeten „Koordinierungsrat der Muslime" durchaus der Fall.[296] Aber die muslimischen Verbände vertreten eben Moscheevereine und keine Einzelpersonen, so dass man nicht weiß, wie

---

296 Im Internet unter: http://zentralrat.de/
8417.php (abgerufen am 20. 3. 2008).

viele Muslime wirklich hinter den einzelnen Organisationen stehen. Die staatskirchenrechtlichen Regelungen aber, so haben wir gesehen, beruhen im Einzelnen immer auf der genauen Zahl von Mitgliedern. Ohne genaue Regelungen ist eine angemessene Repräsentanz in der demokratischen Gesellschaft nicht denkbar. Es geht demnach beim Religionsverfassungsrecht nicht um institutionelle Privilegien, sondern um den institutionell geltend gemachten Anspruch konkreter Menschen. Darum hängt die Wahrnehmung von Rechten von Mitgliederzahlen ab. Das gilt für Christen, Muslime und alle anderen Religionsgemeinschaften im demokratischen Staat.

20. Praktische Theologie in ökumenischer Perspektive: Katholische Praktische Theologie

Die ‚Kommunikation des Evangeliums' hat so zu erfolgen, dass die unbedingte Bejahung jedes Individuums durch Gott in der Struktur dieses kommunikativen Handelns bezeugt und bewahrt wird. Jede machtförmige Einflussnahme verbietet sich. Gerade das lässt allerdings sensibel werden für alle (psychischen und strukturellen) Arten der Deformierung von Menschen und führt zu einer besonderen Parteilichkeit für alle, denen ein Leben in Würde und Freiheit vorenthalten wird.
Norbert Mette[297]

Die Vermittlungsfrage stellt sich heute ganz neu und anders: An die Stelle der Philosophie als traditionellem hermeneutischem Instrument sind inzwischen die pluralen Formen neuzeitlichen Bewusstseins und (post-)moderner Kultur getreten. [...] Von daher hat Pastoraltheologie eo ipso eine ästhetische Dimension: Sie zielt als Version theologisch-wissenschaftlicher Theorie in der von ihr theoretisch begleiteten pastoralen Praxis insofern notwendigerweise auch auf die Förderung eines pastoralen Sensoriums oder Stilgefühls.
Walter Fürst[298]

A.   Problemskizze

Der Begriff „Ökumene" ist bekanntlich mehrdeutig. Er kann im Sinne des „Ökumenischen Rates der Kirchen" die weltweite Gemeinschaft der Christen beschreiben, speziell deren Weltverantwortung; in diesem sehr weiten Sinne benutzte man einige Zeit vor allem den Begriff des „Ökumenischen Lernens".[299] Spezieller ist aber unter der ökumenischen Perspektive das Verhältnis evangelischer Praktischer Theologie zur katholischen Theologie und Kirche zu verstehen. Insofern die Praktische Theologie zwar keine kirchliche, wohl aber eine kirchenbezogene Disziplin ist, muss in Deutschland das Verhältnis zum Katholizismus immer im Blick sein. Das gilt im Hinblick auf ökumenische Gottesdienste, evangelisch-katholische Trauungen, den konfessionellen Religionsunterricht am Ort und überhaupt für das Miteinander mit katholischen Kolleginnen und Kollegen in Gemeinde und Schule. Nicht nur die katholische Kirche, auch die wissenschaftliche Disziplin der katholischen Praktischen Theologie unterschei-

---

297 Norbert Mette, Einführung in die katholische Praktische Theologie, Darmstadt 2005, 20f.
298 Walter Fürst, Was veranlasst die Praktische Theologie heute, Pastoralästhetik zu betreiben? In: Ders. (Hg.), Pastoralästhetik. Die Kunst der Wahrnehmung und Gestaltung in Glauben und Kirche, Freiburg 2002 (QD 199), 31–54: 49f.

299 Dazu vgl. Uwe Böhm, Ökumenische Didaktik. Ökumenisches Lernen und konfessionelle Kooperation im Religionsunterricht deutschsprachiger Staaten, Göttingen 2001.

det sich deutlich von der evangelischen. In dieser Einheit geht es demnach speziell und ausschließlich um die katholische Praktische Theologie; die internationalen Argumentationszusammenhänge werden hingegen in Einheit 24 thematisiert.

Die Geschichte der katholischen verläuft in erkennbarer Parallele zur evangelischen PT. Dies verwundert nicht, da die Disziplin in beiden Konfessionen als Krisenwissenschaft im 19. Jahrhundert etabliert wurde und im 20. Jahrhundert den sozioökonomischen Veränderungen nach 1918 und ab 1960 zu entsprechen suchte. Doch aufgrund des Kirchenbezuges sind auch die Unterschiede beträchtlich.[300] Ein erster besteht darin, dass die Liturgiewissenschaft als Fach an den katholischen Fakultäten eigenständig vertreten ist. In der Liturgiekonstitution des Zweiten Vatikanischen Konzils „Sacrosanctum Concilium" aus dem Jahre 1963 heißt es:

„Das Lehrfach Liturgiewissenschaft ist in den Seminarien und den Studienhäusern der Orden zu den notwendigen und wichtigen Fächern und an den Theologischen Fakultäten zu den Hauptfächern zu rechnen. Es ist sowohl unter theologischem und historischem wie auch unter geistlichem, seelsorglichem und rechtlichem Gesichtspunkt zu behandeln." (SC 16)

Die katholischen kirchenamtlichen Dokumente (und damit auch die Dokumente des jüngsten Konzils) werden mit den Anfangsbuchstaben ihrer jeweils beiden ersten Wörter und dem entsprechenden (jeweils durchgezählten) Artikelnummern zitiert, „SC" steht für die Liturgiekonstitution „Sacrosanctum Concilium" und „GS" für die Pastoralkonstitution „Gaudium et Spes" (dazu s. u.). Neben SC und GS ist in unserem Zusammenhang der wichtigste Text die dogmatische Konstitution über die Kirche „Lumen Gentium" (LG), außerdem sind von Bedeutung das Ökumenismusdekret „Unitatis Redintegratio" (UR) sowie der sehr kurze, aber wirkmächtige Text über das Verhältnis der katholischen Kirche zu den nichtchristlichen Religionen, insbesondere zum Islam und zum Judentum, „Nostra Aetate" (NA).[301]

Innerhalb der katholischen Liturgiewissenschaft gibt es eine Diskussion, ob diese stärker historisch, systematisch oder praktisch (pastoral) zu betreiben sei; dabei gibt es durchaus Vorbehalte gegen die Zuordnung zur Praktischen Theologie, weil dabei die Verkürzung auf die Fragen der Anwendung assoziiert wird.[302] Nach dem Studium der Einheiten dieses Buches wird man sofort einwenden, dass damit ein überholtes und enges Verständnis von Praktischer Theologie vorausgesetzt wird und dass die Kritik an einer lediglich praktisch-reformerischen Gottesdienstlehre zwar berechtigt ist, aber die Praktische Theologie der Gegenwart, die sich wesentlich religions- und christentumshermeneutisch und damit auch systematisch versteht, gerade nicht trifft. Wie dem auch sei: Die Liturgiewissenschaft ist ein eigenständiges Fach; man merkt das daran, dass der Gottesdienst als die wichtigste Form der Kom-

---

300 Zur Geschichte vgl. Norbert Mette, Praktische Theologie in der katholischen Theologie, in: Christian Grethlein/Michael Meyer-Blanck, (Hg.), Geschichte der Praktischen Theologie. Dargestellt anhand ihrer Klassiker, Leipzig 1999, 531–563.
301 Alle 16 vom Zweiten Vatikanischen Konzil

verabschiedeten Texte sind leicht zugänglich in: Karl Rahner/Herbert Vorgrimler, Kleines Konzilskompendium, Freiburg [33]2006 [1966].
302 So etwa Reinhard Meßner, Was ist systematische Liturgiewissenschaft? Ein Entwurf in sieben Thesen, in: ALW 40 (1998), 257–274.

munikation des Evangeliums in den einschlägigen katholischen Handbüchern und Lehrbüchern der PT fehlt oder allenfalls ganz am Rande begegnet.[303] Um sich einen Überblick zu verschaffen, ist darum ein kurzer Blick oder die gesamte Lektüre einer katholischen Einführung in die Liturgiewissenschaft angeraten.

┌─ **Aufgabe 1** ──

Lesen Sie in Albert Gerhards/Benedikt Kranemann, Einführung in die Liturgiewissenschaft, Darmstadt 2006, das Kapitel 2.2.7, Liturgiewissenschaft heute (42–53). Wie beschreiben die Autoren das Verhältnis zur katholischen Kirche sowie zur evangelischen Kirche und Liturgiewissenschaft?

Mit der katholischen Zweitrangigkeit des Wortteiles im Gottesdienst (jener galt bis zum Zweiten Vatikanum als „Vormesse") und mit der besonderen Stellung der Liturgiewissenschaft danach wird es zusammenhängen, dass die Homiletik in der katholischen Theologie keine herausgehobene Rolle spielt; es erscheinen dazu nur wenige theoretisch ansetzende Publikationen.[304] Bei allen Ausnahmen gilt die Regel: Die katholische Theologie ist in der Liturgik stärker, doch die evangelische in der Homiletik. Auf einen weiteren Unterschied deutet der zumeist verwendete Disziplinbegriff der „Pastoraltheologie" hin. Auch dieser hängt mit dem Zweiten Vatikanum und mit der Sonderstellung der Liturgiewissenschaft zusammen. Denn obwohl die Liturgik durch eigene Lehrstühle vertreten wird, zählt ja vom Phänomen her auch der Gottesdienst zu den Praxisvollzügen und seine Reflexion zur Praktischen Theologie. Die „Pastoraltheologie" ist wissenschaftsorganisatorisch die Praktische Theologie abgesehen von der Liturgik; so gibt es neben der „Arbeitsgemeinschaft der katholischen Liturgiker" (AKL) auch die „Konferenz der deutschsprachigen Pastoraltheologen und Pastoraltheologinnen e.V." (die letztere gibt seit 1971 als Periodikum die „Pastoraltheologischen Informationen" [PThI] mit jährlich zwei umfangreichen Heften heraus).

Eine wichtige pastoraltheologische Basis ist die erwähnte „Pastoralkonstitution" des Zweiten Vatikanischen Konzils „Gaudium et Spes" (GS). Die große Mehrzahl der katholischen Praktischen Theologinnen und Theologen weiß sich dem Neuaufbruch des Zweiten Vatikanums und der Pastoralkonstitution verpflichtet, weil diese die Öffnung der Kirche zur Welt in das Zentrum der pastoralen Praxis gestellt sehen wollte. In dem Wort „Pastoral" schwingt also in der katholischen Theologie gerade

---

303 Herbert Haslinger, u. a. (Hg): Handbuch Praktische Theologie, Bd. 1: Grundlegungen, Mainz 1999 und Bd. 2: Durchführungen, Mainz 2000; Stefan Knobloch, Praktische Theologie. Ein Lehrbuch für Studium und Pastoral, Freiburg u. a. 1996 sowie Mette, Einführung (s. o. Anm. 296).
304 Man vgl. dazu nur die vergleichsweise spärlich angegebene Literatur bei Mette, Einführung (s. o. Anm. 296), 228. Es gibt nur ein theoretisch vorgehendes katholisches Lehrbuch: Klaus Müller, Homiletik. Ein Handbuch für kritische Zei-

ten, Regensburg 1994; kürzlich erschien: Philipp Müller, Predigt ist Zeugnis. Grundlegung der Homiletik, Freiburg 2007. Diese Freiburger pastoraltheologische Habilitationsschrift ist eine Untersuchung zur prinzipiellen Homiletik, ausgehend vom Schlüsselbegriff des „Zeugnisses". Der Autor setzt sich besonders auch mit der evangelischen Diskussion auseinander und vertritt die These, dass das gegenwärtig vorherrschende ästhetische Paradigma in der Homiletik nicht ausreichend sei, weil es sich „gegenüber dem Inhalt der christlichen Verkündigung neutral" verhalte (339).

keine Verengung, sondern vielmehr eine Weitung mit. Der erste 1777 in Wien einge-richtete Lehrstuhl für katholische Pastoraltheologie ist ein positiver terminologischer Bezugspunkt,[305] während die evangelische Disziplingeschichte stets mit der Ablö-sung der lediglich anleitenden „Pastoraltheologie" durch die von Schleiermacher und Nitzsch begründete „Praktische Theologie" beginnt. Auch das Wort „Pastoral" ist in der evangelischen Kirche als Substantiv nicht gebräuchlich; es lässt sich schlicht mit „Gemeindearbeit" wiedergeben. Insofern ist die katholische „Pastoraltheologie" nicht die Berufstheorie des katholischen Pastors – während ja „Pastoraltheologie" evangelisch das Teilgebiet der pastoralen Berufstheorie meint. Mette bezeichnet als Pastoral kurz und bündig das „Tun des Evangeliums" und grenzt die „Pastoralge-meinschaft" von der bloßen „Religionsgemeinschaft" ab.[306] Die Praktische Theolo-gie ist in Mettes Sicht schlicht die „Theologie aus der Praxis des Volkes" (42).

B.   Positionen und Argumentationen

Man wird die aktuelle katholische Theologie insgesamt als Auseinandersetzung mit dem Erbe des Zweiten Vatikanischen Konzils beschreiben können. Ganz besonders gilt das aber für die Praktische Theologie und die Pastoralkonstitution „Gaudium et Spes". Leitmotiv von Band 2 des neuen katholischen „Handbuches" ist so der Re-kurs auf die „Freuden und die Hoffnung der Menschen" nach der Pastoralkonstitu-tion,[307] und auch Mettes einführendes Lehrbuch rekurriert immer wieder auf „Gau-dium et Spes".[308]

Diese Konstitution, die am 7. Dezember 1965, am vorletzten Tag des Konzils, an-genommen (mit 2309 Ja- gegen 75 Neinstimmen) und approbiert wurde, ist kein ei-gentlich „praktisch-theologischer" Text, sondern eine Erklärung der Kirche über ihr Verhältnis zu den drängenden Problemen der modernen Welt, insbesondere auch ei-ne Erklärung über das Verhältnis zu den Nichtglaubenden. Die Konstitution ist zu-dem vom Umfang her die längste – ihre 93 Artikel umfassen im „Kleinen Konzils-kompendium" gut 100 Seiten – die dogmatische Konstitution „Lumen Gentium" nur 75 Seiten.[309] Dass die Kirche sich über ihr Verhältnis zur Welt ausführlicher äu-

---

305 Im Geiste des aufgeklärten Staates formu-lierte Stefan Rautenstrauch 1777, der Pfarrer habe „durch seine Lehren nicht nur gute Christen, sondern auch dem Staate gute Bürger und der menschlichen Gesellschaft wahre Menschen-freunde zu erziehen" (zitiert nach Stefan Knob-loch, Was ist Praktische Theologie? Freiburg [Schweiz] 1995, 66).
306 Mette, Einführung (s. o. Anm. 296), 30 in Aufnahme von Hans-Joachim Sander.
307 Haslinger, Handbuch Bd. 2 (s. o. Anm. 302), 38. 135. 355ff. 348. 437 u. ö.
308 Mette, Einführung (s. o. Anm. 296), 28–32. 42. 79. 84 u. ö.

309 Rahner/Vorgrimler, Konzilskompendium (s. o. Anm. 300), 449–552 (GS) bzw. 123–197 (LG; die dogmatische Konstitution über die Kir-che enthält 63 Artikel). Als wissenschaftliche Aus-gabe ist zu vergleichen: Herders theologischer Kommentar zum Zweiten Vatikanischen Konzil, hg. von Peter Hünermann und Bernd Jochen Hil-berath, Freiburg 2004f (5 Bd.). „Gaudium et Spes" ist in Bd. 4 von Hans-Joachim Sander kom-mentiert; im 1. Band findet sich eine lateinisch-deutsche Ausgabe aller Texte.

ßerte als über sich selbst, wurde später als programmatisch verstanden; zusätzlich bekam die zuletzt verabschiedete Pastoralkonstitution so etwas wie den Charakter eines Vermächtnisses des Konzils. Programmatisch heißt es in GS 2, die Kirche wende sich „nicht mehr bloß an die Kinder der Kirche und an alle, die Christi Namen anrufen, sondern an alle Menschen schlechthin", um allen darzulegen, wie die Kirche in der heutigen Welt wirke. Nach der Weitung im Gottesdienst – vom Handeln des Priesters zum Handeln des Volkes Gottes – in der Liturgiekonstitution „Sacrosanctum Concilium", dem ersten Text des Konzils (verabschiedet am 4. 12. 1963), folgte mit „Nostra Aetate" (verabschiedet am 28. 10. 1965) die Öffnung der Kirche hin zu den „Strahlen der Wahrheit" in den nichtchristlichen Religionen (NA 2) und schließlich die Öffnung zu „Freude und Hoffnung, Trauer und Angst der Menschen von heute" in der Pastoralkonstitution (GS 1).[310] Schon 1965 äußert sich hier die katholische Weltkirche zu dem, was man heute „Globalisierung" nennt (GS 23). Sie weist zudem die Ansicht zurück, „dass die von des Menschen Geist und Kraft geschaffenen Werke einen Gegensatz zu Gottes Macht bilden" und dass der Mensch „als Rivale dem Schöpfer gegenübertrete" (GS 34; in GS 36 klingt sogar ein Bedauern gegenüber dem Fall Galilei an).

Andererseits wird jedoch wie in allen Texten des Zweiten Vatikanums ekklesiologisch klipp und klar von der Dreistufigkeit ausgegangen: Es gibt 1. die Kirche (= die kath. Kirche), 2. „die anderen christlichen Kirchen" (= die die apostolische Sukzession bewahrenden Kirchen wie die orthodoxen Kirchen) und 3. die „kirchlichen Gemeinschaften" – damit sind die reformatorischen Kirchen gemeint (GS 40; vgl. die dogmatische Konstitution LG 15). Die im Zusammenhang mit der Erklärung „Dominus Iesus" (Kongregation für die Glaubenslehre 2000) und mit den „Antworten auf Fragen zu einigen Aspekten bezüglich der Lehre über die Kirche" (Kongregation für die Glaubenslehre 2007) aufgetretene Verärgerung evangelischer Kirchenvertreter, dass damit die Reformationskirchen katholisch *nicht* als Kirchen gelten, ist nach der sorgfältigen Lektüre der Konzilstexte unverständlich. Denn das Konzil öffnete sich zwar den nichtchristlichen Religionen, veränderte aber nichts an den ekklesiologischen Grundentscheidungen: Die (katholische) Kirche ist das „allumfassende Sakrament des Heiles" (GS 45; ausführlicher dazu LG 48).

┌─ Aufgabe 2 ────────────────────────────────

Lesen Sie aus der Pastoralkonstitution „Gaudium et Spes" mindestens die Artikel 1–3; 31–32; 57 und 61–66. Verschaffen Sie sich einen Überblick zu den angesprochenen Themen der gesamten Konstitution. Inwiefern wird durch die Art. 61–62 die fachspezifische Methodik der Praktischen Theologie neu definiert? Inwiefern werden in den Artikeln 57 und 63–66 die Reichweite der kirchlichen Praxis und das Verhältnis zur Wirtschafts- und Sozialpolitik neu bestimmt? Wie beurteilen Sie den bisweilen geäußerten Vorwurf, in der Konstitution finde sich eine naive Übernahme marxistischer Positionen (vgl. dazu auch GS 20)?

---

310 Für eine kurze Darstellung des Konzils vgl. Giuseppe Alberigo, Die Fenster öffnen. Das

Abenteuer des Zweiten Vatikanischen Konzils, Zürich 2006.

Das Schlusswort der Pastoralkonstitution (GS 91–93) zeigt, dass hier weniger die lehrende und über Antworten verfügende, sondern die fragende Kirche spricht, die sich bewusst ist, „dass da oft von Dingen die Rede ist, die einer ständigen Entwicklung unterworfen sind" (GS 91). Dieser fragende, nachdenkliche Ton war es, der die Hoffnungen auf große Veränderungen nährte. Das so starke Engagement für die Leidenden, Hungernden und Unterdrückten ermutigte besonders die Katholiken in Lateinamerika, die in den Bischofssynoden von Medellin (1968) und Puebla (1979) ihre „Option für die Armen" formulierten.

Unmittelbar hängt das fünfbändige „Handbuch der Pastoraltheologie" mit den pastoraltheologischen Impulsen des Konzils zusammen.[311] Das Handbuch wurde zu Beginn der 60er Jahre konzipiert und erschien 1964–1972. Obwohl die katholischen Pastoraltheologen unterschiedliche theoretische Ansätze und Entwürfe vertraten, stimmten sie in dem Erfordernis einer soliden theoretischen Grundlegung der Pastoraltheologie überein. Die Konsensformel dafür war diejenige vom „Selbstvollzug der Kirche". Diese Formel und das gesamte Projekt sind das Werk von Karl Rahner (1904–1984), dem Jesuiten und Dogmatiker in Münster, der als der wichtigste Vertreter der „anthropologischen Wende" in der katholischen deutschen Theologie des 20. Jahrhunderts gilt.

Rahner (sein Bruder war der katholische Patristiker Hugo Rahner) verbindet die philosophische Tradition von Aufklärung, Idealismus und Existenzphilosophie mit der katholischen Lehre von Natur und Gnade, wie sie von Thomas von Aquin (ca. 1224–1275) formuliert wurde: gratia non tollit, sed perficit naturam.[312] Nach Rahner, der u. a. Schüler Martin Heideggers war, ist der Mensch Geheimnis der Freiheit, wenn er sich seiner Erfahrung wirklich stellt und nicht in den Nihilismus oder in den Skeptizismus flieht. Der Abgrund der Freiheit aber braucht einen absoluten Horizont von Freiheit, der in Christus zu finden ist. Der Mensch ist immer schon als Geheimnis anzusehen. Er ist auf sein Geheimnis hin ansprechbar, auch wenn er den kirchlichen Lehren kritisch gegenübersteht. Jeder Mensch ist von der Erfahrung des Unverfügbaren her religiös gesprächsfähig und Gott ist Ausdruck für diese Erfahrung. In diesem Zusammenhang spricht Rahner auch vom „Geheimnis" und belegt dieses öfter mit dem Terminus der „Mystik". Diese Terminologie ist in der späteren katholischen PT vielfach mit der Begriffsbildung einer „mystagogischen Seelsorge"[313] aufgegriffen worden. Damit ist also nichts Binnenkirchliches (oder gar Esoterisches) gemeint, sondern etwas Transzendentalphilosophisches: Der Mensch soll durch den Glauben und im Glauben an das Geheimnis herangeführt werden, das er eigentlich immer schon ist, wenn auch in anonymer Weise.

Auch Rahner hatte die Entchristlichung Europas gesehen, meinte aber dazu, diese fechte ihn nicht ernstlich an: „Warum nicht? Weil ich überall ein anonymes Christentum sehe, weil ich in meinem ausdrücklichen Christentum [...] nichts erblicke

---

311 Handbuch der Pastoraltheologie. Praktische Theologie der Kirche in ihrer Gegenwart, hg. von Franz X. Arnold u. a., Freiburg u. a. 1964–1972.
312 Thomas von Aquin, Summa theologiae I, 1,8.

313 Knobloch, Praktische Theologie (s. o. Anm. 302), 187–202: „Mystagogische Seelsorge – ein Prozess der Subjektwerdung".

als das Zusichselbergekommensein dessen, was als Wahrheit und Liebe auch überall sonst lebt und leben kann."[314] Wer sich dem Horizont radikaler Freiheit aussetze, aber bei diesem Wagnis keinen Zugang zu Christus finde, sei als „anonymer Christ" anzusprechen. Dieser Rahnersche Begriff, der der Weite von „Nostra Aetate" und von „Gaudium et Spes" entspricht, der aber auch zur Vereinnahmung tendieren kann, ist vielfach in den theologischen Alltagssprachgebrauch eingegangen. Von Rahner ist damit die transzendentalphilosophische Grundlegung der Realisierung abgründiger menschlicher Freiheit gemeint und dieser Ermöglichungsgrund von Freiheit wird in christlicher Tradition Gott genannt. Entsprechend ist die Praxis der Freiheit nicht im egoistischen Sinne gemeint; es geht um einen nicht verfügenden, sondern um einen kommunikativen Umgang mit anderer Freiheit.

In seiner Weite und Kommunikativität beeinflusst Rahner bis heute die Konzepte katholischer Pastoraltheologie und „Pastoral", was im Folgenden deutlich werden wird. Die katholische PT gewann in den Jahrzehnten nach dem Zweiten Vatikanum eine zweifache Gestalt: Zum einen als empirische, kritisch-kommunikative und befreiungstheologisch inspirierte *Handlungswissenschaft* und zum zweiten als ästhetisch, symbolisch und phänomenologisch orientierte *Wahrnehmungswissenschaft*. (In beiden Grundverständnissen erkennt man auch leicht die entsprechenden evangelischen Argumentationslinien der Jahrzehnte seit 1970 wieder.) Das handlungstheoretische Modell bestimmt bis heute die Mehrzahl der katholischen Publikationen in der Praktischen Theologie; auch die jüngste Einführung von Mette (s. o. Anm. 296) hält explizit „an dem handlungstheoretischen Ansatz fest" (39).

Das *handlungstheoretische Modell* geht von einem Regelkreis aus, den man in der Pädagogik auch den „curricularen Regelkreis" nennt: Eine Situation wird genau analysiert, sodann werden die Handlungsmöglichkeiten und entsprechenden Handlungsziele bestimmt und es wird gehandelt; nach der Evaluation des (aufgrund des Handelns veränderten) neuen Zustandes beginnt der Regelkreis von vorn. Auch der immer wieder genannte befreiungstheologische Dreischritt von „Sehen – Urteilen – Handeln" gehört in diesen Zusammenhang:[315] Aus der „Erkundung" der „Zeichen der Zeit" (GS 4) ergibt sich eine „Deutung im Lichte des Evangeliums" und mit Hilfe dieser werden „Handlungsprioritäten" entworfen. Das Handlungsparadigma kann mit der empirischen Orientierung und mit der Option für die Armen oder mit beiden verbunden sein. Im einen Falle spricht man von der *empirischen*, im anderen Falle von der *kritischen* Handlungswissenschaft. Im Zusammenhang der letzteren hatte Mette 1990 den Begriff „Evangelisierungsparadigma" eingeführt. Gemeint ist damit aber nichts „Missionarisches" im protestantischen Sinne, sondern die befreiungstheologische Option für die Armen. Diese Pastoral wird einer kirchlichen Praxis gegenübergestellt, die vom Traditionsabbruch ausgeht und von Mette darum

314 Karl Rahner, Über die Möglichkeit des Glaubens heute, in: Glauben heute. Ein Lesebuch zur katholischen Theologie der Gegenwart, hg. von Gert Otto, Hamburg 1968, 11–36: 19.
315 Norbert Mette, Einführung (s. o. Anm. 296),

41–45: 41. Diesem Dreischritt folgen auch Stefan Knobloch, Was ist (s. o. Anm. 304), 211–219 und Stephanie Klein, Erkenntnis und Methode in der Praktischen Theologie, Stuttgart 2005, 54–86.

als „Säkularisierungsparadigma" bezeichnet wird. Zum „Säkularisierungsparadigma" wird von Knobloch auch das erwähnte fünfbändige „Handbuch der Pastoraltheologie" gerechnet.[316]

Bei beiden handlungstheoretischen Sichtweisen droht ein unbewusster oder auch bewusster Machbarkeitsanspruch, der die Menschen als „Adressaten" oder gar als Mittel zum Zweck verobjektiviert. Das ergibt sich etwa aus der Formulierung, es gehe um die „Grundstruktur eines korrigierenden Eingriffs in das Handlungsgefüge christlich-kirchlicher Praxis".[317] Um dieses Missverständnis zu vermeiden, wird in diesem Zusammenhang dann betont, dass es um ein kommunikatives Handeln im Gegensatz zum instrumentellen und strategischen Handeln gehe. Dazu bezieht man sich positiv auf die Theorie des kommunikativen Handelns von Jürgen Habermas in der Fassung des katholischen Fundamentaltheologen und Erziehungswissenschaftlers Helmut Peukert: „Wenn ich überhaupt mit einem anderen in eine Kommunikation eintrete, so akzeptiere ich ihn grundsätzlich als jemanden, der sprechen, sich verständlich artikulieren und mir widersprechen kann [...]. Sobald ich beginne zu sprechen, trete ich in ein universales Gespräch ein."[318] Im Zusammenhang eines als kommunikativ verstandenen Handelns werden die anderen Menschen als verantwortliche Subjekte vorausgesetzt. Das entspricht dem pädagogischen Handeln, wenn dabei das pädagogische Paradox in Rechnung gestellt wird, dass der Andere immer als das vorauszusetzen ist, was er (noch) nicht ist und wenn außerdem daran gedacht wird, dass man selbst oftmals hinter seinem aufgeklärten kommunikativen Anspruch zurückbleibt. Wird dieser (selbst)kritische Einwand vergessen, droht das empirische wie das kritische Handlungsparadigma einem naiven Optimismus zu verfallen, welcher der Praxis nicht standhält.

Denn auch in der Kirche verläuft das Handeln nicht (nur) nach universal aufgeklärten Prinzipien. Das *wahrnehmungstheoretische Modell* geht darum davon aus, dass Religion anderen Maßstäben folgt als die vernünftige Kommunikation. In der Kirche folgt der Mensch Gefühlen und Wahrnehmungen, die wie die Kunst nicht unnütz sind, aber übernützlich. Die religiöse Kommunikation ist ein ästhetisches Handeln; sie folgt darum Wahrnehmungen, ja Regressionen und viel weniger bestimmten zu erreichenden Zielen oder Universalprinzipien. Religiöse Praxis ist geradezu eine Unterbrechung des nützlichen Handelns zugunsten des dabei verdrängten spielerischen, unverrechenbaren und unberechenbaren Handelns. (Dem entspricht

---

316 Knobloch, Was ist (s. o. Anm. 304), 117–167 zum „Säkularisierungsparadigma"; ebd., 169–193 zum „Evangelisierungsparadigma". Der letztere Ansatz wird bisweilen auch als „Sozialpastoral" bezeichnet.
317 So Rolf Zerfaß, Praktische Theologie als Handlungswissenschaft, in: Praktische Theologie heute, hg. von Ferdinand Klostermann/Rolf Zerfaß, München 1974, 164–177: 166; dort folgt eine Skizze des empirischen Regelkreismodells (167) mit ausführlicher Erläuterung (167–170).

318 Helmut Peukert, Kommunikatives Handeln, in: Habermas und die Theologie, hg. von Edmund Arens, Düsseldorf 1989, 52, zitiert nach Mette, Einführung (s. o. Anm. 296), 18. Mette bezieht sich mit seinem Leitbegriff der „Kommunikation des Evangeliums" (14–21) außerdem auf die evangelische Diskussion, besonders auf Ernst Lange, grenzt sich aber von dem evangelischen praktisch-theologischen Programm der „gelebten Religion" als zu affirmativ ab (25–28).

die Gegenüberstellung des darstellenden und des wirksamen Handelns in Schleiermachers theologischer Enzyklopädie, vgl. dazu in diesem Buch die 1. Einheit.) Darum meint Walter Fürst, primär müsse es heute darum gehen, das „Verhältnis zur eigenen (vielfach verkümmerten) Bildhaftigkeit und zu den eigenen, häufig entwirklichten Bildern (Zeichen, Symbolen, Sakramenten, Ritualen) zu klären", wozu es „einer Schulung der Sinne an den Ausdrucksformen von (moderner) Kunst und Literatur und im selben Atemzug eines entschiedenen Rückgangs auf biblisch-ekklesiale Bildhaftigkeit [...] und damit einer Rückbesinnung auf den real-symbolischen Gestaltcharakter biblischer Offenbarung und christlicher Überlieferungspraxis" bedürfe.[319]

Das ästhetische Paradigma ist erkennbar schwerer handlungspraktisch und wissenschaftlich zu operationalisieren als das Handlungsparadigma, und seine normativen Impulse sind weniger greifbar als diejenigen, die aus der „Option für die Armen" abgeleitet werden. Dies mag es erklären, dass es trotz der ästhetischen Grundorientierung der Gegenwartskultur der letzten Jahre bisher weniger Zustimmung gefunden hat.

C.   Fazit: Katholische und evangelische Praktische Theologie heute

Die Gemeinsamkeiten der gegenwärtigen evangelischen und katholischen Praktischen Theologie liegen in der Bezugnahme auf die religiöse Pluralisierung und auf den Plausibilitätsverlust kirchlich kommunizierter Religion. Vergleichbar sind auch die Spannung zwischen empirisch-deskriptiver und biblisch-normativer Grundorientierung beider und der Rückgriff auf ästhetische Fragestellungen sowie auf Phänomene aus der kirchlichen Tradition und Alltagskultur (Popularkultur). Eine große Rolle für die Praxis der Gemeinden – aber nur teilweise für die theoretische Reflexion – spielt der katastrophale Priestermangel. Dieser „pastorale Notstand" wird allerdings nur selten offen angesprochen.[320] Ganz kurz zusammengefasst lässt sich sagen: Wie die evangelische sucht die katholische PT *erstens* einen Ansatz, der den empirischen bewahrt und weiterentwickelt; *zweitens* steht die katholische anders als die ev. PT stärker im Horizont der Weltkirche und damit im sozialpastoralen und im befreiungstheologischen Kontext; und bei allen innerkatholisch unterschiedlichen Akzenten sind *drittens* das Zweite Vatikanum und die Theologie Karl Rahners die entscheidenden Wurzeln gegenwärtiger katholischer PT in Deutschland.

---

319 Walter Fürst, Zur gegenwärtigen Diskussion in der katholischen Praktischen Theologie, in: EvTh 61 (2001), 399–414: 410.

320 So in aller Ausführlichkeit bei Knobloch, Praktische Theologie (s. o. Anm. 302), 27–159. Knobloch votiert dafür, dass die Konzentration auf das hierarchisch und liturgisch verstandene Priesteramt zugunsten der gleichberechtigten Gemeindearbeit durch die anderen katholischen Gemeindeämter (Diakonat und Pastoralassistentur) aufzugeben sei. Wie man heute sieht, war das ein vollkommen unrealistischer Vorschlag.

Die Besonderheit ist das weltweite Verständnis von „Pastoral", das eben nicht nur das Handeln des Priesters und die Sorge für die Ortsgemeinde umfasst, sondern die „Freude und Hoffnung" der Menschen weltweit, insbesondere die Sorgen der Armen. Damit ist eine spezifische Stärke, aber auch eine Schwäche dieser Theologie verbunden. Es ist eine Stärke, dass hier weniger provinziell und milieubegrenzt argumentiert wird. Die Schwäche besteht aber gleichzeitig darin, dass unter Rückgriff auf Denkmuster aus der Theologie der Befreiung nach derartig globalen Erklärungs- und Handlungsmustern gesucht wird, die für die spätmoderne Gesellschaft und Kirche in Deutschland wenig Erklärungswert haben. Die befreiungstheologische Alternative, dass es „zwei Arten der sozialen Analyse, eine aus der Perspektive der herrschenden und eine aus der Perspektive der beherrschten Klasse"[321] gebe, ist an ihre Entstehung in Lateinamerika gebunden. Die „Option für die Armen" hilft dagegen religionshermeneutisch im entchristlichten Ostdeutschland und im kirchlich distanzierten, aber religiös interessierten Westdeutschland wenig – bei uns käme es (mindestens auch) auf eine Option für die materiell und religiös Anspruchsvollen, aber christlich Verunsicherten an. Denn zu diesen wird man die Mehrheit der Bevölkerung rechnen können.

Für die Praxis der Mitteilung und Darstellung des Evangeliums Jesu, der Güte Gottes und der Überwindung des Bösen in allen seinen Gestalten und für die heilsame Praxis, im Namen Jesu die Schönheit des gefährdeten Lebens zu feiern, bedarf es vor allem der genauen Wahrnehmungen sowie der hermeneutischen und ästhetischen Anstrengungen, um das Herz (gaudium et spes) der Menschen zu erreichen.

Arbeitsvorschlag für Gruppen

Nehmen Sie die beiden Bände des neuen „Handbuches der Praktischen Theologie" (s. o. Anm. 302) zur Hand und identifizieren Sie dort die Bezüge zu den genannten Grundlinien und Paradigmen der katholischen Praktischen Theologie. Welches Paradigma dominiert nach Ihrer Einschätzung? Diskutieren Sie dazu vor allem die Leitkategorie der „Praxis des Menschen" (Bd. 1, 22–25).

---

321 So Knobloch, Was ist (s. o. Anm. 304), 214 unter Rückgriff auf den brasilianischen Befreiungstheologen Leonardo Boff.

III. Arbeitshilfen

21. Praktisch-theologische Literaturkunde

Zur Einführung in die Praktische Theologie muss man nicht Lehrbücher zu allen Einzeldisziplinen studieren, aber man sollte wissen, welchen Hintergrund Gesamtdarstellungen, Einzellehrbücher, Studien sowie Zeitschriften haben. Dazu sollen in dieser Einheit Hinweise gegeben werden. Sie sollen wichtige Bücher und Zeitschriften wenigstens einmal aufgeschlagen und sich einen eigenen Eindruck von Absicht, Stil und Art der Problemdarbietung verschafft haben. Verfolgten die bisherigen Einheiten das Prinzip des exemplarischen Lernens anhand von wichtigen Einzelfragestellungen, so geht es jetzt um einen Überblick. Dieser soll aber nicht durch die Lektüre nur eines Buches erfolgen. Sie werden vielmehr an die Kataloge und Regale Ihrer Seminarbibliothek geschickt. Vielleicht machen Sie dabei auch eigene Entdeckungen, die über das hier Dargestellte hinaus in ganz andere Zusammenhänge führen.

1. Bibliographisches und Historisches

E. v. d. Goltz veröffentlichte 1929 als eigenständige Schrift einen praktisch-theologischen *Literaturbericht*, der alle Disziplinen umfasste.[1] Eine solche Literaturkunde als eigenständige Veröffentlichung gibt es zur Zeit nicht. Hilfreich sind aber die Literaturberichte zu einzelnen Disziplinen, die in der „Theologischen Rundschau" erscheinen.[2] Ausführliche Bibliographien enthalten die Quellenbände in der Reihe „Theologische Bücherei" (vgl. dazu unter 4.). Den Charakter einer Literaturkunde nehmen teilweise die großen Artikel in der „Theologischen Realenzyklopädie" ein. Der Artikel „Praktische Theologie" ist so eine knappe problemgeschichtliche Entfaltung der PT als Wissenschaft.[3]

Zur *Geschichte der PT* gibt es zwei umfangreiche Sammelbände: 1999 erschien der Band zur Geschichte anhand von Personen (von F. Schleiermacher und C.I. Nitzsch bis zu G. Otto und D. Rössler);[4] 2007 folgte der Band zur Geschichte an-

---

1 Eduard Freiherr von der Goltz, Die praktische Theologie, Halle/S. 1929 („Die evangelische Theologie. Ihr jetziger Stand und ihre Aufgaben", Bd. 5).

2 So zuletzt: Christian Grethlein, Evangelische Liturgik – Konzentration und Ausweitung. Literaturbericht 2002–2006, in: ThR 73 (2008), 60–103.

3 Henning Schröer, Art. „Praktische Theologie", in: TRE 27 (1997), 190–220.

4 Christian Grethlein/Michael Meyer-Blanck (Hg.), Geschichte der Praktischen Theologie. Dargestellt anhand ihrer Klassiker, Leipzig 1999 (APrTh 12).

hand von Problemstellungen.[5] Ein bewährtes Hilfsmittel bei historischen Fragen der Wissenschaftsgeschichte war bis dahin der Band „Praktische Theologie" in der Reihe „Wege der Forschung"; das ausführliche Namenregister (471–509) gibt Kurzbiographien zu fast allen Fachvertretern bis 1972.[6] Bei allen historischen Fragen zu einzelnen Praxisfeldern ist bis heute unübertroffen der Grundriss der PT von Ernst Christian Achelis (1838–1912).[7] Viel historischen Stoff bietet auch das Lehrbuch der PT von Dietrich Rössler.[8]

2. Handbücher

Die Handbücher spiegeln die Vielfalt kirchlicher Praxis über die Tätigkeit des Gemeindepfarrers hinaus wider. Zu erwähnen sind drei evangelische und zwei katholische Handbücher.

2.1. Im Jahre 2007 ist ein neues Handbuch für den gesamten Bereich der PT erschienen – und dieses umfasst erfreulicherweise nur einen (umfangreichen) Band.[9] In 68 Artikeln von jeweils 12 Seiten Umfang werden alle klassischen schulischen, gemeindlichen und übergemeindlichen kirchlichen Arbeitsfelder abgeschritten (25 Artikel zu „Praxisvollzügen"). Hinzu kommen umfangreiche Kapitel zu „Grundbegriffen" (15 Artikel, z. B. zu Biographie, Kultur, Leben, Medien), zu „Phänomenen" (19 Artikel, von „Bekenntnis" bis „Tourismus") sowie schließlich zu „Diskursen" (9 Artikel, hier geht es um wissenschaftliche Disziplinen). Unter den 65 Autoren sind fast alle heute Lehrenden aus der deutschen evangelischen PT vertreten.

Aus heutiger Sicht nur noch von historischem Interesse ist der Vorgänger dieses Werkes, das 1981–1987 erschienene Handbuch in drei Bänden.[10] Dieses bündelte die Erkenntnisse der empirischen Wendung in der PT. Die drei Bände sind nicht nach Disziplinen, sondern nach vier „Handlungszielen" gegliedert. So entsteht in Kombination mit den drei Praxisbänden eine 12-Felder-Matrix aus vier Zielen und drei Sozialformen. Das Handbuch entsprach der Ausdifferenzierung der kirchlichen Arbeit und brach die parochiale Denkweise auf, war aber noch nicht von der kulturwissenschaftlichen Weite geprägt wie das Handbuch aus dem Jahre 2007.

---

5 Christian Grethlein/Helmut Schwier (Hg.), Praktische Theologie. Eine Theorie- und Problemgeschichte, Leipzig 2007 (APrTh 33).

6 Gerhard Krause (Hg.), Praktische Theologie. Texte zum Werden und Selbstverständnis der praktischen Disziplin der Evangelischen Theologie, Darmstadt 1972 (WdF 154).

7 Ernst Christian Achelis, Lehrbuch der Praktischen Theologie I–III, Leipzig ³1911.

8 Dietrich Rössler, Grundriss der Praktischen Theologie, Berlin/New York ²1994 [1986].

9 Handbuch Praktische Theologie, hg. von Wilhelm Gräb/Birgit Weyel, Gütersloh 2007.

10 Handbuch der Praktischen Theologie, hg. von Peter C. Bloth u. a., Bd. 2 : „Praxisfeld: Der einzelne/Die Gruppe", Gütersloh 1981, Bd. 3, „Praxisfeld: Gemeinden", 1983, Bd. 4 „Praxisfeld: Gesellschaft und Öffentlichkeit", 1987. Der geplante Bd. 1, Thema „Praxisfeld: Theorie", erschien nicht.

Aufgabe 1

Studieren Sie den Aufbau des Gütersloher Handbuches aus dem Jahre 2007 und vergleichen Sie damit die 12-Felder-Matrix im Vorgängerhandbuch (die Matrix steht dort jeweils am Anfang der drei Bände). Welches unterschiedliche Wissenschaftsverständnis der Disziplin PT lässt sich aus dem Aufbau erschließen?

2.2. Ebenfalls von historischem Interesse ist das 1975–1978 in Berlin (Ost) erschienene Handbuch der PT in drei Bänden.[11] Dieses sollte dem Lehrbuchmangel in der DDR abhelfen und war dem Kontext DDR-Gesellschaft verpflichtet. Das ekklesiale Paradigma ist klar bejaht. In Anlehnung an Karl Barths Position, dass die Theologie „Funktion der Kirche" ist, heißt es ohne Umschweife: „Die Gesamttheologie ist kirchlich, die Praktische Theologie aber der Exponent ihrer Kirchlichkeit."[12] Zu dieser Position gab es wahrscheinlich keine Alternative in einem Staat, der das Christentum aus der Gesellschaft in den privaten Bereich abdrängte.

Neu erschienen schließlich sind Handbücher zu Einzeldisziplinen der PT: Das Handbuch der Liturgik kam 1995 / 2003 heraus[13] und 2007 das Handbuch der Seelsorge[14].

2.3. Hinzuweisen ist an dieser Stelle auch noch einmal auf das katholische zweibändige Handbuch, hg. von Herbert Haslinger (dazu s. die 20. Einheit) sowie auf das 1964–1972 erschienene katholische „Handbuch der Pastoraltheologie".[15] Dieses Handbuch ist von der Theologie des Zweiten Vatikanums, besonders von Karl Rahner (1904–1984) geprägt. Rahner gab den Anstoß für das Handbuch und steuerte den Schlüsselbegriff „Selbstvollzug der Kirche" bei. Mit dem Begriff der „Pastoraltheologie" soll die Beschränkung auf das pfarramtliche Handeln keineswegs festgeschrieben werden.

3. Quellensammlungen

Grundrisse, Handbücher sowie Überblicks- und Einzeldarstellungen sind hilfreich, aber wie in allen Wissenschaften nur ein Teil des eigenen Studiums. Die eigene Quellenlektüre ist durch nichts zu ersetzen, wenn man sich nicht dem Urteil eines Autors ausliefern will. Eben darum enthält dieses Arbeitsbuch viele kleine Lektü-

11 Handbuch der Praktischen Theologie, bearb. von Heinrich Ammer/Jürgen Henkys/Gert Holtz/ Hans H. Jenssen u. a., 3 Bd., Berlin (DDR) 1975–1978.
12 Jürgen Henkys, a. a. O., Bd. 1, 19.
13 Handbuch der Liturgik. Liturgiewissenschaft in Theologie und Praxis der Kirche, hg. von Hans-Christoph Schmidt-Lauber, Michael Meyer-Blanck und Karl-Heinrich Bieritz, Göttingen ³2003 [1995].

14 Handbuch der Seelsorge. Grundlagen und Profile, hg. von Wilfried Engemann, Leipzig 2007.
15 Franz X. Arnold/Ferdinand Klostermann/Karl Rahner/Viktor Schurr/Leonhard M. Weber (Hg.), Handbuch der Pastoraltheologie. Praktische Theologie der Kirche in ihrer Gegenwart, Freiburg/Basel/Wien 1964–1972.

reaufgaben zu den exemplarischen Fragen. Um sich einen Überblick über die Diskussion zu verschaffen, sind darüber hinaus aber Quellensammlungen zum ganzen Fach sinnvoll. Auf diese kann hier nur zusammenfassend hingewiesen werden.

3.1. Eine Reihe mit Quellenbänden

An erster Stelle sind die Quellenbände in der Reihe „Theologische Bücherei" im Gütersloher Verlagshaus zu nennen. Diese enthalten eine ausführliche Einleitung und eine umfassende Bibliographie bzw. (im zuletzt erschienenen Band) eine Verbindung von Quellen und erläuterndem Kommentar. Erschienen sind die folgenden Bände:
- *Seelsorge*, hg. von Friedrich Wintzer (Bd. 61, [3]1988 [1978)])
- *Konfirmandenunterricht und Konfirmation*, hg. von Christof Bäumler/Henning Luther (Bd. 71, 1982)
- *Predigt*, hg. von Friedrich Wintzer (Bd. 80, 1989)
- *Religionspädagogik*, hg. von Karl Ernst Nipkow/Friedrich Schweitzer (Bd. 84, 88, 89, 1991–1994)
- *Liturgie und Liturgik*, hg. von Michael Meyer-Blanck (Bd. 97, 2001).

3.2. Zur Liturgik

Die liturgischen Quellen sind besonders zahlreich. Eine Quellensammlung speziell für den Gottesdienst seit der Reformation bietet Wolfgang Herbst, *Evangelischer Gottesdienst*. Quellen zu seiner Geschichte, Göttingen [2]1992. Die Sammlung ist für den evangelischen Bereich sehr reichhaltig, enthält aber keine altkirchlichen Quellen, leider fehlen auch eine Einleitung und eine Bibliographie. Umfassender (wenn auch im Einzelnen knapper) ist die alte Sammlung: *Quellenbuch zur praktischen Theologie*, 1. Teil: Quellen zur Lehre vom Gottesdienst (Liturgik), hg. von Carl Clemen, Gießen 1910. Dort sind Quellen zum Gemeindegottesdienst wie zu den Kasualgottesdiensten abgedruckt. Bietet Clemen die Quellen in der Originalsprache, so sind sie in den folgenden älteren Quellenheften übersetzt: *Hilfsbuch zur Geschichte des christlichen Kultus*, hg. von Ulrich Altmann, 1. Heft: Zum altkirchlichen Kultus, Berlin 1941, 2. Heft: Zum Kultus des abendländischen Katholizismus, 3. Heft: Zum Kultus der Reformation.

3.3. Weitere Sammlungen

Ein Band mit aktuellen religionsdidaktischen Quellen ist die Sammlung *Arbeitsbuch Religionsunterricht*. Überblicke – Impulse – Beispiele, hg. von Hartmut Lenhard, Gütersloh [3]1999 [1986], die religionspädagogische Entwicklung in der DDR ist detailliert zu studieren in dem Band *Kirchlicher Unterricht in der DDR 1949–1990*. Dokumentation eines Weges, hg. von Dieter Reiher, Göttingen 1992. – Zwei Sammlungen mit neueren homiletischen Quellen: *Homiletisches Lesebuch.* Texte zur heutigen Predigtlehre, hg. von Albrecht Beutel u. a., Tübingen 1986 und Wilfried Engemann/ Frank Michael Lütze (Hg.), Grundfragen der Predigt. Ein Studienbuch, Leipzig 2006.

4. Lehrbuchvergleich zu den einzelnen Disziplinen

Die selbständige Lektüre eines gesamten Lehrbuches zu einer Disziplin ist durch nichts zu ersetzen. Darum stellt dieser Abschnitt ein Wagnis dar: Sie sollen in einer „tour d'horizon" einen ersten, notwendigerweise oberflächlichen Eindruck von wichtigen Lehrbüchern bekommen. Aber es ist besser, sich einen eigenen wenn auch kurzen Überblick verschafft zu haben, als die Bücher nur durch Fußnoten zu kennen. Der Grundansatz lässt sich meistens relativ schnell erfassen: Stil, Engagement und Zeitkolorit der Bücher bleiben dann wenigstens etwas haften.

Für die beiden folgenden Aufgaben (zu Abschnitt 4. und 5.) werden Sie etwa einen halben Tag benötigen. Nehmen Sie sich für jedes der folgenden 16 Bücher, das Sie während Ihres Studiums noch nicht kennen gelernt haben, mindestens eine Viertelstunde Zeit.

Aufgabe 2

Vergleichen Sie jeweils die beiden zu einer Unterdisziplin genannten Lehrbücher. Lesen Sie dazu (falls nichts anderes angegeben ist) mindestens das Vorwort und die Gliederung mit den Überschriften zu den einzelnen Abschnitten. Gegen welches bisherige Konzept will der jeweilige Autor Position beziehen? Worin besteht der Neuansatz? Charakterisieren Sie beide Lehrbücher gegenüberstellend in einem kurzen Satz.

Homiletik

Wilfried Engemann, Einführung in die Homiletik, Tübingen/Basel 2002. Bitte lesen Sie hier die Seiten 67–74 über den „homiletischen Lassiv", über das Ignorieren des Christseins der Hörer und über Predigtklischees.

Rudolf Bohren, Predigtlehre, Gütersloh [7]1994 [München [1]1971, [3]1974]. Bitte lesen Sie hier aus dem § 1 „Predigen als Leidenschaft" mindestens die Seiten 17–21.

Liturgik

Rainer Volp, Liturgik. Die Kunst, Gott zu feiern, Band 1: Einführung und Geschichte, Gütersloh 1992; Band 2: Theorien und Gestaltung, Gütersloh 1994.

Karl-Heinrich Bieritz, Liturgik, Berlin/New York 2004. Entwerfen Sie ein Diagramm zu der umfangreichen Gliederung (VII–XXIV).

Poimenik

Klaus Winkler, Seelsorge, Berlin/New York 1997.
Lesen sie mindestens die vorläufige Defini-

Jürgen Ziemer, Seelsorgelehre, Göttingen 2000.
Lesen sie mindestens den kurzen Abschnitt

tion (3), besser auch die Erläuterungen dazu (4–10).

Religionspädagogik
Christian Grethlein, Religionspädagogik, Berlin/New York 1998. Lesen Sie die S. 209–214.

Kasualien
Kristian Fechtner, Kirche von Fall zu Fall. Kasualpraxis in der Gegenwart – eine Orientierung, Gütersloh 2003.

zum „Proprium christlicher Seelsorge" (142f).

Joachim Kunstmann, Religionspädagogik. Eine Einführung, Tübingen/Basel 2004. Lesen Sie hier den kurzen Abschnitt „Religion und Bildung als ästhetische Phänomene", 334–337.

Christian Albrecht, Kasualtheorie. Geschichte, Bedeutung und Gestaltung kirchlicher Amtshandlungen, Tübingen 2006. Wie unterscheiden sich die Ansätze von Fechtner und Albrecht? – Vergleichen Sie zusätzlich das in der 8. Einheit herangezogene Buch von C. Grethlein.

5. Sechs „Bestseller" (Einzelstudien von größerer Wirkung)

Gerade in der PT sind es längst nicht nur die Lehrbücher, welche die Diskussion bestimmen. Es gibt keine Bestsellerlisten, aber in der Diskussion tauchen bestimmte Titel immer wieder auf. Die folgenden sechs Bücher sollten Sie wenigstens einmal kurz angelesen haben; neben Vorwort und Inhaltsverzeichnis ist im Folgenden jeweils auf eine markante Stelle hingewiesen.

Aufgabe 3 _____

Nehmen Sie sich für die folgenden sechs Bücher – falls Sie diese noch nicht kennen gelernt haben – mindestens eine Viertelstunde Zeit und machen sich geordnete Notizen, auf die Sie wieder zurückgreifen können.

Homiletik: Ernst *Lange*, Predigen als Beruf. Aufsätze zu Homiletik, Liturgik und Pfarramt, hg. von Rüdiger Schloz, München 1982, 9–13; *Liturgik*: Manfred *Josuttis*, Der Weg in das Leben. Eine Einführung in den Gottesdienst auf verhaltenswissenschaftlicher Grundlage, Gütersloh [3]1997 [München [1]1991], zum Schlüsselbegriff „Verhalten", 13–17; *Religionspädagogik*: Karl Ernst *Nipkow*, Erwachsenwerden ohne Gott? Gotteserfahrung im Lebenslauf, München 1987, dort 88–92 zu den „Einbruchstellen" für den Verlust des Gottesglaubens im Jugendalter; *Poimenik*: Joachim Scharfenberg, Seelsorge als Gespräch, Göttingen [5]1991 [1972], 14–19 über den „Missbrauch des Gespräches in der evangelischen Seelsorge"; *Kasualien*: Rudolf Bohren, Unsere Kasualpraxis – eine missionarische Gelegenheit? München [4]1968 [1966] (ThExh 147).

Einen Blick wert ist auf jeden Fall auch die posthum erschienene PT von Henning *Luther: Religion und Alltag*. Bausteine zu einer Praktischen Theologie des Subjekts. Radius-Verlag, Stuttgart 1992; s. dort (19f.) die These, in der PT sei „nicht von der Existenz einer Sonderwelt (Hinterwelt, Überwelt)" auszugehen.

6. Zeitschriften

6.1. Zwischen Theorie und Praxis

Zwischen „eher theoretisch" und „ganz praktisch" ist darum das Profil praktisch-theologischer Zeitschriften zu beschreiben. Besonders für Gottesdienst/Predigt sowie für Unterricht in Schule und Gemeinde, wo ständig neue Impulse und Ideen erforderlich sind, werden Zeitschriften mit sofort zu übernehmenden Entwürfen nachgefragt. Darum gibt es neben den wissenschaftlichen praktisch-theologischen Zeitschriften auch einen nahezu unübersehbaren Markt von „grauer Literatur", die zumeist im kirchlichen Selbstverlag erscheint. Es empfiehlt sich, bei der eigenen Landeskirche nachzufragen, welche religionspädagogische und gottesdienstliche Zeitschrift dort herausgegeben und in der Regel kostenlos abgegeben wird (durch die religionspädagogischen und gottesdienstlichen Arbeitsstellen und Institute). Im Folgenden wenden wir uns denjenigen Zeitschriften aus Geschichte und Gegenwart zu, die in theologischen Verlagen erscheinen und die Diskussion in der wissenschaftlichen Praktischen Theologie bestimmen bzw. bestimmt haben.

6.2. Zwei für die Geschichte der Praktischen Theologie maßgebliche Zeitschriften

Neben den noch erscheinenden Zeitschriften sollte man zwei „Monatsschriften" kennen, die den Anfang des 20. Jahrhunderts bestimmt haben, die „Monatsschrift für die kirchliche Praxis" (MKP) und die „Monatsschrift für Gottesdienst und kirchliche Kunst" (MGKK).[16]

Die „MKP" war das Organ der sich um die Jahrhundertwende formierenden neuen empirischen PT. 1901 erschien darin der immer wieder zitierte Aufsatz „„Religiöse Volkskunde', eine Aufgabe der praktischen Theologie" von Paul Drews (1858–1912).[17] Dort schrieb er auf der ersten Seite der Zeitschrift, die gerade ihren Namen verändert hatte (von 1879–1900 hieß sie „Zeitschrift für praktische Theologie") die folgenden programmatischen Sätze: „Die Voraussetzung einer besonnenen und wirksamen Beeinflussung des kirchlichen Lebens und der kirchlichen wie nicht kirchlichen Kreise ist eine wirkliche Kenntnis des gegenwärtigen religiösen Lebens

---

16 Welche Zeitschriften um 1930 für die wichtigsten gehalten wurden, lässt sich in der erwähnten Literaturkunde nachlesen: Eduard Freiherr

von der Goltz, Die praktische Theologie, Halle a.d.S. 1929, 4f.
17 MKP 1 (1901), 1–8.

innerhalb und außerhalb der Landeskirchen. Das erfordert eine beschreibende Darstellung des religiösen Lebens der Gegenwart im Zusammenhang mit seinem geschichtlichen Werden auf Grund einer eindringenden psychologischen Analyse des Volkscharakters wie der Gruppen- und individuellen Typen, mit denen der Geistliche zu rechnen hat." Um der „religiösen Eigenart einer Volksschicht" auf die Spur zu kommen, müssten die ethnographischen, sozialen und geschichtlichen Bedingungen „energisch ins Auge" gefasst werden.[18] Die MKP ist die wichtige Zeitschrift der liberalen PT um 1900.

Namen von Zeitschriften beinhalten zweifellos ein Programm. Erst recht gilt das, wenn der Name geändert wird und mit dem neuen Jahrgang eine neue Zählung beginnt. Es ist ein Spezifikum gerade der praktisch-theologischen Zeitschriften, dass sie häufigen Namenswechseln unterworfen sind. Dies mag zum einen an den sich ständig ändernden Praxisanforderungen liegen, auf die man aktuell zu reagieren sucht; andererseits kann dahinter auch die Unbestimmtheit der wissenschaftlichen Praktischen Theologie selbst vermutet werden bzw. ihr Bemühen, sich als Wissenschaft stets neu zu definieren. Bei diesem Bemühen handelt es sich um ein Phänomen, das die Disziplin seit ihrer universitären Etablierung begleitet.

Die MKP war 1879 von Heinrich Bassermann (1849–1909) und Rudolf Ehlers (1834–1908) gegründet worden, um den Bruch zwischen kirchlicher Praxis und wissenschaftlicher Theologie zu verhindern: Dazu werden der wissenschaftliche Charakter und die Verbindung zu den historisch-systematischen Fächern der PT betont, der Name lautet „Zeitschrift für praktische Theologie". Betonte dieser Name den *wissenschaftlichen* Charakter der PT, so war dies dem neuen Herausgeber Otto Baumgarten ab 1901 zu theoretisch, jetzt sollte die Zeitschrift vielmehr zu einer wirklich der *Praxis* dienenden Monatsschrift umgewandelt werden. Der dem Ansatz von Drews (s.o.) entsprechende neue Titel lautet nun: „Monatsschrift für die kirchliche Praxis". Drews gehörte bis zu seinem frühen Tod 1912 zum Herausgeberkreis und betreute die Rubrik „Zur christlichen Volkskunde".

Doch bereits 1907 wechselte der Titel erneut in „Evangelische Freiheit. Monatsschrift für die kirchliche Praxis in der gegenwärtigen Kultur". Denn der Herausgeber Baumgarten war nicht nur ein Vertreter der empirischen PT, sondern auch des kirchenpolitischen Liberalismus. Die Zeitschrift wurde nun zum Organ der „Freunde der evangelischen Freiheit", und Baumgarten prägte sie über 20 Jahre durch die monatlich von ihm verfasste Chronik des kirchlichen Lebens. Darin beschäftigte er sich neben der Kirchenpolitik auch mit politisch-kulturellen Tagesfragen. 1920 musste die Zeitschrift ihr Erscheinen einstellen – nachdem sie ein theoretisches, praktisches und kirchenpolitisches Gesicht gehabt hatte.

Ebenfalls dem Umfeld des theologischen Liberalismus entstammt die MGKK („Monatsschrift für Gottesdienst und kirchliche Kunst"), die von 1896–1941 erschien. Da sie sich speziell mit liturgischen Fragen beschäftigte – die Homiletik blieb

---

18 A.a.O., 5.

dabei ausgeklammert –, hatte sie ein engeres Interessengebiet. Da sie sich aber auch an Kirchenmusiker, Künstler und Kunsthistoriker wandte und diese auch zur Mitarbeit gewann, hatte sie einen weiteren Horizont. Herausgegeben wurde sie von Friedrich Spitta (1852–1924) und Julius Smend (1857–1930), die beide bis 1918 Professoren in Straßburg waren und der „älteren liturgischen Bewegung" zugerechnet werden. Nach deren Tod behielt die Zeitschrift ihren Namen, veränderte aber ihr Gesicht. Sie wurde nun von Richard Gölz (1887–1975) und Gerhard Kunze (1892–1954) herausgegeben und veränderte sich von einem künstlerisch-gottesdienstlichen Korrespondenzblatt zu einem Organ liturgiewissenschaftlicher Grundsatzreflexion im Umfeld der jüngeren liturgischen Bewegung. Konrad Klek hat die Geschichte der Zeitschrift zu ihrem 100. Geburtstag 1996 ausführlich nachgezeichnet und dabei auch gegenwärtige gottesdienstliche Fragen einbezogen, so dass es sich lohnt dem nachzugehen.

6.3. Zwei gegenwärtige Zeitschriften für das Gesamtgebiet der Praktischen Theologie

Die Zeitschrift *„Pastoraltheologie"* erscheint 2008 in einem respektablen 97. Jahrgang. Seit 1949 ist sie verbunden mit den „Göttinger Predigtmeditationen",[19] was der Abonnentenzahl (wegen der Nachfrage konkreter Praxishilfen) sicher gut getan hat. Auch die PTh hat ihren Namen mehrfach geändert. Der Namenswechsel ist wegen des Terminus „Pastoraltheologie" besonders diskutiert worden.

Aufgabe 4

Die Zeitschrift wurde 1878 gegründet unter dem Titel „Halte, was du hast. Zeitschrift für Pastoraltheologie", hieß ab 1905 „Monatsschrift für Pastoraltheologie", ab 1970 „Wissenschaft und Praxis in Kirche und Gesellschaft (früher Pastoraltheologie)" und seit 1981 „Pastoraltheologie. Monatsschrift für Wissenschaft und Praxis in Kirche und Gesellschaft". Suchen Sie jeweils den ersten Jahrgang mit dem neuen Titel und sehen sich das Editorial an! Lesen Sie: Gerhard Bauer/Peter Stolt, Nein und Ja. Akzentuierung des neuen Titels, in: PTh 70 (1981), 3–10. Welcher Partei im Herausgeberkreis hätten Sie sich 1981 angeschlossen und warum?

Die zweite zu nennende ist die 1966 gegründete Zeitschrift *„Theologia Practica"* *(ThPr)*, die wesentlich von Gert Otto (geb. 1927) geprägt wurde. Das Programm wird 1966 anspruchsvoll formuliert: Das Verhältnis von Theorie und Praxis müsse ganz neu gefasst werden, weil bisher kein überzeugendes Modell von Praktischer Theologie existiere. Vor allem die traditionelle Aufteilung in die Disziplinen Homiletik, Katechetik, Poimenik etc. sei zu hinterfragen. Die Zeitschrift solle ein durchaus polemisches Diskussionsforum werden, das auch die Leser einbezieht und „die Fragen nach dem Gegenstand, der Methode und der Stellung der Praktischen Theologie

---

19 Vgl. dazu ausführlich Birgit Weyel, Ostern als Thema der Göttinger Predigtmeditationen, Göttingen 1999 (APTh 35), besonders 95–194 unter der Überschrift „Die Homiletik der Schriftleiter".

im Ganzen der theologischen Wissenschaft und der Kirche nicht zur Ruhe kommen lässt."[20]

Die empirische Wende in der Disziplin kündigt sich an in dem Plan, auch Predigten und Unterrichtsprotokolle zu analysieren. Die Zeitschrift änderte ihren Titel und ihr Programm im Laufe der Jahre nur geringfügig. Lautete der Untertitel 1966 „Zeitschrift für Praktische Theologie und Religionspädagogik", so erschienen drei Jahrgänge unter dem Titel „Themen der Praktischen Theologie – Theologia Practica" (1981–1983). In diesen Jahren erstellt man entsprechend dem neuen Titel aufwendige *Themen*hefte, z. B. „Predigt – vor der Arbeitswelt sprachlos?" (1982, Heft 1/2). Schon 1984 wird das Format wieder kleiner und der Titel bescheidener: „Theologia Practica. Vierteljahresschrift". Der lateinische Titel wird schließlich 1994 ersetzt durch „Praktische Theologie", weil die Kenntnis der lateinischen Sprache zurückgehe und das Missverständnis vermieden werden solle, die Zeitschrift richte sich nur an akademisch Gebildete.[21] Dazu tritt seit 1994 der Untertitel „Zeitschrift für Religion, Gesellschaft und Kirche". – Seit 1997 erscheint schließlich das *„International Journal for Practical Theology" (IJPT)*. Auf das IJPT geht die 24. Einheit näher ein.

6.4. Zeitschriften in den einzelnen Teildisziplinen

So sehr die klassische Disziplinenaufteilung der PT immer wieder kritisiert wird, so beständig ist sie doch in der Praxis. Das zeigen gerade die Zeitschriften, die neben den bereichsübergreifenden deutlich in der Überzahl sind. Sie beschäftigen sich weniger mit der wissenschaftlichen Praktischen Theologie, als vielmehr mit der theologischen Praxis. Die Vorbereitungshilfen werden am meisten nachgefragt.

Homiletik und Liturgik
Aus dem Homiletischen Seminar kennen Sie die am meisten verbreiteten Vorbereitungshilfen, die „Göttinger Predigtmeditationen (GPM)", 1946 begründet von Hans Iwand (1899–1960) sowie die „Predigtstudien (PSt)", 1968 begründet von Ernst Lange (1927–1974). Die GPM stehen in der Tradition sorgfältiger (vor allem exegetischer) Arbeit am Predigttext, die PSt folgen dem homiletischen Ansatz Ernst Langes mit einem Zugang über die Situation und die konkrete Verkündigungsaufgabe. Einen Mittelweg verfolgen die „Calwer Predigthilfen" (CPH), die in mehreren Folgen erschienen (zuerst ab 1962) und sich besonders durch ihre Knappheit auszeichnen. Es gibt daneben aber auch noch praktischere Zeitschriften, die Materialien bis hin zu ausformulierten Predigten und Liturgien bieten.

---

20 ThPr 1 (1966), 9.
21 PT 29 (1994), 3 (im Editorial). Der Haupttitel „Praktische Theologie" wird seit 1994 mit dem

Siglum „PT" abgekürzt, um die Unterscheidung von der „PTh" sicherzustellen.

Aufgabe 5

Sehen Sie sich die folgenden Zeitschriften im Regal Ihrer Seminarbibliothek an: 1. „Pastoralblätter. Predigt und Seelsorge in der Praxis" (139. Jahrgang 1999), 2. „Homiletische Monatshefte für Predigt-Katechese-Gottesdienst" (74. Jahrgang 1998/99), 3. „Zeitschrift für Gottesdienst & Predigt" (17. Jahrgang 1999).[22] Charakterisieren Sie die Art der jeweils angebotenen Vorbereitungshilfen für Predigt und Liturgie.

Die zuletzt genannte „ZGP" ist darüber hinaus auch eine liturgische Zeitschrift mit einigen theoretischen Beiträgen zur Gottesdienstgestaltung. Die großen liturgiewissenschaftlichen Organe werden ansonsten nur von einem kleinen Expertenkreis gelesen. Am bedeutendsten im evangelischen Bereich ist das „Jahrbuch für Liturgik und Hymnologie (JLH)", das seit 1955 erscheint, ferner die fast ausschließlich kirchenmusikalische Zeitschrift „Musik und Kirche (MuK)". Die wichtigsten katholischen Periodika sind das „Archiv für Liturgiewissenschaft (ALW)" und das „Liturgische Jahrbuch (LJ)".[23]

Religionspädagogik
Wenn man den Unterricht in Schule und Gemeinde zusammen betrachtet, dann gibt es in der Religionspädagogik zweifellos die meisten Zeitschriften, was mit dem ständigen Verlangen nach neuen Materialien und Anregungen zusammenhängt. Karl Ernst Nipkow und Friedrich Schweitzer listen in ihrer Bibliographie im Studienbuch Religionspädagogik (neben PTh und ThPr/PT) 15 gegenwärtige und acht frühere Titel auf, wobei die Liste keinesfalls vollständig ist.[24]

Aufgabe 6

Sehen Sie sich die Liste religionspädagogischer Zeitschriften in dem Band „Religionspädagogik. Texte..., Band 2/2", 244f an. Überprüfen Sie am Regal in Ihrer Seminarbibliothek, wie viele Zeitschriften davon vorhanden sind. Machen Sie sich einige Notizen zum Charakter einer der fünf folgenden Zeitschriften: „Der Evangelische Erzieher" (seit 1998 „Zeitschrift für Pädagogik und Theologie"), „Glaube und Lernen", „Katechetische Blätter", „Christenlehre / Religionsunterricht-Praxis"[25], „Religion heute".

22 Die Zeitschrift hat mit dem Jahr 1999 ihr Konzept geändert, aber den Namen beibehalten. Es lohnt sich, den Jahrgang 1999 mit den letzten Jahrgängen zu vergleichen.
23 Näheres dazu s. in: Christian Grethlein, Abriß der Liturgik. Ein Studienbuch zur Gottesdienstgestaltung, Gütersloh ²1991 [1989], 264, f.
24 Karl E. Nipkow/Friedrich Schweitzer, Religionspädagogik. Texte zur evangelischen Erziehungs- und Bildungsverantwortung seit der Reformation, Bd. 2/2, 20. Jahrhundert, Gütersloh 1994, 244f. In der Liste fehlen u. a. „Religio", die

viel verwendete „KU-Praxis" sowie die Kindergottesdienst-Zeitschriften.
25 Die Zeitschrift wurde hauptsächlich von den KatechetInnen der „Christenlehre" in der DDR gelesen und spiegelt die religionspädagogische Entwicklung in der ehemaligen DDR wider. Mit der Einführung des schulischen Religionsunterrichts auch in den neuen Bundesländern wird auch dieser thematisiert – darum der etwas komplizierte Titel, der noch ergänzt wird durch den Klammerzusatz: „(ehemals ‚Die Christenlehre')".

Poimenik
Die einschlägige Zeitschrift erscheint 2008 im 60. Jahrgang und trägt den schönen Titel „Wege zum Menschen". Sie ist ein Spiegel der Poimenik der letzten Jahrzehnte in Deutschland. Zu den Herausgebern gehörten bedeutende Wegbereiter der psychoanalytischen Seelsorge wie Otto Haendler (1890–1981)[26] und Joachim Scharfenberg (1927–1996). Die Zeitschrift überschreitet das gemeindliche Arbeitsfeld (und ist von daher im weiteren Sinne *praktisch-theologisch* und nicht nur *pastoraltheologisch*). Der Untertitel „Monatsschrift für Arzt, Seelsorger, Erzieher, Psychologen und soziale Berufe" macht eben dies deutlich.[27] Darüber hinaus wird die ausgebildete Infrastruktur der Seelsorgebewegung erkennbar. Die Zeitschrift ist auch ein Mitteilungsblatt poimenischer Organisationen, etwa der 1972 gegründeten „Deutschen Gesellschaft für Pastoralpsychologie (DGfP)".

Schlussbemerkung: Die regelmäßig gelesenen (abonnierten) Zeitschriften markieren das Profil eines Praktikers/einer Praktikerin zwischen „Praktischer Theologie" und „theologischer Praxis". Zeitschriften bewahren davor, den eigenen Praxishorizont für den selbstverständlichen zu halten. Zu Beginn der zweiten Ausbildungsphase (Vikariat/Referendariat) sollte man wenigstens eine Zeitschrift abonnieren.

Arbeitsvorschläge für Gruppen

1. Stellen Sie ein Lehrbuch und/oder einen „Bestseller" in der Gruppe vor, an dem Sie besonderes Interesse gefunden haben (bzw.: an dem Sie sich besonders gefreut oder geärgert haben).
2. Wählen Sie eine (allgemeine oder disziplinenbezogene) Zeitschrift aus und spielen Sie einen Verlagsvertreter, der erstens die Wissenschaftlichkeit der Zeitschrift einem Fachvertreter im Hinblick auf ein Abonnement für die Seminarbibliothek nahe bringt und zweitens einer Examenskandidatin den praktischen Nutzen im Hinblick auf die zweite Ausbildungsphase und die Berufspraxis plausibel macht.
3. Entwickeln Sie ein Zeitschriften-Konzept für eine Teildisziplin der Praktischen Theologie für einen Verlag. Bedenken Sie dabei Adressaten, Autorinnen und Autoren sowie das eigene Profil des neuen Blattes gegenüber den bisher am Markt befindlichen.

---

26 Dazu s. das Heft „Zum Gedenken an Otto Haendler", WzM 34 (1982), 131–177.
27 Offensichtlich wegen der Vermeidung der männlichen Formen heißt der Untertitel jetzt weniger deutlich „Monatsschrift für Seelsorge und Beratung, heilendes und soziales Handeln".

22. Prüfungen vorbereiten – Predigtarbeit und Unterrichtsentwurf schreiben

Die Meinungen darüber, was man auf jeden Fall wissen sollte, gehen auseinander. Die Prüfungsanforderungen werden meist additiv nach den Empfehlungen der Prüfer zusammengestellt, so dass eine stattliche Liste zustande kommt. Wir haben in diesem Buch unter I. Orientierungen zusammengestellt, was wir in fächerübergreifender Perspektive für grundlegend halten. In II. Entfaltungen wird Grundwissen zu den zentralen Disziplinen vermittelt, aber auch bereits in Spezialwissen eingeführt. Versuchen Sie ein möglichst breites Grundwissen zu erwerben. Aber verbinden Sie dies auch mit einem oder mehreren Schwerpunktthemen, die Sie tatsächlich mit einer gewissen Tiefenschärfe studieren. Es reicht nicht aus, sich ein mündliches Spezialthema kurz vor der Prüfung zusammenzustellen und dann anzulesen.

In dieser Einheit können Sie sich allgemein über das Verfassen von Predigtarbeiten und Unterrichtsentwürfen informieren, die ja einen gewissen Spezialfall wissenschaftlicher Hausarbeiten darstellen. Außerdem finden Sie Hinweise zur Vorbereitung der Klausuren und zur mündlichen Prüfung.

Predigtarbeit und Unterrichtsentwurf

Predigtarbeit (künftig abgekürzt: PA) und Unterrichtsentwurf (künftig abgekürzt: UE) sind Kunstprodukte. Sie beinhalten die methodisch notwendigen Schritte, die zum Entwurf einer Predigt bzw. einer Unterrichtsstunde führen. PA und UE werden zu Qualifikationszwecken angefertigt und zeichnen daher die Vorbereitung so nach, dass die Entstehung von Predigt und Unterrichtsstunde für den Leser bzw. die Leserin einsehbar und nachvollziehbar wird. Daraus ergibt sich, dass die Darstellung nicht einfach chronologisch den Arbeitsschritten folgt, sondern an einer inneren sinnvollen Gliederung zu orientieren ist. Weiter unten werden Gliederungsvorschläge vorgestellt. Es bleibt jedoch zu beachten, dass man nicht nur linear vorgeht, sondern auch immer wieder zurückfragt nach dem Ertrag der vorangegangenen Arbeitsschritte, so dass die einzelnen Teile aufeinander basieren und im Verlauf stets mitreflektiert werden. Um Vorbereitungslogik und Darstellungslogik miteinander zu verbinden, bietet sich folgendes Vorgehen an. Man folgt der inhaltlichen Gliederung und arbeitet diese Schritt für Schritt ab. Die Überlegungen, Thesen, Entscheidungen und Literaturrecherchen werden stichwortartig skizziert und so abgelegt, dass man später mühelos auf sie zurückgreifen kann. Schließlich schreibt man die

Predigt bzw. entwirft die Stunde. Vom Endprodukt aus beginnt man wieder von vorne und schreibt die einzelnen Teile nacheinander nieder. Denn erst jetzt weiß man, wohin die Arbeitsschritte geführt haben. Die Skizzen, die man zuvor angelegt hat, werden entsprechend ausformuliert. Nur das, was sich als wichtig erwiesen hat, wird festgehalten. Beim Schreiben wird ein roter Faden gesponnen, der konsequent zur Predigt bzw. zur Unterrichtsstunde führt. Der Gedankengang sollte an keiner Stelle Lücken aufweisen. Dazu kann es hilfreich sein, immer wieder an Schaltstellen, insbesondere im Übergang von der Exegese zu systematisch-theologischen Überlegungen, kurz den Ertrag der bisherigen Arbeit zu bündeln. Legen Sie besonderen Wert darauf, maßgebliche Entscheidungen (exegetische Entscheidungen, theologische Position, Themenauswahl usw.) im Entstehungsprozess zu begründen.

Während man sich in einer exegetischen Arbeit auf die Auslegung eines Textes beschränkt, den man sich um so ausführlicher vornimmt, und in einer systematisch-theologischen Seminararbeit eine festumrissene Fragestellung detailliert traktiert, müssen exegetische und systematisch-theologische Arbeitsgänge in PA und UE integriert werden. Nicht ganz leicht ist es, das richtige Maß zu finden. Im Grunde muss man ebenso genau und sorgfältig arbeiten wie in den auf die entsprechenden Disziplinen begrenzten Seminararbeiten. In der Exegese kommt es zwar nicht auf jede These an – und sei sie auch noch so absurd. Dennoch können auch Einzelheiten für das Verständnis wichtig sein. Es empfiehlt sich daher, äußerst gründlich, aber mit dem konkreten Ziel Predigt/Stundenentwurf vor Augen, die methodischen Schritte zu bearbeiten. Beim Ausformulieren ist darauf zu achten, dass man möglichst konzentriert und komprimiert darstellt. Daran kann man zeigen, dass man Wesentliches von weniger Wichtigem zu unterscheiden vermag und Einzelheiten auch prägnant zusammenfassen kann.

Zur Predigtarbeit

Wie man eine Predigtarbeit aufbaut, ist jedem selbst überlassen. Diese Offenheit hat einen sachlichen Grund. Homiletische und methodische Entscheidungen fließen immer mit in den Aufbau der Arbeit ein. Mit den folgenden Gliederungsvorschlägen ist darum selbständig und kreativ umzugehen. Übernehmen Sie nicht einfach die Überschriften, sondern versuchen Sie selbständig und konkret mit Blick auf Ihre Arbeitsaufgabe zu titeln.[28]

Während relativ klar ist, was unter *Exegese* und *Predigt* zu verstehen ist, bringen der schillernde Begriff der *Meditation* bzw. die im Zwischenraum zwischen Exegese und Predigt erforderlichen Überlegungen erhebliche Undeutlichkeiten mit sich.

---

28 Geben Sie beispielsweise Ihren systematisch-theologischen Überlegungen im Anschluss an Lk 15,1–11 einen pointierten Untertitel, der auf die Ergebnisse Ihrer Exegese anspielt: „Umkehr bedeutet wiedergefunden zu werden".

Aufgabe 1

Lesen Sie Wilhelm Gräb, Wofür das Christentum heute steht. Überlegungen zum Stellenwert systematisch-theologischer Reflexion in der Predigtvorbereitung, in: PSt(S) II/1, 1991, 7–16. Beantworten Sie schriftlich die Fragen: 1. Was versteht Gräb unter systematisch-theologischer Reflexion? 2. Welche Funktion kommt ihr nach Gräb im Prozess der Predigtvorbereitung zu?

Es ist hilfreich, sich zunächst klar zu machen, dass eine Predigt aus vielfachen Vermittlungsleistungen zwischen polaren Bestimmungsfaktoren entsteht.[29] Gräb hält darum fest: „Die Predigtvorbereitung hat ihren Ort in einem Zwischenraum."[30] Das homiletische Verfahren ist vor allem ein In-Beziehung-Setzen von unterschiedlichen Faktoren. Gerade darum stellt sich Predigtarbeit nicht einfach linear dar. Text und Hörer und Prediger ergeben vielmehr ein interdependentes Bedingungsfeld. Der leitende Predigtgedanke beruht vor allem auf der Vermittlung. Er ist nicht einfach durch einen der Faktoren, den Text oder die Situation oder auch die Person des Predigers vorgegeben. Die Zwischenüberlegungen zwischen Exegese und Predigt reflektieren daher kritisch das Zustandekommen der Predigt. Dies geschieht in einem Schritt, der den konkreten Predigtgehalt in einen Zusammenhang stellt mit den „prinzipiellen, dem Wahrheitsbewußtsein der Gegenwart gegenüber verantwortbaren Gehalte[n] des Christentums".[31] Dies ist Aufgabe der systematisch-theologischen Reflexion. In einem weiteren Schritt werden die Inhalte konkreter im Blick auf eine Gemeindesituation (*Lage vor Ort*, gottesdienstlicher Kontext) bedacht. Der Predigtgestaltung kommt besondere Aufmerksamkeit zu. Man kann diese Einzelüberlegungen übergreifend als homiletische Überlegungen beschreiben.

Es ergibt sich grob folgender Gliederungsvorschlag, der unten im Einzelnen noch näher strukturiert wird: 1. Exegese, 2. Systematisch-theologische Reflexion, 3. Homiletische Überlegungen, 4. Predigt.

1. Exegese

Die historisch-kritische Arbeit am Text wird ergebnisorientiert dargestellt. In erster Linie müssen begründete Entscheidungen für ein verantwortetes Verständnis des Textes getroffen werden. Fragen Sie sich selbst, ob sie den Text verstanden haben. Versuchen Sie, Intention und Hauptaussagen mit eigenen Worten wiederzugeben. Versuchen Sie das besondere rhetorische Profil Ihres Predigttextes zu entdecken.

2. Systematisch-theologische Überlegungen

Die wesentlichen Aussagen des Predigttextes sind nun systematisch-theologisch zu durchdenken. Zu beachten bleibt, dass es (auch) hier vor allem darum geht, selbst

---

29 Wilhelm Gräb, a.a.O. (Aufgabe 1), 9 im Anschluss an Dietrich Rössler.

30 Ebd.

31 A.a.O., 13.

theologische Fragen und Probleme zu klären. Daher sind vor allem Argumente zu diskutieren und Entscheidungen zu begründen. Wenig ergiebig ist es, sich nur einem ‚großen' Namen anzuschließen oder lediglich aus einer Dogmatik zu referieren.

3. Homiletische Überlegungen

Der Aussagegehalt der Predigt wird weiter reflektiert und zwar zunächst im Blick auf eine öffentliche Rede im Gottesdienst. *Überlegungen zur Gemeinde* stellen mehr dar, als bloß eine reine Beschreibung der Gemeinde. Vielmehr ist der prinzipielle Predigtgehalt im Hinblick auf eine Gemeinde zu konkretisieren. *Überlegungen zur Person des Predigers bzw. der Predigerin* sind hilfreich, um das eigene Verhältnis zur konkreten Predigtaufgabe zu bedenken. *Der gottesdienstliche Zusammenhang* ist nicht zu übergehen, weil die Predigt kein isolierbarer Teil des Gottesdienstes ist. Stellen Sie darum Bezüge dar zwischen Predigttext und weiteren Lesungen (Evangelium und Epistel), Gebeten usw. *Ziel, Inhalt und Aufbau* der Predigt betreffen die konkrete Gestaltungsfrage. Wie wird die Predigt aufgebaut, welche Beispiele, Bilder, sprachliche Figuren wurden aus welchen Gründen ausgewählt, welche Funktion haben die einzelnen Teile?

4. Predigt

Die Predigt ist sorgfältig gestaltete religiöse Rede. Das heißt: Predigt ist z. B. kein Referat im exegetischen Seminar und kein Vortrag im Rahmen von Erwachsenenbildung. Achten Sie auf Klarheit und Verständlichkeit!

Zum Unterrichtsentwurf

Ein UE wird in jedem Fall die Darstellung der Unterrichtsstunde enthalten müssen. Diese steht sinnvollerweise am Ende, da sie aus den Vorüberlegungen hervorgeht. In der Vorbereitung geht es darum, die Stunde möglichst konkret zu planen.

Was will ich unterrichten? Welche Ziele habe ich? Wie kann ich meine Ziele umsetzen? Methoden sind auszuwählen, die sowohl dem Thema als auch der konkreten Gruppe angemessen sind. Womit werde ich beginnen? Womit schließe ich? Wie gelingt es mir, Spannung zu erzeugen und die Gruppe aktiv einzubeziehen in den Lernprozess? Welche Impulse gebe ich, welches Verhalten erwarte ich? Welche Unterrichtsmaterialien und Medien benutze ich? Wieviel Zeit brauche ich jeweils für einzelne Impulse und Phasen? Schließlich entwerfe ich meine Stunde, d. h. ich lege den Aufbau begründet dar. Ich systematisiere also meine vorangegangenen Überlegungen im Hinblick auf die Struktur meiner Stunde. Abschließend trage ich meinen Stundenentwurf in eine übersichtliche Skizze ein, um in der Stunde selbst nicht den Überblick zu verlieren.

Aufgabe 2

Lesen Sie: Rainer Lachmann, Wege der Unterrichtsvorbereitung, in: Gottfried Adam/Rainer Lachmann, Religionspädagogisches Kompendium, Göttingen [5]1997, 222–241.

Es ist Ihnen völlig freigestellt, wie Sie Ihre Arbeit gliedern wollen. Sie sollten jedoch in jedem Fall abschließend überprüfen, ob Sie alle wichtigen Punkte tatsächlich berücksichtigt haben.

Ein Spezialgebiet vorbereiten

Ein Spezialgebiet, das man sich – etwa zu Prüfungszwecken – erarbeitet, sollte nach Möglichkeit auf einem breiteren Grundwissen zum weiteren Thema aufruhen. Das heißt, man sollte den Zusammenhang kennen, in dem das Thema steht. Das verhilft nicht nur zur deutlicheren Wahrnehmung der mit dem Thema zusammenhängenden Problemkonstellation, sondern verhindert auch, dass man völlig den Boden unter den Füßen verliert, wenn ein Prüfer einmal *drumherum* fragt oder einen unerwarteten Einstieg wählt. Schwierig ist die Frage, wie man Spezialwissen von Grundwissen unterscheidet und welche Themen sich als Spezialgebiete für das Erste oder Zweite Examen eignen. Prinzipiell – aber leider auch etwas unpräzise – lässt sich sagen, dass ein Spezialthema einerseits möglichst klar abgegrenzt und thematisch zugespitzt sein sollte, andererseits aber auch nicht zu speziell sein darf. Eigentlich alle unter II. Entfaltungen genannten Themen sind als Spezialthemen unserer Meinung nach geeignet. Wir wollen Ihnen mit diesem Hinweis nicht genau diese Themen empfehlen, sondern nur Beispiele dafür geben, wie Spezialgebiete thematisch umrissen sein können. Unserer Erfahrung nach wird die Chance, auf die Prüfung durch die Angabe eines Spezialgebietes Einfluss zu nehmen, häufig dadurch vertan, dass das Spezialgebiet zu weit gefasst wird. „Seelsorge" oder „Homiletik" sind nun wahrlich keine Themen, sondern Teildisziplinen. Wenn Sie jedoch „Das Verhältnis von Seelsorge und Psychologie" oder „Rhetorik als Thema der Homiletik" wählen, dann haben Sie zwar immer noch ein komplexes Thema vor sich, aber zum einen müssen Sie sich immerhin nur einem Ausschnitt aus einer Disziplin widmen und zum anderen impliziert Ihr Spezialgebiet ein Problem, das die Themenbearbeitung strukturiert und damit erleichtert. Wenn Sie Ihren Prüfer schon kennen, stellen Sie ihm in der Sprechstunde Ihr Thema vor und fragen Sie ihn, welche Literatur er für unverzichtbar hält. Wenn Ihnen Ihr Prüfer noch nicht genannt wurde, sprechen Sie mit einem Praktischen Theologen vor Ort. Er oder sie kann Ihnen sicher sagen, ob ein Thema als Spezialgebiet geeignet ist und welche Literatur wichtig ist.

Wenn Sie ein Spezialthema suchen, das Sie zu Prüfungszwecken angeben müssen, dann überlegen Sie zunächst, auf welche bisherigen Studienerträge Sie zu diesem Zweck zurückgreifen können. Haben Sie bereits ein Referat gehalten zu einem geeigneten Thema? Haben Sie an einer Übung teilgenommen, deren Gesamtthemenstellung sich auf ein überschaubareres Einzelthema reduzieren lässt? Gibt es ein Thema, das Sie sehr interessiert und dem Sie sich schon immer gerne näher widmen wollten? Aus arbeitsökonomischen, aber auch psychologischen Gründen ist es günstig, wenn das Spezialgebiet aus dem Studium herauswächst. Studium und Examenvorbereitung fallen dann nicht unvermittelt auseinander. Man fängt nicht beinahe bei Null an und fühlt sich gestärkt durch den Gedanken an das, was man doch schon alles mal gemacht hat, auch wenn man es noch nicht prüfungsgerecht aufgearbeitet hat und zu präsentieren in der Lage ist.

Wenn Sie ein Thema gefunden und formuliert haben, wählen Sie die Literatur dazu aus. Gehen Sie ganz ähnlich vor, wie wenn Sie eine Seminararbeit schreiben. Orientieren Sie sich über Grundlegendes durch Überblicksdarstellungen und vertiefen Sie dann das Thema durch Quellenstudium. Typische Vertreter einer bestimmten Position werden ausgewählt und ihre Hauptwerke studiert. Lesen Sie nicht einfach alles, was irgendwie mit Ihrem Thema zu tun hat, sondern gehen Sie systematisch vor. Lehrbücher oder das Gespräch mit einem Dozenten geben Aufschluss darüber, welche Positionen wichtig sind. Wählen Sie aus, welche Titel Sie zur Kenntnis nehmen wollen. Greifen Sie dann aber auch wirklich auf die Autoren selbst zurück und begnügen Sie sich nicht mit Referaten von anderen.

Manche Studierende sind mit der Lektüre bis wenige Tage vor Ihrer mündlichen Prüfung beschäftigt. Wenn Sie noch die Möglichkeit haben, dies zu vermeiden, dann tun Sie es. Bei der bloßen Lektüre sollte man nicht einfach stehenbleiben; auch mehr oder weniger ausführliche Exzerpte allein verhelfen noch nicht zur rechten Prüfungsform.[32] Bereiten Sie daher Ihr Thema auf. Der Aufbau der Einheiten aus dem Zweiten Teil dieses Buches („Entfaltung") kann dazu einleiten. Wenn Sie alles gelesen haben, was Sie sich vorgenommen haben, dann bereiten Sie zunächst schriftlich, später mündlich einen kleinen Vortrag vor, der etwa so aufgebaut werden kann:

1. Problemskizze

Charakterisieren Sie zunächst Ihr Thema. Welches Problem verbirgt sich dahinter? Definieren Sie die entscheidenden Begriffe. In welchen fachlichen Zusammenhängen ist das Thema relevant? Welche Praxisfelder sind betroffen?

2. Positionen und Argumentationen

Stellen Sie erst in einem zweiten Schritt ausgewählte Positionen vor. Stellen Sie sachlich und nach Möglichkeit noch unkommentiert wichtige Vertreter dar. Die Darstel-

---

32 Zur Prüfungsform siehe zum Beispiel: Lutz Dietze, Mündlich: ausgezeichnet. Informationen, Tipps und Übungen für ein optimales Examen, Berlin 1999, darin vor allem Kapitel VII: Zur Technik des Kurzvortrags (Präsentation), 83–94. Ratgeberliteratur hat immer enge Grenzen. Dennoch verhilft die Lektüre zum Bewusstsein, dass Prüfungsvorbereitung insgesamt ein komplexeres Geschehen ist als bloßes Ansammeln von Stoff und hält eventuell den einen oder anderen hilfreichen Hinweis bereit.

lung sollte knapp und konzentriert sein. Dazu ist es notwendig, die Positionen auf den Punkt zu bringen. Versuchen Sie, die entscheidenden Thesen und Unterschiede mit wenigen Sätzen zu formulieren. Nennen Sie die wichtigsten Publikationen mit präzisem Titel und dem Erscheinungsjahr. Prägnante Formulierungen sollten zitiert werden.

3. Stellungnahme

Werten Sie die vorgetragenen Argumente aus. Was leuchtet Ihnen ein, gegen welche Position haben Sie Einwände? Es ist wichtig, dass Sie sich als selbständige Theologin ausweisen können, indem Sie nicht nur Positionen darstellen, sondern auch bewerten können. Dabei sollten Sie möglichst sachlich argumentieren und immer Gründe für Ihre Meinung benennen. Zeigen Sie, dass Sie gelernt haben zu differenzieren, indem Sie das Anliegen eines Autors durchaus wertschätzen, auch wenn Sie seinen Thesen beim besten Willen nicht folgen können.

Übernehmen Sie sich an dieser Stelle nicht. Es wird nicht von Ihnen gefordert, ein schwieriges praktisch-theologisches Problem für alle Zeiten zu lösen oder einen selbständigen Forschungsbeitrag zu liefern. Das sorgfältige Abwägen der vorgetragenen Argumente reicht aus. Nehmen Sie abschließend die eingangs skizzierte Problemstellung wieder auf und formulieren Sie den Ertrag Ihrer Überlegungen.

Diesen Vortrag, der bei der ersten Niederschrift etwa 7–8 Seiten umfassen kann, prägen Sie sich in den Wochen (!) vor der mündlichen Prüfung nach Möglichkeit täglich ein. Sprechen Sie laut vor sich und schreiben Sie skizzenartig immer wieder das Wesentliche auf. Ziel ist es, dass Sie schließlich anhand von einigen wenigen Stichworten den gesamten Vortrag rekonstruieren und mündlich präsentieren können. Dann sind Sie optimal vorbereitet. Rechnen Sie in jedem Fall damit, dass Sie wohl kaum die Gelegenheit haben werden, Ihr Thema ungestört vorzutragen. Gehen Sie unbedingt auf die Zwischenfragen des Prüfers ein, indem Sie Ihren Stoff auf diese beziehen und flexibel einbringen. Die Diskussionsfähigkeit geht sehr stark mit in die Bewertung ein.

Nach den meisten Prüfungsordnungen ist es vorgesehen, dass das Spezialgebiet nur einen Teil des Prüfungsgesprächs in Anspruch nimmt. Selbstverständlich kann es sein, dass Ihr Prüfer schon nach kurzer Zeit das Thema wechselt und dann auf etwas völlig anderes zu sprechen kommt. Häufig jedoch leiten die Prüfer von Ihrem Thema über, um Grundwissen auf anderen Gebieten zu prüfen. Überlegen Sie darum vorher, welche Brücken zu anderen Fächern und Themen naheliegen. Bieten Sie selbst, wenn Sie spüren, dass es jetzt auf unwegsameres Gelände geht, Themen an. Auf diese Weise können Sie Spuren legen, denen der Prüfer eventuell nachgeht. Auch wenn es nicht so läuft, wie Sie es sich vorgestellt haben, versuchen Sie das Beste aus der Prüfung zu machen und diese – soweit es Ihnen möglich ist – aktiv mit zu beeinflussen. Sie sind die Hauptperson, um die es geht. Versuchen Sie darum auch möglichst viel zu sagen, ohne selbst geschwätzig zu werden. „Es sollen auch die Examinatores im Examine nicht predigen, discutiren und ihre Gelehrsamkeit sehen lassen, sondern allein bei den Fragen bleiben."[33] Im normalen Leben ist es unhöflich, sein Gegenüber nicht ausreden zu lassen, in Prüfungen ist es jedoch manchmal angebracht, wenn Ihr Prüfer der zitierten Königlichen Preußischen Empfehlung nicht folgt und stattdessen langatmig und weitschweifig seine eigenen Fragen selbst beantwortet, sich – freundlich, aber selbstbewusst – selbst wieder ins Gespräch zu bringen.

Klausuren schreiben

Auf Klausuren kann man sich zwar nicht so präzise vorbereiten, wie auf ein mündliches Spezialgebiet, aber es kann hilfreich sein, ein paar Dinge zu beachten. Versuchen Sie während der Vorbereitung nach Möglichkeit einen Überblick über Themen und Gegenstände der einzelnen praktisch-theologischen Teildisziplinen zu gewinnen. In den vorausgegangenen Kapiteln wurde immer wieder auf solche Einteilungen eingegangen. Das verhilft dazu, sich bei einem Klausurthema klar darüber zu werden, worum es eigentlich geht und welche angrenzenden Fragestellungen mit zu behandeln sind. Fixieren Sie sich nicht zu stark auf vermeintlich starre Disziplinengrenzen. Versuchen Sie auch Querverbindungen zwischen den Handlungsfeldern anzudeuten. Versuchen Sie unbedingt Positionen und bestimmte pointierte Ansätze zu kontextualisieren: Wer sagt wann, was, mit wem, gegen wen oder was? Diese Fragen verhelfen Ihnen dazu, einzelne Positionen in den Zusammenhang der zeitgenössischen Diskurse und des allgemeinen Lebensgefühls zu stellen. Das Paradigma der Kommunikation in der Homiletik und die Betonung des Gesprächs in der Seelsorgelehre gehen zwar auf namhaft zu machende Theologen zurück, aber dass sie zeitgleich zur Geltung gebracht wurden, hat sehr viel mit den Zeichen der Zeit und dem gesellschaftlichen Wandel zu tun. In der Einheit 2 wird versucht, darüber grob zu informieren.

Lesen Sie die Themenstellung genau! Nehmen Sie sich dafür bewusst Zeit und schreiben Sie nicht einfach auf ein Signalwort hin los. Eine gut gemachte Themenstellung bietet bereits Hinweise auf eine sinnvolle Gliederung.

Machen Sie sich eine Skizze und schreiben Sie die Klausur nicht einfach *runter*. Achten Sie zu Beginn auf eine problemorientierte Einführung, in der Sie die Themenstellung kurz entfalten. Versuchen Sie Ihre Klausur zu gliedern, auch wenn es nur 1., 2., 3., 4., 5. ist. Am Ende sollte eine Art Fazit stehen, in dem Sie sich nicht einfach nur wiederholen, aber noch einmal zugespitzt, möglichst mit einer pointier-

---

33 Aus § XIX der Königlichen Preußischen Verordnung wegen der studirenden Jugend auf Schulen und Universitäten wie auch der Candidatorum Ministerii von 1718. Als Anlage abgedruckt bei: Wilhelm Rahe, Verordnungen Friedrich Wilhelms I. von Preußen zur Reform der theologischen Ausbildung, in: Jahrbuch des Vereins für die Evangelische Kirchengeschichte Westfalens 62 (1969), 165–183: 180.

ten Formulierung Ihre wesentlichen Ergebnisse auf den Punkt bringen. Üben Sie das Schreiben einer Klausur, damit Sie einen Erfahrungswert im Blick auf den Zeitfaktor haben.

Sollten die Prüfungen – gegen alle Wahrscheinlichkeit – nicht so gelingen, wie Sie es sich vorgestellt haben, dann halten Sie sich mit der Nachlese nicht zu lange auf. Denn das Erste bzw. Zweite Theologische Examen ist ja doch erst der Beginn eines lebenslangen Studiums der Praktischen Theologie.

23. Praktische Theologie zwischen Studium und Beruf

Praktische Theologie studieren

Vermutlich werden Sie Praktische Theologie hauptsächlich so studieren, dass Sie sich in einzelne Disziplinen vertiefen. Jedes Fach hat sein Grundwissen und seine Methoden, die sie kennenlernen müssen. Versuchen Sie jedoch, die fächerübergreifende Perspektive nicht aus dem Blick zu verlieren. Bemühen Sie sich, Querverbindungen zwischen Homiletik und Religionspädagogik, Liturgik und Diakonik usw. aufzuspüren. Es gibt Überschneidungen und Parallelen zu entdecken, die nicht nur interessant sind, sondern darüber hinaus wichtige Merkhilfen bieten. So kann man sich beispielsweise klarmachen, was die sogenannte *empirische Wendung* in den 60er Jahren grundsätzlich bedeutet, woher die Bezeichnung kommt, welche Veröffentlichungen die Wendepunkte markieren und wie sich der Neuansatz in den einzelnen praktisch-theologischen Teildisziplinen jeweils ausgewirkt hat. Beschäftigen Sie sich, nach Möglichkeit im Rahmen einer Lehrveranstaltung oder in einer Gruppe oder auch allein, mit Fragen zur Grundlegung Praktischer Theologie: ihrer Entstehungsgeschichte, ihren Gegenständen und ihrer Aufgabenbestimmung. Dies gehört zum praktisch-theologischen Grundwissen und stärkt zugleich die fächerübergreifende Perspektive.

Das Studium planen

Wahrscheinlich haben Sie schon längst gemerkt, dass jeder Professor seine Disziplin für ganz besonders wichtig hält. Das kann man ihm auch kaum vorwerfen. Schließlich hat er sich einmal für sein Fach entschieden und beschäftigt sich seitdem kaum mit etwas anderem. Ihre Situation ist jedoch etwas anders. Sicher entdecken auch Sie gewisse Vorlieben und entwickeln Interessensschwerpunkte. Aber Sie müssen Ihr Studium so anlegen, dass Sie die Theologie in ihrer Breite kennenlernen und sich nicht zu früh spezialisieren. Nicht nur die Prüfungsanforderungen sind dafür ein durchschlagendes Argument, sondern auch die Tatsache, dass Sie zunächst einmal *Theologie* studieren und nicht Altes Testament oder Kirchengeschichte. Sinnvoll ist es daher, das Studium zu planen. Grundlage der Studienberatung ist in der Regel eine gewisse Enzyklopädie der Fächer. Dem Erlernen der Sprachen folgt das Quellenstudium: die Exegese des Alten und Neuen Testaments. Systematische Theologie und Kirchengeschichte treten hinzu. Häufig werden erst gegen Ende des Studiums homiletische und religionspädagogische Pro- und Hauptseminare besucht. Das ist zwar sinnvoll, weil die Fähigkeit zur Auslegung biblischer Texte und systematisch-theologischer Reflexion vorausgesetzt wird. Jedoch birgt dieser Studienaufbau das Problem, dass man erst relativ spät seine ersten praktisch-theologischen Erfahrungen sammelt. Die Absolvierung der Hauptseminare ist dann meist schon von ersten Examenvorbereitungen überschattet. Der Leistungsschein für die Predigtarbeit wird postwendend für die Anmeldung zum Examen verwendet. Es ist empfehlenswert, möglichst früh mit dem Studium der Praktischen Theologie zu beginnen, um sie nicht als eine Art Verlängerung der anderen Fächer in den Raum der Praxis hinein zu verstehen, sondern als eine Perspektive, die das gesamte Studium begleitet und unterfängt. Mit dieser Empfehlung ist ein Verständnis von Praktischer Theologie verbunden, das diese nicht bloß als *Anwendung* der in den anderen Disziplinen erworbenen Kenntnisse versteht. Theorie und Praxis sind vielmehr in wechselseitigem Kontakt zu halten. Das ist eine große Herausforderung, die jeden Theologen/jede Theologin über das Studium hinaus begleitet.

Praktische Theologie studienbegleitend

Im ersten Semester ist es wenig sinnvoll, ein homiletisches Proseminar zu besuchen. Gewisse Voraussetzungen sind erst zu erarbeiten. Aber es gibt andere Veranstaltungen, an denen man ohne Sprachen, ohne exegetische und systematisch-theologische Proseminare teilnehmen kann.

Aufgabe 1

Verschaffen Sie sich einen Eindruck von Lehrangeboten! Nehmen Sie dazu das Vorlesungsverzeichnis zur Hand. Informieren Sie sich anhand des Kommentars über Voraussetzungen, Ziele und Empfehlungen der Dozenten zum Studienzeitpunkt. Stellen Sie selbst eine Übersicht her, indem Sie die Lehrveranstaltungen nach Gattungen (Übungen, Proseminare, Hauptseminare, Vorlesungen, Sonstiges) gliedern. Welchen Teildisziplinen sind sie zuzuordnen? Gibt es Veranstaltungen, die Einzeldisziplinen übergreifen? Wann sind die Veranstaltungen im Studienverlauf zu positionieren?

Ihre Teilnahmemöglichkeiten hängen selbstverständlich immer vom Veranstaltungsangebot vor Ort ab; das kann von Fakultät zu Fakultät sehr unterschiedlich sein. Optimal wäre es, wenn eine Art Einführungsveranstaltung für das Grundstudium angeboten würde, in der man einen Überblick über die praktisch-theologischen Teildisziplinen und zur Methodenlehre bekommen könnte. Vielfach werden auch Veranstaltungen zur Religions- und Kirchentheorie angeboten. Religions- und Kirchentheorie bieten eine besondere Orientierung, weil sie die moderne Bedingungslage kirchlichen Handelns zwischen Individuum und Gesellschaft zum Gegenstand haben. Möglich sind aber auch Übungen, die ein ausgewähltes Thema aus einer klassischen Disziplin behandeln: eine themenbezogene homiletische oder religionspädagogische Übung, eine diakoniewissenschaftliche Veranstaltung, ein poimenischer Lektürekurs o. Ä. könnten bereits bis zur Zwischenprüfung absolviert werden. Wenn Sie unsicher sind, ob die Veranstaltung für Sie geeignet ist, sprechen Sie den Dozenten/die Dozentin daraufhin an.

Wenn Sie bereits im Grundstudium erste praktisch-theologische Erfahrungen sammeln, dann hat dies gleich mehrere Vorteile. 1. Ihr weiteres Studium wird ein wenig entlastet. Erfahrungsgemäß ist das Hauptstudium beladen mit Hauptseminararbeiten, Praktika, vorgezogenen Examensprüfungen und Hauptvorlesungen. Wenn Sie erst relativ spät in die klassischen, in der Regel verpflichtenden praktisch-theologischen Veranstaltungen (homiletische und religionspädagogische Seminare) einsteigen, dann werden Sie auch kaum weit über diese hinauskommen. Wenn Sie jedoch schon im Grundstudium etwas belegt haben, haben Sie von vornherein schon Grundlegendes und über die bloßen Pflichtveranstaltungen Hinausgehendes in diesem Fach kennengelernt. 2. Sie gewinnen schon relativ früh Einblicke in praktisch-theologisches Arbeiten. Praktische Theologie ist stets bezogen auf die Erfahrung gegenwärtiger Wirklichkeit. In jedem Fall legt sie das Augenmerk auf die Wahrnehmung, das Verstehen und die theologische Reflexion der Wirklichkeit. Praktische Theologie könnte man somit auch als eine Art Perspektive bezeichnen: die Berücksichtigung der Praxis in der Theologie. Das Studium der Praktischen Theologie kann zu einem reflektierten Umgang mit der Praxis verhelfen. Der quasi-intuitive Umgang mit religiöser Wirklichkeit („Ich habe es mal erlebt, dass . . ." oder „Bei einer Beerdigung sprach mich eine alte Frau an und sagte: . . .") wird überwunden zugunsten einer methodisch gesicherten und kommunikablen Wirklichkeitswahrnehmung. 3. Das Einüben der praktisch-theologischen Perspektive kann wiederum Konsequenzen für Ihr sonstiges Studium haben. Es verhilft zu Themen und Fragestellungen, die Exegese, Dogmatik und Kirchengeschichte prägen und vorantreiben können. Das Studium insgesamt wird mehrdimensional: Man steht nicht am Ende vor der Schwierigkeit, eine richtige Exegese in die Praxis hinein zu applizieren oder eine dogmatisch korrekte Sündenlehre anwenden zu lernen, sondern muss permanent versuchen, die einzelnen theologischen Disziplinen zu verbinden und zu integrieren.

Natürlich halten auch wir ‚unser' Fach für besonders wichtig und wünschen uns, dass Sie intensiv Praktische Theologie betreiben. Die Empfehlung, möglichst früh mit dem Studium der Praktischen Theologie zu beginnen, hat jedoch enzyklopädische Gründe und ist mit einem bestimmten Verständnis von Praktischer Theologie verbunden, das insbesondere zwei Missverständnisse abweisen möchte: Sich unter Berufung auf das Gewicht der Praxis einer wissenschaftlichen Kurzatmigkeit zu verschreiben, die jeden Versuch, ein gewisses theoretisches Niveau zu erreichen, mit der Frage: „Bringt das auch was für die Praxis?" von vornherein zum Scheitern verurteilt, und – ähnlich kurzschlüssig – sich der Praktischen Theologie im Studium völlig zu enthalten, um dann angesichts von Gemeinde, Schule oder sonstigen Praxisfeldern zu meinen, man habe „an der Uni" nichts Rechtes gelernt, was tatsächlich praxisrelevant werden könnte. Nehmen Sie uns den Zeigefinger an dieser Stelle nicht übel. Tatsächlich begegnen beide Irrwege allzu häufig.

Grundwissen erwerben

Schon im Verlauf des Studiums sollte man ein gewisses Grundwissen erwerben. Grundwissen ist Überblickswissen und deshalb entsprechend oberflächlicher als Spezialwissen. Dennoch legt Grundwissen auch den Grund für vertiefende Studien an der einen oder anderen Stelle und sollte darum fundiert und fundierend sein. Es empfiehlt sich zu diesem Zweck, Hauptvorlesungen zu hören. Je nach Angebot erhalten Sie hier einen Überblick über eine oder mehrere praktisch-theologische Disziplinen. Versuchen Sie semesterbegleitend, den Stoff der Vorlesung nachzubereiten, dem einen oder anderen Lektürehinweis nachzugehen und ihre Mitschriften so zu gestalten und abzulegen (!), dass Sie diese zu Wiederholungszwecken gut nutzen können. In Pro- und Hauptseminaren werden immer wieder ausgewählte Texte Grundlagen der Seminarsitzungen sein. Wenn Sie diese Texte – häufig handelt es sich um Klassiker – gründlich lesen und sich wesentliche Punkte dazu notieren, werden Sie einen gewissen Grundstock an Literatur aufbauen können. Lesen Sie über einzelne Aufsätze hinaus auch ganze Bücher. Beispielsweise kann man, während man homiletische Veranstaltungen besucht, semesterbegleitend ein homiletisches Lehrbuch studieren. Auf diese Weise hat man mehr von den Veranstaltungen, kann das Gelesene besser verarbeiten und ist in der Examensvorbereitung von der Lektüre entlastet.

Der Praxisbezug der Praktischen Theologie

Über Tipps, die sich hoffentlich als hilfreich erweisen, hinausgehend, stellt sich noch einmal grundsätzlich die Frage nach dem Selbstverständnis der Praktischen Theologie und ihrer institutionellen Verortung. Dabei ist die Frage nach dem Praxisbezug der Praktischen Theologie so alt wie die Praktische Theologie überhaupt. Das ist grundsätzlich als Ausdruck eines allgemeinen wissenschaftlichen Problembewusstseins zu verstehen, das sich mit einem routinierten Lehr- und Forschungsbetrieb nicht zufrieden gibt, sondern sein Selbstverständnis als Wissenschaftsdisziplin stets neu bestimmt. Darüber hinaus aber ist die Frage nach Aufgabe, Sinn und Zweck der Praktischen Theologie in besonderer Weise auf Dauer gestellt. Denn anders als bei ihren theologischen Schwesterdisziplinen gewinnt sie durch ihren Gegenstand, die Praxis gelebter Religion, ein hochgradig dynamisches Moment, das sie, sofern sie sich diesem nicht verschließen will, in stetige Bewegung versetzt. Durch den engen Konnex zwischen Religion und Kultur in der Moderne ist die gelebte Religion in ihren vielfältigen phänomenalen Formen als Gegenstand wissenschaftlicher Erörterung nicht einfach vorgegeben, sondern allererst zu gewinnen.

Ihr Selbstverständnis als wissenschaftliche Praxisreflexion steht allerdings in Spannung zu ihrer faktischen Verortung im Studienverlauf. Im akademischen Studium rückt die Praktische Theologie erst verhältnismäßig spät im Hauptstudium und dann nicht selten nur im Rahmen homiletischer und religionspädagogischer Pro- und Hauptseminare in das Blickfeld der Studierenden. Examensvorbereitung und der Erstkontakt mit der Praktischen Theologie verlaufen vielfach zeitgleich.[34] Die dem Studienverlauf inhärente Logik legt nahe, dass die Praktische Theologie etwas sei, was sie nicht sein will und in ihrer Disziplinengeschichte vielfach zu überwinden suchte: eine anwendungsbezogene Pastoraltheologie,[35] eine Übersetzungshilfe der andernorts gewonnenen theologischen Einsichten auf der Basis von vorwissenschaftlichem Erfahrungswissen, ein Ensemble an formalisierten Ratschlägen und sogenannten Daumenregeln.

Während die akademische Praktische Theologie im Verlauf des Studiums eigentümlich an das Ende verlagert wird, so fällt sie im Kontext der zweiten Ausbildungsphase faktisch aus. Was auf den ersten Blick im Kontext der praktischen Vorbereitung auf das Pfarramt sinnvoll zu sein scheint, nämlich Studienleiter zu gewinnen, die in engem Kontakt mit der Praxis stehen bzw. standen, in der die Vikarinnen und Vikare ihre reflexionsbedürftigen Erfahrungen sammeln, lässt auf den zweiten Blick die Frage stellen, ob und inwieweit die Reflexionsprozesse im Predigerseminar tatsächlich durch die wissenschaftliche Praktische Theologie angeleitet und durchbildet werden. Damit ist keineswegs Kritik an den Dozenten im Predigerseminar formuliert. Die Problemanzeige betrifft vielmehr das Selbstverständnis der Institution Predigerseminar, die ja keine akademische Ausbildungsstätte sein will und ihrer personellen Besetzung nach auch nicht sein kann.[36]

Die wissenschaftliche Praktische Theologie gerät durch die Zweiphasigkeit der Ausbildung, wie sie sich gegenwärtig darstellt, ausbildungspraktisch *zwischen die Stühle* des akademischen Studiums und der pastoraltheologisch motivierten Reflexionsphasen des Predigerseminars. Kommt sie an der Universität *kaum* oder beinahe *noch nicht* vor, nicht zuletzt, weil die praktischen Erfahrungen, die reflektiert werden sollen, den Studierenden in der Regel noch nicht zugänglich sind, so hat sie im Predigerseminar *nicht mehr* den Ort, der ihrem fachlichen Selbstverständnis zugrunde liegt.

Die Forderung der Praxisbezogenheit theologischer Ausbildung

In jüngerer Zeit ist die Ausbildung erneut thematisiert geworden, und zwar auch über die permanente praktisch-theologische Krisenreflexion hinaus und diese intensivierend. Insbesondere zwei Tendenzen scheinen sich hier als besonders prägnant herauszukristallisieren.

1. Im Horizont der bildungspolitischen Großwetterlage um die Einführung neuer Studiengänge ergibt sich nicht nur das Erfordernis, alte Studienordnungen in neue Formen umzugießen, sondern vielmehr, den Aufbau und die Struktur des Studiums grundlegend zu reformieren, die das Selbstverständnis der beteiligten Wissenschafts-

---

34 Vgl. dazu Einheit 23.
35 Vgl. dazu Einheit 6.
36 Vgl. zum Problem auch Christoph Morgen-

thaler, Kirchen und Fakultäten – Orte theologischen Lernens, in: PTh 90 (2001) 338.

disziplinen erheblich tangieren. Ob und inwieweit diese Entwicklung auch die Pfarr-amtsstudiengänge erfassen wird, ist noch ungeklärt. Die angestrebte Modularisie-rung wird sicher nicht nur den vordergründigen Studienbetrieb erfassen, sondern die wissenschaftlichen Disziplinen in ihrem Selbstverständnis tangieren.

2. Keineswegs neu ist das Konfliktpotential, das sich durch die institutionelle Zweiteilung von staatlicher und kirchlicher Ausbildung ergibt. Von zwei Seiten her wird der ausbildungspraktische Zusammenhang von Universität und Predigersemi-nar mehr oder weniger ausdrücklich und offensiv in Frage gestellt. Zum einen von universitätspolitischer und gesellschaftsöffentlicher Seite aus, wenn die Wissen-schaftlichkeit der Theologie und das gesamtgesellschaftliche Interesse an einer mit öffentlichen Geldern finanzierten Ausbildung von Pfarrerinnen und Pfarrern ange-zweifelt werden. Zum anderen aber werden von Seiten der Kirche Anfragen an die akademische Ausbildung adressiert, die den Sinn des wissenschaftlichen Studiums für die Berufsausübung kritisch befragen. In diesem Zusammenhang ist zu beobach-ten, dass der von Eilert Herms geprägte Begriff der „theologischen Kompetenz", der ja gerade ein Integral zwischen allen (drei) Ausbildungsphasen darstellen sollte, ge-genwärtig durch weitere Kompetenzanzeigen ergänzt wird. So ordnet etwa Peter Bu-kowski dem Studium den Erwerb theologischer Kompetenz, dem Predigerseminar darüber hinaus „pastorale Handlungs- und Persönlichkeitskompetenz" zu. Volker Lehnert fordert missionarische Kompetenz. In diesen Ausgliederungsbestrebungen von Teilkompetenzen aus dem Integral der theologischen Kompetenz liegt ein Prob-lem.[37]

Gewiss ist das Studium in seiner gegenwärtigen Form nicht gegen jedwede Kritik zu immunisieren. Zu beobachten ist allerdings, dass die Anfragen präzise auf das wissenschaftliche Selbstverständnis des universitären Lehrens und Forschens zielen. Dieses besteht in der vorläufigen reflexiven Distanznahme von den konkreten An-forderungen beruflicher Praxis zugunsten einer wissenschaftlichen Bildung, die nicht nur in eine berufliche Praxis einzuüben, sondern das berufliche Handeln kri-tisch und konstruktiv zu orientieren vermag. Eine solchermaßen langfristig und grundlegend orientierte wissenschaftliche Bildung ist nur so zu gewinnen, dass die Wissenschaft ihre Entwicklung selbst bestimmt und sich von Nützlichkeitserwägun-gen zunächst frei zu machen versteht. Die Dringlichkeit darf jedoch keinesfalls dem wissenschaftlichen Niveau und der erforderlichen reflexiven Distanznahme entge-genlaufen. Im Gegenteil – gerade die vordergründige Strategisierung und Konzep-tualisierung von vorwissenschaftlichem Erfahrungswissen suspendiert von der ei-gentlich geforderten grundlegenden Situationsanalyse.

---

37 Peter Bukowski, Rückfragen an die akademi-sche theologische Ausbildung, in: PTh 89, 2000, 474–482: 474; Volker A. Lehnert, Zur Reform der theologischen Ausbildung, in: PTh 93, 2004, 134–151, 147f. Zum Kompetenzbegriff vgl. grundle-gend Eilert Herms, Was heißt „theologische Kompetenz"? (1978), in: Albrecht Beutel u. a. (Hg.), Homiletisches Lesebuch. Texte zur heuti-gen Predigtlehre, Tübingen 1986, 189–202.

Von Bedeutung kann eine historische Rückschau auf die Entstehungsbedingungen der Zweiphasigkeit der theologischen Ausbildung sein, weil diese Perspektive eine gewisse Distanz einnimmt.[38]

Universität und Predigerseminar – und die Praktische Theologie

Nur skizzenhaft kann die Konstellation angesprochen werden, in der sich die Praktische Theologie als selbständige Disziplin um 1800 herausgebildet hat. Die moderne Universität, die Gründung des Predigerseminars Wittenberg als eine erste sich als praktische Ausbildungsstätte ausdrücklich selbst verstehende Institution und die Praktische Theologie als Wissenschaftsdisziplin in der von Schleiermacher präzisierten theologischen Enzyklopädie stehen durchaus in Beziehung zueinander.

1. Das Konzept der Bildung zur Selbstbildung, das sich mit der modernen Universitätsidee verbindet, ist gerade im Dienste der Wandelbarkeit und strukturellen Veränderlichkeit moderner Gesellschaften initiiert worden. Das Universitätsstudium sollte sich um seiner berufsbildenden Potentiale willen soweit von dem Ruf nach mehr Praxis distanzieren, dass sie nicht bestehende Praxen einübt, sich gleichwohl auf diese bezieht, aber so, dass ein kritisches und konstruktives Reflexionsniveau angestrebt ist.

2. Nicht nur der Gewinn, den das theologische Studium für den Pfarrberuf bereithält, sondern auch der Sinn des Ausbildungsgangs als Ganzem hängt daran, dass die Arbeit im Predigerseminar das akademische Ausbildungsniveau nicht unterschreitet. Das Predigerseminar als kirchliche Ausbildungsstätte mit seinen spezifischen Gemeinschaftsformen steht in der Gefahr, die Selbstständigkeit und Selbsttätigkeit der Kandidaten zum einen einzuschränken und zum anderen die wissenschaftliche Theologie nicht wirklich institutionalisieren zu können.

3. Die Entstehung des modernen Predigerseminars ist verbunden mit der Entdeckung der religiösen Praxis in ihrer Verwobenheit in die Kultur als Kristallisationskern theologischen Denkens. Das Verständnis der Theologie als einer positiven Wissenschaft, der ihr Gegenstand, den sie kritisch und konstruktiv zu orientieren sucht, voraus liegt, steht in enger Beziehung zur Fokussierung kirchlicher Berufspraxis auf die Religion, die sich stets phänomenal vielgestaltig darstellt. Mit der Forderung nach Popularität tritt die Notwendigkeit der Befähigung zu überzeugungskräftiger, an den lebensweltlichen Bedürfnissen orientierter Berufspraxis prägnant hervor, die sich als die Hauptaufgabe praktischer Bildung artikuliert. Die Notwendigkeit zu ei-

---

38 Vgl. dazu ausführlich: Birgit Weyel, Professionalisierung und praktisch-theologische Bildung. Das Predigerseminar Wittenberg und die Umformung der Kandidatenzeit zu einer praktischen Ausbildungsphase evangelischer Pfarrer in Preußen, Tübingen 2006. Die in dieser Einheit vorgenommene Skizze lässt sich ausführlicher nachle-

sen: „Durch praktische Bildung der wissenschaftlichen Bildung die Krone aufsetzen". Überlegungen zum Verhältnis von theologischem Studium, Praktischer Theologie und Predigerseminar in historischer Perspektive, in: Georg Kretschmar/ Uta Pohl-Patalong (Hg.), Kirche Macht Öffentlichkeit (VWGTh), Gütersloh 2006, 181–194.

ner populären, adressatenbezogenen praktischen Ausbildung ist damit jedoch zugleich hineingestellt in die Nachfrage nach den Erscheinungsformen des Religiösen in der Moderne.[39]

Die Funktion der Praktischen Theologie als Organisationszentrum praktischer Ausbildung lässt sich daher so auffächern, dass sie die Popularität der Berufspraxis auf wissenschaftlichem Niveau zu organisieren und damit tatsächlich eine Praxis*reflexion* anzuleiten versteht, dass sie zugleich die praktischen Fragen der Berufspraxis mit der Theologie in einem wechselseitigen Zusammenhang hält und damit das sich verdichtende Erfahrungswissen an die berufskonstruktiven Anteile der Pastoraltheologie rückzubinden versteht. Als in diesen vielfältigen Bezügen stehende Wissenschaftsdisziplin wäre die Praktische Theologie das das wissenschaftliche Studium und die praktische Ausbildung verbindende Moment und das Predigerseminar neben dem wissenschaftlichen Theologiestudium ein hervorragender Ort, Praktische Theologie in diesem Sinne weiter zu treiben, dass der wissenschaftlichen Bildung sowohl im Studium als auch im Predigerseminar und darüber hinaus in der Fort- und Weiterbildung des Pfarramts tatsächlich die Krone aufgesetzt würde.[40]

---

39 Vgl. dazu die Einheit 3.
40 Vgl. zu dieser berühmten, von Schleiermacher geprägten Metapher die Einheit 1.

24. Praktische Theologie im internationalen Kontext

It is important to realize what choices one makes and to justify these from the perspective of the various disciplines theology, philosophy, and the social sciences. In any discussion of hermeneutics the language factor, as well as culture and history, requires considerable attention.
Gerben Heitink[41]

Di fronte alla rapida evoluzione delle scienze umane e alle sfide che esse hanno alla teologia, la teologia pratica ha fornito sostanzialmente due tipi di risposta: a) essa ha organizzato una difesa ad oltranza, una resistenza massiccia, come il paese invaso dal nemico. [...] b) inversamente, essa ha considerato il nemico amico, si è sentita liberata da un discorso teologico prigioniero delle sue stesse contraddizioni e vittima del suo isolamento.
Ermanno Genre[42]

On nous dit que le prochain siècle sera religieux (ou spirituel) ou ne sera pas. Mais s'il doit être, il ne fait pas de doute que la place faite, de façon délibérée ou sous la contrainte des événements, aux laïcs dans l'Eglise sera bien plus considerable que maintenant. [...] Et alors la question de la formation théologique et pratique se posera de manière très brûlante, non seulement pour les clercs ou pasteurs, mais pour tout croyant.
Bernard Kaempf[43]

Obwohl sich in Polen die Verweltlichung des Lebens nicht so durchsetzte wie in manchen Ländern Europas, weisen die Ergebnisse der soziologischen Erhebungen auf eine Selektivität des Glaubens hin. Die Polen werden der traditionellen Kirche gegenüber immer kritischer und zurückhaltender. Ihr Glauben wird selektiver, privatisierter und individualistischer. Viele von ihnen, vor allem die Jugendlichen, die ihr Leben bewusst in der neuen gesellschaftlichen Situation gestalten, verhalten sich jetzt in mehreren Lebensbereichen wie Kunden und versuchen, Religion merkantil zu verstehen.

Boguslaw Milerski[44]

---

41 Gerben Heitink, Practical Theology. History – Theory – Action Domains. Manual for Practical Theology, Grand Rapids/Cambridge (UK) 1999, 200.
42 Ermano Genre, Nuovi itinerari di teologia pratica, Turin 1991, 61.
43 Bernard Kaempf, Histoire de la théologie pratique, in: Ders., Introduction à la théologie pratique, Straßburg 1997, 13–32: 30.

44 Boguslaw Milerski, Religionspädagogik in Polen. Versuch einer Zwischenbilanz, in: Michael Meyer-Blanck (Hg.), Reden von Gott in der Mitte Europas. Evangelische Theologie im Kontext Bonn – Prag – Warschau, Rheinbach 2004, 145–160: 158f.

A. Grundsätzliches

Auf den ersten Blick mag es so erscheinen, als sei der internationale Kontext in der PT nicht weiter zu berücksichtigen. Denn gerade die Stärke dieses Faches, die aktuelle und konkrete Lebenssituation der Menschen als einen „Text" neben den überlieferten Texten der Tradition genau zu beachten, spricht dagegen. Der Text der gelebten Religion ist zeit- und ortspezifisch. Die Exegeten und Historiker, ja auch die Systematiker haben es leichter, ihre Forschungen international aufeinander zu beziehen. Denn auch wenn die hermeneutischen Grundlagen unterschiedlich sind, so sind doch die zu untersuchenden Texte von Paulus, Luther, Calvin und Barth dieselben. Anders hingegen sind die Ausgangspunkte, die wir schon mehrfach in diesem Buch thematisiert haben: Verschieden ist die Situation des Religionsunterrichts und des Staatskirchenrechts in Deutschland, Frankreich, England und der Schweiz, von den pluralen Formen kirchlicher Gemeinschaft in den USA ganz zu schweigen; aber auch die verschiedene Mentalität einer deutschen, einer französischen oder einer italienischen Gemeinde scheinen ganz andere Voraussetzungen für die Wahrnehmung gelebter Religion und für die Mitteilung und Darstellung des Evangeliums mit sich zu bringen.

Und doch gibt es zwei Gründe für eine internationale Betrachtung. Zum einen haben die verschiedenen evangelischen Traditionen eben doch vergleichbare Kulturen geschaffen – evangelische Gottesdienste in Italien, Frankreich und Deutschland haben sehr viel mehr Gemeinsames als umgekehrt evangelische und katholische Gottesdienste in einem der jeweiligen Länder. Und zweitens gleichen sich die internationalen Kulturen im Zuge der Öffnung der Märkte, der Mediennutzung und der Mobilität (allgemein als „Globalisierung" beschrieben) immer weiter an. Das Vordringen der englischen Sprache ist dafür ein deutlicher Indikator: Diese war (mit zunehmender Tendenz) 1993 für 320 Millionen Menschen Muttersprache und wurde von 1,6 Milliarden Menschen als Amtssprache verwendet, worauf Eberhard Hauschildt schon 1994 hinwies.

Aufgabe 1

Lesen Sie von Hauschildt den Aufsatz: Die Globalisierung und Regionalisierung der Praktischen Theologie. Beschreibung und Plädoyer, in: PT 29 (1994), 175–193. Wie hängen Globalisierung und Regionalisierung zusammen? Was folgt daraus für die praktisch-theologische Theoriebildung und für deren Studium? Wie beurteilen Sie selbst die Bedeutung der verschiedenen Sprachen für die theologische Theoriebildung?

B. Sprachen, Regionen, Diskussionen

Wenn wir noch einmal auf die vier Zitate im Eingang dieser Einheit zurückkommen, dann zeigen diese, dass die wirtschaftliche und kulturelle Globalisierung tatsächlich auf ähnliche Grundfragestellungen führt. Nach der Öffnung der Theologie für die Human- und Sozialwissenschaften ist für die Niederlande (bzw. für die USA und England) wie für Italien die Frage der Zuordnung der Wissenschaften dieselbe: Dominiert die Theologie, wird sie überlagert von den Sozialwissenschaften oder gibt es ein Modell spannungsvoller Komplementarität? Das zeigen die beiden ersten Zitate. Bei dieser Frage kann man im Anschluss an Klaus Wegenast ein Autarkie-, Dominanz-, Exodus- und Konvergenzmodell unterscheiden; besser spricht man im Hinblick auf das Angemessene allerdings vom „Komplementaritätsmodell", weil dieser Begriff die kategoriale Verschiedenheit und gleichzeitige Verwiesenheit von theologischer und humanwissenschaftlicher Betrachtungsweise zum Ausdruck bringt.[45]

Das dritte Zitat aus Frankreich zeigt, dass die für die evangelische Kirche so wichtige Verantwortung der Laien in den verschiedenen Ländern doch ähnliche Aufgaben stellt: Spiritualität und theologische Bildung können zumal in Zeiten knapper werdender Ressourcen nicht nur von den Berufstheologen her gedacht und bei ihnen gefördert werden. Das letzte Zitat schließlich verdeutlicht das Zusammenwachsen Europas in Ost und West: Jugendliche in Polen und in Deutschland leben unter sehr verschiedenen Bedingungen, aber der Rahmen für die eigene religiöse Bildung nähert sich immer mehr an.

Von Bedeutung sind auch die unterschiedlichen wissenschaftsorganisatorischen Bedingungen. Längst nicht überall wird das Fach PT an universitären Fakultäten gelehrt wie in Deutschland, Österreich und der Schweiz. So ist in Großbritannien die schottische Situation mit der engen Verbindung zur presbyterianischen Kirche (und den auf das Pfarramt vorbereitenden Abteilungen für Ethik und PT an den Fakultäten) von der Situation in England, Wales und Irland zu unterscheiden, wo die PT traditionell keine universitäre Disziplin ist, sondern zur seminaristischen Pfarramtsausbildung gehört. Im angelsächsischen Bereich gehören die Fächer Ethik und praktische Theologie in der Regel sehr viel enger zusammen.[46] In den USA handelte es sich bei der PT lange Zeit nicht um ein Gesamtfach mit theoretischem Anspruch, sondern eher um praktische, auf das Pfarramt vorbereitende Kurse als „clergyman's training".[47] Internationale Beachtung findet die Diskussion in den USA erst seit dem weit ausgreifenden Entwurf von Don Browning, der im Praxisvollzug und damit in der PT (einschließlich der Ethik) den Ausgangs- und Konvergenzpunkt der wissenschaftlichen Theologie überhaupt sieht.[48]

Ein gewisses Eigenleben führt die französischsprachige PT, weil diese auf einen relativ eng begrenzten Raum beschränkt ist. Dazu gehören Frankreich, die franzö-

---

45 So Godwin Lämmermann, Grundriss der Religionsdidaktik, Stuttgart 1991 (PthHe 1), 77–89 im Hinblick auf das Verhältnis von Theologie und Pädagogik. Wegenast und mit ihm Lämmermann hielt das Konvergenzmodell für das richtige.

46 Dazu s. meinen Beitrag: Die praktisch-theologische Großwetterlage: Diskurse, Bezüge, Forschungsrichtungen, in: Thomas Schlag/Thomas Klie/Ralph Kunz (Hg.), Ästhetik und Ethik. Die

öffentliche Bedeutung der Praktischen Theologie, Zürich 2007, 11–24, bes. 15–18.

47 Dazu vgl. Friedrich Schweitzer, Praktische Theologie in Nordamerika, in: Christian Grethlein/Michael Meyer-Blanck, Geschichte der Praktischen Theologie. Dargestellt anhand ihrer Klassiker, Leipzig 1999, 565–596: 567.

48 Don S. Browning, A Fundamental Practical Theology. Descriptive and Strategic Proposals, Minneapolis 1991.

sischsprachige Schweiz, Belgien und Quebec. Dabei spielen die drei Fakultäten in der Schweiz (Genf, Lausanne und Neuchatel) eine hervorgehobene Rolle, während in Frankreich selbst der Anteil der Protestanten an der Bevölkerung nur 1,5 Prozent beträgt (etwa 900.000 Mitglieder in 23 Kirchen mit insgesamt gut 1000 Pfarrstellen).[49] In den Niederlanden wurde die moderne PT als Handlungswissenschaft von Jacob Firet (1924–1994) begründet. Firet lehrte von 1968–1988 als erster Professor für PT an der Amsterdamer Freien Universität. Durch seinen Nachfolger G. Heitink (s. o. Anm. 41) ist dort gegenwärtig das empirische und handlungswissenschaftliche Paradigma prägend, und zwar in deutlicher Nähe zur katholischen PT. In Italien schließlich steht die kleine evangelische Waldenserfakultät in Rom als die einzige im ganzen Land den unzähligen katholischen Einrichtungen gegenüber (in Rom gibt es etwa 1.500 Stellen für katholische Theologieprofessoren).[50]

Neben der internationalen Wissenschaft PT gilt es aber auch auf die international verschiedene christliche Praxis selbst zu achten, die von der PT reflektiert wird. Das wird sofort deutlich anhand der völlig verschiedenen Predigtpraxis in weiten Teilen der US-amerikanischen evangelischen Kirchen, wie sie für die deutsche Rezeption in den letzten Jahren von Martin Nicol erschlossen wurde.[51] Erst recht die christliche Praxis außerhalb der „ersten" und „zweiten" Welt ist eine völlig andere. Der Blick darauf macht so die starke Orientierung der Seelsorge in Deutschland und in den USA an der Emotionalität und Subjektivität deutlich, wie sie sich in der bürgerlichen Epoche der letzten beiden Jahrhunderte als prägend erwiesen hat. Darum kann es hilfreich sein, sich mit der Seelsorge in Westafrika, Ostasien, Indien oder Lateinamerika zu befassen, wie diese jetzt durch Länderberichte zugänglich geworden ist.

Aufgabe 2

Lesen Sie einen der Länderberichte aus Afrika, Asien oder Lateinamerika in: Handbuch interkulturelle Seelsorge, hg. von Karl Federschmidt, Eberhard Hauschildt, Christoph Schneider-Harpprecht, Klaus Temme und Helmut Weiß, Neukirchen-Vluyn 2002, 167–238. Welche besonderen Stärken und welche Schwächen der deutschen Seelsorgepraxis und Seelsorgetheorie werden dabei deutlich? Greifen Sie für diese Fragestellung auf das in der 13. und 14. Einheit Erarbeitete zurück.

Trotz des in den einzelnen Disziplinen erarbeiteten Blickes in andere Kontexte (als nur in den eigenen nationalen) ist auch die Zahl der eigentlich kontextuell ver-

49 Dazu vgl. Bernard Reymond, Die Praktische Theologie im französischsprachigen Raum, in: Grethlein/Meyer-Blanck, Geschichte (s. o. Anm. 47), 597–624.
50 Den Lehrstuhl für PT an der Waldenserfakultät in Rom versieht Ermano Genre (s. o. Anm. 42), der auch durch Publikationen zur Liturgik hervorgetreten ist: Il culto cristiano. Una prospettiva protestante, Turin 2004 sowie: ders.,

Gesù ti invita a cena. L'eucaristia è ecumenica, Turin 2007.
51 Martin Nicol, Einander ins Bild setzen. Dramaturgische Homiletik, Göttingen 2002, bes. 21–27 sowie ders., In den Spuren von Alexandre Vinet. Neue Wege der französischsprachigen Homiletik, in: IJPT 2 (1998), 196–207; ders., Preaching as Performing Art. Ästhetische Homiletik in den USA, in: PTh 89 (2000), 435–453.

gleichenden Studien nicht groß. Eine hervorzuhebende Ausnahme bildet die Studie ebenfalls zur interkulturellen Seelsorge von Christoph Schneider-Harpprecht, die auf vielfache praktische und theoretische Erfahrungskontexte zurückgreifen konnte. Der in Deutschland ausgebildete Autor war nicht nur lange Zeit als Professor für PT in São Leopoldo in Brasilien tätig, sondern er hat dort auch eine kirchliche Beratungsstelle für Arme aufgebaut und gleichzeitig die eigenen Beratungsgespräche aufgenommen, transkribiert und ausgewertet. Daraus ergab sich dann schließlich ein „ökologisches Modell kulturell sensibler Seelsorge und Beratung" auch für Europa.[52]

In der Religionspädagogik gibt es schon länger international vergleichende Studien wie das enzyklopädische Werk von Manfred Kwiran über die amerikanische Religionspädagogik.[53] Eine internationale, aber auch konfessionsvergleichende Arbeit über die orthodoxe und evangelische Religionspädagogik hat Athanassios Stogiannidis vorgelegt.[54] Darin wird die Spannung zwischen einem Verständnis ontologischer Theosis auf der einen Seite und dem auf einer relationalen Anthropologie fußenden Bildungsverständnis auf der anderen Seite explizit benannt und diskutiert. Theologisch und anthropologisch grundlegend verschieden seien vor allem das Verständnis von Person, Glauben und Kirche (386–388), weil die Identitätssuche für die evangelische Religionspädagogik ein reflexiver Prozess sei, während sich das Existenzielle des Glaubens in der Orthodoxie auf die gesamte Natur des Menschen beziehe (388f). Die orthodoxe Religionspädagogik könne aus Deutschland die genaue empirische Forschung, die Methodik und die genaue denkerische Kategorisierung lernen (391f), während die evangelische Religionspädagogik die Notwendigkeit der Gestaltung für die Verkündigung aus der Orthodoxie lernen könne. Darüber hinaus solle die Realität der Gnade in der evangelischen Religionspädagogik ernster genommen werden, weil dies auch dem reformatorischen Verständnis entspreche (392f).

C.   Zur internationalen Organisation der praktisch-theologischen Arbeit

Die Internationalisierung der Diskussion ist an der Gründung des „International Journal of Practical Theology" („IJPT") 1997 zu erkennen. Im Editorial des ersten Heftes benannten Wilhelm Gräb und Richard Osmer das Programm des neuen Publikationsorgans folgendermaßen: „Die Praktische Theologie will nicht mehr als bloß technische Disziplin verstanden werden. Es soll in ihr nicht nur um Regeln der ge-

---

52 Christoph Schneider-Harpprecht, Interkulturelle Seelsorge, Göttingen 2001 (APT 40), 241–346.
53 Manfred Kwiran, Religionsunterricht in USA – ein Vergleich. Edukative und methodische Perspektiven amerikanischer Religionspädagogik – ein pragmatischer Ansatz, Frankfurt am Main/

Bern/New York 1987. Das Buch umfasst mehr als 500 Seiten und hat 1800 Literaturtitel verarbeitet.
54 Athanassios Stogiannidis, Leben und Denken. Bildungstheorien zwischen Theosis und Rechtfertigung, Münster 2003 (Symbol – Mythos – Medien 8).

genwartsbezogenen Anwendung biblischer Texte oder dogmatischer Grundsätze in der kirchlichen Praxis gehen. Ebenso wenig sieht sie ihre Aufgabe darin, Regeln zur Orientierung kirchlicher Praxis lediglich aus den entsprechenden Sozialwissenschaften, der Psychologie, Pädagogik oder Rhetorik zu übernehmen."[55]

Den beiden von E. Genre erwähnten Irrwegen – Abschottung gegen die Sozialwissenschaften oder Auslieferung der Theologie an diese (s. o. Anm. 42) – wird damit eine Absage erteilt. Die PT soll eine Verstehenslehre der gegenwärtigen religiösen Kultur sein, wie sie sich in verschiedenen Kontexten darstellt. Die Traditionen und Wissenschaften sowie die Sprachen als Verstehensvoraussetzungen müssen genau bedacht sein (vgl. oben das Zitat von G. Heitink, s. o. Anm. 41). Das IJPT wendet sich nicht nur an Theolog(inn)en, sondern auch an Sozial- und Kulturwissenschaftler, indem der engere Bereich der Orientierung pastoraler und kirchlicher Praxis überschritten werden soll.

Diese weite kulturwissenschaftliche Orientierung kann allerdings dann problematisch werden, wenn das konfessionelle Profil, wie es für die deutsche Theologie (inkl. der deutschen PT) aufgrund unserer staatskirchenrechtlichen Tradition charakteristisch ist, vergessen wird. Denn dann wäre es nicht mehr zu begründen, warum die Theorie gegenwärtiger Religion eigens an einer theologischen Fakultät repräsentiert sein soll – und nicht als Kulturwissenschaft (für das Gebiet der Religion) an einer kulturwissenschaftlichen Abteilung. Wenn auch die Unterscheidung zwischen Binnensicht der Religion (vonseiten der Theologie) und kulturwissenschaftlicher Außensicht (vonseiten der Religionswissenschaft) überholt ist, muss dennoch festgestellt werden: Die Vermittlungsformen zwischen der Binnen- und Außensicht sind unterschiedlich, auch wenn die texthermeneutischen und empirischen Verfahren dieselben sind. Die Theologie ist und bleibt eine „positive Wissenschaft", die auf den Selbstvollzug des individuellen, gesellschaftlichen und kirchlichen Christentums bezogen und an diesem interessiert ist, während die Religionswissenschaft auch normativ auf die kulturelle Praxis in ihrer Pluralität bezogen ist. Der praktisch-theologische Religionsbegriff kann damit nicht ausschließlich theologisch, aber auch nicht ausschließlich kulturwissenschaftlich oder organisationssoziologisch sein.

Das Spezifikum der PT ist es, dass sie nicht nur eine religiöse Kulturhermeneutik ist, sondern eine Hermeneutik der Kultur mit den Interpretationskategorien des evangelischen Christseins, das den Menschen als ein von sich selbst zu unterscheidendes Gegenüber Gottes betrachtet, als eine *persona*, die sich von der Personalität Gottes als Beziehung her entwirft. Dieses Verständnis von Person, endlicher Freiheit und Selbsttranszendenz im Glauben ist uns vom christlichen Gottesverständnis her erschlossen, wie es in der Relationalität Gottes als Trinitätslehre formuliert ist. Person, Beziehung und Selbst, Affirmation und Progression von Menschsein sowie Gesellschaft und Kultur haben von daher einen sehr spezifischen religiösen Rahmen – eben den evangelischen, rechtfertigungstheologischen. Gerade die internationale, in-

---

55 Wilhelm Gräb/Richard R. Osmer, Editorial,
in: IJPT 1 (1997), 6–10: 6.

terreligiöse und interkonfessionelle Orientierung erfordert damit eine praktisch-*theologische* Urteilssicherheit. Anders formuliert: Die praktisch-theologischen Grundsatzfragen werden durch die Beschäftigung mit der internationalen Diskussion noch einmal zugespitzt.

⌐ Aufgabe 3 _____

Sehen Sie die inzwischen erschienenen ersten zehn Jahrgänge (1997–2007) des IJPT durch und vergleichen Sie den Inhalt anhand der Überschriften mit einer der Zeitschriften „Pastoraltheologie" (Vandenhoeck & Ruprecht, Göttingen) oder „Praktische Theologie" (Gütersloher Verlagshaus). Benennen Sie mindestens drei Punkte, die dem IJPT seine spezifische und andere Ausrichtung geben.

Die wissenschaftliche Arbeit lebt aber nicht nur von Publikationen, sondern vor allem von Begegnungen. Ähnlich wie die Historiker und die Systematiker unter den Theologen haben sich auch die Praktischen Theologen gerade in den letzten Jahren international zusammengefunden. Im Anschluss an eine Tübinger Tagung konstituierte sich so 1990 die „International Academy of Practical Theology", 1993 wurde die „Societas Homiletica" gegründet und schon seit 1967 bestand die ökumenisch ausgerichtete „Societas Liturgica".

⌐ Arbeitsvorschlag für Gruppen _____

Informieren Sie sich anhand der im Internet zu findenden Angaben über die folgenden internationalen Zusammenschlüsse: International Academy of Practical Theology (IAPT), <http://www.ia-pt.org>; Societé Internationale de Théologie Pratique (S.I.T.P.), <http://www.sitp.org>; Societas Homiletica <http://www.societashomiletica.com>; Societas Liturgica (SL), <http://www.societas-liturgica.org>; Intereuropäische Kommission für Kirche und Schule (Intereuropean Commission on Church and School ICCS), <http://www.iccsweb.org>, Gesellschaft für interkulturelle Seelsorge und Beratung e.V. = Society for Intercultural Pastoral Care and Counseling (SIPCC), <http://www.sipcc.org>. Stellen Sie jeweils einen Zusammenschluss den anderen in der Gruppe vor und benennen Sie Gründe, auf deren Arbeit zurückzugreifen.

25. Eigene Forschungen in der Praktischen Theologie

A. Problemskizze: Praktische Theologie und Forschung

Die Praktische Theologie ist Theologie. Sie ist ein Teil von jener theoretischen Reflexion des evangelischen Glaubens, die im Wissenschaftssystem und damit im Rekurs auf andere Wissenschaften erfolgt und darum als Theologie im engeren Sinne bezeichnet wird (im Gegenüber zur Reflexion des Glaubens überhaupt als Theologie im weiteren Sinne). Die wissenschaftliche Theologie arbeitet mit philologischen und hermeneutischen Methoden; sie ist eine Lehre des Auslegens und Verstehens von Wirklichkeitsdeutungen, die sich in Texten und in anderen Quellen (Bildern, Zeichen und Gebäuden) niedergeschlagen haben. Die philologische und hermeneutische Methodik verbindet die Theologie mit anderen Geisteswissenschaften (bzw. Kulturwissenschaften) wie mit den sprachbezogenen Philologien, den politischen und gesellschaftsbezogenen und den auf die Kultur im engeren Sinne bezogenen Wissenschaften wie der Kunst- und Musikwissenschaft, Archäologie und Religionswissenschaft.

Das Besondere der konfessionellen Theologien ist es, dass diese von einem erkennbaren, sozial identifizierbaren Deutungshorizont her argumentieren – von der (evangelischen oder katholischen) Kirche her. Die Theologie ist zwar keine kirchliche, aber gleichwohl eine kirchenbezogene Kulturwissenschaft, weil sie von einer Hermeneutik des christlichen Selbst- und Weltverständnisses her fragt und ihre Kategorien in Bezug auf die Kirche entwickelt (während die außerhalb der Theologie betriebene Religionswissenschaft von einer allgemeinen Hermeneutik religiöser Praxis her fragt). Die mit dem Denken im kirchlichen Horizont selbst auferlegte Begrenzung erscheint zunächst als eine Schwäche, weil das wissenschaftliche Denken prinzipiell keine Begrenzungen duldet. Der Kirchenbezug wird hingegen zur Stärke, wenn er im Sinne der Offenlegung des eigenen Vorverständnisses erkennbar wird. Bedeutet Wissenschaftlichkeit die Nachprüfbarkeit der eigenen Forschungsergebnisse und Werturteile, dann ist diese Voraussetzung bei der Theologie in besonderer Weise gegeben. Gerade das Dogmatische macht die Theologie für die anderen Wissenschaften erkennbar (ähnliches gilt für die juristische Dogmatik).

Das Besondere der praktischen Disziplin der Theologie ist es, dass ihr „Text" die christliche Praxis selbst ist. Man kann auch die Ethik zu der „christlichen Praxis" hinzurechnen; so ist es in der angelsächsischen PT üblich (vgl. dazu die 24. Einheit dieses Buches). Rechnet man die Ethik hingegen wie in der deutschen Enzyklopädie zur Systematischen Theologie, dann muss man genauer formulieren: Der durch die PT zu erforschende „Text" christlicher Praxis ist die Mitteilung und Darstellung des

Glaubens und die PT ist Hermeneutik dieser Praxis. Die Untersuchungsgegenstände praktisch-theologischer Forschung sind – jedenfalls im Gegenüber zur Erforschung der biblischen, kirchenhistorischen systematischen Quellen – praktisch unbegrenzt. Dies gilt, insofern die PT menschliche Subjekte, „living human documents", als theologische Texte untersucht. Das in dieser Weise formulierte Prinzip geht auf den kongregationalistischen (und deutschstämmigen) Pfarrer Anton T. Boisen (1876–1965) zurück, der 1925 mit vier Theologiestudenten am Worcester State Hospital (in Worcester/Massachusetts) das erste „Clinical Pastoral Training" begann. Die Studenten sollten nicht nur schriftliche Quellen studieren, sondern auch die „lebenden menschlichen Dokumente".[56]

Bevorzugte Gegenstände der praktisch-theologischen Forschung sind darum auch heute die Mitteilungsformen des Glaubens in Gemeinde, Familie und Gesellschaft. Bei aller Kritik an der traditionellen Gliederung der PT von den pastoralen Arbeitsfeldern her (also in Homiletik und Liturgik, Religionspädagogik, Poimenik und Gemeindeleitung sowie Diakonik)[57] bleiben die dort stattfindenden Kommunikationen des Glaubens hervorgehobene Gegenstände praktisch-theologischer Forschung. Dabei kommt bis heute die empirische Forschung überhaupt und besonders die Erforschung der Kommunikation des Glaubens innerhalb der Familie zu kurz, jedenfalls im Vergleich zur Untersuchung von Gottesdienst, Seelsorge und Unterricht sowie zur Erforschung der gesellschaftlichen Rahmenbedingungen. Immer jedoch geht es nicht um eine schnelle Erfolgsoptimierung, sondern um ein verstehendes Verhältnis. Wie der Exeget nicht biblische Texte naiv auf die Wirklichkeit appliziert, sondern seine eigenen Deutungsmuster und die Deutungsmuster antiker Texte in einen fruchtbaren „relativen Gegensatz" bringt, um die Texte und mit ihnen letztlich das Verstehen selbst zu verstehen. So verhält es sich analog auch mit der praktisch-theologischen Forschung. Diese dient den Praxisvollzügen gerade dadurch, dass sie Hermeneutik christlicher Praxis ist. Von daher ist kürzlich mit Recht der Bildungsgedanke als Leitidee nicht nur der Religionspädagogik, sondern der praktisch-theologischen Theorie und Praxis überhaupt geltend gemacht worden.[58] Die praktisch-theologische Arbeit hilft damit nur teilweise beim Erwerb von humanwissenschaftlichen Kenntnissen, um die eigene Kommunikationsfähigkeit in Gespräch, Gottesdienst und Unterricht zu verbessern. Größtenteils geht es um ein gebildetes Verste-

---

56 Zu Anton Boisen vgl. Dietrich Stollberg, Therapeutische Seelsorge. Die amerikanische Seelsorgebewegung. Darstellung und Kritik, München ³1972 [1969], 163–191.

57 Zu der Kritik vgl. vor allem Gert Otto, Grundlegung der Praktischen Theologie, Bd. 1, München 1986, der die „sektorale Gliederung" der PT aufgegeben wissen will. Entsprechend entscheidet sich Otto, die PT nach „Handlungsfeldern" und „Reflexionsperspektiven" zu gliedern anstatt nach pastoralen Tätigkeiten (13–80). Der Vorschlag ist aber kaum überzeugend. Denn zum

einen kehren die Disziplinen bei Otto unter anderem Namen wieder („Lernen 1 und 2", „Helfen 1 und 2", „Verständigen", „Reden und Schreiben" etc., so in Bd. 2, München 1986); zum anderen arbeiten die Leser praktisch-theologischer Bücher in der Mehrzahl in theologischen Berufen und schließlich brauchen die Arbeitsfelder eine je eigene und gute Theorie und haben dazu bereits ihre jeweils spezifische Wissenschaftstradition hervorgebracht.

58 Christian Albrecht, Bildung in der Praktischen Theologie, Tübingen 2003.

hen, und zwar anhand von bekannten und anhand von eigenständig zu erforschenden Mitteilungen und Darstellungen des evangelischen Glaubens. Gerade die selbst entdeckten und interpretierten Texte entfalten nach bekannten lernpsychologischen Einsichten einen hohen Bildungsgrad. Darum hat das forschende Lernen für jeden zukünftigen Praktiker eine wichtige Bedeutung.

B. Forschungsgebiete und Forschungsansätze

Verfasst man eine praktisch-theologische Abhandlung, die man nicht nur als Referat, sondern als eigenständigen Forschungsbeitrag versteht, dann gibt es drei verschiedene Arten, die man kurz als historisch, empirisch und systematisch charakterisieren kann. Dabei geht es jeweils um die Hermeneutik der Mitteilungspraxis des Evangeliums, wenngleich die Arbeitsmethoden verschieden sind: Wie wird das individuelle, gemeinsame (kirchliche) und öffentliche Leben vom christlichen Glauben her gedeutet und in welchem Beeinflussungsverhältnis stehen solche Deutungen mit anderen Weltdeutungen? Im Folgenden werde ich die drei Möglichkeiten kurz charakterisieren und jeweils eine abgeschlossene Dissertation als Beispiel vorstellen.

Historische Forschungen

Historische Forschungen suchen die Mitteilung und Darstellung des Evangeliums im Zusammenhang der jeweiligen Zeitumstände zu beschreiben und herauszuarbeiten, welche kulturellen Enzyklopädien auf die Ausbildung von Darstellungs- und Mitteilungsformen des Glaubens wirken. Es geht um die Kommunikation des Evangeliums im Kontext von Kirche, Politik und Kultur. Auf diese theologische und kulturwissenschaftliche Art und Weise lässt sich eine Geschichte der Praktischen Theologie schreiben, sowohl im Hinblick auf ihre wichtigsten Vertreter, als auch im Hinblick auf die einzelnen Arbeitsfelder und Reflexionsperspektiven. Beides ist in den letzten Jahren mit zwei umfangreichen Bänden[59] überblicksartig geschehen, so dass künftige Einzelforschungen eine gute Ausgangsbasis haben.

Aufgabe 1

Sehen Sie sich das Inhaltsverzeichnis des Bandes: Praktische Theologie. Eine Theorie- und Problemgeschichte (s.o. Anm. 47) an und überlegen Sie, welche weiteren Kategorien neben den hier bearbeiteten sich für eine Darstellung der Geschichte der PT eignen würden. – Außerdem: Welche Bereiche sind in dem Band nicht bearbeitet?

---

59 Grethlein/Meyer-Blanck, Geschichte (s.o. Anm. 47); vgl. ferner meine kurze Darstellung: Michael Meyer-Blanck, Kleine Geschichte der evangelischen Religionspädagogik. Dargestellt anhand ihrer Klassiker, Gütersloh 2003.

Die beiden Bände zur Geschichte der PT erfassen auf ihren rund 1500 Seiten die meisten historischen Aspekte. Abgehandelt sind mit diesen Bänden, die vor allem als Forschungsberichte und als Nachschlagewerke zu nutzen sind, aber noch nicht die Einzelaspekte der praktisch-theologischen Unterdisziplinen, die lokale Geschichte sowie die Geschichte der Praxis einzelner Kirchen und das Lebenswerk vieler anderer, bisher nicht erforschter Theolog(inn)en. Eigene Forschungen könnten z. B. zu folgenden Themen erfolgen: zur Lokalgeschichte von Gemeinden, Kirchenkreisen[60] und universitären Praktischen Theologen; zur Predigtgeschichte im Universitätsgottesdienst einer bestimmten historischen Epoche (etwa der Zeit zwischen 1955 und 1965, also einmal nicht zum Kirchenkampf und nicht zur Umbruchzeit um 1970); zur Behandlung von bestimmten Themen in Unterrichtslehrplänen und Unterrichtswerken; zum Verhältnis der evangelischen und katholischen Kirche am Ort zur Zeit des Zweiten Vatikanischen Konzils; zu den Themen der Kreissynode eines Kirchenkreises[61] in einem Jahrzehnt; zur Geschichte des Verhältnisses von Gottesdienstbesuch und Gottesdienstreformen in einer Kirchengemeinde anhand von Gemeindebriefen und Sakristeibüchern. Anhand dieser Aufzählung sieht man, dass die Erforschung historischer Quellen eine gute und prinzipiell unbegrenzte Möglichkeit ist, den Praxisvollzug von Theologie im historischen Kontext zu verstehen. Diese Forschungen werden selbstverständlich in deutlicher Beziehung zur Kirchen- und Theologiegeschichte erfolgen.

Eine von mir begleitete historische Arbeit war diejenige zu dem Religionspädagogen Martin Rang,[62] der weniger bekannt ist als die immer wieder genannten Namen Gerhard Bohne, Helmuth Kittel, Martin Stallmann und Hans-Bernhard Kaufmann. Die Arbeit war insofern sehr eigenständig, als sie es unternahm, den späteren Allgemeinpädagogen und Rousseauforscher Martin Rang mit seinem bibeldidaktischen Werk von vor 1945 zu konfrontieren; dabei gelang es Koh, die zeit- und lebensgeschichtlichen, pädagogisch-philosophischen und didaktischen Zusammenhänge aufzuzeigen, die weit mehr an kulturbezogener Praktischer Theologie enthalten, als es die immer wieder zitierte Formel „Kirche in der Schule" Martin Rangs aus dem Jahre 1939 vermuten lässt.

Empirische Forschungen

Der erwähnte Anton T. Boisen erhob die Forderung nach einer „empirischen Theologie" bereits 1936: „Wir dürfen nicht mit in Büchern formulierten Traditionen und

---

60 So wurde in Bonn 2003 eine Dissertation von Johannes Grashof unter dem Titel: Geschichte des Evangelischen Kirchenkreises Gladbach (1817–2000) angenommen (im Druck erschienen: Rödingen 2003).

61 Meine eigene Dissertation (Wort und Antwort. Geschichte und Gestaltung der Konfirma-

tion am Beispiel der ev.-luth. Landeskirche Hannovers, Berlin/New York 1992) begann ich mit der Auswertung von Kirchenkreisprotokollen zur Konfirmationsreform.

62 Won Seok Koh, Kindgemäß, lebendig und dialektisch: Martin Rangs Bibeldidaktik des tua res agitur, Münster 2005.

Systemen beginnen, sondern müssen mit der aufgeschlossenen Erforschung lebendiger menschlicher Erfahrung anfangen."[63] Nach der „empirischen Wende" in der PT um 1970 (vgl. dazu auch die 5. Einheit in diesem Buch) ist dieses Prinzip mehr und mehr akzeptiert und umgesetzt worden. Die Pastoralpsychologie wurde dabei jedoch vor allem anwendungsbezogen verstanden, als eine Wissenschaft, die es ermöglicht, sich in pastoralen Situationen (besonders, aber nicht nur in der Seelsorge) angemessener zu verhalten.[64] Demgegenüber meint aber eine empirische Theologie im Sinne Boisens und im Sinne eigener Forschung noch mehr: Es geht um das Verstehen des Entstehens von glaubenden Deutungen als lebenden menschlichen „Texten". Darum bemüht sich seit längerem die religions- und kirchensoziologische Forschung, indem sie sich z.B. mehr und mehr der „gelebten Religion" von Kirchenmitgliedern zuwendet.

Aufgabe 2

Nehmen Sie die vier Untersuchungen der Ev. Kirche in Deutschland (EKD) zur Kirchenmitgliedschaft[65] zur Hand. Wie verändern sich zwischen 1972 und 2002 die leitenden Fragestellungen? Wie wird das methodische Instrumentarium weiterentwickelt?

Auch in der Religionspädagogik ist in den letzten Jahren einiges zum Glauben von Kindern und Jugendlichen geforscht worden, das auch Beachtung vonseiten der Dogmatik verdient. Für die Praxis generell gilt: Bevor man überlegt, welche Inhalte der Gotteslehre und Christologie die Unterrichtsziele bestimmen sollen, ist es gut, zunächst auf die Adressaten selbst zu hören.[66] Hier gibt es noch viele offene Fragen: Wie verstehen Kinder und Jugendliche die biblischen Texte, welche kennen sie überhaupt? Wie ist das Gleichnisverstehen von Predigthörern? Welche biblischen Texte verwenden Seelsorgerinnen und Seelsorger im Gespräch? Welchen Stellenwert messen (jugendliche) Fernsehzuschauer religiösen Themen (wie z.B. der Darstellung von Christentum und Islam in der ARD-Vorabendserie „Türkisch für Anfänger") zu? Wie verhalten sich das Kunsterleben und religiöse Empfindungen bei Angehörigen verschiedener Altersstufen und Milieus? Gerade beim empirischen Zugriff stehen die eigenen Forschungen thematisch vor nahezu unbegrenzten Möglichkeiten.

---

63 Anton Boisen, The Exploration of the Inner World, Chicago [3]1962 [1936], 251, zitiert nach Stollberg, Seelsorge (s.o. Anm. 56), 173.
64 Dazu vgl. etwa: Hans-Christoph Piper, Predigtanalysen. Kommunikation und Kommunikationsstörungen in der Predigt, Göttingen/Wien 1976.
65 Wie stabil ist die Kirche? Bestand und Erneuerung. Ergebnisse einer Meinungsbefragung, hg. von Helmut Hild, Gelnhausen/Berlin 1974 (=„KMU 1"); Was wird aus der Kirche? Ergebnisse der zweiten EKD-Umfrage über Kirchenmitgliedschaft, hg. von Johannes Hanselmann, Helmut Hild und Eduard Lohse, Gütersloh 1984

(=„KMU 2"); Fremde Heimat Kirche. Die dritte EKD-Erhebung über Kirchenmitgliedschaft, hg. von Klaus Engelhardt, Hermann von Loewenich und Peter Steinacker, Gütersloh 1997 (=„KMU 3"); Kirche in der Vielfalt der Lebensbezüge. Die vierte EKD-Erhebung über Kirchenmitgliedschaft, hg. von Wolfgang Huber u.a., Gütersloh 2006 (=„KMU 4").
66 Gerhard Büttner, „Jesus hilft!" Untersuchungen zur Christologie von Schülerinnen und Schülern, Stuttgart 2002 sowie Gerhard Büttner/Jörg Thierfelder (Hg.), Trug Jesus Sandalen? Kinder und Jugendliche sehen Jesus Christus, Göttingen 2001.

Dabei kommt es besonders darauf an, bei der Interpretation nicht eine bloße Bestätigung der eigenen Annahmen zu finden, sondern aufgrund der Interviews (oder anderer Äußerungen von Probanden) neue Verstehenskategorien zu entwickeln, die im Gegenstand selbst begründet sind, wie es etwa der „Grounded Theory" entspricht.

Aufgabe 3

Lesen Sie das Kapitel 4.4 „Ein Weg zur gegenstandsbegründeten Theoriebildung: „Grounded Theory" von Inken Mädler in dem Buch „Einführung in die Empirische Theologie"[67] 242–254. Beschreiben Sie in einem Satz, was man unter „offenem", „axialem" und „selektivem" Kodieren versteht.

Arbeitsvorschlag für Gruppen

Wenden Sie Ihre Kenntnis über das „offene", „axiale" und „selektive" Kodieren an, indem Sie gemeinsam den Interviewausschnitt aus der Flughafenseelsorge (in demselben Buch, 263–264) interpretieren.

Eine von mir begleitete empirische Arbeit war diejenige zu Gottesvorstellungen von Gymnasiasten in Ost- und Westdeutschland von Holger Oertel.[68] Dabei ergab sich die große Nähe von jugendlichen Identitätsanstrengungen einerseits und religiösen Fragen andererseits: Die Prozesse von Selbstreflexivität und eigenständiger Identitätsthematisierung hängen nach Oertels Interpretation mit der Religion und religiösen Selbstexplikationsfähigkeit aufs engste zusammen.

Systematische Forschungen

Die PT ist eine Verbundwissenschaft, die auf verschiedene theologische und außertheologische Wissenschaften zurückgreift. Damit hängt es zusammen, dass dieser Rückgriff selbst genau bedacht werden muss. Solche grundsätzlichen Forschungen beschäftigen sich mit den expliziten oder impliziten normativen Vorgaben, die durch die Verwendung bestimmter Methoden oder wissenschaftlicher Denktraditionen gegeben sind. Nähert sich die historische Forschung der Kirchen- und Theologiegeschichte und die empirische den Sozialwissenschaften, so sind die grundlegenden Forschungen am stärksten mit der Systematischen Theologie verbunden. Die Arbeiten in diesem Bereich sind besonders anspruchsvoll; sie sind andererseits von ihrem Vorgehen her nicht anders als die Arbeiten aus anderen theologischen Disziplinen. Von daher sind es die empirischen Forschungen, die am stärksten für das Besondere des Faches der PT stehen.

---

67 Astrid Dinter/Hans-Günter Heimbrock/Kerstin Söderblom (Hg.), Einführung in die Empirische Theologie, Göttingen 2007.

68 Holger Oertel, „Gesucht wird: Gott?" Jugend, Identität und Religion in der Spätmoderne, Gütersloh 2004 (PThK 14).

Eine von mir begleitete systematisch vorgehende Arbeit beschäftigt sich mit der Rezeption von „phänomenologisch" genannten Ansätzen in der PT und Religionspädagogik.[69] Studiert man die praktisch-theologische Literatur der letzten 15 Jahre, so kann man feststellen, dass unter dem Namen „Phänomenologie" sehr unterschiedliche Theorietraditionen herangezogen werden – von der Religionsphänomenologie über die phänomenologische Philosophie bis hin zur neuen Phänomenologie, wie sie von dem Philosophen Hermann Schmitz aus Kiel vertreten wird; das Werk des letzteren ist vor allem durch seine Rezeption bei Manfred Josuttis bekannt geworden, der auf die Lehre von „Atmosphären" als „transsubjektiven Phänomenen" zurückgreift. Die Arbeit von Klaus Kirchhoff hilft bei der Unterscheidung und Orientierung im phänomenologischen Diskurs.

C. Die PT und die Theologie als Ganzes: Zur Orientierung der künftigen Forschung

Neben den genannten offenen Forschungsfeldern erhebt sich die Frage, welcher Grundorientierung die PT künftig folgen sollte. Es lässt sich nur schwer sagen, unter welchem „Paradigma" von Wissenschaft man sich jeweils befindet; die genauere Aufklärung darüber ergibt sich immer erst einige Jahrzehnte später. In den letzten Jahrzehnten ergab sich nach dem empirischen und handlungswissenschaftlichen ein stärker ästhetischer, phänomenologischer und semiotischer Ansatz, der jüngst auch mit der Ethik verbunden worden ist.[70] Mir scheint es besonders wichtig zu sein, von den historischen, empirischen und systematischen Forschungen in der PT her das Systematische der Theologie insgesamt im Blick zu behalten, weil die Praxis der Mitteilung und Darstellung des Evangeliums de facto auch die Lehre bestimmt: Denn der kommunizierte Glaube ist die Bedingung der Möglichkeit des gelehrten Glaubens, wenn man das Allgemeine Priestertum ernst nimmt – so wahr umgekehrt keine sozial vermittelte Praxis ohne die Reflexion ihrer Normen, und das heißt: ohne Lehre, auskommen kann. Die PT darf nicht in Gegensatz zur dogmatischen Aufgabe rücken, sondern sie muss helfen, die Aufgaben der Dogmatik (wie der theologischen Ethik und Ästhetik) „besser fassen zu lehren". Diese Einsicht kann mit dem Programm einer praktischen Fundamentaltheologie umschrieben werden.[71]

---

69 Klaus Kirchhoff, Das gewisse Etwas. Phänomenologische Ansätze in der Religionspädagogik, Berlin/New York 2007 (PThW 2).
70 Thomas Schlag/Thomas Klie/Ralph Kunz

(Hg.), Ästhetik und Ethik. Die öffentliche Bedeutung der Praktischen Theologie, Zürich 2007.
71 Vgl. Meyer-Blanck, Großwetterlage (s. o. Anm. 46), 11–24.

Zuordnung der Beiträge

Michael Meyer-Blanck hat folgende Beiträge verfasst:
4. Praktische Theologie und Systematische Theologie
7. Die Kirchenmitglieder – Milieus in der Kirche
8. Kasualien – Lebensbegleitung und Erneuerung
9. Gemeindeentwicklung (Gemeindeaufbau, Gemeindepädagogik, Gemeindeleitung)
12. Das gestaltete Ritual: Der evangelische Gottesdienst
14. Die Bibel im Seelsorgegespräch
16. Wie und wo wird Religion gelernt?
17. Konfirmandenarbeit und Konfirmation
19. Kirche, Staat und Recht
20. Praktische Theologie in ökumenischer Perspektive: Katholische Praktische Theologie
21. Praktisch-theologische Literaturkunde
24. Praktische Theologie im internationalen Kontext
25. Eigene Forschungen in der Praktischen Theologie

Birgit Weyel hat folgende Beiträge verfasst:
1. Die Praktische Theologie als Kunst der Kirchenleitung
2. Praktische Theologie in Geschichte und Gegenwart
3. Phänomenologie des Religiösen
5. Praktische Theologie und empirische Religionsforschung
6. Person, Amt und Beruf des Pfarrers/der Pfarrerin
10. Der Lebensbezug der Predigt
11. Die Aufgabe der Predigt
13. Seelsorgelehre und Psychologie
15. Religiöse Entwicklung
18. Kunst als Thema der Praktischen Theologie
22. Prüfungen vorbereiten – Predigtarbeit und Unterrichtsentwurf schreiben
23. Praktische Theologie zwischen Studium und Beruf

Namenregister

Sachregister